中国软科学研究丛书

丛书主编：张来武

"十一五"国家重点图

国家软科学研究计划资助出版项目

高技术服务业创新

模式与案例

刘建兵　王　立　张　星　等　著

科学出版社

北京

内 容 简 介

　　本书在产业创新体系框架下，结合服务业创新模式的相关研究，提出了一个分析高技术服务业创新模式的框架，根据该框架，对信息服务业、计算机服务与软件业、研发与技术服务业三类产业中的 12 个行业或业态进行了案例分析，总结提炼了信息服务业、计算机服务与软件业、研发与技术服务业三类高技术服务业的创新特征与模式。

　　本书可为从事服务创新、高技术服务业研究的学者提供参考，也可作为高等院校研究生、本科生及相关人员学习的参考材料，也可为企业开展创新管理提供参考。

图书在版编目(CIP)数据

　　高技术服务业创新：模式与案例/刘建兵，王立，张星主编 . —北京：科学出版社，2013.9

　　（中国软科学研究丛书）

　　ISBN 978-7-03-038544-4

　　Ⅰ . ①高⋯　Ⅱ . ①刘⋯　②王⋯　③张⋯　Ⅲ . ①高技术产业–服务业–创新管理–研究　Ⅳ . ①F719

中国版本图书馆 CIP 数据核字（2013）第 211340 号

丛书策划：林　鹏　胡升华　侯俊琳
责任编辑：侯俊琳　李　奕　杨婵娟　刘巧巧/责任校对：赵桂芬
责任印制：赵　博/封面设计：黄华斌　陈　敬
编辑部电话：010-64035853
E-mail：houjunlin@mail.sciencep.com

科 学 出 版 社 出版
北京东黄城根北街 16 号
邮政编码：100717
http://www.sciencep.com
北京天宇星印刷厂印刷
科学出版社发行　各地新华书店经销

*

2013 年 9 月第　一　版　　开本：B5（720×1000）
2025 年 2 月第四次印刷　　印张：30
字数：588 000
定价：148.00 元
（如有印装质量问题，我社负责调换）

本书编委会

主 编 刘建兵 王 立 张 星

编 委 （按篇章编写排列）

邢新主 陈 丹 乔为国 刘利永

张士运 刘 锐 吴秋华 武其俭

刘 云 白 波 陈冬亮 秦 恺

执笔组 （按姓氏笔画排列）

王 立 王 强 王 婷 王玉祥

艾维权 石 璐 白 波 包韫慧

邢新主 曲 婉 乔为国 刘 云

刘 莉 刘 锐 刘光宇 刘利永

刘建兵 刘颖颖 孙 伟 孙世友

苏志文 杜 红 李 先 李 岩

李 菁 李 鸿 李红华 李艳华

杨晓峰 杨博文 吴作董 吴秋华

张 旭 张 迪 张 星 张士运

张志林 张京成 张彦军 张振江

张鸿儒 陈 丹 陈冬亮 武其俭

荀娟琼 周 红 周 玥 周 娟

周 康 赵颖斯 侯磊娟 姜兴周

秦 恺 黄 平 黄 毅 黄景灏

曹 茜 眭纪刚 康光明 梁长青

程 辉 谢槟宇 靳雪银 翟 京

缪海波 薛孟杰 穆海冰

总 序

　　软科学是综合运用现代各学科理论、方法，研究政治、经济、科技及社会发展中的各种复杂问题，为决策科学化、民主化服务的科学。软科学研究是以实现决策科学化和管理现代化为宗旨，以推动经济、科技、社会的持续协调发展为目标，针对决策和管理实践中提出的复杂性、系统性课题，综合运用自然科学、社会科学和工程技术的多门类多学科知识，运用定性和定量相结合的系统分析和论证手段，进行的一种跨学科、多层次的科研活动。

　　1986 年 7 月，全国软科学研究工作座谈会首次在北京召开，开启了我国软科学勃兴的动力阀门。从此，中国软科学积极参与到改革开放和现代化建设的大潮之中。为加强对软科学研究的指导，国家于 1988 年和 1994 年分别成立国家软科学指导委员会和中国软科学研究会。随后，国家软科学研究计划正式启动，对软科学事业的稳定发展发挥了重要的作用。

　　20 多年来，我国软科学事业发展紧紧围绕重大决策问题，开展了多学科、多领域、多层次的研究工作，取得了一大批优秀成果。京九铁路、三峡工程、南水北调、青藏铁路乃至国家中长期科学和技术发展规划战略研究，软科学都功不可没。从总体上看，我国软科学研究已经进入各级政府的决策中，成为决策和政策制定的重要依据，发挥了战略性、前瞻性的作用，为解决经济社会发展的重大决策问题作出了重要贡献，为科学把握宏观形势、明确发展战略方向发挥了重要作用。

20 多年来，我国软科学事业凝聚优秀人才，形成了一支具有一定实力、知识结构较为合理、学科体系比较完整的优秀研究队伍。据不完全统计，目前我国已有软科学研究机构 2000 多家，研究人员近 4 万人，每年开展软科学研究项目 1 万多项。

为了进一步发挥国家软科学研究计划在我国软科学事业发展中的导向作用，促进软科学研究成果的推广应用，科学技术部决定从 2007 年起，在国家软科学研究计划框架下启动软科学优秀研究成果出版资助工作，形成"中国软科学研究丛书"。

"中国软科学研究丛书"因其良好的学术价值和社会价值，已被列入国家新闻出版总署"'十一五'国家重点图书出版规划项目"。我希望并相信，丛书出版对于软科学研究优秀成果的推广应用将起到很大的推动作用，对于提升软科学研究的社会影响力、促进软科学事业的蓬勃发展意义重大。

科技部副部长

2008 年 12 月

　　当前世界经济正在走向服务经济时代，服务业发展问题受到世界各国的空前关注。2001 年，经济合作与发展组织（Organization for Economic Co-operation and Development，OECD）大多数成员国的服务业在经济总量和就业中的比重已经超过了 70%，并且产业技术含量不断提升，新兴产业不断涌现，已经成为推动世界经济发展和产业升级的重要力量。服务业在国民经济中的比重成为衡量经济高级化的一个重要指标。

　　在转变经济发展方式成为我国"十二五"或更长时期内经济工作的重要任务的背景下，服务业的重要性被提到前所未有的高度。我国"十二五"规划纲要提出，到 2015 年，服务业增加值占国内生产总值（GDP）的比重较 2010 年提高 4 个百分点，从 2010 年的 43% 增加到 2015 年的 47%，使服务业成为三大产业中比重最高的产业。该纲要明确指出把推动服务业大发展作为调整产业结构和优化升级的一个战略重点，并希望通过目标指标设定，引导、形成、促进服务业快速发展，推动经济由制造业为主向服务业为主转变。

　　作为现代服务业的重要组成部分，高技术服务业处在当前新一轮科技革命推动的全球技术-经济范式创新的潮头，是引领全球经济的高端产业，具有高技术性、智力密集性、创新驱动性、高增长性和高产业带动性等特点，是推动经济发展的主要力量。从国家和区域创新体系建设的角度看，高技术服务业连接知识生产和应用，是科技知识的主要生产者和产业化的直接推动者。加快发展高技术服务业，对我国优化产业结构、加快转变经济发展方式、完善国家和区域创新体系具有重要意义。

当前，虽然北京、上海等中心城市已经形成以服务经济为主体的产业结构，对全国经济结构优化升级和发展方式转变起到了重要的示范和引领作用。但客观地讲，与发达国家和地区相比，我国高技术服务业发展总体上仍然处在追赶的位置，处于产业价值链的低端，面临提升竞争能力的压力。

如何通过创新实现产业竞争能力的提升，是高技术服务业发展面临的一个重要问题，也是政府管理部门和企业实践中迫切需要理论指导的一个问题。

从演化经济学的角度看，经济发展表现为新产业的不断诞生与旧产业的不断分化、融合和消失。新产业的诞生、扩散及其成为经济循环中稳定组成部分的过程正是熊彼特意义上技术创新的核心和实质，是推动经济发展的根本动力。

这种产业创新在时间上和空间上呈不均匀分布状态，与每一轮科技革命向经济社会的渗透和扩散直接相关，形成经济发展的长波和中波，其在某一个国家或地区率先形成，并扩散到全球。每一次新兴产业的创新，实际上都站在了当时科技革命的潮头，是当时的高技术产业或以科技为基础的产业。例如，工业革命时与蒸汽机相关的各种产业，以及后来与电力应用相关的产业，这些产业本身都具有很强的增长性，同时处在整个经济体系的高端，对整个经济体系有巨大的带动作用。在经济全球化的背景下，如果一个国家或地区率先成功地培育和发展这些产业，就会获得新一轮国际竞争的先机，因此这些产业也被称为战略性新兴产业。

当前，全球经济正处在 20 世纪 70 年代末开始的以信息通信技术为核心的新一轮科技革命的长波阶段。从工业革命开始，人类社会已经经历了五次技术革命。每次技术革命都会推动技术-经济范式的转换，使经济体系发生质的改变。同时，社会结构，甚至文化类型也会发生相应的重大改变。与前四次技术革命相比，以信息通信技术为核心的这次科技革命对服务业有着巨大的影响，其不断地将服务业，特别是其中的高技术服务业推向科技革命的潮头。首先发展的是为其他产业提供信息通信技术（information communication technology，ICT）知识的计算机服务与软件业，接着是数字技术、IP 技术和互联网，它们将信息生产从经济体系的物质生产中独立出来，创造出一个以信息生产、加工和服务为主要内容的全新的产业，即波拉特（1977）意义上的信息产业。目前，电信增值服务业、互联网服务业、电子商务、文化创意产业等从不同角度命名的新兴产业都只是这一正在形成的巨大产业的冰山一角。

同时，在科技革命和经济全球化的推动下，全球竞争不断升级，一方面，企业不断关注核心竞争优势，逐渐将非核心的业务外包出去，保留核心和高利润的环节，由产品制造业向服务提供商转变已成为企业转型的一种潮流；另一方面，技术创新的速度越来越成为企业竞争的重要因素，开放式创新逐渐成为创新的主导范式，研发和技术服务外包越来越成为一种普遍的创新组织模式，研发与技术服务业的重要性日益突出。概括而言，伴随着技术的飞跃式发展，社会生产分工不断细化，服务在产业价值链上的地位日益提升，以技术、知识和信息为基础的高技术服务业作为新兴业态勃然而生，对产业结构升级调整产生深刻影响。

目前，高技术服务业对实现产业结构升级和经济发展方式转变的意义，已经得到了广泛认同，促进高技术服务业发展也已经成为国家和许多地方政府"十二五"规划的重要内容。但不论是政府相关部门，还是学术界，对高技术服务业自身创新规律和特点的了解还非常有限，相关研究还处于起步阶段，有限的研究成果与需求之间还有较大距离。在某种程度上，学术研究落在了产业实践的后面。

在产业的实践中，我们发现大量的创新实践，很多优秀的企业和创新的服务模式出现，新兴的产业或业态也不断涌现，为各个产业的发展提供了强有力的引领和支撑，为我们的生活、工作提供了越来越多的便捷的服务，创造出大量的就业机会和社会财富。在这种背景下，开展大量深入的案例研究是非常必要和具有现实意义的。

正是出于这种认识，北京市科学技术委员会设立了"北京科技服务业创新模式研究"系列课题，选择了12个细分产业或领域组织专题的案例研究。案例选择以北京的产业为主，目的是深入了解北京科技服务业创新的特点、关键影响因素和问题，总结、提炼可推广的典型模式，为企业实践和政府出台政策提供参考。

该系列课题于2011年4月结题后，课题组对研究报告进行了提炼与加工，形成了本书。在系列课题研究中采用的是较为广义的"科技服务业"概念，后期，对科技服务业、高技术服务业、知识密集型服务业等一些相关服务业的概念进行了深入比较分析，系列课题中所采用的"科技服务业"的概念与科学技术部（简称科技部）科技型中小企业技术创新基金和国家发展和改革委员会（简称国家发改委）在相关文件中界定的"高技术服务业"范畴基本一致。为更准确地反映本书的研究内容，本书定名为《高技术服务业创新：模式与案例》。同时，对其中一些内容进行了重写和增删。例如，原来课题主要针对北京的情况展开分析，撰写书稿时增加了对全国情况的分析，并删减了部分专门针对北京情况分析的内容。另外，在本书的修改中，根据正在承担的国家软科学研究计划项目"生产性服务业优化升级的途径与对策研究"的部分阶段性研究成果，编者对本书进行了进一步完善和充实。

本书旨在探讨高技术服务业的创新模式。所谓模式实际上是指对某种不断重复出现的现象特征的总结，当发现某种现象背后的某种规律，但还不能精确地描述出事物间的因果关系，还不能上升到理论高度时，就将包括这些众多影响因素的现象及问题的解决方法称为某种模式。

模式研究是社科类学科中的重要研究方法，特别是在某一研究领域处在开始阶段，很多现象和问题不能得到明确解释，不能进行实证检验时，模式研究是一种合适和务实的研究方法。

因此，本书关于高技术服务业创新模式的研究本质上是分析产业创新中的现象和特征，发现问题并给出解决方法。

产业发展研究可以从不同的角度展开，如管理学中的战略管理、人力资源管理研究，产业经济学中的产业组织研究，微观经济学中的价格决策、博弈模式研究等。本书主要从创新的角度研究新兴产业竞争和发展的问题。我们认为，通过对产业创新现象的研究，即观察和研究产业内企业开发新产品、新服务的动态竞争过程，可以更好地了解产业竞争的核心要素、技术进步、产业变迁和演化趋势，与静态的、以价格为基础的竞争研究相同，研究结果更接近企业竞争和产业发展的真实世界，更具有现实意义。

和其他创新体系理论相同，产业创新体系关注创新的系统性，认为创新是在一个创新系统中，在各创新主体的交互中产生、扩散和应用的，各种技术、经济和制度因素通过影响创新主体的行为决定着一个产业创新的进程和演化方向。同时，不同的产业面临不同的技术、经济和制度因素，因此创新具有产业特定性，即产业的创新具有差异性。同时，由于面临一些共同的技术、经济和制度环境，某些相近的产业会具有某种共同的特征。根据研究目的的不同，产业创新体系的分析对象可以是整个门类，也可以是某一门类包含的行业，每一个层次都可以成为一个相对独立的产业创新体系。产业范围越大，共性就越少，创新的共同之处也越少。反之亦然。这样，产业创新体系就为通过对细分产业的研究归纳出更上一层产业的创新特征，以及为不同产业间创新特征的比较提供了一个基本框架。

因此，本书实际上是分析高技术服务业中各类产业创新的差异性和产业间的共性。这需要分析高技术服务业中各类产业面临的技术、经济、制度因素和它们之间的相互作用与效果，发现影响产业创新的重要因素，为产业实践和政策制定提供参考。

正是在这种框架下，本书首先研究各细分产业或领域，在此基础上分析和提炼信息服务业、计算机服务与软件业、研发与技术服务业三个大类及高技术服务业整体的创新特征和典型模式。

全书分为四篇，第一篇是理论框架与总体研究，第二至第四篇分别是信息服务业、计算机服务与软件业、研发与技术服务业三类产业的案例和创新模式研究。

第一篇是理论框架与总体研究，包括前三章内容。

第一章是高技术服务业的概念、特征与分类。主要描述高技术服务业概念的演化，并与知识密集型服务业、现代服务业、生产性服务业等概念作了比较，分析了高技术服务业的基本特征，并在此基础上提出了高技术服务业的概念和分类。

第二章是高技术服务业创新模式的研究框架。在产业创新体系框架下，结合服务业创新模式的相关研究构建了高技术服务业创新模式研究的分析框架，用以刻画和分析信息服务业、计算机服务与软件业、研发与技术服务业三类高技术服务业及细分行业创新的特征、模式和问题。这一框架包括创新的方向与类型、创新主体与网络、知识基础与技术体系、市场与产业结构和制度五个维度，并对每一维度进行细化，确定了主要衡量指标。

第三章是高技术服务业创新的基本特征与典型模式。根据研究框架，在对12个细分行业或领域进行研究分析和提炼的基础上，深入分析了信息服务业、计算机服务与软件业、研发与技术服务业三类高技术服务业创新的特征，以及三类产业间的差异性和高技术服务业整体的创新特征与模式。

第二至第四篇是细分行业或业态的研究，每个产业分为一章，共12章。其中，信息服务业创新模式与案例包括数字出版业、互联网服务业、移动营销服务和电子支付业四个行业或领域。计算机服务与软件业创新模式与案例包括软件服务外包业、环境在线监测服务业、三维空间信息产业三个行业。研发与技术服务业创新模式与案例包括钢铁工程技术服务业、轨道交通技术服务、医药临床研究服务业、设计产业等产业和科技型企业集合信托融资服务的创新案例。

12个行业或业态的研究基本上是在同一框架下展开的，侧重点略有不同。

数字出版业重点研究商务印书馆、中国知网、中文在线、汉王科技股份有限公司四个企业的案例，并分别与培生教育集团、重庆维普资讯有限公司、盛大文学有限公司、亚马逊公司四个企业的案例作了比较，分析了案例企业的创新过程，总结了数字出版业的创新特征和创新模式，分析了北京的优势并提出了政策建议。

互联网服务业重点研究去哪儿网、开心网、凡客诚品（北京）科技有限公司三个企业案例，其分别属于在线旅行预定、信息服务、网络零售等互联网服务业细分领域。主要从产业环境、技术特征、领导团队、创新过程和政府政策等方面，分析影响互联网服务业创新模式的重要共性特征，并在对北京互联网服务业发展阶段的特征、机遇、挑战、优势和劣势分析的基础上，结合现有政策，借鉴美国、日本的典型城市及国内上海、杭州等的实践，分析北京当前互联网服务业创新发展的政策需求，提出促进互联网服务业发展的政策建议。

移动营销服务重点研究北京闻言科技有限公司的"听网"移动商务系统、用友软件股份有限公司的"移动商街"和上海亿动信息技术有限公司的"亿动广告传媒"。它们分别代表面向大型商业企业的定制化移动营销服务模式、面向中小企业的全程式移动营销服务模式和面向广告主的整合型移动营销服务模式。从而提炼出针对企业售前的移动定向营销策略，针对企业售中的移动互动营销的策略，针对企业售后的移动忠诚营销策略，并对促进移动营销服务创新提出若干政策建议。

电子支付业重点研究支付宝、易宝支付和中国移动手机支付三个案例。对这三个案例的创新过程、特点及商业模式进行深入分析，提炼总结影响电子支付产业创新的因素、产业的创新特征和模式，并对电子支付业的发展提出政策建议。

软件服务外包业重点研究博彦科技股份有限公司、文思信息技术有限公司、东软集团股份有限公司和中软国际有限公司四个企业案例。重点分析影响软件服务外包业创新的关键因素、技术创新与软件服务外包之间的关系，挖掘软件服务外包业发展过程中的典型创新模式，结合产业环境提出软件服务外包业的创新模式。

环境在线监测服务业重点研究中科宇图天下科技有限公司、北京安控科技股份有限公司和西安交大长天软件股份有限公司三个企业案例，主要分析环境在线监测服务业的发展背景和特点，总结环境在线监测服务市场的新的理念和发展方向，结合典型案例分析，总结产业创新的方向、动力、创新组织形式和其他关键创新要素等内容。

三维空间信息产业重点研究北京国遥新天地信息技术有限公司、北京超图软件股份有限公司和北京北斗星通导航技术股份有限公司三个企业案例，重点研究这一产业创新主要特征和模式，分析发展过程中存在的问题并提出政策建议。

钢铁工程技术服务业重点研究中冶京诚工程技术有限公司、北京科技大学高效轧制国家工程研究中心和首钢国际工程技术有限公司三个企业案例，归纳总结钢铁工程技术服务业创新的主要特征和模式，分析存在的问题并提出了政策建议。

在轨道交通技术服务方面，重点研究了北京轨道交通运行控制系统国家工程研究中心、北京鼎汉技术股份有限公司、北京英诺威尔科技有限公司和方正国际软件有限公司集团四个企业案例。通过对相关案例进行分析，研究轨道交通领域技术服务创新的特征，揭示轨道交通产业由产品创新向提供技术和服务转变的趋势，分析各种创新的模式。

医药临床研究服务业重点研究北京精诚泰和医药信息咨询有限公司、北京协和医院临床药理研究中心和方恩医药发展有限公司三个企业案例，重点分析国内外医药临床研究服务业的现状，分析临床研究服务业创新的特征、主要模式，分析产业创新中存在的问题并提出相应的建议。

设计产业重点研究北京洛可可工业设计有限公司、北京博蓝士科技有限公司和东度设计事务所三个企业的案例，并与易造公司、中国设计交易市场、Facebook 三个企业的案例作了比较。这一研究将设计产业的创新模式分为材料技术产业化创新、工业产品服务化创新和服务产品标准化创新三个类型，分析三种模式的差别、联系和设计产业创新在促进产业链整合方面的作用。

科技型企业集合信托融资服务方面重点研究了三个案例（出于保密的原因，隐去了公司名称）。主要研究在利用企业集合信托资金解决科技型中小企业融资问题中的经验和问题，三个案例分别对应三种融资模式。

在本书研究及写作过程中，科技部办公厅调研室刘琦岩副主任、北京市科学技术委员会伍建民副主任、北京市人民代表大会常务委员会教育科技文化卫生体育委员会颜振军副主任、北京市商务委员会申金升副主任、中国社会科学院财贸研究所夏杰长研究员、科技部火炬高技术产业开发中心王仰东研究员、科技部政策法规司张杰军副研究员、清华大学经济管理学院李纪珍副教授和《中国软科学》执行主编吕文栋老师等多位领导和专家给予了指导，在此一并表示感谢。

北京高技术创业服务中心的李惠敏、闫芳和李海霞在项目管理上给予了很多的指导与帮助，正是他们的指导与帮助保证了本书研究得以顺利进行。

特别感谢配合我们研究的单位的领导和朋友，他们在百忙之中接受我们的调查，并无私地与我们分享了大量翔实的信息、材料和知识。

最后，北京城市系统工程研究中心的邢新主、侯磊娟、赵小芳，华中师范大学心理学院薛孟杰及中国人民大学哲学院乔蕾对本书的出版做了大量的联系、编辑及审校工作。科学出版社的编辑李奕、杨婵娟为本书的出版做了大量的工作，并对书稿提出了许多建设性的修改建议，在此一并感谢。

由于作者水平、能力所限，目前书中可能仍有错误和疏漏之处，敬请读者批评指正。

刘建兵　王　立　张　星

2011 年 3 月 15 日

目 录

CONTENTS

第三篇　计算机服务与软件业

第四篇　研发与技术服务业

第一篇　理论框架与总体研究

第一章 高技术服务业的概念、特征与分类

第一节　高技术服务业的概念界定

随着知识资源的爆炸性扩张与信息技术的迅猛发展，知识与技术在经济生活中的重要性不断提升。在技术革命浪潮的推动下，各种新兴产业不断涌现，原有产业形态也不断升级和融合，尤其是以知识和技术为基础的新兴产业，成为推动经济发展的战略性产业，以及理论界和经济界关注的焦点，高技术服务业就是其中之一。

高技术服务业概念的提出是服务业内涵不断深化和延伸的结果，也是我国为推动科技经济一体化而提出的特定概念。"高技术服务业"这一概念国内最早出现在科技部《2005 年度科技型中小企业技术创新基金若干重点项目指南》中。这份文件列出了重点支持的六类高技术服务产业：信息技术服务业；生物医药技术服务业；新材料技术服务业；光机电一体化技术服务业；资源、环境保护技术服务业；新能源与高效节能技术服务业。在科技部火炬高技术产业开发中心发布的《2006 年国家高新区高技术服务业发展态势》中，高技术服务业包括两大类：信息传输、计算机服务与软件业（国民经济行业分类 G类）与科学研究、技术服务和地质勘探业（M 类）。在 2007 年国家发改委发布的《高技术产业发展"十一五"规划》中，高技术服务业已被明确列入八大高新技术产业中。在 2010 年国家发改委发布的《关于当前推进高技术服务业发展有关工作的通知》中，将信息技术服务、生物技术服务、数字内容服务、研发设计服务、知识产权服务和科技成果转化服务等知识和人才密集、附加值高的相关行业界定为高技术服务业。2011 年 12 月 12 日，国务院办公厅下发的《关于加快发展高技术服务业的指导意见》指出，重点从研发设计服务、知识产权服务、检验检测服务、科技成果转化服务、信息技术服务、数字内容服务、电子商务服务、生物技术服务八个领域重点推进高技术服务业的发展。

在学术界，北京交通大学王瑞丹（2006）依据国际部门行业分类标准，结合我国界定高技术产业和现代服务业的动态性和相对性，将高技术服务业分为基于网络技术的产业形态、基于通信技术的产业形态和基于知识生产与技术服

务的产业形态三类。科技部火炬高技术产业开发中心王仰东等（2007）在分析高技术服务业定义、内涵、特征和产生机制的基础上，认为高技术服务业包括计算机服务业、研发产业、软件产业、信息传输服务业及电子商务、数字内容等一些尚未明确产业界定的新兴服务业态。

总体来看，对高技术服务业概念的提法较为一致，主要涉及研发设计服务、知识产权服务、检验检测服务、科技成果转化服务、信息技术服务、数字内容服务、电子商务服务、生物技术服务等领域。

综合各方研究，本书认为高技术服务业是以科技为基础的服务业，具体表现为运用现代科技知识、现代技术和分析研究方法及经验、信息等要素为经济社会发展提供技术和智力服务的产业，其服务手段是技术、信息和知识，服务对象是社会各行业。

高技术服务业是在当今产业不断细化分工和融合生长的趋势下形成的新产业。高技术服务业的内涵和外延是动态发展的。随着信息技术、通信技术等通用、重大技术的不断进步，以及国家对产业战略布局的调整，高技术服务业的内容和服务形式也在不断地发展。

第二节　高技术服务业相近概念辨析

对新兴服务业不断涌现的现象，世界各国的理论界和产业界都给予了高度的关注，提出了很多的新概念，特别是在我国，目前有现代服务业、新兴服务业、科技服务业、知识密集型服务业（knowledge-intensive business service，KIBS）、高技术服务业等多种概念和分类，梳理这些概念的发展与界定过程，有利于我们更深入地理解科技服务业的产生背景和特征。

一　知识密集型服务业

知识密集型服务业这一概念最早出现在英国学者 Miles 教授等对服务业的研究中。Miles 等（1995）提出知识密集型服务业是指那些显著依赖专门领域的知识，向社会和用户提供以知识为基础的中间产品或服务的公司和组织。后来一些国家政府或国际组织也对知识密集型服务业的概念进行过界定。例如，OECD（2001）认为知识密集型服务业是技术及人力资本投入密度较高、附加值较大的服务行业。我国国务院发展研究中心在 2001 年 7 月的第 99 号调查研究报告中指出知识密集型服务业是运用互联网、电子商务等信息化手段的现代服务业，其产品价值体现在信息服务的输送和知识产权上，包括计算机软件与信息加工服务、研究开发与测试服务、市场服务、管理咨询服务、人力资源开发服务等，要求服务提供者具有一定的专业技术水平和科研水平。

二　现代服务业

"现代服务业"这一概念是我国提出的，在国外没有这一概念。这一概念最早出现在 1997 年党的十五大报告中，报告提出"要加快现代服务业的发展"，但没有对其概念作进一步的解释。此后，在 2000 年关于"十五"计划的建议中也提出"要发展现代服务业，改组和改造传统服务业"。2000 年的中央经济工作会议则提出"既要改造和提高传统服务业，又要发展旅游、信息、会计、咨询、法律服务等新兴服务业"。2002 年 11 月，党的十六大报告又明确提出"加快发展现代服务业，提高第三产业在国民经济中的比重"，但都未给出明确的定义。2005 年，有关部门在制定国家中长期科技发展规划时，设立了现代服务业专项，其中现代服务业界定为"在工业比较发达阶段产生的、主要依托信息技术和现代化管理而发展起来的知识相对密集的服务业。……智力要素密集度高、产出附加值高、资源消耗少、环境污染少等。……既包含新兴服务业，也包括对传统服务业的技术改造和升级，本质是实现服务业的现代化"。

三　科技服务业

科技服务业概念的提出是服务业内涵不断深化和延伸的结果，也是我国为推动科技经济一体化而提出的特定概念。科技服务业最早是原国家科学技术委员会于 1992 年提出的一个概念，目的是执行中共中央、国务院关于加快发展第三产业的决定，推动科技体制改革和促进科技成果转化。在原国家科学技术委员会下发的《关于加速发展科技咨询、科技信息和技术服务业的意见》中将科技服务业界定为"依托科学技术和其他专业知识向社会提供服务的新兴行业"，"是从事富有创造性劳动的智力密集型行业"，并将科技咨询业、科技信息业和技术服务业确定为重点发展的领域。

四　生产性服务业

生产性服务业是经济学上的一个基本概念，与消费性服务业相对，即面向最终消费者的服务业是消费性服务业，面向生产者的服务业为生产性服务业。

美国学者 Saskia（2001）对以往有关生产性服务业的学术观点进行了归类总结，认为不能单纯地从狭义的支持企业生产的角度来界定生产性服务业，生产性服务业的主要特征，不是为最终消费者或个人提供服务的，而是为机构提供服务的，这类机构包括私人公司和政府实体。在我国 2006 年发布的《国民经济和社会发展第十一个五年规划纲要》中，提出生产性服务业是主要面向生产者的服务业，并将交通运输业、现代物流业、金融服务业、信息服务业、商务服务业列为重点发展范围。在 2009 年发布的《北京市生产性服务业统计分类标准》中，认为生产性服务业一般指以市场化的中间投入服务为主导的行业，生产性服务业具有经营性和可贸易性的特点，不仅为制造业提供中间投入服务，也为第一产业和第三产业提供中间投入服务。

我国有关部门和政策中对有关服务业的定义和分类如表 1-1 所示。

表 1-1　我国有关部门和政策中对有关服务业的定义和分类

类别	定义	分类
知识密集型服务业	运用互联网、电子商务等信息化手段的现代知识服务业，其产品价值体现在信息服务的输送和知识产权上	计算机软件与信息加工服务、研究开发与测试服务、市场服务、管理咨询服务和人力资源开发服务等
现代服务业	以数据和信息为基础，运用知识、技术和智力为主要资源从事创新性劳动，提供具有知识密集性、技术密集性、智力密集性特征的服务产品的行业	信息传输、计算机服务与软件业、金融业，房地产业，租赁和商务服务业，科学研究、技术服务和地质勘察业
科技服务业	依托科学技术和其他专业知识向社会提供服务的新兴行业	主要范畴包括科技咨询、科技信息和技术服务业
生产性服务业	主要指市场化的中间投入服务	流通服务、信息服务、金融服务、商务服务、科技服务

注："知识密集型服务业"定义参见 2001 年国务院发展研究中心《调查研究报告》，"现代服务业"定义参见《中华人民共和国国民经济和社会发展第十一个五年规划纲要》，"科技服务业"定义参见原国家科学技术委员会于 1992 年颁布的《关于加速发展科技咨询、科技信息和技术服务业意见》，"生产性服务业"定义参见 2009 年北京市统计局和国家统计局北京调查总队研究制定的《北京市生产性服务业统计分类标准》

第三节　高技术服务业的特征

高技术服务业作为一种新兴的服务业，既具有服务业的一般特征，如服务生产与消费的同时性、不可储存性、用户参与性等，同时也有其独有的一些特征，使其成为推动产业结构升级和经济发展方式转变的重要产业。

一　高技术性

高技术服务业是以科技为基础的服务业，高技术服务业的知识投入、服务输出高度依赖新兴技术与专业知识，很多科技服务业的诞生和发展本身就是高新技术突破的结果。其中，信息通信技术是推动高技术服务业发展的一项根本性技术。高技术服务业是服务业中技术密集性最高的产业，既是技术知识的生产者，同时也是连接技术知识和产业的一个纽带，推动技术和知识的扩散。

二 智力密集性

高技术服务业是从事富有创造性劳动的智力密集型行业。高技术服务业的发展和壮大离不开高素质人力资本的支撑，创新过程中人员的知识储备、专业化水平起着决定性作用，特别是需要经过长期实践才能培养出既懂技术又懂管理的复合型高层次人才，这是产业创新的核心要素。

三 创新驱动性

高技术服务业在研发、创新方面与普通服务业存在着较大差异。在技术突破的基础上，不断开展服务创新是高技术服务业获取和维持竞争优势的基础。同时，随着技术升级周期不断缩短，高技术服务业自身必须不断创新、吸收新知识、学习新技术，创造出适合技术和生产发展新要求的知识应用模式。正是高技术服务业的创新能力，才使其不但能够满足市场的需求，而且能不断创造出新的需求。另外，一些高技术服务业为用户服务过程本身就是一种合作创新过程，会带动用户和其他利益相关者的创新，表现为系统性的创新。

四 高成长性

和其他新兴产业一样，作为处在新一轮技术-经济范式创新潮头的高技术服务业，其发展实质是在原有经济体系母体上创造出新的发展空间，因此具有巨大的增长潜力，是当前世界经济中发展最快、最具活力的领域之一。也正因为如此，高技术服务业的发展受到世界各国政府和学术界的高度关注。

五 高产业带动性

除了自身具有高成长性外，高技术服务业也具有很强的产业关联性，对产业结构调整和经济发展方式转变有着重要的带动作用。从创新体系的角度看，高技术服务业在创新过程中扮演着发起者、推动者和传播者的多重角色，连接知识生产和应用，是科技成果的主要生产者和产业化的直接推动者。高技术服务业的创新和发展是原有经济体系质变的过程，是对原有产业的分化和整合，因此发生在高技术服务业的创新经常是一种系统性的创新，具有很强的渗透和推动作用，可以刺激和诱发众多生产互动并波及其他产业，带动众多产业的创新和发展。

第四节　高技术服务业的分类

根据高技术服务业的概念和统计范围的界定，本书将高技术服务业划分为信息服务业、计算机服务与软件业、研发与技术服务业三大类。

一　信息服务业

信息服务业是指运用现代信息技术和设备，从事信息的采集、加工、存储、传输、利用及提供服务的行业。提供信息服务是信息服务业分类的出发点。目前，信息服务业尚无统一的分类标准，美国的信息服务业包含七大类：信息处理服务、网络服务、系统软件产品、应用软件产品、交钥匙系统和系统集成、专业服务（即咨询服务、教育、培训）和作业外包（即承包信息管理业务、提供先进的信息技术服务）。法国、德国、英国三国的信息服务业通常分为六大类：信息处理服务、网络服务、系统软件产品、系统集成、专业服务（即咨询服务、教育、培训、软件开发等）和交钥匙系统。日本的信息服务业分为五大类：信息处理服务、软件业、设施管理服务、数据库服务和其他服务（即咨询、培训、市场研究与调查）（北京市信息化工作办公室，2005）。以我国《国民经济行业分类》（GB/TT4754—2002）为基础制定的《统计上划分信息相关产业暂行规定》中将信息服务业分为三大类：电子信息传输服务、计算机服务与软件业、其他信息相关服务（即广播电视电影音像业、新闻出版业、图书馆和档案馆）等。

北京市统计局和国家统计局北京调查总队制定的《北京市信息服务业统计分类标准》，从信息服务业产业链角度入手，将信息服务业划分为信息传输服务、信息技术服务、信息内容服务三大类。其中，信息传输服务主要包括电信、广播电视和卫星传输服务；信息技术服务是辅助环节，包括软件和计算机系统服务；信息内容服务是最终环节，也是信息服务业最主要的部分，包括互联网服务、电信增值服务、广播电视、新闻出版与图书等内容。

提供信息服务是信息服务业分类的出发点和落脚点。本书将《北京市信息服务业统计分类标准》的分类方法中的信息传输服务和信息内容服务归为信息服务业，将计算机和软件服务分离出来，单独作为计算机服务与软件业进行研究。

二　计算机服务与软件业

计算机服务与软件业是为满足使用计算机或信息处理的有关需要而提供服务和软件的行业。计算机服务与软件业的主要功能在于为其他产业提供必要的技术支撑，是相关服务与计算机制造业相分离的产物。本书采用国家统计局发布的《国民经济行业分类》（GB/T4754—2002）中计算机服务与软件业的口径，主要包括计算机系统服务、数据处理、计算机维修和其他计算机服务、基础软件服务、应用软件服务和其他软件服务等。

三　研发与技术服务业

研发与技术服务业的主要功能是促进科学技术成果的生产、传播和扩散，既包括各类直接的科学技术研发的活动，也包括为开展科学技术研发活动所提供的专业技术服务活动，还包括为研发成果转化为生产力所提供的服务活动。本书中研发与技术服务业采用国家统计局发布的《国民经济行业分类》（GB/T4754—2002）中科学研究、技术服务与地质勘探业的口径，具体包括研究与实验发展、专业技术服务业、科技交流与推广服务业、地质勘察业。表1-2是本书界定的高技术服务业分类。

表 1-2　本书中高技术服务业在国民经济行业分类中的细分门类

大类	小类	国民经济行业分类中对应行业
信息服务业	信息传输服务业	电信传输服务
		互联网传输服务
		广播电视传输服务
		卫星传输服务
	信息内容服务业	网络综合门户
		电子邮件服务
		电子商务服务
		网络出版服务
		数字动漫游戏服务
		数字影音服务
		可视图文服务
		网络教育服务
		其他互联网综合服务

续表

大类	小类	国民经济行业分类中对应行业
计算机服务与软件业	**软件业**	公共软件服务
		其他软件服务
	计算机服务业	**计算机系统服务**
		数据处理
		计算机维修
		其他计算机服务
研发与技术服务业	**研究与实验发展**	自然科学研究与试验发展
		工程和技术研究与试验发展
		农业科学研究与试验发展
		医学研究与试验发展
		社会人文科学研究与试验发展
	专业技术服务业	气象服务
		地震服务
		海洋服务
		测绘服务
		技术检测
		环境监测
		工程技术与规划管理
		其他专业技术服务
	科技交流和推广服务业	**技术推广服务**
		科技中介服务
		其他科技服务
	地质勘察业	矿产地质勘察
		基础地质勘察
		地质勘察技术服务

注：表中黑斜体部分为本书研究涉及的产业

第二章 高技术服务业创新模式的研究框架

第一节 理论基础与研究现状

一 模式

模式（pattern）是解决某一类问题的方法论，即从在一定环境中不断重复出现的事件或现象中总结和抽象出的规律及解决问题的方法。模式代表着解决某类问题的最佳办法，但很难或全部回答"为什么"，即模式描述事件或现象中隐藏的规律关系，但一般不能精确地描述出事物间的因果关系，还不能上升到理论高度。

定义模式需要一个助记名，即用最精炼的几个词汇来描述模式的核心问题、解决方案和效果。这些词汇实际上代表了某一类事件或现象的核心要素和特征。因此，模式的研究本质上是对某类事件或现象规律的研究。

由于各种原因不能完全提示事物间的因素关系，事物间联系非常复杂，在当时的研究水平下一些变量不能分解出来，或变量的作用机理不能清楚地揭示出来，或事物和规律本身处在不断的变化之中不可能完全以因果关系的方式表示出来，人们就将包括这些众多影响因素的现象及问题的解决方法提炼为某种模式，用于指导实践。

模式研究是社科类学科中的重要研究方法，特别是在某一研究领域处在开始阶段，很多现象和问题不能得到明确解释、不能进行实证检验时，模式研究是一种合适和务实的研究方法。创新研究，特别是服务业创新的研究正是处在这一阶段。

服务业是创新研究的一个新领域，国外从 20 世纪 80 年代开始关注服务业创新的问题，但进展不是很快。国内学者对服务业创新的研究起步更晚一些，2003 年以后才有第一批介绍和总结国外研究成果的文献出现（陈钰芬和陈劲，2004；魏江和 Boden，2004；蔺雷和吴贵生，2003）。总体上看，至今为止，国内外关于服务业的研究仍然处于起步阶段，很多基础性问题有待研究。在这种状况下，通过深入的案例研究，剖析个案，揭示产业创新的特征，提炼模式是一项非常必要也更具现实意义的工作。

二 产业创新模式

与其他模式研究一样，产业创新模式研究的目的是分析产业创新中的现象、特征和规律，发现问题并给出解决方法。

从根本上讲，产业创新研究的目的是研究产业发展的规律。产业发展的研究可以从不同的角度展开，如管理学中的战略管理、人力资源管理研究，产业经济学中的产业组织研究，微观经济学中的价格决策、博弈模式研究等。本书主要从创新的角度研究产业竞争和发展的问题。

我们认为，通过对产业创新现象的研究，即观察和研究产业内企业依靠开发新产品、新服务的动态竞争过程，可以更好地了解产业竞争的核心要素、技术进步及产业变迁和演化趋势，与静态的、以价格为基础的竞争研究相比，研究结果更接近企业竞争和产业发展的真实世界，更具有现实意义。

三 创新体系

创新存在于各创新体系中，并在各创新主体的交互中产生、扩散和应用。这是创新研究的基本思想和主流范式（刘建兵和柳卸林，2009）。在产业创新体系框架下，考察某一产业创新体系的基本要素与特征，是研究产业创新模式的重要方法。

创新过程是一个社会经济现象，它并不是在一个企业内孤立地进行的，而是在企业与其他组织和个人（包括供应商、用户、竞争者等企业和个人，以及大学、研究机构、政府公共管理部门等非企业组织）的合作和相互影响中完成的。同时，制度如法律、规则、规范和惯例等构成企业创新的激励和障碍因素，对系统内的各类组织的行为产生影响。这些组织和制度组织了一个创造和商业化知识的系统，创新正是在这个系统内产生、扩散和应用的。

正是基于这种认识，自20世纪80年代以来，创新体系逐渐成为了创新研究的主导范式。

在创新体系理论中，最早提出的概念是国家创新体系。20世纪80年代中期后，弗里曼（Freeman，1987）、纳尔逊（Nelson，1993）和伦德维尔（Lundvall，1993）三位教授分别从不同角度对国家创新体系进行了研究，共同奠定了国家创新体系理论基础。此后，一些学者们在国家创新体系的基础上相继提出了区域创新体系（柳卸林，2001；Cooke et al.，1997）和产业创新体系（Malerba，2005）等概念。其中，国家创新体系和区域创新体系是以地理边界为系统的边界，认为这一地理边界内长期演化形成的有关知识生产、应用和扩散的专有性因素和制度安排是决定一个国家或区域创新绩效的决定因素。产业创新体系则将产业作为系统的边界，关注一个产业的专有因素对创新的影响。另外，也有学者提出技术系统的概念，主要关注的是某一技术的系统特点与创新的关系（Carlsson and Stankiewitz，1995）。

四 产业创新体系与产业创新的差异性

Malerba 和 Breschi 等于 20 世纪 90 年代提出产业创新体系的概念。Malerba（2005）对产业创新体系的定义如下。

产业创新（和生产）体系由一群为了创造、采用和使用属于某一产业（新兴产业或已有产业）的技术，以及创造、生产和使用属于某一产业（新兴产业或已有产业）的产品，而进行市场和非市场交互作用的不同的个人、组织和机构组成的系统（Malerba，2002）。

这是一个非常松散、描述性的定义，并没有反映出这一概念的实质性内容。Malerba 对这一概念的刻画主要是体现在他们对系统组成部分的描述上。Malerba 认为，产业创新体系由技术体系、各种行为者（包括组织和个人）及它们之间的联系（创新网络）、制度三个部分组成（Malerba，2004；2005）。

技术体系是一组关键因素的特定组合，这些因素包括技术机会、创新的独占性、技术进步的累积性和支撑企业创新活动的知识基础的特点（Malerba and Orsenigo，1990）。技术能力演化是积累性的活动，因此技术体系的重要性在于它决定了产业创新和技术能力演化的模式。

以技术体系为基础，Malerba 等提出了产业创新体系的研究框架，这一框架由技术体系、各种行为者及它们之间的联系（创新网络）、制度三个部分组成，通过对每个模块特性的观测来分析不同产业的创新模式与特性。①技术体系。任何产业都具有特定的知识基础，与特定的知识基础相适用的知识生产的制度安排是技术体系。知识基础及相应技术体系的不同，会使不同的产业具有不同的创新特点。可接近性（accessibility）、专有性（appropriability）和积累性（cumulativeness）是知识的三个最主要的性质，三者的不同组合构成不同的技术体系。②各种行为者是指在创新体系内进行创新的开发、扩散和使用的个人和组织，企业是产业创新体系最主要的行为者，其他行为者包括用户、供应商、竞争者等企业和个人，以及大学、研究机构、政府公共管理部门等非企业组织等。③制度通过影响行为者的行为而影响到创新的过程，如《专利法》、影响产学研合作的传统因素等。

产业创新体系理论的核心命题是不同的产业面临不同的知识基础和技术体系（technology regime），决定了不同的产业会有不同的创新模式和特点。不同的产业会具有某些共同的知识基础，因而在创新上也会有某些共同之处。范围越大，共同的知识就越少，创新的共同之处也越少。反之亦然。这样，根据研究目的，产业创新体系的分析对象可以是整个门类，也可以是某一个门类包含的行业，每一个层次都可以成为一个相对独立的产业创新体系（Malerba，2005）。

这样，与主要关注地域专有因素影响的区域创新体系理论相比，产业创新体系增加了产业专有因素的分析维度，是一个非常适合分析产业创新差异性和共同特征的框架。在研究成果的应用上，与以国家或区域创新体系为框架提出的创新政策相比，政策的针对性更强。不同产业的知识结构和技术特点、市场特点，面临的制度环境等各不相同，创新模式、创新过程、创新网络特点也会存在较大差异。因此，在一个产业非常有效的政策，在另外一个产业可能会起到相反的作用。

目前，产业创新体系已经成为产业创新研究的主要方法，相关研究也越来越多，包括对服务业创新的研究。例如，Malerba（2004）等基于产业创新体系框架对欧洲互联网和移动通信、软件业进行了研究。我国学者苟仲文（2006）、李春景和曾国屏（2006）、张治河等（2006）、刘建兵和柳卸林（2009）都对我国有关产业创新体系的理论与实证研究做出了贡献。Castellacci（2008）将基于技术体系的创新分析拓展到服务业，他从价值链维度和技术维度将服务业分为四类，并分析这四类产业在技术体系、知识来源、知识获取等方面的差异。

五 服务业创新研究概况

服务业是创新研究的一个新领域，国外从 20 世纪 80 年代开始关注服务业创新的问题，但在 2000 年以前，研究进展不是很快。国内学者注意到服务业创新的问题是在 2003 年以后。近几年，国内外关于服务业创新问题研究的进展开始加快，除了"新熊彼特派"的创新研究外，管理学、工业工程、甚至计算机等很多学科开始关注服务业的创新和服务创新，如目前比较热门的关于服务科学的研究。

在服务业创新的早期研究中，很多精力被用于回答服务业的创新与制造业有什么不同的问题，存在着不关注服务业创新特殊性的技术导向论和只关注服务业创新特殊性的服务导向论之争。目前，这种争论基本上不存在了，越来越多的学者认识到，对创新研究来说，服务业创新与制造业创新只是观察对象不同，以制造业为对象发现的规律在服务业同样适用。只是长期以来，创新研究一直主要将制造业作为主要的对象，对服务业关注较少，忽视了很多在制造业不明显，但在服务业中非常明显的现象和因素。其中一些对制造业和服务业的创新研究都非常重要的现象和因素，受研究对象的制约，未能被发现和重视。

因此，服务业创新的研究应该站在制造业创新研究的基础上，为整个创新研究知识积累做出自己的贡献。服务业创新研究的任务一方面是发现以制造业为对象开发的概念和理论的不足之处，并加以修正和完善；另一方面是发现以制造业为对象的创新研究很难发现或所忽视的现象和知识。

从产业创新体系的角度看，服务业作为一个整体，会存在一些与制造业不同的特性，这些特征会使其具有与制造业不同的创新特征和模式。同时在服务业内部，差异也很大。不同的产业的创新体系有着不同的要素、结构和作用方式，因而会具有不同的创新特点。服务业特性的影响程度也不同，因而在服务业中，不同产业间创新也会表现出较大的差异。刘建兵和柳卸林（2009）提出一个分析生产与消费的同时性、顾客参与生产过程、服务产品的不可储存性等特征对产业创新模式影响的框架，并以电信业和零售业作了初步的实证。

在本书对高技术服务业的研究中，将重点关注高技术服务业与其他服务业相比的特征和模式，不再特别关注生产与消费的同时性、顾客参与生产过程等这些共同特性的影响。

六 目前服务业创新模式研究的几个维度

目前，学术界对创新模式的研究，主要是从服务业创新分类、创新的驱动力及影响因素、创新模式等角度展开的。

（一）服务业创新分类

服务创新的发生是存在多维度的，技术创新仅仅是其中一个方面。Miles 等（1995）根据服务特征，将服务创新分为产品创新、过程创新和传递创新。Sundbo 和 Gallouj（1998）从创新对象上将服务创新分为产品创新、过程创新、组织创新和市场创新。

在服务业创新分类方面，Hertog（2002）的四维度模型在服务业创新分类的研究领域较有影响力。这一模型针对知识密集型服务业的特性，从服务概念、客户界面、服务传递系统和技术四个维度对服务业创新进行分析。其中，服务概念是指提出一种解决一个问题的新的概念或方法；客户界面是指客户与服务提供者接触的方式；服务传递系统主要是指生产和传递新服务产品的组织，侧重于服务企业如何对员工授权、支持他们以便最好地向客户传递服务；技术是以机器设备等形式存在的科学和工程技术。四维度模型较好地反映出了服务业创新的特点，既指出了服务业创新的方向，也指出了服务业创新的过程及企业相应具备的能力。

另外，刘建兵和柳卸林（2009）提出了一个基于特征方法的服务生产模型，并依据这一模型对服务业创新进行分类，但是没有与其他要素建立联系，不涉及创新模式的研究。

(二) 服务业创新的驱动力及影响因素

创新动力是创新研究的主要话题之一，是构成创新模式的核心因素。

在技术创新领域，对于技术创新的动力已有很深入的研究，比较重要的驱动力包括技术推动力、需求拉动力和政府行为推动力等。在服务业创新的驱动力方面，Sundbo 和 Gallouj（1998）最早进行了系统论述，把驱动力划分为内部驱动力和外部驱动力。内部驱动力包括三类：战略和管理、员工、创新和研发部门。外部驱动力分为轨道和行为者两个维度：①轨道会对企业施加作用，使企业在轨道约束的范围内进行创新。轨道可以分为服务专业、技术、制度、管理、社会五种类型。②行为者指人、企业或组织。顾客、竞争者、供应商、公共部门都对企业的创新产生影响。

服务业创新的驱动力及影响因素如图 2-1 所示。

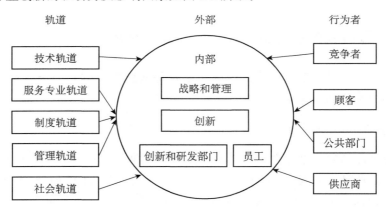

图 2-1 服务业创新的驱动力及影响因素
注：Sundbo 和 Gallouj，1998

(三) 服务业创新模式

Sundbo 和 Gallouj（1998）基于创新驱动力模型，归纳了一系列的服务业创新模式，具体包括：①传统的研发模式，创新的驱动力来自技术轨道，企业主要进行的是技术创新和过程创新。②服务专业模式，主要提供某个专业领域问题的解决方案，创新的主要驱动力来自服务专业轨道、员工和顾客。③新工业模式，是传统工业模式一定程度上的改进和演化。外部驱动力是技术轨道、服务专业轨道和顾客。④有组织的战略创新模式，主要来自大型服务企业，创新过程在企业战略和高层管理的指导下完成。⑤跟随模式，表现基于根本性创新的渐进创新。⑥ "工匠"，主要是操作性小型服务企业的创新模式。

Hertog 和 Biderbeek（1998）根据资源投入供应商、服务企业本身、创新服务产品的客户之间的联系不同，提出了服务创新的 7 种模式：供应商主导的创新模式、服务企业主导的创新模式、顾客主导的创新模式、服务企业帮助下的客户创新模式、内部化服务职能中的模式、服务职能外包的创新模式、范式创新模式。Miozzo 和 Soete（2001）也做过类似的研究，他们将服务业按创新类型分为三种类型：供应商主导部门、生产密集型部门、专门技术供应商和以科学为基础的部门，并分析了这三类产业创新的主要特征。

Gadrey 和 Gallouj（1998）在对咨询业的创新活动进行大量的研究基础上，识别了三种定制化项目的主要创新模式：专门化创新、形式化创新和新的专业领域创新。专门化创新是在与客户的合作过程中产生定制的解决方案、新知识和更高价值的知识。形式化创新通过不同的方式在无形的服务中加入 "有形的"元素，使得先前 "无序" 和 "模糊" 的服务功能变得 "有序化" 和 "规程化"。新的专业领域创新也成为 "功能创新"。

第二节 高技术服务业创新模式的研究框架

本书在产业创新体系框架下，结合服务业创新模式的相关研究，构建了高技术服务业创新模式的研究框架，用以刻画和分析信息服务业、计算机服务与软件业、研发与技术服务业三类高技术服务业及细分产业创新的特征、模式和问题。

这一框架包括主导创新类型、创新主体与网络、知识基础与技术体系、市场与产业结构和制度五个维度，并对每一维度进行细化，找到主要的衡量指标（表 2-1）。

表 2-1 高技术服务业创新模式的主要分析要素

主要分析因素	具体因素	定义
1. 主导创新类型	（1）创新程度	渐进性、重大性、根本性等
	（2）创新类型	主要的创新，如产品创新、过程创新、服务创新、商业模式、组织创新、管理创新等
2. 创新主体与网络	（1）创新主体	哪类组织是产业中的主要创新者
	（2）与用户、供应商、竞争者的关系	之间联系的紧密程度和方式
	（3）与高校科研院所的联系	之间联系的紧密程度和方式
3. 知识基础与技术体系	（1）技术壁垒	进入该产业的技术难易程度
	（2）技术累积性	新技术对企业原有技术和知识的影响
	（3）技术专业性	技术应用的范围

续表

主要分析因素	具体因素	定义
4. 市场与产业结构	（1）市场规模	市场规模的大小
	（2）市场细分性	市场的异质性，市场可细分的程度
	（3）市场网络性	网络效应的大小
5. 制度	（1）政府规制	政府规制程度

　　创新模式的研究逻辑是首先分析影响高技术服务业创新在五个维度的典型特点及演化趋势，在此基础上提出产业的典型创新模式。这些典型模式代表已经成功的创新模式或从演化趋势看未来会成为主导的创新模式。

一　主导创新类型

　　主导创新类型主要包括创新程度（渐进性、重大性、根本性等）和创新类型（产品创新、过程创新、服务创新、商业模式、组织创新、管理创新等）两个要素，同时也包括创新路径特征和频率等方面的分析。

二　创新主体与网络

　　创新主体是指在创新体系内进行创新的开发、扩散和使用的个人和组织。与其他创新体系一样，企业是产业创新体系最主要的行为者。其他行为者包括用户、供应商、竞争者等企业，以及大学、研究机构、政府公共管理部门等非企业组织等。网络指创新主体及其他行为者所构成的创新网络。

三　知识基础与技术体系

　　知识基础及相应技术体系的不同，会使不同的产业具有不同的创新特点。知识基础既包括科技和工程技术，也包括组织、管理等方面的技术。本书主要关注产业技术变化快慢、技术发展是连续性还是非连续性、对企业能力是积累性还是破坏性、知识生产的制度安排（是以正式的组织方式，还是以实践为主）等。

四　市场与产业结构

　　市场特征是服务业创新的一个重要影响因素。市场结构反映生产同类产品/服务的企业之间的竞争程度，同时也反映企业创新的市场机会。本书主要分析市场规模的大小、市场变化的快慢、市场所处的发展阶段、市场的地理范围或地域性等特征。市场结构与产业结构有着直接的关系，产业链的竞争会影响到一个细分产业的市场状况。产业结构反映产业链上各产业之间的关系和力量对比，本书主要分析产业结构的特点，包括垄断程度、产业链间是竞争还是互补及部分与互补的程度等。

五　制度

本书的制度指政府的法律、法规和政策等。主要考虑法律、法规和政策的作用，政府对产业规制的程度和方向等。

第三章 高技术服务业创新的基本特征与典型模式

第一节 研究概况

本书研究了 12 个高技术服务业的细分行业或业态，其中数字出版业、互联网服务业、移动营销服务、电子支付业归入信息服务业；软件服务外包业、环境在线监测服务业、空间信息技术服务业归入计算机服务与软件业；钢铁工程技术服务业、轨道交通技术服务、医药临床研究服务业、设计产业、科技型企业集合信托融资服务归入研发与技术服务业（表 3-1）。

表 3-1 本书所研究产业分类

序号	系列课题研究产业	国民经济行业分类中对应产业（一）	国民经济行业分类中对应产业（二）	本书分类
1	数字出版业	网络出版服务	出版业	
2	互联网服务业	电子商务服务	零售业、旅游业	信息服务业
3	移动营销服务	电子商务服务	商务服务业（广告业）、计算机系统服务、零售业	
4	电子支付业	电子商务服务	金融业（其他金融活动）	
5	软件服务外包业	其他软件服务	—	计算机服务与软件业
6	环境在线监测服务业	计算机系统服务	专业技术服务业：环境监测	
7	空间信息技术服务业	计算机系统服务	专业技术服务业：测绘服务	
8	钢铁工程技术服务业	工程技术与规划管理	工程和技术研究与试验发展	
9	轨道交通技术服务	工程和技术研究与试验发展	计算机系统服务	
10	医药临床研究服务业	医学研究与试验发展	其他专业技术服务	研发与技术服务业
11	设计产业	其他专业技术服务	—	
12	科技型企业集合信托融资服务	其他专业技术服务	金融业（其他金融活动）	

实际上，如果用国民经济行业分类来衡量，大多数高技术服务业的分类具有双重或多重属性。例如，数字出版业既属于信息服务业中的网络出版业，同时也属于新闻出版业中的出版业；电子支付业既属于信息服务业的电子商务范畴，也属于金融业的其他金融活动。

这些产业基本上涵盖了目前比较有优势和特色的产业或业态。不过，由于许多因素的制约，很多重要的产业或业态并未包含进来，如信息服务业中的数字动漫游戏服务，研发与技术服务业中的检测服务和咨询服务，计算机服务与软件业中为金融、电信、电力等行业提供解决方案的产业等，软件业也只研究外包服务一小块内容，有待在以后的研究中加以深入研究。

　　本书在细分产业创新特征和模式研究的基础上，进一步提炼和分析信息服务业、计算机服务与软件业、研发与技术服务业的创新特征和模式，在此基础上分析三类产业的差异性和作为高技术服务业整体的共同特征。本章主要是对信息服务业、计算机服务与软件业、研发与技术服务业和高技术服务业整体的创新特征和模式的分析，细分产业的研究在后面各章展开。

第二节　信息服务业创新特征分析

　　信息服务业是信息通信技术革命的直接结果，其本质是随着信息通信技术的发展，从原来物质生产中分化出来的信息生产、应用和消费的产业。主要包括三类，第一类是原来物质生产中的信息生产部分独立出来形成的产业，如携程网将与旅行相关的信息集中起来为顾客提供的信息服务；第二类是原来经济体系中不存在或规模很小的信息产业，如网络动漫、搜索服务等；第三类是指传统服务业依托互联网技术实现的新服务形式，如电子商务、数字出版、网络教育等。

　　图 3-1 中是信息通信技术革命造成的产业融合和分化后的信息服务业结构。

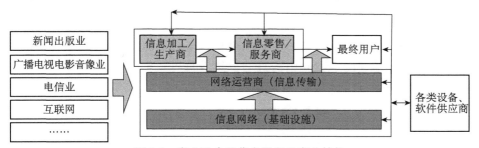

图 3-1　产业融合及信息服务业产业结构

一　主导创新类型

　　信息服务业的创新主要表现为重大通用技术创新基础上的大量渐进性创新。在一项或几项重大技术创新后，会出现大量的服务创新，诞生新的业态或细分行业。这种创新经常是服务内容创新、商业模式创新与技术创新的紧密结合。

　　信息服务业的很多创新是一种产业组织创新。信息服务业的创新和发展是对原有经济体系的破坏性创造过程。从整个信息服务业诞生和发展至今的演化过程来看，这一过程是一个量变到部分质变，再到全部质变的过程。首先，传统部门作为用户采用信息技术的创新。信息通信技术一般与原有产业技术是互补的，各个产业采用信息技术，都会提高信息处理的效率和降低成本，进而提高服务效率。例如，传统零售商利用手机进行营销，可以提高其销售额。其次，随着技术的应用，会诞生新的服务，出现质变，对原有产业造成破坏。例如，对于传统出版来说，数字出版对企业既可能产生积累性的影响，如扩大发行量；也可能产生破坏影响，如对报纸等行业的冲击，经过漫长的演化过程最终可能引起部分纸质出版物的消亡。电子商务和电子支付的出现，实际上也是对传统批发零售业和原有支付方式的替代。这种创新过程是一种产业演化的潮流，代表着产业未来发展的方向，如果企业不进行这种创新，会逐渐被市场淘汰。本书研究的数字出版、电子商务、电子支付和以凡客诚品、淘宝网、去哪儿网等为代表的零售、旅游等产业的发展均具有这种特点。正是因为如此，信息服务业的很多创新经常涉及多个产业，表现为产业组织的创新。

二 创新主体与网络

企业是信息服务业创新的主体，创新中的企业与高校、科研院所的联系较少。创新更多的是产业链上各环节企业或机构间的合作结果。

产业内存在大量的具有不同背景的创新者，其中 IT 企业为创新者，传统企业为跟随者。创新最初大多来源于 IT 业，这些企业在一定的基础性技术条件下，探索各种商业机会，一些会成功地被市场接受，成为创新。随着创新的成功，市场前景逐渐明晰，会吸引大量的模仿者进入，根据各自的优势，通过大量的渐进性创新进行改进服务。模仿者包括 IT 企业，也包括掌握内容资源的传统企业。

信息服务业的产业链一般由网络设备提供商、内容提供商、服务提供商、系统集成商、终端制造商和消费者群体等结点构成。产业链的不同参与者掌握着不同的资源，少了其中的任何一项资源都不会为顾客提供完善的服务，甚至导致服务无法提供。因此，在信息服务业的产业结构中产业链各参与方形成了竞争与互补共存的状态，并且显现创新平台化和联盟间竞争态势。

在对数字出版业的研究中，我们就分别剖析了以数字内容集成商为创新主体的企业（如中国知网）；以出版内容提供商为创新主体的企业（如商务印书馆）；以网络运营商为创新主体的企业（如中文在线）；以设备提供商为创新主体的企业（如汉王科技股份有限公司，简称汉王科技）等企业创新的情况和各自面临的问题。对其他产业的分析也显示了基本相同的情况。

三 知识基础与技术体系

产业创新中存在两类知识：一是快速变化的基础性信息通信技术，如互联网技术、通信技术、流媒体处理技术、计算技术等；二是实践性的知识，主要来源于创新和经营实践中对用户需求、面临问题的不断挖掘与分析，以及运用通用的信息通信技术解决这些问题的技巧。

信息通信技术的积累性较低，并且具有一定的破坏性。信息通信技术大多会变成整个行业或多个行业的通用技术；通用技术具有很强的外部性，主要由供应商主导。新的通用技术的出现，为信息服务业创新提供了新的技术条件，通常会带来信息服务业发展里程碑式的跳跃。随着新的通用信息技术的诞生，企业原有的围绕原来信息技术建立的知识就会变得过时，既对企业原有知识造成破坏，又可能被在新技术基础上成立的企业超越，这意味着产业的创新存在着后进入者成功实现追赶和打破垄断的机会。因此，信息服务业的创新要密切关注通用性信息通信技术创新和变革。

实践性知识是隐性知识，很难被其他企业完全模仿，是企业竞争优势的核心来源。经验性知识具有很强的积累性，即企业的创新实践越多，知识积累越多，创新能力越强，后进入者能够实现超越的机会就越少。例如，电子支付对所服务行业业务和支付特点的把握，电子商务中对所经营市场的熟悉及友好和方便用户的信息系统等都构成了这些产业竞争优势的核心来源。

从知识基础的范围来看，总体上知识基础较宽，行业的技术壁垒并不高，有利于新进入者的创新。

四 市场与产业结构

市场的基本特征是潜在市场规模巨大，存在大量的创新机会，但在某一时间和地区，受各种因素的制约，只会有少数创新具备成功的条件，被市场接受。

从整个信息服务业来看，潜在的市场规模巨大，未来的总量应该大于目前物质生产的规模。这一市场的最终形成是现在通称为信息服务业的各类信息产业不断替代原有产业或创造出新的市场的过程。在产业发展初期，一个领域一般会形成一个综合性的市场，随着产业的发展，原有的信息服务业会被针对某一细分市场的专业化的产业所分化。

从总体看，虽然整个信息服务业增长很快，但仍然处于初级发展阶段。与潜在的市场规模相比，所占比重还相对较低，未开发的市场还很大，存在巨大的创新机会。据统计，2009 年，中国的社会消费品零售总额为 12.3 万亿元，其中商家对客户（B2C）的电子商务销售额在 3000 亿元左右，占比约为 2%①。虽然存在一定的市场，但并不意味着就会有创新，受各种技术、体制、政策和人们的习惯、技能等的影响，在某一时间段内，只能有几类服务真正有市场。使很多企业挤在同一市场，会造成过度，甚至恶性的竞争，产业盈利空间也会变得越来越小，脱离这一红海的根本出路在于跳出现有的竞争格局，在更广阔的市场上寻找创新的蓝海。

另外，由于存在较高的网络效应，产业竞争中存在"只有第一，没有第二"的赢者通吃现象，容易产生垄断。大企业（拥有众多用户的企业）在竞争中处于天然的优势地位。企业也很容易利用这种优势在竞争中获得成功，如果这种优势被用于模仿创新者的成果，会极大地阻碍产业的创新。

五　制度

（一）监管与政策

新兴信息服务业的出现，带来政府监管上的问题。信息服务业在发展初期，各种监管制度经常缺失，一些企业便利用这种监管制度的空白取得了成功。第三方电子支付业的发展正是这种情况。随着产业规模和影响的扩大，政府会逐渐完善监管制度，并出台一些促进产业发展的政策，市场也将逐渐趋向规范化。

（二）知识产权保护

知识产权很难保护。这与行业的技术特点有关，产业创新中用到的信息通信技术一般是通用技术，基本上不存在保护的问题；在通用技术基础上开发的系统或技术方案，实际上很难受到真正的保护；数字化内容资源复制的成本很低，也很难受到保护；商业模式经常是一个概念，同样存在很难保护的问题。

知识产权很难保护，使企业普遍采用诀窍和领先者优势等方式来保护自己的创新。同时，也严重影响企业的创新动力。因为很难获得创新红利，很多企业便不再进行创新。

（三）创新的国家/区域特定性和渐变性

在信息服务业，用户参与服务过程，因此新业务的开发直接受用户对信息技术的掌握水平和消费习惯的影响。在服务业中，由于用户参与服务生产过程，创新就意味着企业和用户习惯的同时改变，而不论是企业，还是用户，惯例的

---

① 艾瑞咨询.2010.《2009—2010 年中国电子商务行业发展报告》。

改变都是一件非常困难的事情。相对来说，企业可以通过培训、实施规范、甚至命令等行政方式改变自己的惯例。而对用户，则不能采用行政的方式，用户习惯的改变更加困难，速度也较慢。

用户需求的改变主要受社会、经济、文化、政治等各种因素的影响。这些因素是经过长期演化形成的，具有国家或区域特定性。因而也决定了产业的创新具有国家特定性和渐变性。例如，彩铃等服务首先发生在中国和其他东亚国家，并且现在的发展仍然远远好于欧美国家，与这些东亚国家新一代年轻人追求时尚的特殊需求直接相关。另外，在中国，语音增值业务一直存在是因为很多人还不熟悉，甚至不会使用电子和信息设备。例如，手机用户中很大一部分人不会或不能熟练使用短信功能。如果不加干预，这种状况的改变需要一个较长的渐变过程。

第三节　计算机服务与软件业创新特征分析

一　主导创新类型

计算机服务与软件业是信息通信技术产业发展的直接结果，既是信息通信技术通用技术的应用者，也是信息通信技术产业的重要组成部分。产业的创新主要表现为计算机服务与软件企业推动信息通信技术在各个产业、政府管理部门和人们的工作、生活中的应用，以软件和计算机系统等产品创新的形式出现。

创新主要表现为基于信息通信技术等通用技术和标准之下的渐进创新，客户需求和参与是渐进创新的主导力量，创新的目的主要是解决用户需求的应用问题或者更有效、更低成本地提供服务。

在一些新型业态如三维空间信息产业、环境在线监测服务等行业，创新突出表现在对软件、硬件的集成创新。强调整合软硬件技术，提供行业整合解决方案，以对分散的信息、资源加以获取与整合，提供针对性的系统服务。

产业中存在着大量与技术创新相配合的管理、组织创新，这类创新大多仅应用于企业自身，以企业自身的经验性知识的积累为基础，不过创新成果可能随着越来越标准化而扩散到企业外部。例如，软件外包企业的案例中，随着客户、项目数量的成倍增长，为了给客户提供更好的服务，各个企业都在寻求更好的交付模式，这种需求催生了一系列企业范围内管理和组织创新，许多领先企业都建立了统一技术架构平台来提高服务的提供效率，如管理平台技术、软件应用开发平台技术、产品综合应用解决技术方案等。这些技术创新节省了人力和知识积累的成本，使服务/产品具备了大规模应用的条件。

二 创新主体与网络

（一） 以企业为创新主体，构成企业与用户为主的互动网络

计算机服务与软件业创新的主体是企业，创新动力主要来源于用户或市场对服务质量等需求，企业与用户之间的紧密互动构成了该产业主要的创新网络。计算机服务与软件业一方面能够获得大量关于用户的特定需求知识，另一方面能够将用户"智力"纳入创造性解决方案的定制与实施过程中，极大地提升创新的绩效。因此，相比于其他服务行业，这类服务业创新过程中"用户合作生产"的价值尤其重大。

（二） 业内领先者引导创新，行业内快速模仿

在具体的应用领域中，业内领先者在技术、服务内容、商业模式方面的创新推动了细分产业的发展。同一竞争领域的企业之间存在着快速模仿倾向，促进了服务创新的扩散，也推动了产业竞争的同质化、标准化。

（三） 与软硬件供应商的关系成为推动创新的重要因素

这一产业的提供商主要有硬件提供商（计算机、网络设备等）和软件提供商，企业的服务需要进行相关硬件、软件的集成和创新，因此与供应商的联系也是创新的重要因素。在三维空间信息产业、环境在线检测服务等专业计算机服务与软件领域，硬件与软件的关系尤为密切，领先的硬件供应商在企业服务提供中起着参与和推动作用，企业与供应商之间的合作与知识交流较为频繁。

（四） 与高校和科研院所联系较紧密

由于产业本身对先进技术应用的要求，计算机服务与软件业与高校、科研院所等公共研究机构的联系较为紧密。表现方式有：一些企业本身是高校科研活动的衍生机构，与高校之间有着股权、人员、技术等多方面的联系；一些企业的研发项目经常与高校和科研院所合作，产学研合作的机会较多；企业重视从高校获取科技人才。例如，案例研究中的软件外包企业，与高校开展合作进行技术人才的招聘与培养；而三维空间信息产业和环境在线监测服务业中的许多企业本身就是因高校或科研院所科技成果转化而产生的，许多产品和服务知识来自这些公共研究机构，在企业运作中与高校、科研院所的合作非常密切。

三 知识基础与技术体系

产业创新的核心知识是应用性技术知识和组织、管理类知识，大都属于经验性知识，来源于针对特定用户和市场进行的产品和服务开发实践，具有累积性特征，即企业的新知识与原有知识之间具有很强的互补性，使得创新企业的优势得以保持，并构筑了较高的产业进入壁垒，提高了其他竞争者的模仿成本。

（1）模块化和平台性的计算机服务与软件开发知识，依据这类知识，企业可以提高软件的复用率，提高工程化、规模化的服务提供方式。在技术知识的生产组织方面，平台性的技术生产企业一般会组织正式的部门来进行。

（2）特定用户或市场的专有性技术。这类知识需要在与用户的互动中不断积累。在整个服务过程中，通过需求分析实现对用户需求的准确把握是整个过程实现的基础，同时用户在知识生产过程中发挥着很大的作用。

（3）组织、管理等知识。计算机服务与软件业具有生产性服务业的特征，其主要用户是企业、政府部门等组织。随着产品和服务的规模扩大，各方对企业的组织、管理能力提出了越来越高的要求。企业在人力资源管理、业务发展规划、客户信息管理等方面需要不断积累相应的知识。这类知识具有非常强的累积性，直接影响企业竞争优势的发展（图3-2）。

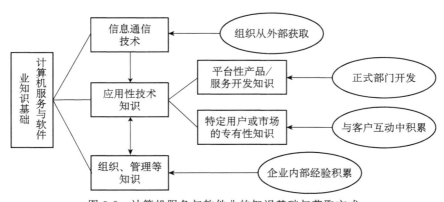

图 3-2　计算机服务与软件业的知识基础与获取方式

四 市场与产业结构

从全球发展的状况来看，整个计算机服务与软件业的发展已经日趋成熟，形成了寡头型市场结构（跨国公司主导），细分市场竞争激烈。创新动力主要来源于用户或市场对服务质量等需求。在中国市场，同时存在着跨国公司垄断和本土企业分散竞争的特征（孙平和丁伟，2009），本土市场主要表现为市场集中度低、同质化较为严重、缺乏具有国际竞争力的企业集团。同时，产业内的条块分割现象较为明显，很多企业的竞争是集中在特定区域和应用行业进行的。

五 制度

从总体上看，计算机服务与软件业的政府规制程度相对较低，并且尽管存在资质等部分政策与制度需要细化的问题，但主要起积极作用。例如，各种推动信息化的需求政策对于产业的创新和发展起着巨大的拉动作用。

（一）国家的信息化推动政策

为了促进传统工业的升级和国家经济的可持续发展，通过信息化建设推动新型工业化成为我国当前的战略重点。国家制定了多项推动信息化建设的规划和政策。《2006—2020 年国家信息化发展战略》中提出大力推进信息化，覆盖我国现代化建设全局的战略举措；2007 年党的十七大首次提出信息化与工业化融合发展的命题；2008 年《国家发展改革委办公厅关于组织开展信息化试点工作的通知》中提出，在大型骨干企业信息系统外包服务、中小企业电子商务服务、移动电子商务、电子认证服务、信用信息服务等七个领域开展信息化试点工作；2008 年国家组建了工业和信息化部，将"新型工业化、信息化和工业化融合"提到了重要日程。这些政策推动了各个产业领域的信息化进程，同时为计算机服务与软件业的发展提供了非常大的帮助。一方面，这一产业的原有市场容量成倍增长；另一方面，催生出许多新兴的市场，从而推动了产业内的大量创新。

（二）针对性的产业支持政策

目前，国家对计算机服务与软件业的支持较多，从一定程度上促进了产业的发展。近年来，国家对信息产业的发展高度重视，设置了专门针对这一产业的管理部门。2008 年 6 月，工业和信息化部设立软件服务司，标志着软件及其涉及的产业链开始纳入政府部门统一管理。近年来国家有关政策发展的特点与趋势包括以下几个方面。

（1）资金、人员政策方面的激励：政府对计算机服务与软件业实施了较长时间的税收优惠政策。近期还将进一步加大对符合条件的新创软件企业的所得税的支持力度。税收优惠鼓励的重点是技术先进型企业。

（2）将鼓励政策延伸到新的业态上，如 IT 咨询、软件即服务（software-as-a-service，SaaS）、数字内容等。

（3）政府采购：鼓励政府部门、央企、上市公司等加大对国产软件的采购力度，优先选用国产软件。

（4）其他政策措施：鼓励软件消费（如鼓励服务外包）、加强版权保护力度、健全人才培养体系等。

总体来看，政策在维护市场有序竞争、推动创新型企业发展方面发挥了积极作用，尤其表现在对软件等相对成熟产业的支持上，但是对于产业中的新型业态的制度跟进力度尚需加强。

（三）知识产权保护不力阻碍产业创新

知识产权（如软件著作权）的制度相对成熟，但执行力度较低，不利于创新者。

第四节　研发与技术服务业创新特征分析

一　研发与技术服务业的分类

研发与技术服务业是生产性服务业的重要组成部分。在工业革命以前和工业革命早期，研发与技术活动基本上是一种由好奇心驱动的个人活动。19 世纪后期到 20 世纪初，德国和美国兴起了一股企业办研发机构的浪潮。研发与技术开发开始作为企业的一种职能被内部化，并成为一种主导模式。

20 世纪 70 年代以后，欧美国家这种企业内部研发的模式开始受到挑战。研发外部化开始流行，即研究机构、高校、专业的研发公司等外部研发力量在企业技术获取和创新中的作用越来越大。企业与其他研发力量（高校、研究机构及其他企业）合作或委托研发，或通过并购企业、购买等手段从外部直接获得技术的比重越来越高。

研发活动的外部化表现为大企业越来越依赖从外部获得技术的同时，也表现为以研发与技术服务为主要收入来源的研发与技术服务业的蓬勃发展。例如，在美国硅谷大量存在的"纯设计的半导体公司"，这类公司唯一的事业是设计半导体产品，然后将设计方案作为知识产权出售给其他公司，自己并不制造也不营销最终的半导体产品本身。在医药研发领域，20 世纪 70 年代末期，美国只有几家专业的医药研发公司，现在已经发展到了上千家，外包的范围也从最初的临床研究咨询和策划扩展到现在从研发到临床实验的所有环节。在工程技术服务领域，电信、轨道交通等运营领域也越来越多地采用外包的方式，将运营外包给相应的设备或技术服务公司。

研发与技术服务企业的重要经营活动形式是通过市场完成研发，实现研发价值的。目前，我国的企业在组织结构和运行机制方面还有很多不完善的地方。实施组织创新，提升组织创新意识是当前研发与技术服务企业面临的重要挑战。

　　研发与技术服务是服务企业参与客户的创新，并为客户完成其中部分环节的过程。可以分为三类：第一类是提供新产品解决方案，如工业设计、手机设计；第二类是提供工程技术服务，如本书案例中研究的钢铁工程技术服务和轨道交通运行控制系统的研发；第三类是为上述两类服务提供专项技术服务，如医药业检测和临床等环节的外包服务。

　　由于服务类型的不同，三类研发与技术服务业有着不同的创新特征和模式（图 3-3）。

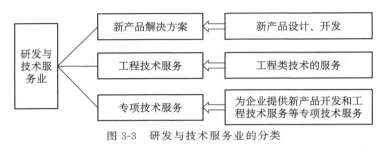

图 3-3　研发与技术服务业的分类

二 新产品开发类研发与技术服务业的创新特征

　　本书主要考察了工业设计业的情况。通过对这一行业的考察及前期我们对手机设计产业等的研究（刘建兵，2009），我们发现新产品开发类产业创新具有如下的特点。

　　（一）由单一服务向解决方案集成化创新方向发展

　　以工业设计业为例，最早的服务是在产品工程设计的基础上提供结构和外观设计，后来逐步扩展到市场营销策划、用户界面（UI 设计），甚至包括工程技术设计。相当于替用户完成越来越多的创新活动。

　　（二）实践性知识的累积性特征及对复合型人才的强烈需求

　　在与用户互动和合作创新的过程中，用户的知识逐渐转移到设计企业，成为设计企业的知识。这种实践性知识具有积累性，会随着实践活动次数的增多而不断增加，企业的能力也不断提升。例如，为一个行业内 100 家企业提供设计服务的公司，最后会比所服务行业的企业更了解这一行业的特点，所提供的服务质量也越来越高。

　　由于产业的创新以实践性知识为主，人才对于这些产业的创新有着比其他产业更高的作用。所需的复合型人才需要长期的实践活动才能培养出来，因此人才的培养在这一行业非常困难。

（三）信誉和品牌有着重要作用

由于这类服务有高度的无形性，信誉和品牌有着非常重要的作用。而良好的信誉和品牌的形成是靠长期的优质服务积累出来的。因此，行业内存在信誉好的大公司越来越强的趋势，而小公司在创业期则会非常困难。

对小公司来说，由于上述的特点，会形成一个"没有业务，没有实践机会和用户了解自己的机会，以致不能提供服务，没有业务"的恶性循环。因此，政府的补贴或其他一些需求政策对于促进这类企业的创新和发展具有十分重要的作用。例如，本书中，IDC design 公司为北京第二机床厂产品的设计与工业设计促进中心牵线搭桥和"设计创新提升计划"的补贴有着直接的关系。

（四）所服务产业的技术特征是影响企业创新的重要因素

产品设计类的研发与技术服务业之所以能够独立为一个产业，与所服务产业技术的特点有着直接的关系。技术的变化会直接影响到这一产业在整个产业链中的位置和从整个产业链层面上看的创新组织模式。例如，手机技术模块化的发展进程在很大程度上决定了手机设计产业的演化方向。

（五）市场是产品设计类研发与技术服务业创新与发展的重要拉动力量

以工业设计业为例，国外工业设计业的出现是市场竞争和研发专业化分工的自然结果，大量的企业依靠创新获得竞争优势，为设计企业创造出了大量的市场空间。国内工业设计业的发展，最早于 20 世纪 80 年代由高校的学者引入国内，一方面，企业创新的动力很小，也就没有对工业设计的需求；另一方面，20 世纪 90 年代以后，随着竞争的不断增强，一些企业开始尝试使用工业设计时，学者们才发现自己并不具备实际的设计能力。因此，很长时期内，国内的工业设计发展并不理想，特别是北京。随着我国市场走向买方市场和政府的推动，企业越来越具有创新性，工业设计的市场也越来越大，这必将推动工业设计业的发展，也会出现越来越多的工业设计创新成果。

三　工程技术类研发与技术服务业的创新特征

通过对钢铁工程技术服务和轨道交通运行控制系统案例的考察，加上我们前期对其他工程技术服务业的研究，发现工程技术类研发与技术服务业具有如下的特点。

(一) 产业创新的知识基础

产业创新的知识分为两类：一类是产业内的通用技术、共性技术，如钢铁工程服务中的某种炼钢工艺或轨道交通运行控制系统开发所需的 IT 技术；另一类是对所服务行业技术、运营等工程化技术和专业知识的掌握 (图 3-4)。

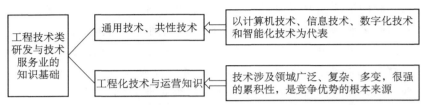

图 3-4　工程技术类研发与技术服务业的知识基础和主要特征

以计算机技术、信息技术、数字化技术和智能化技术为代表的共性技术对研发与技术服务业的创新起到了重要的促进作用。在通用技术的发展过程中存在明显的不连续性，存在主导技术间更替的现象。在一种主导技术下，会有大量的渐进性创新。对于工程技术服务企业来说，掌握主导技术是其开展业务的基本条件，需要关注技术的变化。

在利用先进技术改造传统产业方面，发达国家做了大量工作，取得了巨大的成就。例如，现代热连轧机的控制精度和响应速度可以和航天发射的相媲美。由于计算机和网络技术的使用，冶金企业实现了计算机的 4 级管理和控制，经营决策、财务统计、生产管理、生产控制等都实现了自动化，不但大大降低了人员成本，提高了管理水平，也大大提高了产品质量，降低了生产成本 (梁治国，2010)。

工程技术类知识需要长期的创新实践活动才能完成，具有很强的累积性，是这类研发与技术服务业竞争优势的根本来源。以钢铁冶金领域为例，生产流程涉及的科研和工程领域广泛，并且其具有高温、多元和复杂相变的特点，使得科研和技术开发的难度大，必须依靠各个学科领域的密切配合，进行综合性研究开发。工程技术类研发与技术服务业需要专业的中间试验基地。正因为如此，轨道交通运行控制系统的开发需要产学研用的合作，中冶京诚工程技术有限公司 (简称京诚公司) 需要建设自己的中试基地对自己的工艺和设备进行测试。

(二) 市场对工程技术类研发与技术服务业有着重要的拉动作用

这类研发与技术服务业市场主要是制造业，我国制造业的高速发展带来的需求，为工程技术产业的创新和发展创造了巨大的市场。例如，钢铁产业的发展对钢铁工程技术服务业的发展、轨道交通技术服务的发展对运行系统研发都有着直接的拉动作用。其中，与领先用户合作具有重要的作用，双方在技术开发、产品设计、市场服务、产品销售等环节的互动，共同推动了产业创新进程。

（三）制度保障对创新有重要的推动作用

这类行业创新的知识基础表明，要推动产业创新的发展，制度保障与推动是非常关键的因素。单个企业特别是中小企业由于受试验研究装备、人才、经验等所限，很难独自研发重大工艺技术。大型企业虽然有较强的研发能力，并且掌握了相对多的先进技术，但是由于市场竞争，对外技术封锁严重。大多数高校和科研院所由于专业分散，往往难以形成一支高效的队伍和一股强大的推广力量。这要求从政策上创新产学研合作机制，通过资源共享与创新要素的深度优化组合，促进科技成果转化。制定并完善相关工程技术类研发与技术服务业发展的规范与相关标准，加大行业监管力度，促进协调沟通，创新利益分配机制。

四 专项技术服务类研发与技术服务业创新特征

本书主要考察了医药临床服务业和将集合信托引入科技型中小企业融资的案例，通过这两个案例的考察，我们发现专项技术服务类研发与技术服务业具有如下的特点。

（1）对于提供专项服务的研发活动来说，服务提供者主要依靠的是某一专业领域的知识和试验条件。创新的成功很大程度上依靠这些专业知识和试验条件。

（2）创新活动受政府各种标准、制度和政策的影响较大，如医药临床研究服务业中的标准、规划，集合信托融资创新中政府的规制政策等。政府的严格规制会直接引发产业的创新，如更严格的标准和规制政策会迫使业内的企业开展创新，以获得生存机会。

（3）产业的知识具有积累性，产业容易形成大企业或垄断性企业。例如，在医药临床研究服务业中，全球约 1100 家合同研究组织（contract research organization，CRO）中，10 个最大的 CRO 公司拥有超过 50％的市场份额，最大的公司大约占有 12％的市场份额（李中华，2008）。

（4）与其他服务业一样，专项服务创新有着向集成化或提供解决方案方向发展的趋势，但这种能力的转变提升会面临较大的困难。企业需要具备更多专业领域的知识，同时具备将多个专业领域知识集成起来的知识积累。

第五节　三类高技术服务业创新的差异性与典型模式分析

表 3-2 是以本书所研究细分产业案例为基础，对三类高技术服务业创新的特征的总结和分析。在此基础上，我们对创新程度、与高校和科研院所的联系、技术壁垒、技术的专业性、技术的积累性、市场规模、市场细分性、市场网络性和政府规制程度九个指标进行了总结和判断（表 3-3，图 3-5）。通过分析，可以清楚看出三类高技术服务业的创新特点和差异性。

表 3-2　北京高技术服务业创新的特征和模式分析

所研究产业	主导创新类型	创新主体与网络	知识基础与技术体系	市场与产业结构	制度
信息服务业 数字出版业、互联网服务业、移动营销服务、电子支付业	通用技术创新基础上的大量渐进性创新；服务内容创新、商业模式创新与技术创新相的结合；创新呈现平台化和联盟间竞争态势；很多创新是整个产业链的组织创新	企业为主体；产业链上各环节企业呈竞合关系；与高校和科研院所的联系较少，联系主要是对个别关键技术的转化；存在大量的具有不同背景的创新者，其中 IT 企业为创新者，传统企业为跟随者	基础性信息通信技术的突破决定行业的重大创新，具有通用性，知识扩散快；知识基础较宽，有利于创新，但不构成企业核心竞争优势来源；企业竞争优势核心来源于行业专业知识和其他积累性的经验性知识	新兴市场，潜在市场规模巨大，但受各种制度性因素影响有效市场较小，同质化竞争激烈；由于网络效应，存在赢者通吃的现象；整个产业处在快速融合与分化阶段	新兴产业造成的监管制度缺失、知识产权很难保护和垄断等是阻碍创新的最主要因素；企业主导制定的标准的统一性、兼容性较低，需要政府干预
计算机服务与软件业 软件服务外包业、三维空间信息产业、环境在线监测服务	组织与管理创新；用户需求拉动的渐进创新；服务内容的集成化创新；技术体系的创新	企业是主体，企业与用户间的紧密互动；与高校和科研院所联系较多，但高校和科研院所不起主导作用，联系主要是高校和科研院所的成果转化和衍生企业；创新主体较多，细分市场间存在一定差异	细分市场的专业知识、组织和管理知识为主（经验性知识），具有积累性；专业性较强，知识基础范围比信息服务业小，但相对来说，技术门槛不高；高端专业人才很难培养	成熟市场，形成了寡头型市场结构（跨国公司主导），本土企业创新机会主要在应用；细分应用市场呈现集中化趋势，但同质竞争激烈	政府各种政策和制度主要起积极作用，如各种需求政策；资质等部分政策与制度需要细化；知识产权保护不力是重要问题

续表

所研究产业	主导创新类型	创新主体与网络	知识基础与技术体系	市场与产业结构	制度
研发与技术服务业	新产品开发类：工业设计*	服务内容的集成化创新；开发工艺或设备的创新	企业为主体；服务企业与用户合作创新；双方紧密互动和沟通	经验性知识为主；专业性强，知识基础范围较小；所服务领域专业性知识具有不连续性	市场细分化，每一细分市场规模较小；在细分市场，集中化趋势明显，信誉和品牌具有重要作用，有利于大企业；产业链上下游企业会挤占产业空间	政策和制度对本行业的影响是间接的，总体效果为积极；政府的补贴或其他需求政策对于促进小企业创新十分重要
	工程技术服务类：钢铁工程技术服务业；轨道交通技术服务	服务内容集成化创新；内部组织与管理创新；产业组织创新；试验条件的创新	专业性较强，创新主体主要是行业内的高校、研究机构和企业；具有研究机构背景（包括高校、科研院所和企业研究机构）的企业为主体；产学研联系紧密；与用户紧密沟通和合作对创新成功至关重要	具有专业性，知识基础范围较小，进入壁垒较高；产业技术具有系统性，基础性技术存在明显的不连续，存在主导技术间更替的现象，企业需要关注技术的变化；经验性知识的掌握是产业竞争优势的根本来源	专业性市场，受所服务产业发展状况影响；行业壁垒较高	不同产业存在较大差别，总体上规制较严，受设计规范、标准等约束
	专项技术服务类：医药临床研究服务业、科技型企业集合信托融资服务	试验条件的创新；内部服务流程和组织创新；产业组织创新	研究机构为主；企业为新进入者，但表现出很强的创新能力；政府是重要推动者	专业性强，知识基础范围很小；依赖于专业知识和试验条件	市场具有专业性；市场规模相对较小	严格受政府各种政策、标准、规范等约束

* 本部分总结时部分考虑了未列入本次研究范围的手机设计产业

表 3-3　三类高技术服务业创新特征分析

指标	信息服务业	计算机服务与软件业	研发与技术服务业
创新程度	一般	较低	较低
与高校和科研院所的联系	低	一般	高
技术壁垒	低	较低	较高
技术的专业性	较低	较低	高
技术的积累性	较高	较高	一般
市场规模	高	一般	较小
市场细分性	低	较高	较高
市场网络性	高	一般	较低
政府规制	一般	较低	较高

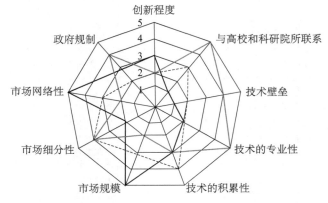

—— 信息服务业　　—— 计算机服务与软件业　　------ 研发与技术服务业

图 3-5　三类高技术服务业创新特征蛛网图

注：根据表 3-3 作图，1～5 级分别代表低、较低、一般、较高和高

　　根据最突出的几个特征，我们试着提出了三类高技术服务业的创新模式。不过，需要注意的是，提炼各类产业创新最典型的特征，并命名为某种模式，是一件非常困难的事情。实际上，每一类产业都没有唯一主导的创新模式，产业创新的特征需要通过多种因素综合分析才能较全面地反映出来，仅用一两个最突出的指标进行概况，实际上会丢失很多的信息。另外，本书也只是对个别产业进行了案例研究，而且细分产业间实际上也存在一定的差异。因此，在使用本书的结论时需要注意这些问题。

　　通过对所研究产业的比较研究，我们认为，信息服务业、计算机服务与软件业、研发与技术服务业最典型的创新模式分别是基础性技术突破推动的商业模式创新、细分市场需求拉动的管理和组织创新及市场需求拉动的服务内容和交付方式创新。

一　信息服务业

信息服务业最典型的创新模式是"基础性技术突破推动的商业模式创新"，具体的特点是：原始创新动力主要是 IT 企业寻求商业机会的努力。创新类型主要表现为商业模式创新，并且经常伴随着产业组织的创新。商业模式创新能否成功，在很大程度取决于关键技术的突破和市场条件是否成熟，其中重大的关键技术是决定性的。创新面临的是规模巨大的新兴市场，创新机会很多。技术具有较高的积累性，加上很高的网络效应，使创新有利于创新型企业和大企业。

二　计算机服务与软件业

计算机服务与软件业最典型的创新模式是"细分市场需求拉动的管理和组织创新"。产业的市场相对成熟，细分市场竞争激烈。创新动力主要来源于用户或市场对服务质量等需求，创新类型主要表现为企业管理和组织方面的创新。核心知识是专业性的经验性知识，有着较高的积累性，有利于创新型企业和大企业。

三　研发与技术服务业

研发与技术服务业最典型的创新模式是"市场需求拉动的服务内容和交付方式创新"。创新动力主要来自市场需求，其中政府政策和制度安排的影响也非常大。创新主体主要是研发机构或具有研发机构背景的企业，市场细分程度高，专业性高，进入壁垒较高，新进入者机会较少。创新类型主要表现为服务内容的集成化和交付方式的创新，为了适应服务内容和交付方式的创新，经常需要企业进行管理和组织创新。由于服务的领域和方向多种多样，市场和社会需求巨大，中小型企业也有一定的生存空间。

第六节　高技术服务业创新的共性特征分析

尽管三类产业存在较大差异性，但存在一些共同之处，通过归纳，高技术服务业作为整体，其创新表现出如下特征。

一　依赖于科学技术的突破

高技术服务业的创新是科技发展的直接结果，很多的创新依赖于所在产业或所服务产业重大技术的突破。信息服务业本身就是信息通信技术革命的结果，没有信息通信技术，也就没有互联网服务、数字出版、移动营销服务和电子支付领域的创新和产业的发展。同时，随着技术的不断突破和完善，新的创新不断涌现，推动产业规模不断扩大和细分。计算机服务与软件业、研发与技术服务业的创新则与所在或所服务产业技术的突破有直接相关。例如，技术架构、编程语言模式的变化，会要求计算机服务和软件业进行相应的管理和组织创新。在中国，手机设计产业的诞生、发展、衰退的演化过程，手机技术的模块化起了决定性的作用，提供快速消费类电子产品设计服务的工业设计产业实际上也面临着这一问题。新一代钢铁工程技术和轨道交通技术的出现，经常会造成提供技术服务的企业原有知识的不连续，同时也会为产业发展创造新的市场机会，会产业大量的创新。

二 经验性知识为本

在高技术服务业的创新中，经验性知识起着至关重要的作用，是企业竞争优势的核心来源。

高技术服务业创新依赖的知识体系，包括以硬件设备为载体的自然科学和工程类技术，以及组织、管理等体现为人的经验性知识。其中，以硬件设备为载体的自然科学和工程类技术经常是一种通用性技术，具有供应商主导的特征，而且经常会存在着主导技术间更替，对企业原有知识造成破坏。而经验性知识具有累积性特征，即企业的新知识与原有知识之间具有很强的互补性，使得创新企业的优势得以保持，并构筑了较高的产业进入壁垒，提高了其他竞争者的模仿成本。

经验性知识来源于企业经营和创新实践中对所服务领域专业知识的掌握和多种知识的集成能力，如电子支付对所服务行业业务和支付特点的把握，电子商务中对所经营市场的熟悉及友好和方便用户的信息系统等。同时，高技术服务业的创新很多是一种与顾客合作的创新，企业必须在新服务开发过程中与客户之间保持紧密的联系和互动，这种互动过程本质是知识创造过程，是服务企业经验性知识的重要来源。

经验性知识主要以人为载体，因此人才，特别是需要经过长期实践培训才能成长起来的高层次人才，在高技术服务业中有着比其他服务业更高的地位。另外，与用户直接接触的一线员工是企业与客户之间进行互动创新的桥梁，是创新过程的直接参与者。

三 向提供综合服务方向发展

服务内容由单项创新向提供解决方案和综合服务方向发展是高技术服务业

创新的一个明显趋势。在本书研究的三类高技术服务业的中均可观察到这种发展趋势。以钢铁冶金研发与技术服务业为例，融冶金工艺技术、重大冶金装备、电气自动化、能源环保、水资源综合利用于一体的综合性、实体化技术服务机构，是整个行业发展的要求和未来趋势。而对于生物医药研发服务业来说，其价值链包括从早期的策划到立项、基础研究、非临床研究、临床申报、临床试验、生产许可、《药品生产质量管理规范》（Good Manufacture Practice）、《药品经营质量管理规范》（Good Supplying Practice）和市场管理等多环节。在传统医药研发产业链的基础上，产业链在不断延伸，衍生出许多新的增值环节。例如，基础研究就可以细分为靶标确认，先导物的发现，制备及生物学活性的筛选、优化等环节；非临床研究又可细分为实验动物模型、质量控制标准、药品的稳定性、药品的安全性评价等环节。市场需求促使研发与技术服务业的企业必须提供系统化的解决方案（陈锦章，2008）。

通过提供综合服务，可以充分发挥企业拥有的知识的效用，获得更高的长期边际收益。提供综合服务意味着企业在与用户合作生产中，完成了更多的服务生产活动，这需要服务企业具备更多专业领域的知识，同时，也是更重要的，具备将多个专业领域知识集成起来的能力，这种能力的形成将会进一步加强企业的竞争优势。

但是，这种能力的形成非常困难，需要经过长期的实践和组织学习过程。例如，英国目前基本上不制造轮船，但其轮船设计业仍然非常发达，主要是其过去多年轮船制造业的高度发展的结果。IBM 在计算机服务和软件业的优势的建立与其在计算机制造上的知识积累有着直接的关系。本书中京诚公司在钢铁工程技术服务业中的领先地位来源于其长期开展钢铁工程设计的知识，并最终在其以总承包角色开展的钢厂建设和改造实践中得以发展和加强。

向提供综合服务方向发展，在提供个性化服务的同时，在某种程度上会造成生产效率的低下的状况，这就造成一个矛盾，也促成了高技术服务业创新的另外一个方向，即模块化和自助化。通过模块化和自助化，企业可以在提供个性化的综合服务时，提高服务的标准化程度和生产效率。

从计算机服务与软件业的企业创新能力的发展看，大部分企业在起步时依靠"干中学"，在为用户提供定制化的解决方案中积累知识和能力。但随着行业信息化需求对资源整合的要求不断加强，当前企业获取竞争优势的重点转变为对多种信息、资源的获取、整合与提供能力。因此，行业内领先的企业对在用户知识积累的基础上，将所提供的相对分离的服务/产品按照特征进行模块化组合，并提高平台化甚至用户自服务化的产品的创新能力（图 3-6）。

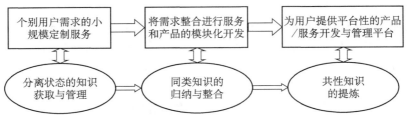

图 3-6　计算机服务与软件业"定制化-模块化-平台化"的服务/产品创新模式

四　领先用户合作创新

在一定的基础性技术条件下，用户需求是高技术服务业发展的重要拉动力，在很多情况下，用户是很多创新需求的提出者，并且参与创新过程。很多创新是出于解决用户需求的应用问题或者更有效、更低成本地提供服务的情况下展开的。

其中，与领先用户密切合作是企业创新成功的重要因素。领先用户一般拥有丰富的使用产品方面的专业知识和较强的问题解决能力，其需求领先于普通用户，由于在产业内具有代表性和广泛的影响性，其行动对同行业的其他企业具有示范作用。企业通过为领先用户提供服务，不仅可以得到在这个行业的管理应用系统的解决方案，还可以获得大量行业内的其他用户。表 3-4 是本书研究计算机服务与软件业中"领先用户合作创新"的案例。在其他产业也有很多类似的案例。

表 3-4　计算机服务与软件业"领先用户合作创新"案例

产业	领先用户合作创新典型案例
软件服务外包业	为惠普打印机测试提供基于自主开发的管理系统的服务，先在新加坡试行，后被惠普推广到全球（博彦科技）
	通过为美国软件公司 TIBCO 以 BOT（build operate transfer）模式建立离岸研发中心，快速积累开发软件的经验，TIBCO 公司在欧美金融、电信等领域拥有的大量合作伙伴也间接为文思信息技术有限公司（简称文思）带来商机，这一模式又在微软等企业间推广（文思）
环境在线监测服务业	创立之初得到国家环境保护部的认可及各地环保部门的支持，成功研发出"国家环境监理信息系统"，并在此基础上开发产品，在行业内获得领先优势（交大长天）
三维空间信息产业	与天津港集装箱码头有限公司合作开发"集装箱码头生产过程控制、可视化管理系统"，双方合作深度挖掘码头生产作业工艺流程（北斗星通）
	四川省地理空间三维管理系统开发中，用户四川省测绘地理信息局既是服务的需求方，又是服务提供的参与者与生产者，提供全系列标准比例尺的矢量数据、数字高程模型（DEM）数据，并收集整理了近年来四川省的社会经济统计、旅游数据（国遥新天地）

五 模仿创新是主流

从创新源的角度看，到目前为止，我国信息服务业的创新主要是模仿创新，其中互联网服务主要是模仿美国，移动类信息服务主要是模仿日本和韩国。创新的方式主要是模仿国际上较为成功的服务模式（如电子商务服务、网络社交服务等），并根据中国国情进行渐进性改进，其中一些企业在模仿创新过程中能力得到提升。

计算机服务与软件业在发达国家已经是一个相对成熟的产业，核心技术集中在跨国公司手中，对于大部分中国企业来说，要在开放的国内外市场参与竞争，大都经历了从模仿到学习、消化吸收再到积累创新能力的发展模式。研发与技术服务业的情况也基本相同，创新能力与国外有一定差距。

第一篇　信息服务业

第一节　数字出版的概念及特点

一 数字出版的概念

1978 年 4 月，Urqart 在卢森堡"科技社会的出版未来"研讨会上，首次提出了"电子出版"（electronic publishing）的概念。伴随着技术的不断进步，数字技术与出版的结合日益紧密，从桌面出版、电子出版、网络出版、游戏出版、手机出版到数字出版，只有数字出版第一次用更本质的技术属性来概括出版的全过程。

数字出版的兴起被人们称为出版史上的第三次革命，它结束了活字印刷作为主要复制手段的历史，结束了纸张作为主要出版载体的历史。因此，数字出版不是传统出版的简单延伸，也并非传统出版和数字产业的结合或交集，而是网络时代整个数字内容产业的一场革命。

我们认为数字出版是采用二进制代码的数字化形式创建、存储、传输、发布与管理数字内容，从而形成的一种出版活动或内容服务方式。数字出版包括出版的数字化和数字化的出版两方面内容。

出版的数字化主要指利用数字出版技术对传统出版业的各个业务流程进行改造，是传统出版业在内容和形式上的延伸和扩展。传统出版业的数字化改造工程内容十分庞大，几乎涵盖书报刊从信息采集到编辑加工、从复制到发行的全部流程。具体包括书报刊编辑手段的数字化、内容资源的数字化、数字印刷及发行和分销手段的数字化等。因此，所涉及的相关数字技术也极为复杂多样。

数字化的出版则包括了新兴的数字媒体或个人生产并发布数字内容的整个过程和结果。数字技术和新闻出版业的结合产生了一些新兴的数字出版媒体，互联网对传统出版业的渗透，出现了网络游戏、博客等新型出版形态，通信技术对出版业的渗透，出现了手机短信、手机小说、手机新闻、手机报纸、手机音乐、手机游戏，甚至手机视频等新的媒体。

实际上，在今天，纯粹意义上的传统出版已不复存在，即使是纸质出版物其出版流程也离不开数字技术的应用。随着数字技术的进一步发展，未来将不再有传统出版与数字出版的划分，数字出版就是未来出版业的全部，也是未来出版业的方向。因此，数字出版不是传统出版的简单延伸，也并非传统出版和数字产业的结合或交集，而是网络时代整个数字内容产业的一场革命（张建明，2009）。网络强大的信息储存和检索功能，为出版的数字化革命提供了巨大的创新空间，解放了传统内容资源的生产力。信息沟通的互动性更是数字出版的最大优势，因此在数字时代，出版将成为网络信息服务产业的一部分，数字出版的核心任务是利用数字技术来开发和利用内容资源，最大限度地扩大内容资源的影响力。

二 数字出版的特点

（一）数字化

数字出版区别于传统纸质出版的最重要的特征是数字化，在出版过程中，所有的信息都以统一的二进制代码的数字化形式存储、处理与传递。该过程也是数字制式的传播手段逐步替代传统传播手段的过程，这一转变渗透到数字出版的各个环节，也可理解为出版内容的数字化、生产模式和运作流程的数字化、传播载体的数字化、阅读消费的数字化等。

（二）全媒体

数字环境下，文字、图片、音频、视频等信息，都可由"0"和"1"进行不同的排列组合而成，并可通过不同的平台进行传播，而读者亦可根据自己的需要，通过不同的数字终端和渠道来获取。基于此，数字出版的边界不断拓宽，融合了移动内容、互联网、游戏、动漫、影视等几乎所有的数字内容。另外，互联网、广播电视网、电信网"三网融合"的趋势，也使得电子书刊、电视、移动内容、网络信息等以所属行业和传播方式相区分的数字内容趋于统一，从而实现了全媒体框架下的数字出版。

（三）以读者为中心

数字出版中海量的数字资源和日趋成熟的数字出版技术，使过去传统出版中以出版者为主体的格局发生了变化，出现了以读者为中心的市场重心转移。在这种变化中，读者的要求越来越高，在权利保护与作品传播利益平衡中，读者的能力也逐步加强。个性化定制、一次创建多次使用、强大而准确地搜索和链接功能、交互功能等以读者为中心的各种功能，成为数字出版区别于传统出版的特点与优势所在。

基于此，数字出版企业的经营理念将由传统出版的"产品"中心、"内容为王"，转变为"读者"中心、"服务为王"。能否建立以读者为中心的运营体系成为数字出版企业能否生存的决定因素。所以，出版企业只有按照市场环境发生的变化走，才能出版满足消费者需求的出版物，才有可能在数字时代继续生存和发展。

（四）产业化

数字出版突破了传统出版产业链的范畴，产业链由数字内容提供商、数字内容出版商、数字技术提供商、网络服务提供商和读者等主体构成，实现了参与主体多元化的转变。数字出版产业链是以出版价值链为基础，具有连续追加价值关系的数字出版关联企业组成的企业联盟，整条产业链是一个实现数字出版产品和服务的价值不断增值的过程。

随着传统出版与数字出版的重组和整合，互联网和通信技术的发展，新兴的数字出版业将焕发出前所未有的产业生命力，从出版源头到纸本、数字的出版，再到以门户、手机和电子书等移动终端为特征的阅读，传统出版冲破了原有的与数字技术的隔阂，两者实现了良好的整合、合作或紧密融洽的分工，数字出版的产业链条走向有序整合并最终完成产业化的过渡。

第二节　数字出版业发展现状

一　产业发展势头强劲

2010 年 7 月，新闻出版总署发布《2009 年新闻出版产业分析报告》。报告显示，2009 年我国新闻出版业总产出 10 668.9 亿元；实现增加值 3099.7 亿元，占同期 GDP 的 0.9%，已经成为文化产业的主力军；数字出版总产出达 799.4 亿元，总体经济规模超过传统出版。报告显示，数字出版总产出占全行业总产出的 7.5%，营业收入占全行业营业收入的 7.7%，均位居第三。该报告显示，数字出版主要集中于北京、上海、广东等省市，北京处于全国新闻出版业"重镇"的地位（原长弘和贾一伟，2003）。

其中，北京作为首都和全国的政治、文化中心，有较为深厚的出版资源，集中了大批新闻出版单位，在新闻出版领域占有举足轻重的地位，这些都为北京数字出版业的发展提供了良好的产业环境。2009 年，北京数字出版业规模达已达到 195 亿元，年均增长率超过 20%，占到全国总产值的 31%[1]。截至 2009 年年底，经新闻出版总署批准的北京互联网出版机构共有 77 家，占全国的 35%；北京涉足互联网出版的经营机构数量在 4630 家左右，占全国涉足互联网出版机构总数的 21% 左右[2]。

---

[1]　资料来源：《2009 年北京数字出版发展模式研究》，此课题是北京市新闻出版局委托中文在线开展的内部研究课题的研究报告。

[2]　新浪科技 . 2007. 图文：北京新闻出版局音像网络处副处长满向伟 . http：//tech. sina. com. cn/it/ 2007-07-16/17471619127. shtml［2012-12-05］。

二 新媒体产业异军突起

各种新媒体丰富了传统出版物的内容和形式，改变了传统出版物的生产方式和消费理念，它们是数字出版领域异军突起的一部分，对带动数字出版业的整体成长起着不可替代的作用。

据中国新闻出版研究院发布的《2011-2012 中国数字出版产业年度报告》，2011 年国内数字出版产业整体收入为 1377.88 亿元。其中，各细分领域收入分别为互联网期刊 9.34 亿元，电子图书 16.5 亿元，数字报纸 12 亿元，博客出版 24 亿元，在线音乐 3.8 亿元，网络动漫 3.5 亿元，手机出版 367.34 亿元，网络游戏 428.5 亿元，互联网广告 512.9 亿元。互联网广告、手机出版与网络游戏占据收入榜前三位（图 4-1）。

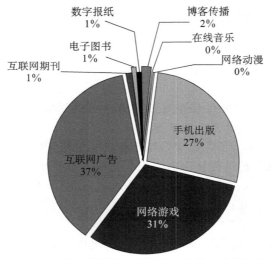

图 4-1　2011 年中国数字出版产业各细分产业收入分布

三 创新主体多元发展

从企业主营业务角度，数字出版企业可以分为两类，即传统出版单位发展数字出版业务和新媒体数字出版企业。传统出版单位仍以纸质出版为主，同时以配套、互补等方式发展数字出版业务，有鲜明的特色并达到一定的规模，数字出版业务已成为企业提升核心竞争力不可或缺的业务类型；新媒体数字出版企业只发展数字出版业务。经过多年的发展，数字出版业链逐步清晰起来：上游连接作者、内容出版企业，中游连接内容加工企业，下游连接内容投送、传播企业，最终指向内容消费者，完整的数字出版业链在逐步形成之中。

数字出版产业链主要环节如图 4-2 所示。

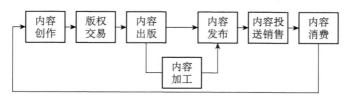

图 4-2　数字出版产业链构成

在数字出版产业链中，除了数字内容出版企业、内容加工企业、内容投送、传播企业之外，电信运营商、系统集成和软件开发等技术提供商、终端设备生产商、版权代理商、第三方支付企业、银行及广告商等企业通过提供各种服务也都加入了产业链，数字出版业链中的创新主体呈现多元发展的局面，可以用图 4-3 抽象描述。

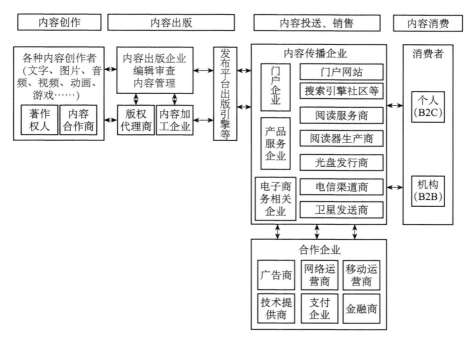

图 4-3　数字出版产业链创新主体示意图

在本书研究案例中，按照数字出版产业链的构成，选择了内容出版商（传统出版社的数字出版业务）、内容集成服务商，以及产品传播服务企业中的跨媒体投送与阅读器生产商等有代表性的企业创新案例，以此窥探目前阶段北京数字出版业的创新行为及影响，为加快发展数字出版提供可资借鉴的经验。

第三节　创新案例分析

数字出版业是现代科技服务业中较为活跃的一部分，随着科学技术的不断发展和在产业中的应用，产业链发生了较大的变化，原有的组成者需要转型，新进入竞争者需要探索适合的模式，基于产业链中不同的创新主体，本书选取以下四个典型主体作为案例进行分析。这些案例的选择，首先是考虑到这些案例在业界都具有一定的代表性，其在数字出版方面的探索和创新都对其他企业具有一定的引领和启示作用。

一　内容提供商为主体的案例——商务印书馆

(一) 商务印书馆概况及发展历程

1. 基本情况

商务印书馆是国家级的出版机构，现隶属于新组建的中国出版集团。1897 年成立于上海，1954 年迁到北京，至今已有 116 年的历史。它是中国历史最悠久的现代出版机构，与北京大学同时被誉为中国近代文化的双子星。不管是出版质量、权威性、码洋，还是利润等，商务印书馆在全国出版社中都名列前茅。

商务印书馆经过 100 多年的历史沉淀，形成了很好的文化氛围，它还不同于一般的出版社，更像是一个研究型的学术性机构，出版过一系列中外学术名著，出书范围涉猎期刊、学术研究、语言学、经济、历史、科技等各个方面，约有 5 万种。此外，还出版《英语世界》杂志及《中国语文》等重要学术期刊 20 种，以及部分音像制品。

在数字出版方面，商务人秉承敢为人先的精神，继承努力满足不同读者需求，积极探索数字化时代传统出版社的发展之路，提出了一套完整的数字出版理念，开展了以工具书内容系统为代表的一系列数字出版实践。

2. 组织结构

商务印书馆在党委会的领导下，由 21 个部门构成，包括总编室、营销策划部、版权处、7 个编辑室、出版部、发行部、经营部、音像中心、信息中心及其他行政部门。此外，在商务印书馆的领导下，还成立了若干个二级机构，包括北京商易华信息技术有限公司、商务印书馆国际有限公司等部门，主要开展数字出版创新业务，如图 4-4 所示。

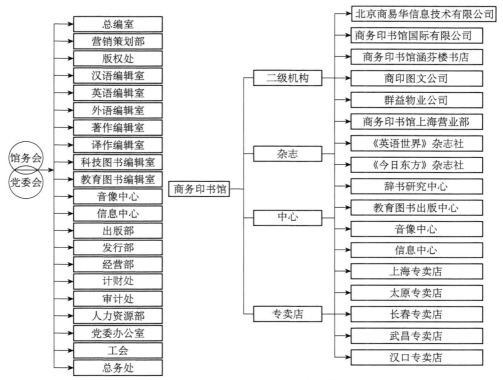

图 4-4　商务印书馆的组织架构图

3. 发展历程

在商务印书馆的发展历程中，创始人及后期的经营者为其日后成为出版界的支柱起了不可磨灭的作用。早期，商务印书馆创始人夏瑞芳在其发展过程中起到了非常重要的作用。他一方面请张元济担任编译所所长，另一方面利用日本的印刷技术和资金，使商务印书馆粗具规模。张元济来到商务印书馆后自觉地将文化传播与企业家精神紧密结合在一起，在他的影响下，商务印书馆在发扬、发展和传播旧文新知的同时，始终将商务印书馆的传统放在首位。后来的高梦旦、王云五等因其文化素养深厚及实干精神，为商务印书馆的稳定与发展做出了重要贡献。

在商务印书馆开展数字出版业务时期，有重要贡献的经营者莫过于杨德炎和刘成勇。面对数字出版的大趋势，商务印书馆成立了北京商易华信息技术有限公司，探索出适合自身发展的经营战略，并取得了不错的社会效益和经济效益，给同类企业的发展树立了一个成功的典范。

刘成勇从新闻出版总署到商务印书馆后负责信息技术工作，后主抓北京商易华信息技术有限公司的业务。虽然商务印书馆一直对信息技术比较重视，但都是一些零散的工作，并没有提升到整体战略层次的高度。2002年年底，刘成勇规划了"四化二网"的信息化发展战略，即"办公自动化、管理网络化、资源数字化、商务电子化、外部互联网建设和内部局域网建设"，在当时，信息化作为一种战略提出在行业里并不多见。2005年，北京商易华信息技术有限公司成立，刘成勇担任总经理，在他的带领下开展数字出版业务，探索数字出版经营模式，开辟新的经济增长点。

在刘成勇和团队的共同努力下，商务印书馆的数字出版业务划分为5个方向：工具书在线、电子书、英语世界、按需印刷网、数字期刊方阵，并取得了骄人的业绩。而刘成勇作为我国出版业信息化的一名先行者，抓住了当前信息技术飞速发展的机会，打造了数字出版产业链，以内容资源优势争做产业链的主导。

（二）商务印书馆主要产品、市场及用户

1. 主要市场及用户

从代表产品"工具书在线"和《东方杂志》来看，商务印书馆的用户主要为机构用户和个人用户，两者所反映出的市场和盈利也有所不同。"工具书在线"开始是想做一个普及型的平台，但项目一期的量比较少，资源不够丰富，面向读者收费不太现实。计划等到二期时再收费，具体的收费方式需要再做研究，如企业年费，针对个人用户的买点卡或者充值，在线支付等，或按检索词的数量付费等。

《东方杂志》不同于"工具书在线"，由于其提供的个性化服务而实现了收费。例如，2008年同德国利勃利图书批发公司签订了《东方杂志》数据库版的合同。在项目一期结束后，二期可提供全文检索，将更进一步满足用户的需求。例如，根据读者的个性化需求，提供其需要的图片、文字，并按其要求的形式进行编排，这相对于"工具书在线"是比较完善的。但对未来的市场及盈利模式仍需要进一步摸清。

在市场推广方面，商务印书馆一方面借助传统商务品牌及优势进行推广，另一方面跳出出版行业在IT行业范围内打造优势，如参加IT企业信息化交流、数博会、数字出版年会、书博会等。

2. 主要产品

商务印书馆在品牌、分类和主导的数字出版理念下，利用它的现代出版资源和历史出版资源开展了很多数字出版的实践。主要数字产品如图4-5所示。

1）"工具书在线"

"工具书在线"是以互联网为载体，以权威、专业、高质量的工具书为基础，打造的集文字、图像、声音、动画、视频为一体的全方位、立体化的多媒体数字出版平台，可以向全球互联网用户提供各种汉语工具书的检索服务，具

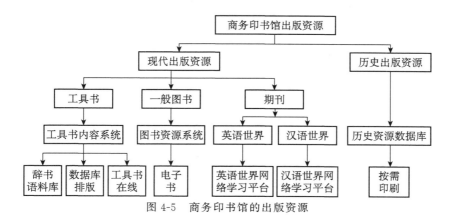

图 4-5　商务印书馆的出版资源

有内容准确、功能强大、检索快捷、使用方便等特点。一期工程已于 2006 年 9 月验收完毕，发布了《新华写字字典》、《新华正音词典》、《新华拼写词典》和《中华人民共和国地名大词典》的网络版。二期工程测试版包括《辞源》、《新时代汉英大词典》、《汉英双解新华字典》等 10 多部工具书的网络版。全部二期工程包含的各类工具书网络版将达到 100 种以上。而即将启动的三期工程将提供字典和辞典等各类工具书的在线版。通过这些数量庞大的在线工具书，读者可以查找到自己所需要的信息。"工具书在线"将商务印书馆的品牌优势延伸到数字出版领域（刘成勇，2006），如图 4-6 所示。

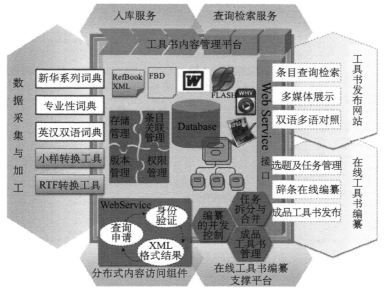

图 4-6　"工具书在线"总体架构图

　　图 4-6 中，左侧是数据的采集和加工，中间是运作平台，右侧是发布网站。可见，"工具书在线"开创了一个互联网与读者交换的新模式，也是数据库在线出版的模式。本项目获得新闻出版总署第一届政府出版奖，是三个网络奖中唯一来自出版社的数字出版产品，并且在 2008 年全国出版业网站评选中，"工具书在线"也荣获了"最具创新网站奖"。此外，商务印书馆的辞书语料库和数字复合出版系统也代表新闻出版行业申报了国家科技进步奖。

　　2)《东方杂志》数据库

　　《东方杂志》是商务印书馆的标志性刊物，刊龄长达 45 年，是民国期间非常有代表性的杂志刊物，被称为"中国近现代史的资料库"、"杂志界的重镇"和"杂志的杂志"。《东方杂志》数据库将其全部内容数字化，形成文章库、图画库、广告库等，用户可对约 30 000 篇文章、12 000 多幅图画、14 000 多则广告，按照标题、作者、关键词、摘要等进行检索，通过结构化安排，可以满足不同顾客的个性化需求，如图 4-7 所示。

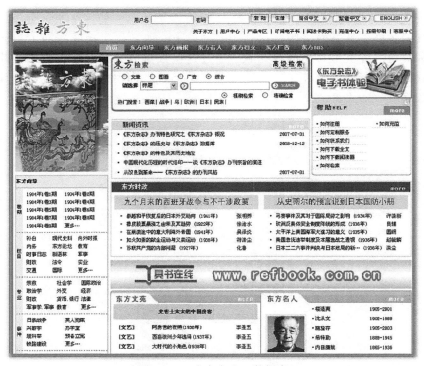

图 4-7　《东方杂志》数据库

　　《东方杂志》数据库还可以提供按需印刷服务，这是项目开发过程中的衍生产品，能为用户提供个性化的需求。该项目获得了 2009 年"数字出版行业百强网站"的优秀项目。

3）按需印刷

商务印书馆为保护并开发百年的历史和现代出版资源，于 2007 年 7 月开通了按需印刷网，向海内外图书馆等机构和个人提供历史出版资源的按需印刷服务，一册起印。目前，按需印刷网提供商务印书馆 1897～1949 年 15 000 种书刊的目录检索服务，并存有约 2000 种图书的电子文档可供印刷。

4）"商务百年出版资源数字化工程"项目

该工程以商务印书馆丰富的出版资源为依托，不仅实现了历史与现代出版资源的整合，还实现了不同数字出版平台、不同数据库之间的整合；是集资源检索系统、知识挖掘系统及数字化学习与研究平台于一体的出版社数字资源出版平台；为全球互联网用户和手机用户提供全方位、多角度的检索服务，如图 4-8 所示。

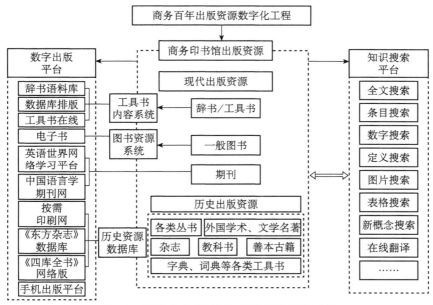

图 4-8　商务印书馆百年出版资源数字化工程

3. 技术

商务印书馆从成立伊始，就非常重视科技在出版中的应用，创造了诸多"第一"：1907 年第一个采用珂罗版印刷，1912 年第一个采用电镀铜版印刷，1913 年第一个使用自动铸字机，1915 年第一个采用胶版彩色印刷，1919 年创制我国第一部汉字打字机。20 世纪 90 年代，商务印书馆是全国最早从铅排铅印改成激光照排的出版社之一；1996 年，率先成立了技术部；2002 年，提出了"四化二网"的信息化发展战略；2003 年 10 月，成立信息化领导小组；2005 年 10

月，成立北京商易华信息技术有限公司。

（三）创新特征分析

1. 主要创新

1）探索新的出版商业模式和出版理念

商务印书馆积极应对新技术带来的挑战，由被动接受转向主动求变，不断探索数字出版商业模式。不仅积极与多方合作实现资源共享，而且提高资源深度加工和集约整合能力。在传统出版业向数字化出版转变的浪潮中，商务印书馆不仅要做内容提供商，而且正在逐步向数字出版商、信息内容服务提供商转型。商务印书馆的数字出版理念可以概括为：品牌、分类和主导。品牌指将其在传统出版领域多年来树立的品牌延伸到数字出版领域，力争在数字出版领域打造强势品牌。分类指将出版资源分为现代和历史两大部分开发数字产品，提供个性化的小众服务。主导指在数字出版业链中，商务印书馆不仅要做内容提供商，而且要做数字出版商，争取并且掌握数字出版的主导权（匡文波和孙燕清，2010）。

2）产品创新

"工具书在线"是商务印书馆的拳头产品，是品牌和核心竞争力，有着技术厂商无法比拟的优势。"工具书在线"的开发与建设是商务印书馆涉足数字出版领域的重要创新点，作为国内规模最大，最权威的"工具书在线"平台，使商务印书馆实现了由提供内容到提供服务的转型。

《东方杂志》在建设过程中实现 1 个项目衍生 2 个数字产品——《东方杂志》数据库及按需印刷网，也是产品的重要创新，不仅拓宽了市场，满足了读者的个性化需求，同时也为商务印书馆的盈利模式做了探索。

3）技术创新

商务印书馆是较早地主动开展信息化管理和资源建设的出版单位之一，也是较早地应用数字出版技术迎接数字出版的单位之一。除上文提到的诸多技术应用，"工具书在线"中开发的"辞书语料库及编纂系统"是重要的技术创新，作为新闻出版总署和中国出版集团批准的重点科技项目，是目前中国出版业最大的信息化项目之一。该系统开创了一种新型的辞书编纂模式，对发展我国的辞书出版具有积极意义，如图 4-9 所示。

4）组织创新

在数字出版的进程中，给商务印书馆带来重大变化和影响的莫过于成立北京商易华信息技术有限公司，该公司是典型的高科技企业，这是商务在组织方面的重大创新，此举不仅早于其他传统出版单位，更是很多传统出版还没有尝试的一步。

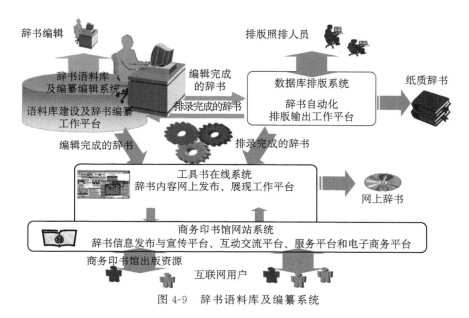

图 4-9　辞书语料库及编纂系统

商务印书馆作为数字出版业链中的内容提供商，在数字出版实践的探索中，以产品创新为核心，在理念、技术及组织方面也不断创新，取得了一定的成绩（代杨，2008）。由于商务印书馆掌握了产业链中其他环节所不具备的内容优势，又注重探索和技术应用，不仅整合了优势资源，满足了读者的个性化需求，也打造了数字出版品牌，探索了新的商业模式，如图 4-10 所示。

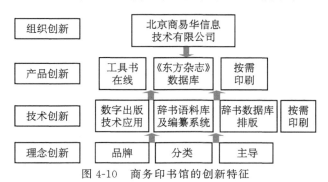

图 4-10　商务印书馆的创新特征

2. 对比案例：培生教育集团

培生教育集团是培生集团旗下的子公司，是世界上最大的教育出版集团，在英语教育、高等教育、中小学教育、专业出版、网络出版方面处于世界领先地位。

商务印书馆与培生教育集团在业务发展思路及特征方面有许多共同之处。首先，都以辞书为主要业务。培生教育集团旗下的朗文集团已有 280 年的英语教育出版历史，出版了世界上首部英语辞典，在辞典、英语教程教材、英语语法和读物等领域占据全球权威地位。其次，两者都在数字出版领域引人注目。培生教育集团有一个非常庞大的网站，可以清晰地找到各种信息，同时还可以提供交互式服务以解决学习问题。再次，注重资源整合，积极合作。在"内容为王"的时代，谁对内容资源拥有更强的集约整合能力，谁就掌握了数字出版的主导权和市场控制权。培生教育集团不仅在本土国家拥有广泛的合作伙伴，与中国一流的出版社也保持合作关系，如高等教育出版社、清华大学出版社、北京大学出版社、人民大学出版社等。最后，提供个性化服务。培生教育集团的数字出版为教师和学生提供了很好的个性化学习的平台，并且非常个性化地关注每个学生的学习进度和效果[①]。

商务印书馆同培生教育集团相比也存在一定差异。第一，在网站功能方面，培生教育集团的网站以交互服务的方式解决学习问题，实现了师生之间的交流互动和资源共享。而商务印书馆的网站不仅功能性没有培生教育集团强大，且互动性较弱。第二，在内容优化与增值服务方面，培生教育集团从其数字产品和服务中可获得 11 亿美元的收入，内容优化和附加元素是培生数字出版的重点。培生教育集团不仅卖内容，还卖学习氛围、学习激情和解决方案。培生教育集团估计未来大部分收入将来自数字产品，达 75%～80%。而商务印书馆的字化进程还处于起步阶段，无论是增值服务还是内容的优化整合都需要向发达国家更好地学习。

(四) 主要困难和问题

虽然商务印书馆在数字出版中的探索取得了一定的成功，但在今后的发展中，仍存在一些困难和问题，如表 4-1 所示。

表 4-1　商务印书馆创新过程中的主要困难和问题

面临问题	具体困难
体制问题	需要建立一个与传统出版不同的，有利于创新、创造、创业的体制机制
版权问题	版权是数字出版发展过程中障碍和瓶颈，在数字出版中如何实现版权保护，更好地保证作者、译者、出版商的权益，是需要继续探讨和摸索的重要难题
再创新问题	"工具书在线"等项目在近两年创新并不鲜明，今后需要有更大的发展力度、更远的战略思考角度，以及更优的经营策略才能再次谈到创新
资金问题	数字出版是一个高投入、高风险、高回报的行业，商务印书馆一直在国家科技项目资金的框架下开展信息化建设和数字出版探索，商务印书馆自身及其他渠道的投资很少
资源问题	商务印书馆在对资源进行数字化的过程中遇到问题。如《东方杂志》，以什么形式呈现，如何开发，结构化的种类和数据项等都多少存在难度

---

① 陈昕 . 2008-03-27. 数字出版中西对话（四）——培生教育：内容优化与附加服务 . 出版商务周报 .

另外，数字出版是未来中国出版业发展的大趋势，但是这一领域究竟会发展到什么程度，传统纸媒和数字出版各会占多少比例目前看来都很难做出预测（王坤宁，2007）。商务印书馆在转企之后，对于经济效益有一定要求，所以今后做不做纸媒、纸媒出版和数字出版各占多少份额、是否有偏离或调整等这些战略层次上的问题还需要更高层次决策者根据业界考评等方面从一个大的层面来做考察、决断。

二 数字内容集成商为主体的案例——中国知网

（一）中国知网概况及发展历程

1. 基本情况

中国知网由中国学术期刊（光盘版）电子杂志社、清华同方知网（北京）技术有限公司主办，是基于《中国知识资源总库》的全球最大的中文知识门户网站，是国内最大的数字出版网络平台，是国家新闻出版总署首批批准设立的互联网出版机构之一。历经十几年的高速发展，中国知网在全球范围内的注册用户数超过 4000 万，中心网站及设在全球的镜像站点年文献下载量突破 30 亿次，是全国最大的专业期刊和图书数字出版平台之一。该平台收录文献量约 1100 万篇，每年更新文献量约 140 万篇。

2. 组织结构

中国知网包括学术出版分社、工具书出版分社、政府出版分社、农业出版分社、文艺文化出版分社、基础教育出版分社、医院出版分社、企业出版分社、法律出版分社。销售部门包括传统图书情报部门、行业公司、数字超市部门、国际分公司、技术部门、知识服务公司。

3. 发展历程

中国知网的发展历经三个阶段：光盘出版、网络出版和知识服务平台。

光盘出版阶段（1996 年 12 月～1999 年 5 月）。1996 年，创办《中国学术期刊（光盘版）》。

网络出版阶段（1999 年 6 月～2001 年 8 月）。1999 年，《中国学术期刊（光盘版）》的内容整体上网服务——为中国期刊网，同年提出了建设"中国知识基础设施工程"（China national knowledge infrastructure，CNKI）的目标。

知识服务平台阶段（2001 年 9 月至今）。2001 年 9 月正式启动建设《中国知识资源总库》及中国知网数字出版平台，通过产业化运作，为全社会知识资源高效共享提供最丰富的知识信息资源和最有效的知识传播与数字化学习平台。

2003 年，中国期刊网的资源类型从期刊逐步扩展到博士论文、硕士论文、会议论文、报纸、年鉴、工具书、专利等——《中国知识资源总库》资源体系形成。中国期刊网更名为中国知网。2004 年，中国知网通过独创的"知网节"技术，实现《中国知识资源总库》的统一检索及内容的关联链接和增值，用户规模取得重大突破。2006 年，中国知网承担的国家"十一五"重大网络出版工程《中国学术文献网络出版总库》的子项目——《中国学术期刊网络出版总库》通过新闻出版总署组织的专家鉴定。2008 年，中国知网发布了全新的数字出版平台，推出了个性化的定制服务，使得任何人、任何机构都可以利用中国知网的海量文献资源和个性化增值服务平台。

前两个时期 CNKI 的文献产品比较单一，只有期刊全文数据库一种，是典型的提供文献型数据库。而现在的 CNKI 已成为拥有期刊论文、学位论文、会议论文、报纸、年鉴、图书等多种文献类型的数据库，并已将所有数据库资源统一置于中国知网网络服务平台上，开始实现从信息服务到知识服务的转变。

（二）中国知网主要产品、市场及用户

中国知网既面向个人用户也面向机构用户。个人用户群是所有需要学习和资讯的人，主要是 20～55 岁本科以上的知识分子，特征是高学历、年富力强、高收入、高社会需求和高购买力。机构用户有 5000 多家（含海外用户约 200 家），主要包括高校、高职院校、科研院所、公共图书馆、党政机关、企业、医院系统、军队院校和航天科研单位。中国知网在数字出版方面有如下一些典型产品。

1. 数据库

中国知网数据库提供源数据库、外文类、工业类、农业类、医药卫生类、经济类和教育类多种数据库。其中，综合性数据库为中国期刊全文数据库、中国博士学位论文数据库、中国优秀硕士学位论文全文数据库、中国重要报纸全文数据库和中国重要会议论文全文数据库。每个数据库都提供初级检索、高级检索和专业检索三种检索功能。

2. 数字图书馆管理系统

在大规模数字化整合出版、深层次开发国内外创新性信息资源的基础上，中国知网推出了"CNKI 机构/个人数字图书馆管理系统"，是提供知识管理与服务的数字资源的基础，是各单位建设"创新与创新管理服务型数字图书馆"的支撑平台，为其创新管理提供了全面、系统的个性化解决方案，是 CNKI 率先提出的一个全新的信息服务理念和独特的服务模式，如图 4-11 所示。

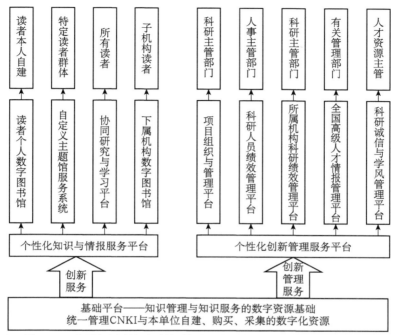

图 4-11　中国知网创新与创新管理服务型数字图书馆主体功能架构

3. 学术期刊数字出版服务

学术期刊数字出版平台是快速实现各学术期刊论文按篇即时在线出版的平台，其功能是切实提高学术期刊文献出版的时效性和影响力，平台结构包括数字出版编辑管理系统和学术期刊优先数字出版平台两大部分，主要出版方式为：互联网出版、电子出版和手机出版，如图 4-12 所示。

4. 学术不端检测服务

学术不端行为是指在学术研究过程中出现的违背科学共同体行为规范、弄虚作假、抄袭剽窃或其他违背公共行为准则的行为。学术不端检测系统包括科技期刊学术不端文献检测系统、社科期刊学术不端文献检测系统、学位论文学术不端行为检测系统、学术不端文献（期刊）检测系统、大学生论文抄袭检测系统，为不同用户提供个性化服务，如图 4-13 所示。

5. 吾喜杂志网

吾喜杂志网是利用中国知网多年积累的国际领先的数字出版技术，全新推出的供广大读者在线阅读、模拟仿真书页样式的电子杂志，是中国知网开拓大众阅读领域市场的尝试。首批收录期刊近 3000 种，内容是纯数字化排版，收费便宜，支付方便，手机版目前正在研发当中，如图 4-14 所示。

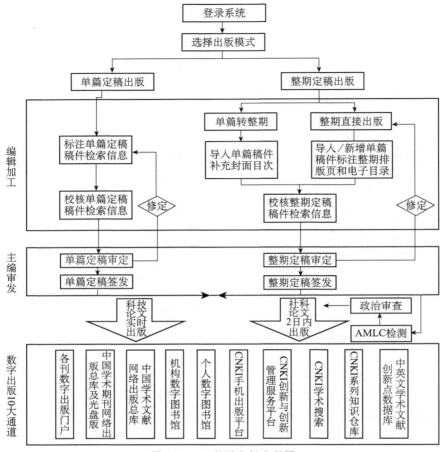

图 4-12 互联网出版流程图

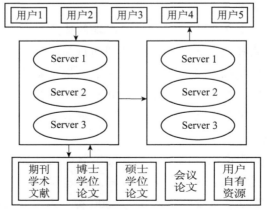

图 4-13 学术不端检测系统的检测系统架构与核心流程

图 4-14　吾喜杂志网站界面

（三）创新特征分析

1. 主要创新

中国知网致力于知识元搜索技术等数字出版技术的开发和利用，实现了数字内容的开发利用和增值，是典型的数字内容集成商。

1）服务平台创新

中国知识资源总库是中国知网的核心资源和基本支撑，以知识元和知网节等关键技术搭建的中国知识资源总库，涵盖了 CNKI 系列数据库和来自国内外的加盟数据库，是目前全球最大的知识资源全文数据库集群。它是知网的基本源数据库，其他各种专业知识数据库都是由其衍生出来的。

中国知识资源总库是以"三层知识网络"模式建构其信息内容，包括源数据库、知识仓库和知识元库，通过知网节等技术，使三层数据库融为一个具有知识网络结构的整体，将所有数据库资源统一置于中国知网网络服务平台上，实现了从信息服务到知识服务的转变。

2）技术创新

中国知网目前已经拥有具有国际或国内领先水准的全面的数字出版的相关技术，包括资源采集、文本数据库加工、版权保护、知识挖掘等技术。这是实现数字内容集成整合及提供知识服务与管理的关键因素。通过这些技术的应用，实现了一站式跨库检索，并开展了数字出版服务，即利用知网节提供相关内容的链接。

3）服务创新

知识元数据库是中国知网提供服务的关键，其特点是每条知识元都表示了一条独立而完整的信息，各知识元之间通过知识网络链接在一起，不同的链接方式构成了不同的知识表达。中国知网利用知识元提供了知识内容集成服务、知识增值服务和个性化服务——机构/个人数字图书馆模式。

4）产品创新

中国知网的主打产品是数据库，在提供学术服务之外仍不断创新，开发了手机版市场，提供期刊和会议论文的手机 PDF 版全文阅读与下载服务，以及各类工具书的查询服务。这是知网不断创新过程中的一个阶段性产品。此外，还开发了大众阅读领域的产品——吾喜杂志网是从学术领域拓展到大众阅读领域的一个创新产品。

另外，中国知网从做内容集成到学术监测，致力于优秀知识文化的传播，针对现在国内外一些学术不端现象，研发了学术不端检测系统。

作为数字内容集成商，在充分利用数字出版技术的基础上，注重内容资源的整合和集约，充分满足了消费者的全方位和个性化需求，探索了以内容集成商为核心的商业模式，如图 4-15 所示。

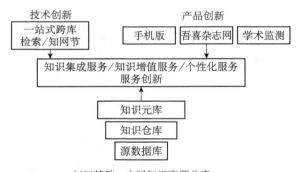

图 4-15　中国知网创新特征

2. 对比案例：重庆维普资讯有限公司

重庆维普资讯有限公司前身为中国科技情报所重庆分所数据库研究中心。作为中国数据库产业的开拓者，自 1993 年成立以来一直致力于电子信息资源的研究、开发和应用。公司的业务范围包括数据库出版发行、电子期刊出版发行、网络信息服务、网络广告推广、文献资料数字化加工等多种个性化服务，如图 4-16 所示。

中国知网与重庆维普资讯有限公司在文献收录、检索功能、用户及个性化服务等方面都存在不同。中国知网与重庆维普资讯有限公司数据库文献收录情况对比如表 4-2 和表 4-3 所示。

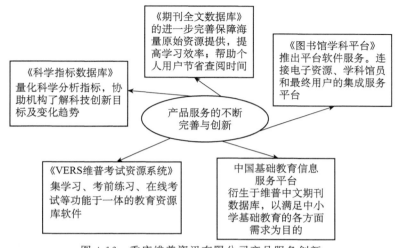

图 4-16 重庆维普资讯有限公司产品服务创新

表 4-2 中国知网数据库文献收录情况

各类文献数据库名称	文献出版来源	文献量/篇
中国学术期刊网络出版总库	正式出版的 7 691 种学术期刊	30 614 931
中国年鉴网络出版总库	正式出版的 2 167 种 14 964 本年鉴	11 810 803
中国统计年鉴数据库（挖掘版）	正式出版的 633 种 3 646 本统计年鉴	1 430 429
中国工具书网络出版总库	4 000 多种百科词典、图谱、手册等工具书，1 500 万词条	13 656 890
中国大百科全书全文数据库	中国大百科全书出版社	80 000
中国博士学位论文全文数据库	389 家博士培养单位	141 293
中国优秀硕士学位论文全文数据库	564 家硕士培养单位	1 083 992
中国重要会议论文全文数据库	全国 1 589 家单位主办的 14 513 个国际、国内学术会议	1 373 661
中国重要报纸全文数据库	544 种地市级以上报纸	8 028 415

资料来源：作者根据中国知网网站整理

表 4-3 重庆维普资讯有限公司数据库文献收录情况

各类文献数据库名称	期刊总数	文献量/篇
中文科技期刊数据库	8 000 余种	2 000 余万篇
《中文科技期刊数据库》（引文版）	5 000 多种重要期刊	源文献 482 万余篇，参考文献 1 830 余万篇
中国科学指标数据库	4 000 余种期刊	
外文科技期刊数据库	11 300 余种	800 余万条
中国科技经济新闻数据库	420 多种中国重要报纸和 9 000 多种科技期刊	305 万余条

　　从上述统计情况来看，不管是从数据库产品数来看，还是从文献收录总量上来看，中国知网的收录量都要高于重庆维普资讯有限公司。虽然重庆维普资讯有限公司的成立年份较中国知网早，所以收录的年份也可能较中国知网

早，但由于近几年中国知网的发展极其迅速，所以文献更新不如中国知网及时。

检索功能对比如表 4-4 所示。

表 4-4　中国知网与重庆维普资讯有限公司的检索功能对比

对比项	中国知网	重庆维普资讯有限公司
检索途径	(1) 初级检索 (2) 高级检索 (3) 专家检索 (4) 刊名导航	(1) 一般检索 (2) 传统检索 (3) 高级检索 (4) 分类检索 (5) 期刊导航
检索类型	(1) 单库检索 (2) 跨库检索 (3) 二次检索	(1) 简单检索 (2) 复合检索。①二次检索："与"、"或"、"非"；②直接输入检索表达式的检索

从检索功能来看，中国知网与重庆维普资讯有限公司的检索功能相差不多。但重庆维普资讯有限公司的检索功能更细致，更利于用户准确地找到他所要的资源。中国知网的好处在于可以在一个整体的平台里找寻自己想要的资源，实现一站式搜索。

用户对比如表 4-5 所示。

表 4-5　中国知网与重庆维普资讯有限公司的用户对比

中国知网	重庆维普资讯有限公司
全球机构用户有 5000 多家 北京高校网络图书馆成员馆单位都是 CNKI 用户 在中国港澳台地区，机构用户主要分布在香港大学、台湾"建国科技大学"、香港中央图书馆、台湾智慧局等 海外用户 200 余家，主要分布在美国国会图书馆、代顿 ITS 公司、法国国防部、日本国会图书馆、新加坡国家图书馆等机构	拥有遍布全国的 2 000 余家机构用户 全国高校排名前 100 位有 97％是重庆维普资讯有限公司数据库的用户 全国科技情报系统 100％采用重庆维普资讯有限公司产品 中国科学院系统 100％使用重庆维普资讯有限公司产品 全面覆盖石油、化工、水利、电力、医药、农业等科技研究系统 广泛被中国港澳台等地区用户使用

从用户情况来看，都很广泛，机构用户都以高校和科研机构为主。由于重庆维普资讯有限公司是中国最早的数据库平台，所以相比后起之秀中国知网可能会有很大一部分的忠实用户，但是中国知网在发展上快于重庆维普资讯有限公司，抢夺了不少用户，尤其是机构用户。并且，中国知网的海外机构用户还有更广阔的前景。

个性化服务平台对比如表 4-6 所示。

表 4-6 中国知网与重庆维普资讯有限公司的个性化服务对比

中国知网	重庆维普资讯有限公司
机构、个人数字图书馆	中国基础教育信息服务平台
知识网络服务平台	维普-google 学术搜索
数字化学习平台	维普考试资源系统 VERS
学术期刊优先数字出版平台	图书馆学科服务平台 LDSP
学术不端检测系统	文献共享服务平台 LSSP
学术趋势搜索	
期刊协同采编系统	

从提供个性化服务平台来看，它们都看到了个性化服务在数字出版领域的重要性。对满足用户的个性化需求，二者都尝试了，推出不少新产品。但中国知网的新产品多于重庆维普资讯有限公司，更迎合用户的需求。

重庆维普资讯有限公司是较早进入网络期刊数据库市场的企业之一，1995年以前，曾一度在学术数字出版市场上占据领导地位，但在市场需求转变进程中，被 CNKI 一举超越。虽然后期也推出了相应的全文服务，产品线也几度扩张，但由于其在资源收录、网络版权及检索技术革新等方面没有形成突破，属于市场的追随者①。

（四）主要困难和问题（表 4-7）

表 4-7 中国知网创新过程中的主要困难和问题

面临问题	主要困难
人才	缺乏产品策划、项目管理人才，从而限制了知网的发展规模和速度
组织架构不健全	缺少市场部，致使市场推广缺失
版权	版权分配模式不能很好地协调版权所有者和出版机构之间的利益；未来如何获得充分的版权资源
利润点、利润源单一	仅仅满足了组织用户对数字化知识资源的量的需求，必须开发新的利润点，对当前的盈利模式进行变革
分销渠道	覆盖面窄，代理商的质量得不到保证，渠道销售力度不够
营销宣传力度不足	缺少系统的品牌传播策略，缺乏针对各细分市场的差异化宣传及促销方法

三 产品版权运营商为主体的案例——中文在线

（一）中文在线概况及发展历程

1. 基本情况

中文在线成立于 2000 年，是中国第一个以版权保护为基础的中文网络出版

---

① 重庆维普资讯有限公司，http：//www.cqvip.com。

网站，也是中国数字出版的开创者之一。中文在线以"数字传承文明"为企业使命，定位为中文数字出版的服务平台，以出版社、知名作家、网络原创作者为正版数字内容来源，进行内容的聚合和管理，以互联网、手机、手持阅读器、数字图书馆等终端数字设备进行全媒体出版。中文在线每年可提供 7 万～10 万种电子图书，占每年纸制图书出版市场的 30%～50%，大众纸制图书市场的70%。中文在线已成为中文电子图书最大的正版内容提供商（焦峰，2002）。

2. 组织结构

中文在线设立手持事业部、政府公共关系事业部、版权中心、财务部、研发中心等部门，各部门各司其职，共同推动着中文在线蓬勃发展。

3. 发展历程

在中文在线的发展历程中，童之磊是关键性的领军人物。2000 年 5 月，25岁的童之磊创办了中文在线，并得到国内多家出版单位与知名作者的授权。2000 年，教育部提出实施"校校通"工程，这一契机被童之磊看在眼里，他开始涉足中小学数字图书馆市场，成为这个领域的启蒙者。

2001 年，中文在线并入泰德时代集团，度过危机阶段。2003 年，中文在线中小学数字图书馆正式被认定为国家"十五"规划教育部重点课题项目。2004年，对创业情怀热衷不减的童之磊以"股票＋现金"的方式、以千万元的代价回购中文在线，重返清华大学进行"二次创业"。2005 年，中文在线开始发展手机阅读业务，与中国移动等运营商广泛合作。2008 年，提出"全媒体出版"。

在 10 多年的发展历程中，中文在线不断创新，围绕数字出版开拓新的业务领域，打造核心竞争优势，通过手机阅读、中小学数字图书馆、互联网等多种渠道，为逾千万的读者提供多种数字阅读服务，巩固并扩大了中文在线的市场领先地位。

（二）中文在线的主要产品、市场及用户

1. 主要市场及用户

目前，已有 500 万手机用户在手机上阅读中文在线的图书，有 1000 万中小学学生通过中文在线学习科学文化知识，有 2000 万网民通过中文在线获得在线阅读的乐趣，用户每年以 200% 的速度快速增长。2009 年，中文在线的营业额近 1 亿元，其产品与服务涉及教育机构、政府机关、大众消费领域，在多个市场都处于领先地位，为逾千万的读者提供数字阅读服务。

2. 主要产品

中文在线的产品与服务涉及教育机构、政府机关、大众消费领域，其主要提供无线阅读、手持阅读、互联网阅读、机构阅读、数字出版平台及实体出版等服务。中文在线是中国最大的无线阅读内容提供商及内容运营商，是中国移动无线阅读业务的战略合作伙伴，自 2006 年起成为移动梦网的数字图书版权审核机构，为移动梦网书城频道提供超过 40％的手机读物；为手持阅读器厂商提供内容资源、下载平台、行业销售、运营商合作等整体解决方案。中文在线推出一起看小说网，目前拥有藏书 30 万册，网站在销作品 20 万册以上，签约知名作家 2000 名，网络签约作者 5 万余名，合作出版机构 400 余家，日均访问量超过 2000 万。此外，面向政府、出版单位、公共服务体系和其他服务机构，提供完整的数字出版和发行解决方案与"全民阅读"服务新模式。

在数字出版平台方面，面向出版机构建设资产信息服务管理系统，建设数字内容资产的整合、管理、跨平台发布及信息服务平台。并且，与国内知名出版机构如人民文学出版社、作家出版社、长江文艺出版社、磨铁图书、博集天卷等建立战略合作关系，是国内优秀的原创文学内容提供商。

3. 技术

在 2010 年 7 月第三届数字出版年会上，中文在线提出了"运营至上"的理念，首推全媒体数字出版运营解决方案，全面引领数字出版进入"运营至上"时代。该方案体现了共享的核心设计理念，以内容资源共享、用户资源共享为出发点，将数字出版行业产业链的两端进行平台化管理。

此外，中文在线十分注重版权保护。在中文在线的经营过程中，一直将版权放在首位，实行"先授权，后传播"的经营理念，并成立"中文在线反盗版联盟"，保障权利人权利最大化。

（三）创新特征分析

1. 主要创新

1）理念创新——全媒体出版

"全媒体"的概念在 2008 年由中文在线的版权总监袁晖提出，即所有媒介载体形式的总和。它是指综合运用各种表现形式（如文、图、声、光、电）来全方位、立体化展示传播内容，同时通过文字、声像、互联网、无线通信等传播手段来传输的一种新的传播形态。

全媒体出版指图书一方面以传统方式进行纸质图书出版，另一方面以数字图书的形式通过互联网平台、手机平台、手持阅读器等终端数字设备进行同步出版。这种出版模式将资源有效整合，满足任何人在任何时间、任何地点，以任何方式获得任何内容的需求，实现了"一种内容，多种媒体，同步出版"。

相比传统出版，全媒体出版具有较强的优势。首先，全媒体出版拓宽了传统出版的传播渠道，同一内容可以用文字、图像、声音等形态来展现。其次，推动多元阅读的发展趋势，提高全民的阅读水平。再次，实现版权价值最大化。全媒体出版满足了读者的差异化需求，覆盖了除目标读者以外的边缘读者和潜在读者，不仅不会影响纸质图书的市场份额，反而起到了帮助推广的作用，实现了新媒体公司和出版社的互利共赢。

2）营销渠道创新——全媒体出版整合营销

有了全媒体出版，在同一时间，读者既可以看到纸质图书又能在互联网、手机、手持阅读器等媒体上看到电子版，即全媒体出版整合营销实现了营销渠道的创新，如无线推广、互联网推广、手持阅读器推广等的综合运用。基于全媒体的整合营销渠道，中文在线全媒体出版概念提出的首部作品《非诚勿扰》取得了最佳的宣传效果和收益，入选"2008年出版业大事记"，成为各大媒体报道的热点话题（郭丹，2010）。

3）版权机制创新——版权管理体系

中文在线实现版权价值最大化的前提就是版权保护和打击盗版侵权行为。在业务运作过程中，中文在线一直按照《著作权法》的要求，秉持"先授权，后传播"的原则，严格遵照授权权限，合理合法使用数字版权。

在全媒体出版的整个工作流程中，中文在线的又一独特创新之处就是形成了一套成熟而完善的版权管理体系。在传统的对内容三审制之前插入了版权审核这一环节，有效地保障了上线作品内容的合法性与正当性，版权审查流程如图4-17所示，版权监督管理流程如图4-18所示。

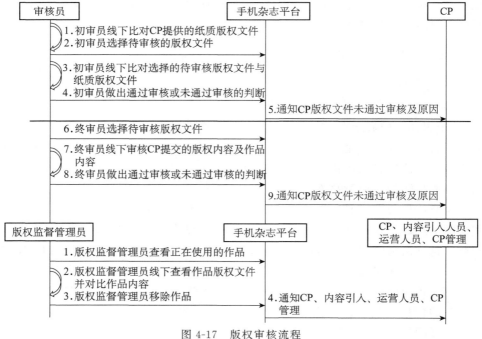

图 4-17　版权审核流程

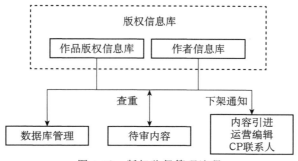

图 4-18　版权监督管理流程

中文在线作为网络运营商开展数字出版业务，在经营过程中注重版权保护与开发，适时调整运营机制与管理模式，主要创新特征如图 4-19 所示。

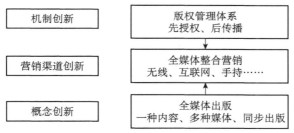

图 4-19　中文在线创新特征

2. 对比案例：盛大文学

中文在线与盛大文学虽同属数字出版、网络文学的佼佼者，但二者定位不尽相同。中文在线在很大程度上扮演的是文明传播使者的角色；盛大文学则主张以其丰富的内容为核心，打造中国最大的全版权运营基地。

中文在线是从传统到数字，盛大文学是从数字到传统。中文在线已成为中文电子图书的正版内容提供商。中文在线虽然也有自己旗下的签约作者，致力于原创网络文学，但是它的主要内容来源仍是与传统出版社合作获取的正版内容，即将传统内容数字化。中文在线是传统出版社与数字出版合作共赢的成功典范。盛大文学的内容来源则主要是网络原创文学，来自其网络签约作者。

中文在线为正版图书提供数字出版平台，盛大文学为众多原创作者提供创作舞台。中文在线数字出版平台作为一个面向出版机构的资产信息服务管理系统，是中文在线为出版业信息化建设服务的厚积薄发。盛大文学为作者提供的不仅仅是一个平台，而是一个规模足够大、人数足够多的舞台。

中文在线与盛大文学均强调商业运营，但运营模式各有不同。中文在线倡导全媒体出版，盛大文学则主张全版权运营。盛大文学以文学网站为依托，通过版权运作，实现包括在线付费阅读、无线阅读、实体书出版及影视、动漫、游戏改编等在内的一次生产、多次开发。通过探索原创版权运营新模式，建立起全版权运营机制，实现版权收益。在版权运作方面，中文在线做版权代理，盛大文学为拥有版权。

从未来的发展方向看，中文在线与盛大文学不仅瞄准网络阅读，手机阅读也是他们关注的重点。此外，数字图书馆仍是中文在线的发展重点。例如，中文在线研制开发的移动数字图书馆，是以数字图书阅读、数字图书授权传播为组合的软硬件一体设备，主要为满足用户在不同地点阅读数字图书，为人们获取正版数字内容提供了便利。

（四）主要困难和问题

中文在线作为首个全媒体出版的试水者，就已经取得了不小的成就，但仍处于起步阶段。全媒体出版满足了读者的差异化需求，覆盖了除目标读者以外的边缘读者和潜在读者，却没有催生出新的内容，特别是新的文体。一大硬伤是忽视了根据各种媒体的特点从深层次上开发适应各种媒体特性的新产品。

中文在线得益于数字化出版技术，得益于数字出版业的蓬勃发展，将许多数字阅读内容转换至传统出版领域。但目前，全媒体出版的图书只适合喜欢浅阅读的读者，对习惯进行深度阅读的读者群还有很大的发展空间，将来可能延伸到财经、时尚、健康、少儿类图书及更广阔的领域，满足具有不同阅读方式偏好的不同人群。按照当前的企业运作情况，在不断提升全媒体出版这一业务质量的同时，将努力成为全球顶尖的新闻数字出版平台。

四 阅读器生产商为主体的案例——汉王科技

（一）汉王科技概况及发展历程

1. 基本情况

汉王科技成立于 1998 年 9 月，是典型的技术创新主导型企业，坚持"专注成就精彩、创新引领未来"的经营理念，长期专注于"以模式识别为核心的智能人机交互"技术应用领域，其手写识别技术、光学字符识别（optical character recognition，OCR）技术水平在国际上处于领先地位，笔迹输入技术也已经达到国际先进水平。2001 年，"汉王形变连笔联机手写识别方法与系统"获得国家最高级别科技成果奖——国家科学技术进步一等奖。2006 年，"汉王 OCR 技术及应用"获得国家科学技术进步二等奖。2009 年，汉王电纸书 N516 和汉王笔墨宝分别获得科技部"国家自主创新产品奖"。基于自主创新和自身业务技术领域的突出贡献，汉王科技被科技部先后认定为"国家重点高新技术企业"、"国家高技术研究发展计划成果产业化基地"、"国家火炬计划优秀高新技术企业"等称号。2010 年 3 月，汉王科技成功登陆深交所中小企业板。作为第一个上市的电子阅读器中国民族企业，汉王科技反映了电纸书行业成为 IT 行业备受青睐的发展动向。

截至 2010 年年底，汉王科技的资产总额为 61 458.39 万元，负债总额 36 623.86 万元，营业收入 58 156.89 万元，净利润 8528.15 万元①。

2. 组织结构

汉王科技主要由研发中心、运营中心和管理中心三大部分构成。其中，电纸书事业部主要承担公司电纸书、绘画板在全国及全球范围内的市场推广、渠道管理、行业营销等工作，是汉王科技核心技术在产品中呈现，并有效占有市场的重要组成部分，如图 4-20 所示。

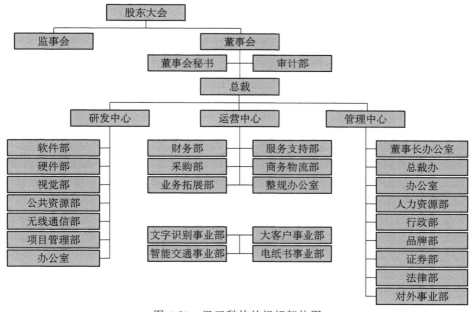

图 4-20 汉王科技的组织架构图

为持续创新，汉王科技建立了创新委员会，由技术专家与高级产品经理组成，定期举办内、外部创意大赛，并随时收集各方信息，对开发出的新产品进

---

① 汉王科技股份有限公司.2010.汉王科技股份有限公司 2010 年度报告。

行评选，重奖开发团队。

3. 发展历程

汉王科技的发展历程离不开它的领军人物——刘迎建。1985 年，刘迎建研发出世界上第一台联机手写汉字识别在线装置，获北京市软件发明一等奖和国家发明专利。1988 年，他提出笔段顺序识别方法，在国际上第一次解决了笔顺不限的识别问题，开创了国内文字识别全样本的先河。1998 年，他成立汉王科技。2004 年，刘迎建获得中国科学院首届杰出科学成就奖。2008 年 7 月，第一款汉王电纸书问世，刘迎建也成了国内电纸书的布道者。并将自己王牌的手写识别技术，创新地应用于汉王科技的电纸书产品，带来了很大的市场反响。

用刘迎建自己的话来说，他是一位横跨四界的人——军界、学界、商界、政界。他本身就是汉王科技创新发展的集中体现，他个人的发展历程就是一部汉王科技的科技发展创新史，他个人本身就是"创新"二字的代名词。从以下他的个人经历来看，刘迎建对"创新"做出了他特有的诠释。

(二) 汉王科技主要产品、市场及用户

1. 主要产品

汉王科技以核心技术为基础，面向市场需求，已形成了以识别技术为核心的、针对不同细分市场的软硬件产品系列，既有通用产品（如汉王电纸书、汉王笔等），也有针对教育、金融等行业应用的文本识别解决方案、交通管理的识别监控系统等；既有手写手机、OCR 等多种技术授权方案，也有辅助方案实施的硬件产品，如证照识别等。

在数字出版领域，汉王科技是科技企业进入数字出版领域的典型代表，其电纸书销量为国内市场第一，其主打产品电子书实现了数字出版领域从内容同终端的分离到内容同终端的结合。在其目前主打的电纸书阅读器系列产品中，针对不同的客户群，在产品中实行层次化定位差异，如图 4-21 所示。

截至 2009 年年底，汉王电纸书系列产品占据了国内电子阅读器市场 95％的份额，在全球的市场份额达 9％。汉王电纸书阅读器 2009 年的产量为 275 726 台，销量为 26 626 台，产销率为 96.57％。电纸书事业的销售收入为 39 025.75 万元，毛利率为 46.89％，销售收入占整个汉王科技总销售收入的 68.34％[①]。

目前，汉王科技作为数字出版业链中衔接上下游环节的中间端，已经与各方机构建立起紧密的合作关系。一方面，广大出版社、原创文学网站等机构是汉王科技的平台、终端内容提供商，汉王科技作为内容的接收、传播者，与以上机构进行了合作形式、利益分成方面的沟通和磋商，实现了利益的共享。另

---

① 汉王科技股份有限公司 .2010. 汉王科技股份有限公司 2010 年度报告。

图 4-21　汉王科技的电纸书产品

一方面，作为战略布局的重点，汉王科技与传统发行渠道——新华书店的合作也全面展开。

2. 技　术

作为科技主导型创新企业，汉王科技获得软件著作权登记 86 项，获准注册商标 108 项，获得专利证书 131 项。汉王科技现有的手写识别技术、笔迹输入技术、光学字符输入 OCR 技术和嵌入式软硬件集成技术这四大核心技术是现在主打的电纸书的关键技术支撑。其中，手写识别技术是汉王科技自主研发的核心技术之一，在手写识别领域内汉王科技积累了无与伦比的竞争优势。

就电纸书阅读设备领域，不论是亚马逊 Kindle 还是 Sony Reader，都仅限于视觉上对电纸书进行类纸化显示处理，而汉王科技则基于世界领先的手写识别输入技术和笔迹输入技术，打造出世界上第一部同时也是独一无二的支持手写识别技术的电纸书阅读器。

(三) 创新特征分析

1. 主要创新

1) 技术与产品创新

自汉王科技成立以来，一直专注于以模式识别为核心的智能人机交互领域，公司的核心技术居于国内领先地位，技术在汉王科技的创新中起到了不可忽视的绝对重要作用。汉王科技在手写识别领域的研发和积累方面形成了竞争优势。

基于技术革新上取得的成功，汉王科技在其他领域也开发了新产品。例如，汉王电子书包，是全新概念的学习用品，整合了丰富的学习资源和优秀的学习软件。此外，汉王科技还开放两款命名为"Touchpad"的平板电脑产品，这一设备的推出是汉王科技进军触摸手写移动智能终端市场的试水，也是市场细分化之后加强自身适应性的一次大胆尝试。

2) 理念创新

"专注成就精彩，创新引领未来"是汉王科技的经营理念。"创新"二字，则具体展现了汉王科技从无到有，从小到大，从弱到强成长起来的每一个坚实的脚印。正是由于汉王科技在企业发展理念上，坚持不断创新的思路，以持续占有绝对关键核心的多项自主知识产权为载体，以新产品服务的深层研发为依托，以打造具有高科技创新型民族企业为目标，汉王科技才成就今日佳绩。

3) 运营模式创新——技术＋市场＋资源整合

汉王科技切入数字出版领域主要集中在渠道上而不是内容上，内容仍是由作者、出版社及拥有版权的机构来做。基于技术优势选择从产业链的下端切入，用技术和产品作为自己商业模式的构成核心和经营业务的主要项目。"技术＋市场＋资源整合"的运营模式一方面迎合了出版单位数字出版的需求，另一方面也开辟了一条全新的销售渠道。

4) 注重知识产权

核心技术的积累让汉王科技认识到，中国企业必须拥有自主知识产权才能形成竞争优势。汉王科技则不遗余力地保护自主知识产权，维护自主创新成果，占取了市场的先机。例如，聘请 8 名高学历全职人才，成立了专门的知识产权部进行知识产权的申报、预警等管理工作，最大限度地保护企业的自主创新成果。此外，在与出版单位合作的过程中，也十分注重版权保护。

作为终端设备商，汉王科技是新进入数字出版领域的竞争者，因其在产业链末端的位置及其高科技企业的特性，汉王科技在开展数字出版实践中，致力于追求新的商业模式，表现出不同于其他主体的创新特征，如图 4-22 所示。

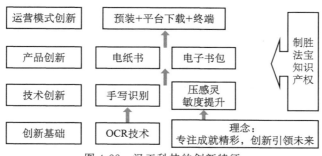

图 4-22 汉王科技的创新特征

2. 对比案例：亚马逊 Kindle

亚马逊公司（简称亚马逊）是美国最大的一家网络电子商务公司，是全球著名的线上图书销售公司。作为电子阅读的最初形式，亚马逊在其网站上售卖传统纸书的电子版本，开拓了一种新的业务。之后，亚马逊考虑到自己庞大的电子书业务规模和已经培养成熟的用户群体，适时地推出了 Kindle 电子书阅读器。Kindle 是亚马逊针对用户的需求研发生产的，Kindle 的问世引发了人类阅读的一次变革。

亚马逊软硬件结合的整体数字阅读解决方案，不仅在上游内容提供商方面有稳固的内容来源，还通过对终端的控制，拥有稳定的客户群。亚马逊在数字出版业链中完成了对多个环节的覆盖。

在资源整合策略上，将汉王电纸书与亚马逊 Kindle 进行对比，我们发现，Kindle 的资源整合只是原有优势资源的重新整合和利用，而非对自身商业模式的根本改变。Kindle 上承载着的是亚马逊的在线内容及其对图书出版产业链的整合。而汉王科技是对整个商业模式的变革，汉王电纸书中所有的内容资源全都由内容生产者定价。对于收费内容，汉王科技与内容提供商采取二八分成；免费内容则由汉王科技提供平台，汉王科技从终端制造到打造资源整合的平台，显示出"终端＋内容平台"商业模式的变革。

（四）主要困难和问题

汉王电纸书目前尚处于产品导入阶段，要打造电纸书产业链，不仅需要多方的合作，更要给品牌产品商、内容提供商、电信运营商等在整个产业链条中找到恰当的位置，并彼此达成利益分成的有效协议。就目前情况来看，作为终端厂商，汉王科技较为成熟，但在移动阅读产业链中汉王科技对内容提供商的影响力依然较小。

从营销模式上看，内容提供商与服务提供商未达成一致协议，导致利润分成模式不确定。并且，电子书的保存寿命导致其无法成为真正意义上的载体，至于解决终端向载体的转型问题依然会成为未来发展道路上的一个重要瓶颈。

此外，技术门槛不断降低使得行业内出现了鱼龙混杂的局面；汉王科技的产品上市不久就被仿制、造假，导致一定的负面影响及市场份额的流失。

最后，电纸书的版权问题也是一大难题。目前，汉王科技采取"一书一密"版权保护模式，防止内容被盗版者利用互联网肆意传播。如何更好地解决这一数字版权的正常授权问题，不仅仅关系着汉王科技的未来，也关系到整个中国数字出版业的命运前程。

在电纸书领域，如果只销售终端产品，在创新的层次上摆脱不了低层的格局，因此汉王科技必须拓展盈利模式。然而，目前汉王科技主要是通过销售硬件这一路径，缺少贯穿产业上下游的网络平台。今后可以考虑通过增加内容资源、整合图书资源，推出集搜索、阅读和购买一体化的电子阅读体系，并且可以考虑对优质文化产品进行独家买断版权。

此外，由于电子书领域竞争激烈，汉王科技必须开拓新的产品和市场增长点，实行多元化战略布局，保持创新企业发展思路，谋划企业长远发展规划战略。

第四节　数字出版业创新特征与典型模式

一　创新要素

通过以上分析，可以将数字出版创新的核心要素进行提炼，我们认为主要体现在技术、产品、渠道、服务及终端五个方面。这五个创新要素构成了数字出版业的创新体系，其中技术创新是数字出版业创新发展的关键、基础性要素，由此形成的创新要素体系之间的关系如图 4-23 所示。

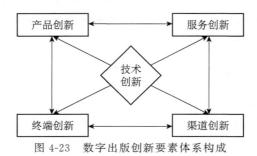

图 4-23　数字出版创新要素体系构成

二　不同主体的创新特点分析

通过对上述四个典型创新案例的分析发现，在创新过程中，数字出版企业表现出创新主体、创新形式、创新过程上的差异化特点。我们通过典型企业的主要创新要素及其创新形式的分析，提炼出数字出版业创新网络及创新主体的表现形态，如表 4-8 所示。

表 4-8　典型数字出版创新主体的创新要素分布

创新要素 创新主体	技术创新	产品创新	服务创新	渠道创新	终端创新
内容提供商——商务印书馆	▲ 辞书语料库及编纂系统、辞书数据库排版、按需印刷等	▲▲▲ 工具书在线、《东方杂志》数据库、历史资源按需印刷等	▲ 品牌、分类、主导	▲ 成立北京商易华科技有限公司专司数字出版产品服务	创新特征不鲜明
产品集成服务商——中国知网	▲▲ 以知识元、知网节等为关键技术的知识搜索	▲▲ 中国知网数据库、学术期刊优先数字出版平台、创新与创新管理型数字图书馆、学术不端检测系统、吾喜杂志网等数十种产品	▲▲▲ 知识内容集成服务、知识增值服务、个性化服务提供手机版、大众阅读版及学术不端检测等	创新特征不鲜明	▲ 从网络拓展到手机（移动）
产品版权运营商——中文在线	创新特征不鲜明	▲ 与中国移动阅读基地合作，专门提供正版图书阅读内容	▲▲ 全媒体出版版权管理体制；注重版权，实现版权价值最大化	▲▲▲ 图书、报纸、期刊、广播、电视、电影、网络、手机等全媒体出版整合营销	▲▲ 从网络拓展到手机（移动）并占主要业务份额
阅读器生产商——汉王科技	▲▲▲ OCR 识别、电子纸等，有多项专利技术	▲ 电纸书	▲▲ "专注成就精彩，创新引领未来"，成立创新委员会	▲▲▲ 在中央电视台黄金广告时段推销电纸书；全面展开与传统发行渠道——新华书店的合作；占据了国内电子阅读器市场 95% 的份额	▲▲ 终端＋内容，与各方机构建立起紧密的合作关系

注：▲表示我们理解的典型创新主体的创新的程度

从上述创新要素的分布分析中，可以看出上述四个典型企业的创新要素分布是有差异的，为了更加直观地进行表述，我们通过简单的赋值归一化处理，得到如下雷达图（图 4-24）。

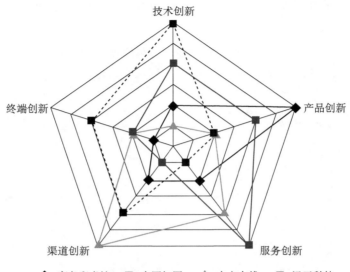

图 4-24　四家创新主体创新要素结构分布

　　根据图 4-24，商务印书馆在产品创新上更加凸显，是传统出版单位将自有品牌资源产品成功实现数字化转型的代表；中国知网在服务创新上表现更为突出，采用一系列信息技术为用户提供多样化的增值服务；中文在线在渠道创新上有特点，全媒体整合营销实现了跨媒体、跨平台、跨界的同一内容同一时间、不同渠道不同载体的产品传播；汉王科技拥有的原始创新技术帮助实现从终端向数字出版业链上游推进的战略。北京数字出版业中的四家创新主体的表现，代表性一目了然。

三 创新特征

（一）内容生产出现创造主体创造方式的变化

　　信息技术在数字出版领域的应用不断快速向广度、深度推进，内容的数字化生产方式正在悄然发生，出现创造主体、创造方式的变化。

　　1. 数字内容不断融合

　　数字表达、存储和传播技术使文字、图像、影像、语音等原来以不同表现形式和载体表达的内容要素得到统一。互联网、广播电视网、电信网"三网融合"的趋势也使得电子书刊、电视、移动内容、网络信息等以所属行业和传播方式相区分的数字内容趋于统一。数字出版的边界不断拓宽，融合了移动内容、互联网、游戏、动漫、影视等几乎所有的数字内容。

2. 内容主体和内容创造方式发生变化

完全平等、自由的互联网平台使得每个人都有平等的机会成为内容创造者，自助出版系统、按需印刷等技术也使出版的门槛大为降低。数字内容的融合使得出版、传媒、信息技术、服务等相互渗透，充分竞争，事实上改变了以行业资质区分出版主体的传统。同时，互联网和网络应用技术的发展使得大规模协作创造内容成为可能，也彻底颠覆了以个体或团队创造为主的传统内容创造方式（李法宝，2010）。

(二) 内容消费出现向知识消费提升的变化

数字出版内容范围的拓展及表现方式的转变，将传统的读者、观众、网民转变成广义的内容消费者，搜索技术的发展开辟了个性化内容需求的广阔市场。在在线阅读和海量信息迎合浅阅读趋势的同时，数据挖掘（data mining）、知识发现（knowledge discovery in databases）等技术使得内容消费提升为高层次的知识消费。伴随电子技术的发展而诞生的各种消费终端，也使得消费体验呈现移动、个性化、跨媒体的特点。

(三) 阅读载体呈现移动化、多样化发展的变化

随着电子、通信和网络技术的发展，内容消费的载体由纸质媒体扩展到电脑屏幕、视听终端、手机、掌上电脑、配备电子纸的专用阅读器乃至 MP3、GPS 导航仪、PSP 游戏机等任何可显示内容的设备上，内容消费变得无处不在。同时，阅读终端已经远远超出了内容载体的概念，围绕阅读终端产生的客户应用体验、社群网络、内容交互性等其他配套服务成为用户消费的重要组成部分。

(四) 产业链新进入者涌现推动信息共享的变化

互联网带给内容产业最重要的变化是内容创造和交易成本的降低，以及信息的充分公开。共享成为聚集资源进而降低交易成本的前提，信息的公开和个性化服务技术激活了数字出版业潜在的个性化消费市场。与此同时，依靠信息和资源不对称而构筑起来的产业链也将被彻底打破。通过分析还发现，数字出版带来了出版业产业链的变化，如图 4-25 所示。

(五) 商业模式出现颠覆内容收费创新解决方案的变化

互联网的应用导致信息的充分公开，交易成本的急剧下降，存储、渠道资源的无限扩展和消费者选择范围的无限扩大，动摇了以资源稀缺为前提的传统

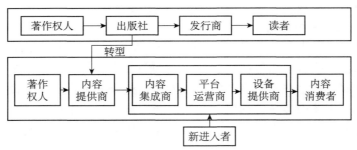

图 4-25　数字出版业链的变化

商业规则，改变了企业的商业模式。免费和共享的消费习惯使得直接依靠内容收费的模式不再成为主流，数字化在线服务的成本如此之低，以至于只要有 1% 的用户为特定需求付费就能支撑 99% 的免费用户的成本。而海量的数字资源和日趋成熟的内容搜索乃至知识发现技术，使面向特定用户个性化需求的信息服务成为可能。除了在线付费阅读外，通过广告、专业咨询、增值服务及依靠数字资源与软件应用提供专业信息解决方案等新的赢利模式都取得了很大的成功。主要的商业模式有以下几种。

1. 基于"长尾理论"的商业模式

传统产业中由于资源的限制，人们一直用"二八定律"来界定计算投入和产出的效率，即 20% 少数主流的对象可以造成 80% 的重要影响。互联网时代，海量的存储空间、充足的带宽、免费的传输成本和日益发展的搜索技术使得人们从资源短缺的时代进入了资源富足的时代。人们有可能以很低的成本关注任何以前看似需求极低的产品，只要存储和流通的渠道足够大，需求不旺或销量不佳的产品共同占据的市场份额，就可以和那些数量不多的畅销品所占据的市场份额相匹敌，甚至更大。因此，商业和文化的未来不在于传统需求曲线上那个代表"畅销商品"的头部，而是那条代表"冷门商品"经常被人遗忘的长尾。真正的个性化市场浮出水面，一套崭新的商业模式也跟着崛起。

2. 基于"赢者通吃"的商业模式

由于信息的充分共享和扩张的边际成本趋向于零，占据竞争优势的企业可以迅速地获得市场的承认并占据有利地位，并以极低的成本将自己的领先优势扩大，从而形成"赢者通吃"的现象。在数字出版领域，行业领先者占据了绝对的优势，形成"只有第一，没有第二"的格局。同时，信息时代也给新兴企业提供了迅速追赶的机遇，其原因在于迅猛的技术革命很可能使得领先者的优势瞬间消失，把握机遇的追赶者也存在十分明显的后发优势。

3. 基于大规模定制（mass customization）的商业模式

大规模定制是指以大规模生产的成本和速度，为单个客户或小批量、多品种的市场定制生产任意数量的产品。传统制造业的发展一般都经历了原始的手工制造、节约成本的大规模生产阶段及兼顾成本和个性需求的大规模定制阶段。由于个性化内容需求难以掌握及以大批量印刷为起点的传统印刷技术的限制，传统内容产业只能采用大规模生产的方式。信息技术和数码印刷技术使得掌握个性化需求并降低小规模生产成本的大规模定制成为现实。

四 典型创新模式

通过上述分析，可归纳总结出以下几种典型的数字出版创新模式。

（一）内容产品主导的创新模式

传统出版社拥有丰富的内容资源、较为知名的品牌等条件，在发展数字出版上具有其他行业无法比拟的优势。商务印书馆就是充分利用了自己已有的内容资源，在数字出版领域进行了有益的探索。

在从内容提供商向服务提供商转型的过程，传统出版社的创新模式可以概括如下：成立专门的数字出版与运作的公司，引入社会资本，特别是企业的资本，建立全新的运行机制和管理模式，从而实现了企业的组织创新；同时，数字出版企业广泛应用数字技术，充分重视技术创新，实现了编辑手段的数字化、排版技术的数字化、印刷工艺的数字化和发行手段的数字化；此外，这些内容提供商面对网络时代的用户的新特征，不拘泥于传统出版的思维，大胆进行服务理念创新，开拓各种渠道，实现从提供产品跃升到提供服务的转型，从而最终提供了满足读者各种需求的数字内容产品。内容产品主导的创新模式如图 4-26 所示。

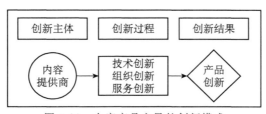

图 4-26　内容产品主导的创新模式

（二）信息增值服务主导的创新模式

以新兴的 IT 企业为主要代表的内容集成商利用自己在技术上的优势，形成了对内容强大的集约整合能力，它们整合各种内容资源，并对其数字化和结构化，通过对内容资产的有效管理，针对不同用户，提供具有不同产品形式的高度结构化的数据服务。信息增值服务主导的创新模式如图 4-27 所示。

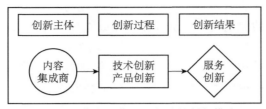

图 4-27　信息增值服务主导的创新模式

（三）版权运营主导的创新模式

以数字出版运营商为代表的新媒体企业充分发挥个性化定制、一次创建多次使用、强大而准确的搜索和链接功能、交互功能等以读者为中心的各种功能，积极拓展并对接各种渠道，开展立体营销，通过互联网平台、手机平台、手持阅读器等终端数字设备，构建起用户与媒体之间、用户与用户之间的紧密联系，实现了以读者为中心的立体营销渠道。版权运营主导的"内容＋终端"创新模式如图 4-28 所示。

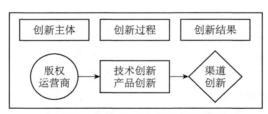

图 4-28　版权运营主导的创新模式

（四）设备生产商主导的"内容＋终端"创新模式

以技术提供商为代表的终端设备提供商充分发挥技术优势，加强集成研发，尤其是数字产品防盗版技术方面的合作，通过数字技术对数字内容进行统一编码和处理，实现数字出版产品数据格式的一致性。同时，广泛结合内容资源，将内容与自己的终端绑定，使终端成为"活"的数字化阅读设备和信息处理终端，进一步增加了产品对读者的吸引力。设备生产商主导的"内容＋终端"创新模式如图 4-29 所示。

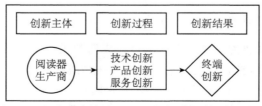

图 4-29　设备生产商主导的"内容＋终端"创新模式

五 未来创新模式构想

（一）内容平台将成为重要形态

以开放、共享、众包为哲学的 Google 将其理念贯穿于数字出版各项业务。从立足于服务独立出版商的 Google 电子书平台到现在的网络订阅支付系统，无不体现其开放性和合作性。Google 在 2008 年提出了"云计算"的概念和打造全球信息电厂的计划，拟整合全球信息，并通过一个简单的接口提供给用户。2011 年 2 月 17 日，Google 推出名为"Google One Pass"数字内容付费系统，方便出版商使用 Google 支付系统 Google Checkout 在网络及手机应用软件中出售数字内容。Google 的信息电厂设想和数字内容付费系统成为现实，无疑将使内容信息的集中度急剧增加。Google 在大幅度免费和开放的基础上，吸引众多开发商和创新者加入其行列。Google 的目标是向整个网络开放其图书搜索的资源，并建立一个其他网络服务可以互通的数字出版平台。2010 年年底，汉王科技总裁刘迎建也表示，随着电纸书毛利降低，汉王科技将转型为数字出版平台商，以汉王书城为基础打造网络数字出版平台。方正阿帕比技术有限公司也正在积极打造云出版服务平台。通过该平台，出版单位可以对社内资源加密，并且可以选择发行渠道进行授权、安全分发，而渠道运营商也可以打通各种渠道的终端应用，方便获取出版单位授权的资源进行运营。同时，这一切的流程都通过云出版服务平台进行，因此渠道的销售数据随时反映在平台上，出版单位可以随时掌握，甚至连读者的查询、点击、购买等行为，出版单位也可以通过该平台了解掌握（靳徐进和石磊，2009）。因此，数字出版平台将成为未来数字出版业重要的形态。

（二）产业链各方呈竞合关系

随着数字内容的融合、行业边界的模糊和信息的充分共享，以信息、资源不对称和行业分割为基础的产业链不可避免地被彻底打破，以著作权人、内容提供商、内容（信息）服务商、技术（设备）提供商、平台运营商、内容消费者为基础的新的产业链正在形成，传统格局被打破，产业链的每一个环节都面临新的竞争。IT、出版、传媒、服务等力量激烈争夺产业链的有利位置。例如，传统的技术提供商如汉王科技、北大方正集团有限公司（简称方正集团）等 IT 企业正力图强势进入并主导内容提供和服务环节；而传统的服务商如亚马逊试图通过终端设备 Kindle 主导内容、服务、消费的整个产业链；加拿大汤姆森集团等国外出版集团大举进军高附加值的信息服务环节；中国移动等电信平台运营商也凭借平台优势进军内容提供和服务领域（刘成勇，2007）。相比之下，传统出版社的现行体制、运作模式、业务流程、管理机制、人才知识结构、激励机制等都处于劣势。

作为数字出版的主要参与者，产业链各方之间的竞争不可避免。但竞争之外，双方也必须进行合作，数字出版业链的建设必然是一个多元合作的过程。扬长避短，合纵连横的竞合关系应该是未来数字出版业发展的理想模式。

（三）版权保护与资源共享互为补充

在数字出版中实施数字版权保护（digital rights management，DRM）的技术措施在给权利人带来保障的同时，也给合理使用者带来诸多不便；作者在受到严格版权保护的同时，也担心在海量信息中被用户忽略；内容的严格限制与以共享为特征的互联网文化背道而驰。更为困难的是，没有哪一种版权保护技术是不可被破解的。因此，未来数字出版发展模式中，保护和共享相结合，技术和法律互为补充，个人用户和商业目的适度区别的数字版权保护思路将成为必然的选择。国际上许多大的数字出版公司已开始尝试在放弃版权保护的同时，通过扩大产品的传播度，增加在网络广告、无线增值等业务上的收入。这种模式如图 4-30 所示。

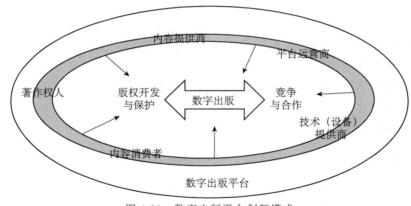

图 4-30　数字出版平台创新模式

六　数字出版业创新中科技作用分析

科学技术的每一次重大创新总是能带来社会生产力的一次重大发展。随着技术的进步，技术创新所提供的推动力日益成为决定一个企业生存和发展的关键，成为推动生产力发展的最活跃因素。对于建立在数字媒体技术和网络技术基础上的数字出版业来说，科技更是起到了决定性的作用（周培栋等，2007）。

（一）信息技术是催生数字出版的重要动力

信息技术在数字出版的发展过程起着至关重要、无可替代的作用。数字出版的每一次发展和演变都是在技术的推动下进行的。从研究者对数字出版及其相关概念的界定同样也能看出技术的发展轨迹。无论是二进制代码，还是磁、光、电介质，还是计算机及类似设备都具有浓重的技术色彩。可以说，没有信息技术，数字出版就无从谈起。信息技术在出版领域的应用，使传统出版产业在数字化的过程中，出版流程发生了革命性的变化。

1. 编辑流程的数字化

首先，是选题策划的数字化。正是有了互联网，编辑可以通过网络了解到某一选题的出版情况，避免选题的重复，编辑还可以方便地搜索到新资料、新成果、新知识，掌握最新学术动态和学科的发展趋势等，从而根据这些信息策划出最新的选题，快速而准确地切中市场的脉搏。其次，是编辑加工的数字化。现行的编辑软件可以实现编辑加工的数字化，甚至实现编辑加工的远程化（特别是 B/S 系统软件），从来稿登记、编前会或选题会到初审、二审、三审，都可以在软件中实现。最后，是签字付印的数字化。齐、清、定之后的稿件，通过权限设定，编辑不能再对其进行修改。这时可进入激光照排中心进行发排，输出胶片，亦可通过网络将排好的文件传送到印刷厂，由其输出胶片并照相付印，排版文件可存入出版社内部检索库和书稿库，以备编辑进行检索，还可形成标准通用标记语言（standard generalized markup language，SGML）通用的文档格式，以备制作电子出版物时调用。

2. 印刷流程的数字化

在印刷环节，数字技术的应用出现了按需印刷（print on demand，POD）。它是建立在数字化信息远距离传输和数字化信息高密度存储的基础上，通过计算机将数字图书直接印制成印刷文本的一种先进技术。POD 数码印刷不需要经过从胶片到 PS 版的过程，只需通过计算机终端与数字化印刷设备连接，传输数据，便可直接印刷，省去了制版这一道费时费钱的工序。同时，POD 也是即时印刷，从一本起印，避免了大批量库存的风险，将从根本上解决长期困扰出版社的退货和库存积压的问题。

3. 发行管理的数字化

发行管理的数字化体现在管理信息系统（management information system，MIS）和销售时点信息系统（point of sales，POS）的应用。我国新华书店较早使用 MIS 管理图书发行业务的是深圳市新华书店，该系统已推广到全国各省（自治区、直辖市）的近百家中、大型书店使用。POS 中文意思是"销售点"，是一种配有条码或 OCR 码的终端阅读器，有现金或易货额度出纳功能。POS 机也简称收款机，又称销售点管理系统，是为了实现书店管理的自动化，达到图书管理的数据化和实现对外作业的自动化而建立的。

4. 出版管理的数字化

出版单位的办公自动化（office automation，OA）管理系统为领导的办公和决策提供了很大的方便，在出版单位的管理软件上社领导可实时了解全社信息，并可对这些数据进行分析，从而为社领导决策提供依据。利用管理软件，社领导可方便地向各个部门下发指令和通知，从不同部门调阅有关信息，部门负责人把本部门要审批的文件按权限上报到社领导、社领导处理后再下发给部门的负责人（张立，2005）。

（二）信息技术改变着出版产业的发展模式

信息技术即数字技术，改变着出版产业的发展模式，它是建立在数字融合基础上的电信、传媒和出版业之间的融合。数字出版业的基础是技术融合，这些传统产品可以通过数字技术对其进行统一编码和处理，可以共同享用一个技术平台，并通过同一个网络平台进行传播，而产品和技术平台的融合又会促使企业产品、业务和组织结构等方面重新整合。这导致产业领域内的企业出现合并与重组，使得原本属于不同产业领域的企业出现了合作与竞争，从而形成新的价值链和业务模式。

技术整合数字出版业链主要是横向整合数字内容出版商，实现数字出版产品数据格式的一致性，改变因格式不一致导致的读者阅读成本过高，阅读方式不便。另外，整合数字技术提供商，加强集成研发，尤其是数字产品防盗版技术方面的合作，防止重复研发，资源浪费。数字出版只有充分发挥技术优势，广泛结合内容资源，积极拓展新的市场渠道，才能在整条产业链的带动下，促进数字出版行业的高速发展。

（三）信息技术实现了以"读者"为中心的用户与媒体关系

数字出版将由传统出版的"产品"中心、"内容为王"，转变为"读者"中心、"服务为王"。究其原因，网络技术既缩短了人们的沟通时间，又扩大了人类交往的空间，在数字技术的推动下，数字出版产品可以超越"内容为王"的单一视野，构建起用户与媒体、用户与用户之间的紧密联系。

因此，数字出版中，海量的数字资源和日趋成熟的数字出版技术，使过去传统出版中以出版者为主体的格局发生了变化，出现了以读者为中心的市场重心转移。在这种变化中，读者的要求越来越高，在权利保护与作品传播利益平衡中，读者的能力也逐步加强。个性化定制、一次创建多次使用、强大而准确的搜索和链接功能、交互功能等以读者为中心的各种功能成为数字出版区别于传统出版的特点与优势所在。

（四）信息技术改变了信息产品的传播方式

以现代信息技术为基础的互联网迅猛发展，改变了信息的传播方式，将文字、声音、图像转变为多媒体传播形式，使受众体会到全方位的视听感受；同时，整合了传统报刊、广播、电视媒体，给受众提供全方位的多维信息；互联网信息传播的快速、及时，交互性强，受众的反馈参与度高，实现由传统媒体的单向传播向双向和多向传播的转化。

数字出版除了强调出版的多介质外，还包括文字、语言、图形、影像等多种符号的使用；视觉、听觉、触觉等多种媒体的使用；纸张、光盘、磁盘、集成电路等多种传播载体的应用；报纸、杂志、音像制品、网络、移动终端等多种传媒形态的应用，以及多种显示终端和制作技术的应用等。

（五）数字出版技术使数字内容实现了个性化定制和一次创建多次使用

数字出版的核心技术是数字技术，而数字技术框架下的数字表达、存储和传播技术，使文字、图像、影像、语音等原来以不同表现形式和载体表达的内容要素得到统一。也就是说，在数字环境下，不论是文字、图片、音频还是视频的信息内容，都可以通过计算机以"0"和"1"的数字形式加以组织、处理和表现，并通过不同的信息传输平台进行传播。而读者亦可根据自己的实际需要，通过不同的终端来接收，从而在更大程度上实现信息消费的个性化和便利性。

数字出版通过最密集的信息发布、最有效的全媒体整合营销，将资源有效整合实现传播模式从"单一"向"多元"转型，从而带来版权价值最大化、信息传播广泛化、品牌传播具象化。另外，数字出版打破了传统出版按介质分割的限制，通过全媒体的出版经营实现了内容资源价值的最大化。在数字出版的条件下，能充分按照主题，以最直接的阅读形式，把传统的零散的出版进行整体运作，从而真正形成整合性、系统性的连续出版（张建明，2009）。

第五节　发展数字出版产业的优势与不足

一　优势

（一）市场容量巨大，居民消费能力高

与传统出版一样，发展数字出版，首先要求出版地自身有着一定的市场容

量，完成对所生产出版内容的消费，在此基础上才可能实现出版物的在更大范围内的辐射型消费。这既和中国人口数量挂钩，也和经济水平及文化素养水平有密切的关系。

（二）出版资源丰富，教育科研水平较为发达

数字出版产业是内容产业，消费者选择对出版物进行消费，前提是出版物的内容能够满足消费者的阅读趣味。因此，发展数字出版产业，离不开内容资源。在数字出版内容资源中，除了现代科技信息等资源之外，历史、文化、教育等资源是最为重要的内容资源。中国文化、历史、教育、科研资源丰裕，对发展数字出版产业，是非常有利的促进因素。

（三）经济快速发展，资本多元化趋势明显

数字出版业的发展同本地区的经济发展是紧密联系在一起的。只有国民经济持续快速的发展，才能保证数字出版产业随之发展。目前，中国的经济处于一个长期的高速发展期，这保证了其有能力对数字出版业的发展给予足够的关注和支持，同时，国民经济发展带来的社会财富，也会选择对数字出版业作为投资的途径。经济发展和资本多元化对数字出版产业的发展有很好的推动作用。

（四）生产能力提高，信息流动畅通

随着生产能力的提高，信息流动的通畅，我国目前的数字出版行业具有一定的市场消费能力、内容提供能力及人力资源和经济的基础之外，数字内容的生产能力也较强，同时出版地也具备较为完善的网络信息流通渠道，保证数字出版物能够及时地被读者消费，这样才能完整地解决读者需求，保证数字出版产业能够健康发展。

（五）政策大力扶持，国际交流频繁

出版业的特殊性在于自身的生产和价值实现之外，相关的政策与国际发展环境等外在因素对数字出版产业具有较大的影响。北京近年来对数字出版较为重视，新闻出版总署、工业和信息化部（简称工信部）、北京市科学技术委员会等相关部门都十分关注数字出版产业的发展，并制定了相关的政策以对数字出版相关企业进行大力扶持。

（六）出版技术进步，出版理念领先

现代科技的进步使得数字出版的存储、显示、加工、数据挖掘等技术不断提高。北京拥有众多大型的 IT 企业，它们往往在本领域是先进数字出版技术的

采纳者。另外，它们也具有较为先进的数字出版理念，从而为发展数字出版提供了众多典型的案例，起到了一定的引领作用。

二　存在的问题

（一）法律法规建设滞后

数字出版是我国近几年新兴并迅速发展的产业之一，但与其有关的出版法律法规建设相对滞后，使得数字作品的版权不能得到有效保护，著作权人的权益不能得到有效保障，严重阻碍了数字出版产业的健康快速发展。

信息网络传播在技术上几乎没有条件限制，作品不仅可以很方便、精确、逼真地进行复制，而且可被任意删改或者移植。对于作品的版权所有者来说，其作品常常未经授权就会被任意传播给大量的读者。一些网络运营商在没有取得有版权保护的原作品的合法传播权的情况下，通过扫描、录入等手段大肆复制和转制原作品，并通过互联网、通信网等渠道非法销售数字作品，公然牟取暴利，严重侵害了出版单位和作者的合法权益，影响十分恶劣。而且，大部分出版单位及作者又非常忌讳陷入"得不偿失"的"官司纠纷"中，对于这类侵害只能熟视无睹。

网络盗版与传统盗版在行为特征和法律性质上并无多大差别，但打击网络盗版的难度、成本却并不亚于传统出版。数字出版维权困难重重。

以上情况都导致了数字出版的侵权现象在我国较为普遍，原创者的权益得不到有效保护，从而使数字出版领域的版权保护问题成为影响行业健康发展的严重障碍。

（二）人才缺乏

与传统出版业不同，数字出版及其管理人员需要有一定的计算机网络软硬件专业技术知识，需要对数字出版物的制作及数字出版业的信息化商业运作模式有所了解。目前，国内的数字出版业仍处于探索尝试阶段，许多有关数字出版的知识和规律需要在实践中不断总结，因此发展数字出版需要既了解出版专业知识，又掌握新兴数字技术的复合型人才。目前，各出版单位主要由计算机专业背景的人员从事数字出版，而这些人员的出版专业知识相对缺乏，制约了数字出版业的进一步发展。为此，面对新的数字出版方式，出版业不能知难而退，应重视对数字出版复合型人才的培养，尽力做好数字出版的前期准备特别是智力储备。

（三）缺乏成熟的商业运作模式

数字出版从创作到制造、流通和消费都需要采用全新的商业模式，需要将计算机网络技术、电子商务技术相结合。构建出版生产、信息资源和要素公开交易的平台，降低交易成本，推动数字出版物的流通。数字出版需要建立知识资源共享和在线交易，目前网上在线交易缺乏必要的安全信用机制，这也是制约数字出版的一个关键所在。目前，亟须制定出版行业电子商务硬性规则，为数字出版者和消费者提供快捷、方便、安全的服务。

（四）缺乏必要的资金投入

传统出版单位要发展数字出版，需要投入大量的人力、物力和财力，进行技术设备、运营模式等的全面升级，这不仅提高了出版运作成本，风险也随之提升。因为电子科技日新月异，在数字出版技术上花费巨额投资，在目前相关各方未能形成有效的赢利模式的情况下，很可能会得不偿失。数字出版尽管诱人，但对于传统出版单位而言，眼前利益不大，也没有支付出版数字化改造成本的能力和热情。许多出版社宁愿将资金投入到一些能够短期见效益的畅销书产品上，也不愿发展数字出版。这既有出版业自身体制政策上的原因，又是社会上对数字出版业的投资热情不高所致。

（五）产业链尚不完善

目前，数字出版产业链并未完善，还存在非常大的误区，各干各的，都不了解各自是什么想法，甚至还有思维差异。在产业链上游，技术提供商对数字出版期待过热，而传统出版单位态度偏冷——传统出版单位拥有大量的内容资源，但因长期以来对数字出版不够重视，又不掌握先进的数字化技术和手段，无法把它们开发成可以再利用的数字内容产品（邓香莲，2007）。在产业链的中游，网络运营商数据整理存在很大相似性，浪费较大。在产业链的下游，电子图书、数字期刊等的营销过度依赖机构消费者，尚未促成一般读者的自主性消费。因此，产业链上的各方一直没法形成成熟的合作经营模式，这也严重地阻碍了数字出版市场的规范化和多元化发展。

（六）技术标准难于统一

目前，我国数字出版的技术系统和装备系统缺乏行业的总体标准，地域分割性较强，难以做到统一，致使元数据和信息交换格式未能形成标准。另外，数字出版管理格式、数字出版防伪的保密、版权保护等技术问题还不完善。由于缺乏统一的标准和文本格式，各技术提供商生产的电子阅读设备在文本格式上不能兼容，这既不利于数字出版机构开发通用格式的数字化出版物，也不利于读者的选购。这导致用户必须使用不同的阅读器，增加了用户阅读的成本，无形中也造成数字出版物用户不断流失，这在一定程度上造成了数字出版产业链的断裂，成为制约数字出版产业发展的瓶颈。

第六节　促进数字出版业创新的政策建议

一　从国家战略高度推进数字出版，做好产业规划

国办发（1995）54号文件中已明确指出，信息资源为国家的战略资源。而作为互联网时代国家信息资源的源头，数字出版理应得到各级政府的足够重视。相关政府主管部门应从国家战略的高度上推进数字出版工程的建设，通过统筹规划及对产业界的支持和引导，建立良好的数字出版生态环境和价值链，逐步培养出一批具有清晰产业定位的数字出版商和集成服务商。

二　完善法律法规，为数字出版发展创造更佳环境

根据我国数字出版业的发展，结合我国互联网管理和出版管理的实际，以发展的眼光，健全网络出版管理、著作权保护、商务环境建设等涉及网络出版的法律，加大监管力度，特别是在《版权法》方面，应在注重保护所有者权益的同时，鼓励促进知识的传播和交流，为产业的发展建立良好的政策和法律环境。

三　加强行业规范建设，制定统一开放、兼容的技术标准

标准问题，不是技术自身的问题，而是行业管理问题。因此，建立和健全数字出版的法律法规、规范行业准则是发展我国数字出版业的迫切举措（何勇海，2005）。诸如数字版权的保护与转让、电子商务的货款支付与安全、数字出版的税收及征收、数字出版合同的签订及履行等有关数字出版正常运行不可或缺的操作要求，都应通过立法的形式，尽快用法律法规来予以规范。我国政府、企业及其他与该行业息息相关的机构和部门都应顺应数字化出版的浪潮，及时转变观念，为数字出版产业的发展营造一个良好的环境。

四　利用数字出版发展契机，调整运行机制和管理模式

从出版机构微观角度来说，数字出版技术含量高，市场前景虽然较好但风

险也较大。出版单位应利用数字出版的契机，做生产关系上的调整改革。可采取成立专门的数字出版与运作的公司的方式，引入社会资本，特别是企业的资本，由出版机构控股，对管理层和技术骨干可以采取持股或许以期权的方式，充分吸引既懂出版又懂数字技术的复合型技术开发和管理人才（张新智，2010）。经营数字出版就要遵守企业的游戏规则，采用与企业相类似的管理方法。对于出版社来说，需要全新的运行机制和管理模式。

五 紧抓内容建设，发挥社会导向功能

数字出版物作为数字文化产品，与其他文化产品一样，具有社会导向功能，其内容影响着受众的政治、道德、价值取向。政府相关部门应使传统出版和数字出版优势互补、理想对接，鼓励、支持传统媒体、网络公司、主流网站等从事数字出版业务，将优秀的作者、丰富的内容纳入数字出版，开发丰富的文化资源，从而吸引广大的读者，支持数字出版的社会导向功能。

第五章 / **互联网服务业**

第一节　互联网服务业的概念与特点

一 概念与分类

目前，没有对互联网服务业公认的定义，我们认为，互联网服务业是基于互联网平台，面向用户提供服务的企业的集合。其核心特征是基于互联网，以互联网络为依托，信息高度密集，跨多产业和多业务领域。

伴随着互联网技术的发展，各种各样的互联网服务不断涌现。从具体的服务类型看，根据中国互联网络信息中心（China Internet Network Information Center，CNNIC）发布的中美互联网服务的比较，可以看出网民经常使用的网络服务，如图 5-1 所示。

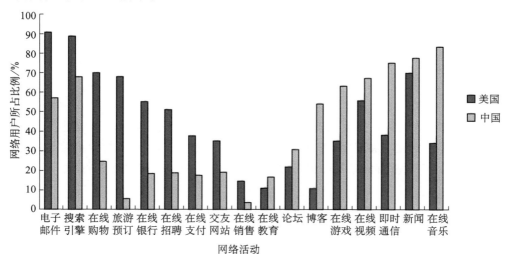

图 5-1　中美互联网服务对比

当然，其中一些业务难以单独形成一个产业，而是作为一种重要服务，整合在其他的企业业务中，如电子邮件、网络音乐、网络新闻、论坛等，其他一些业务领域可以单独成为一个细分产业领域。从目前情况看，互联网服务业至少可以包括如下几类：在线旅行安排及预定、网络门户/搜索引擎、网络零售、网络出版、网络游戏、交友/SNS、即时通信、博客/视频分享、物联网等。

二 主要特点

互联网服务业有以下特征，在相当程度上，互联网服务业的特性是由互联网的特性所决定的。

（1）高渗透与交叉性。互联网作为信息高速公路，本质上是一般性的技术系统，具有基础设施的特性，因此可被广泛应用，既用于娱乐或提高工作效率，也可以服务人们的生活。表现为互联网服务业与其他产业的渗透交叉，已渗透到经济社会的各方面，如制造业、批发零售及其他诸多服务业部门。

（2）较强的外部性。互联网服务业的外部经济性由网络经济的特性决定。互联网服务业具有规模经济性，呈现出规模报酬递增的特征。就是说，信息作为互联网服务业的主要商品，它在产出后可以接近零边际成本地被大量复制和传播，呈现明显的收益递增性。

（3）较高增值性。互联网服务业作为现代服务业的一个重要分支，作为依赖互联网生存的产业，与传统服务业相比，它可以克服地域和时间上的距离，使交易成本大大降低，可以为用户提供更加方便、快捷的服务。

（4）依然处于成长期。从产品生命周期角度看，处于成长期领域的较多。由于互联网服务业的绝大部分细分领域市场格局尚未最终成型，如移动增值服务、网络游戏、网络出版等传统领域，随着移动互联网技术等的发展应用继续创新拓展，同时，一些新兴领域如SaaS、民生服务等也在磅礴发展。

（5）高度创新性。互联网服务业是客户需求导向型的，要为客户提供高度个性化的网络服务，必须与客户间信息沟通频繁和强烈互动，不断进行创新。商业模式创新在互联网服务业中的重要性比较突出，从早期的商家对商家（B2B）、B2C到垂直网站等，都是通过商业模式创新才迅速取得成功的。

第二节　互联网服务业发展概况

一 发展历程

1994年4月20日，在中国科学院计算机网络信息中心，中国实现了与国际互联网的全功能连接，正式成为有互联网的国家，成为国际互联网大家庭的第77个成员。而北京作为中国最早实现网络互联的城市，也最早从事互联网服务。

北京的互联网从 20 世纪 90 年代末发展到现在，无论在网络科技还是在服务水平上都处于全国领先的地位。总结起来，互联网服务业的发展经历了酝酿阶段、单一门户阶段、多元化阶段和 Web2.0 商业化探索阶段四个阶段。

（一）酝酿阶段（1986～1996 年）

这一阶段，主要是地处北京的科研部门和高校对于互联网技术的研究探讨和试验，网络应用主要是少数高等院校、研究机构的电子邮件服务。

高校和科研机构的内部网在北京互联网服务推广的过程中起到了十分重要的作用。继 1992 年中国第一个采用 TCP/IP 体系结构建立的清华大学校园网建立以来，同年年底，中国国家计算机和网络设施（The National Computing and Networking Facility of China，NCFC）工程的院校网，即中国科学院院网，北京大学校园网（PUNET）全部完成建设。1993 年 3 月 2 日，中国科学院高能物理研究所租用 AT&T 公司的国际卫星信道接入美国斯坦福线性加速器中心（Stanford Linear Accelerator Center，SLAC）的 64K 专线正式开通。这条专线是中国部分联入互联网的第一根专线。电子邮件是这一时期的主要服务项目。1994 年以后，互联网开始进入公众生活，真正意义上的互联网服务开始出现。

（二）单一门户阶段（1997～2000 年）

1997 年以后，北京互联网服务业才真正开始发展，其大体历程，如图 5-2 所示。这一阶段以门户服务形态为主，期间还出现了电子商务和网络出版的形态。

1998 年，门户的概念开始在中国互联网产业中迅速发展。1998 年 11 月 30 日，新浪成立，几乎同步成立的门户网站还有搜狐、网易等。这些门户网站在起步阶段大多仿照了雅虎的模式。2000 年 4 月 13 日，新浪率先在纳斯达克上市，随后网易、搜狐相继争取到了上市的资格。随着互联网泡沫的破灭，中国的三大门户网站在纳斯达克股市中受到重挫。门户网站跌入低谷，寻找一个合理可行的盈利模式成为迫切的问题。

在此期间，国内第一批零售网站开始创办，1997～2000 年，当当网、蔚蓝网、卓越网等知名电子商务网站先后涌现。此外，1999 年 6 月，中国知网由清华大学、清华同方股份有限公司发起并建立，网络出版业在北京开始出现。

（三）多元化阶段（2001～2005 年）

门户概念在这一阶段得到了多元化的解读和拓展，互联网服务业实现了由"输血"到"造血"的转变，展现了自身的生命力。2001 年年初，中国移动开通短信服务，这为困境中的互联网带来了一丝生机，搜狐和新浪网率先推出短信息服务。借助短信、彩铃、网络游戏等收费业务，互联网终于迎来了严寒过后

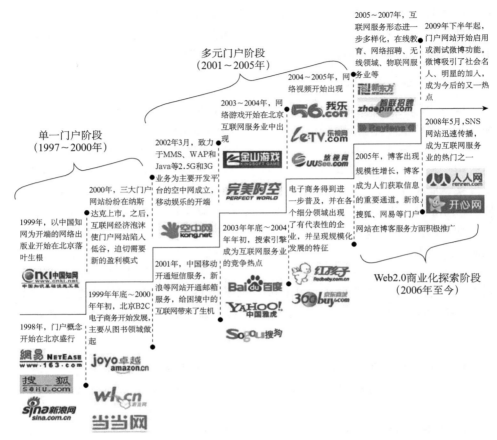

图 5-2　北京市互联网服务业快速发展阶段的发展历程

的升温，新浪、搜狐相继开始有了盈利。

　　2003 年年底 2004 年年初，搜索引擎成为国内互联网市场上新的竞争热点。2003 年年底，雅虎首先出手收购了占实名搜索 90％市场份额的 3721 公司，迈出其开拓中国搜索市场的第一步。2004 年 8 月 3 日，搜狐公司推出自主技术开发的互动式中文搜索引擎——搜狗。新浪也在 8 月推出了"全方位"搜索平台。根据《2004 中国搜索引擎研究报告》，2004 年，中国搜索引擎市场中，百度、雅虎、Google 分别以 36.29％、22.72％、21.22％的用户占有率占据着国内搜索引擎市场的前三位，形成了国内搜索市场的"第一阵营"。紧随其后的是新浪、搜狐、网易、Tom、中国搜索、中华网等形成的"第二阵营"[①]。

――――――――――

　　①　互联网周刊 .2008. 中国互联网黄金十年 . http：//it. hexun. com/2008-06-11/106598656. html ［2012-12-03］。

2003 年，网络游戏开始在互联网服务业中盛行，2004 年成立的北京完美时空网络技术有限公司。经历了互联网泡沫之后，零售电子商务得到了进一步发展，北京 B2C 企业的优势地位形成，涌现了一批像京东商城、红孩子商城、金银岛网络科技股份有限公司等优秀互联网企业。

（四）Web2.0 商业化探索阶段（2006 年至今）

Web2.0 代表了互联网的未来，也推动了一些新兴业态出现。博客、视频、互动社区、智慧社区、物联网等成为新一轮发展重点。土豆网、开心网是这一时期出现的有代表性的企业。

在传统领域，互联网环境的改善、理念的普及给电子商务带来巨大的发展机遇，各类电子商务平台数量迅速增加，许多电子商务网站开始实现盈利。公开上市（initial public offering，IPO）的梦想、行业良性竞争和创业投资热情高涨，大大推动了电子商务进入新一轮高速发展与商业模式创新阶段，衍生出更为丰富的服务形式与盈利模式。

2009 年是中国步入 3G 发展的元年，经过一年多的建设，中国第三代通信网络已经为移动互联网的发展提供了良好的基础通信条件。

另外，北京物联网产业发展具有一定的优势，在核心技术研发、传感器、网络控制、云计算和行业应用及产业联盟协同创新方面拥有较好基础。2009 年11 月 1 日，由北京中关村物联网上下游具有优势的 40 余家机构共同发起组建了物联网产业联盟。成员单位在物联网核心技术、核心产品和产业实践方面均取得了显著的成果，具备了进一步合作、提升的基础条件，产业的紧密合作已经成为企业自发需求。

二 国际地位

根据中国 B2B 研究中心 2009 年调查统计显示，目前国内电子商务服务企业主要分布在长江三角洲、珠江三角洲一带及北京等经济较为发达的省市。其中，长江三角洲占有 33.52% 的份额，珠江三角洲占有 32.04% 的份额，北京占有8.86% 的份额，国内其他地方共占有 25.58% 的份额。此外，经济发达使这些地方网上购物、商户之间的网上交易和在线电子支付，以及各种商务、交易、金融、物流和相关的综合服务活动也较为活跃。

中国已经超过美国，成为全球使用互联网人数最多的国家。得益于此，北京少量互联网服务业企业排名已进入世界前列 。Alexa 统计（2010 年 10月 25 日）的全球排名前 20 位的互联网企业中（表5-1），中国的百度排名第6 位，新浪位于第 15 位，除此之外，163.com 排名第 28 位，搜狐排名第 41

位，已进入世界领先行列中。但就总体而言，这样的企业数量相比美国还是偏少。

表 5-1　Alexa 全球网站排名

名次	网站	名次	网站
1	google. com	11	msn. com
2	facebook. com	12	yahoo. co. jp
3	youtube. com	13	taobao. com
4	yahoo. com	14	google. co. in
5	live. com	15	sina. com. cn
6	baidu. com	16	amazon. com
7	wikipedia. org	17	google. de
8	blogspot. com	18	google. com. hk
9	qq. com	19	wordpress. com
10	twitter. com	20	google. co. uk

资料来源：http://cn.alexa.com/topsites/globa

我国互联网服务业，几乎包含所有类型，如网络门户、网络零售、网络出版类等。表 5-2 是北京互联网服务业各细分类型的代表性企业。

表 5-2　北京互联网服务业典型类型及代表公司

序号	类型	代表性公司
1	网络门户	百度、搜狐
2	搜索引擎	去哪儿网、爱帮聚信
3	网络零售	当当网、京东商城、凡客诚品、红孩子
4	网络游戏	完美时空、金山
5	SNS	开心网、豆瓣网、人人网、Only lady
6	网络出版	中国知网、方正飞阅传媒技术
7	博客/视频分享	天天宽广（UU 网）、乐视网
8	移动娱乐	空中网、上方网
9	物联网	蔚蓝仕、赛尔网络服务、时代凌宇、北京天地互连

第三节　互联网服务业典型创新模式案例①

一　研究概况

根据美国互联网服务业发展的演化趋势，可以得知，在线旅游、信息服务、

---

① 企业案例素材来源于调研，得到所调研部分公司的大力支持，其帮助提供许多有价值的资料。

网络零售是非常重要的网络服务业形态。北京互联网服务业中不乏这 3 类优秀企业，我们将从这 3 个领域选择部分企业进行重点研究，深入分析每个案例的商业模式、创新过程、创新主体、创新动力、创新网络构建，以及技术、市场、制度等因素对每个企业创新的影响。

我们将综合考虑以下 4 个因素，据以筛选企业。第一，新兴网络服务细分产业，即所在产业有很好成长前景。第二，行业领先者，是行业中典型模式和典型企业。第三，处于成长期，新兴、代表未来趋势。第四，模式比较成熟即已经赢利或即将赢利。根据这些因素，我们选择表 5-3 中 3 家企业，深入考察其创新模式。

表 5-3　部分创新模式代表性企业

企业	成立时间	所属类型	创新模式特点
去哪儿网	2005 年	在线旅游	垂直搜索
开心网	2007 年	SNS	娱乐互动网络社区
凡客诚品	2007 年	零售业	专业网络零售

二　去哪儿网案例——细分产业的融合创新模式

（一）公司发展概况

去哪儿网由庄辰超与戴福瑞（Fritz Demopoulos）于 2005 年 2 月在北京共同创立，是中国首创的旅游搜索引擎，全球最大的中文在线旅游媒体平台，亚太地区领先的在线旅游媒体。

庄辰超生于上海，毕业于北京大学无线电系。早在 1997 年大学还未毕业时，就开发出一个搜索软件——搜索客，并成功地把它卖给比特网（ChinaByte）。美国人戴福瑞在中国的事业开端于新闻集团，在新闻集团，他参与了一系列公司事务，包括比特网，也因此与庄辰超相识，并成为好友。随后几年，Google 迅速崛起，让庄辰超等不时思考搜索引擎领域是否还有发展的机会。2003 年 12 月，创立于 1999 年的携程旅行网在美国纳斯达克成功上市，并创下纳斯达克 3 年来开盘当日涨幅最高纪录，表明了国外资本市场对中国旅游业前景的信心，这引起庄辰超和戴福瑞对中国旅游业的极大关注。他们开始讨论旅游业和中国市场、分析旅游业电子商务模式及可能的发展机会。

2003 年，美国已有多种在线旅游电子商务模式（布哈里斯，2004；巫宁和杨路明，2003）。最早是和携程旅行网一样的代理人模式，即帮助航空公司或酒店等销售产品，收取一定的佣金，但不承担卖不掉产品的责任，多卖多得。很快，另外一种模式出现，即所谓的商人模式。很多代理去找航空公司和酒店谈判，包销一定数量的机票或房间，他们承担卖不掉的风险，但拥有定价权，可以任意打包，组装成别的产品后来卖。第三种模式，是倒定价模式或不透明模式。这种模式下，由消费者先出价，列明要求，并通过信用卡预授权。产品买后不能退、不能改，但这种模式下，可以提供要比代理人和商人模式下一般要便宜 50％ 以上的酒店价格。还有搜索酒店模式，提供酒店大体位置、星级、消费者评价等信息，但是不列出酒店的名称，消费者决定要住还是不要住，如果要住也是付钱后知道酒店名称等详细信息。价格一般比倒定价模式下要高些，但是比代理人模式要低 30％ 左右。后两种模式在信用卡比较发达的美国也占据了相当的份额。欧洲还有一种流行模式，是最后一秒钟模式。对机票和酒店，临近房间要失效或者航班要起飞，这个时候对于航空公司和酒店来说能赚多少钱就多少钱，价格可以相当低，需要消费者立刻做决定、立刻买单，这种模式在欧洲也有相当的市场份额。旅游分销行业交易模式的创新导致多种交易模式并存，同样的酒店、机票有不同的价格，不同模式下价格差可能高达 40％，特殊情况下甚至可以高达 90％。面对这种情况，消费者开始困惑：到底该怎么订机票、定酒店才是最便宜或最好的？

　　传统上，航空公司和酒店支付大量佣金给代理人，是因为它们的客户来自四面八方，但自己没有能力在全国部署销售网络，也不经济，所以愿意通过佣金利用各地合作伙伴帮助销售。互联网出现后，它们发现自己也可以建一个网站面向全世界的客户做直销，节约代理人的费用。直销也可以帮助掌握客户信息，做跟进销售。由于它最了解自己的产品，在和消费者交流的时候，信息沟通更为畅通，可以非常有针对性地推荐自己的产品。这一系列因素，促成航空公司和酒店开始大规模的直销，2000 年开始在美国出现这个浪潮，航空公司、酒店开始建立自己的网站直销，以最新的价格、最好的产品吸引消费者。

　　这样消费者就更加困惑，过去可能只有几十个旅游网站、代理人网站去选择，后来有更多的模式可以选择，现在又多了一种直销的模式，选择范围、时间成本、难度大大增加。美国消费者选择机票和酒店产品花费的时间上升，过去找一个网站一个小时预订完，到 2004 年最高峰的时候，平均每预定一张机票或一个酒店需要花 3～5 天的时间。美国消费者出行需要花多长时间来决定机票和酒店呢？答案是两周。

　　同时，预定网站数量大增与竞争加剧，许多预定网站尝试在网上营销自己。2003 年，创立仅几年时间的 Google 广告收入已经超过 9 亿美元，让人们重新认识搜索引擎及 Google 商业模式的力量与价值。Google 收入中相当部分来自旅游网站，但 Google 并没有特别关注旅游这一细分市场。

于是，2003 年以后，一种新的模式，即媒体模式逐步发展起来，帮助消费者解决这个问题。媒体模式就是把所有的信息收集起来以后站在专家的角度做比较，给消费者节约选择时间。有很多新的公司成立，包括和去哪儿网模式相近的公司 Kayak 于 2004 年成立。在美国看到这些，庄辰超就和戴福瑞商量，有没有机会在中国也成立这样一个公司。

在中国，他们看到的情况跟美国早些年是一样的，只有一家在线旅游公司做得比较好，就是携程旅行网（冯飞，2003），还有相对比较小的竞争对手艺龙旅行网。他们看到未来的中国和美国都是很大规模的市场，本质上不会有太大的区别，可能发展时间、形态、业务环境有一些区别，但大方向没有区别。随着 2004 年国内一些航空公司开始陆续推出在线旅游服务，提供中立、智能、全面的比较平台，以实现其自有服务在网络空间的延伸，对用户进行旅游产品选择和决策的作用日渐突出。庄辰超等认为时机已经成熟，于是决定回国创办去哪儿网。

开始做这项业务的时候，庄辰超等首先考虑的问题是，去哪儿网的产品策略是什么，到底解决消费者什么问题？在解答这个问题之前先问的一个问题是，消费者在线旅游的时候到底有多少问题需要被得到解决，又分别是哪些问题，现在是怎么区别解决的？

于是，他们把所有的问题都列出来，分不同的层次，根据不同的重要性及需求面大小等，排了优先顺序，确定的策略是沿着消费者旅游当中遇到的问题一个一个依次逐步去解决。最优先要解决的是什么问题呢？第一，国内机票有哪些行程、有哪些航班、准点率、机型、谁的价格最便宜、怎么飞、怎么买？第二，各城市里有哪些酒店、价格、消费者评价、酒店的地理信息、周边有一些什么样的设施和环境？锁定了消费者这两大需求，也就明确了服务产品的定位，接着就是着手产品的开发了。

2005 年 5 月，去哪儿网机票频道上线。启动整个产业链是去哪儿网最大的困难和挑战，当时对于旅游垂直搜索而言，中国市场的成熟度和接受度低。那时，国内绝大部分航空公司都不卖票，左右买卖机票代理的网站都不具备在线交易能力。由于缺乏营销能力，庄辰超等也没有动力建立网站在线预定直销。他们找了很多业内人士，试图说服大家试试针对去哪儿网的平台做一个在线营销的网站。一开始大家都不信，但在 2005 年年底有第一个人信了，那就是戴福瑞，因为他和庄辰超认识便尝试开了个网站，业务量发展得还不错。所以，去哪儿网要做的很大事情，就是塑造整个产业生态环境。一定程度上，去哪儿网把很多合作伙伴带上一条在线销售的道路，催生了国内的旅游直销市场。

（二）创新过程与特点

1. 商业模式创新

去哪儿网所处产业链的媒体环节，是媒体模式的一种。去哪儿网提供的在线旅游搜索服务决定了它是一个信息平台。去哪儿网只做旅游分销环节中的信息和市场两大块，并不参与订单和支付，交易流程可以通过去哪儿网的链接，回到信息来源的供应商网站完成。去哪儿网的供应商合作伙伴有航空公司、酒店、在线代理商等，包括携程旅行网、艺龙旅行网等在线代理商。由于能将流量和客户直接带到合作供应商的网站完成最后的环节，相当于给它们带去了直接客源，这正是合作伙伴所欢迎的。所以，它的价值在于帮助航空公司等在更广泛的范围内寻找消费者，省去了中间的代理环节，进一步降低销售成本；同时为消费者提供比传统方式更丰富和全面的产品和服务信息，将消费者引导到航空公司、酒店、在线供应商网站，从而帮助直接实现 B2C 交易。

去哪儿网的收入来源完全靠广告收入。它的目标是协助消费者搜索到最有价值的机票、酒店、签证、度假线路和其他旅游服务等，同时，也帮助广告主有效地针对这些高质量的，具有很高消费潜力的旅游者，提供多元的、定位于品牌推广及促成销售机会的各类广告形式，令企业得以在市场中更精准地定位目标受众，并在竞争中赢取先机。去哪儿网采用 CPC 或 CPM（每次点击成本或每千次点击成本）收取广告费。去哪儿网目前阶段的广告客户主要集中在航空业、酒店直销企业、旅游行业代理商（机票代理、酒店代理、旅行社代理等）、旅游局、汽车业、金融服务业、消费品业及娱乐休闲业等。去哪儿网 63% 的用户集中在 25～39 岁年龄层；77% 的用户拥有本科及以上学历；15% 的用户来自企业管理层；45% 的用户集中在一线城市。

2. 产品与服务创新

为了提升客户体验，持续进行产品与服务创新。去哪儿网首创了很多考评指标，如针对航空公司晚点率评价体系。2010 年，去哪儿网推出了金牌机票服务系统，包括 4 个部分：100% 的 CATA 认证代理商体系、代理商投诉管理系统、代理商信息查询系统、消费者评价排序体系。该系统的开发与应用，提升了在线机票业务服务价值，打造了在线机票行业内第一个服务标准体系。

不同于机票，酒店相对来讲价格因素只是比较因素当中次要的环节，很多消费者还关注它的地理位置、交通、服务质量、是否干净整洁等。2009 年，随着机票服务的完善，去哪儿网把重点逐步转移到帮助消费者更好地解决关于酒店选择的问题。2009 年年初，推出“酒店试睡员”，集中精力打造一个最大的中文酒店点击平台，希望帮助消费者从价格以外的其他侧面更好地了解酒店产品特性，帮助消费者更好、更快捷地做出选择。

去哪儿网酒店平台成为最好的酒店营销平台之一，艾瑞咨询 2010 年 4 月监测数据显示，去哪儿网酒店服务日均覆盖人数排名第三。如今除机票、酒店和签证产品之外，去哪儿网还拥有度假、无线和社交类产品。

3. 技术创新

工程师出身的庄辰超，对技术有独特的理解。他认为技术是创造独特竞争优势的重要手段。对于互联网电子商务来讲，技术非常重要，除了技术以外的所有特点都比较容易被其他公司复制，有了技术相对来讲壁垒会高很多，当然，技术不是唯一的，更不是绝对制胜的。技术领先得益于创始人经历。

庄辰超领导公司产品和团队，有丰富的技术与管理经验。他很熟悉搜索引擎技术，在与戴福瑞共同创立去哪儿网之前，在美国华盛顿的世界银行工作期间，设计并开发世界银行内部网系统，此系统共有 25 种语言版本，在超过 130 个国家得到使用，于 2003 年被专门研究网站和产品易用性的权威公司 Nielsen Norman Group 评为"最佳内部网"。在合伙创办去哪儿网前，戴福瑞加盟了网易，担任商务拓展高级副总裁。所以，他们有一定的资本积累，熟悉行业情况。

技术开发也得益于风险资本和丰富的人才。作为两名技术出身、有过大机构工作经验和创业经验的人，庄辰超和戴福瑞能够一开始就做出让人无可挑剔的商业计划书，然后用它来打动投资者。2006 年 7 月，著名的硅谷风险投资商梅菲尔德（Mayfield）、金沙江创投基金（GSR Ventures）完成了对去哪儿网的投资。2009 年 11 月，去哪儿网完成第三轮 1500 万美元的融资，由纪源资本（GGV Capital）领投；之前所有的投资人包括梅菲尔德、金沙江创投基金和特纳亚资本都继续参与。

三 凡客诚品案例——领域聚焦的专业化创新模式

（一）我国 B2C 电子商务发展状况

零售行业发展到现在，经历集贸式/大商场式、连锁店式和电子商务，每一次变迁的核心都是成本降低和效率提高。当然，每一次的变迁并不会带来以往模式的消失，只是以一种更为先进的运营手段，为消费者和企业带来更多的利益。电子商务给传统流通零售方式带来的冲击，是不可逆转的趋势。

随着互联网信息技术的不断发展，我国互联网用户持续以几何级数增长，网络购物已然成为主流的消费趋势，市场规模迅速扩大，而 B2C 也成为发展最快的一种电子商务模式。当前我国 B2C 电子商务市场呈现以下特征。

第一，B2C 在电子商务市场中的份额逐步提高。我国 B2C 市场晚于 C2C 市场，且发展速度落后于 C2C 市场，但整体呈现不断攀升态势。从 B2C 市场份额看，相比 C2C 市场高度集中的市场格局，B2C 市场的市场份额呈现区域分散，所占比均不高的局面，而且并没有出现一家独大的格局。

第二，市场以家电、服装、图书为主。据清科研究中心发布的《2010 年中国电子商务 B2C 市场投资研究报告》显示，2009 年中国 B2C 网上零售市场销售规模已经超过 224 亿元。3C/家电类 B2C 市场销售份额排名第一位，销售收入约为 99 亿元，占比达 44.20%；服装份额居第二位，销售收入约为 39 亿元，占比达 17.41%；出版物份额变化不大，居第三位，销售收入约为 26 亿元，占比达 11.61%。

第三，B2C 电子商务模式向多元化方向发展。当前的 B2C 电子商务企业中，当当网、亚马逊中国、京东商城、凡客诚品等占据了半壁江山。近年来传统制造业如家电领域的创维集团有限公司、海信集团有限公司等，以及传统实体渠道商如苏宁电器股份有限公司、国美电器，近两年来纷纷借自建网上商城、进军网络直销领域。

（二）凡客诚品创办及发展

凡客诚品（北京）科技有限公司于 2007 年 10 月 18 日正式上线运营，由两位互联网知名人士陈年和雷军携手合作创建。陈年是原卓越网（现为亚马逊中国）创始人之一，原金山集团总裁雷军也是卓越网创始人之一。

董事长兼 CEO 的陈年，1994 年来到北京，服务北京文化界。1997 年，创办席殊好书俱乐部。1998 年创办《书评周刊》。2000 年，成为卓越网创始团队成员，执行副总裁。2004 年 9 月，亚马逊以 7500 万美元收购卓越网。其作为卓越网的实际运营者，为股东创造了高达 30 倍的投资回报。因其对互联网用户文化消费的深刻理解，曾被誉为"能够挤出用户购买欲"的人。

凡客诚品在运营初期短短 10 个月里，即获得了 IDGVC、联创策源、软银赛富、启明创投的先后三轮投资。目前凡客诚品已是根植于中国互联网上，遥遥领先的领军服装品牌。据艾瑞咨询调查报告显示，凡客诚品已跻身中国网上 B2C 领域收入规模前四位。其所取得的成绩，不但被视为电子商务行业的一个创新，更被传统服装业称为奇迹。2009 年 5 月被认定为国家高新技术企业。

凡客诚品快速崛起的原因，概括如下[①]。

---

① 参见凡客诚品官网的公司简介，http://www.vancl.com。

第一，技术领先，利用互联网整合先进的中国服装制造业。凡客诚品目前已拓展至涵盖男装、女装、童装、鞋、配饰、家居六大类，各品类还在不断深化。

第二，客户体验至上及高性价比的经营之道。凡客诚品网上商城页面清爽，给人非常不一般的购物体验。凡客诚品利用的是互联网这个新兴渠道，它免掉了开传统专卖店的店面转让费用、店租费、水电费、大量人员工资、区域宣传费用、物流库存费和大量税收等费用，实现真正的低成本运作。

第三，品牌文化顺应互联网时尚消费的潮流。凡客诚品作为运营仅几年的新公司，是一个根植于互联网的服务品牌，想缔造一个网上高端专卖店，就会带来像进了品牌专卖店跟随而来的信任和安全感一样。

第四，陈年及其团队多年合作默契，市场敏感度及突出的执行力。凡客诚品受关注的另一方面，当然离不开 CEO 陈年对市场敏锐的判断力。通过分析热衷于电子商务的人群是年龄跨度在 20～35 岁的新生代，这些人是伴随着互联网成长起来的，习惯使用互联网工作，并且在生活中也不断和互联网发生着关联，因此将店开在网上再加以大力度的广告宣传。

（三）创新过程与特点

第一，专注于细分市场领域。凡客诚品不同于亚马逊中国、当当网或京东商城，其产品都专注于服饰类。其他许多网络零售网站的业务模式都比较相似，这些企业都不约而同地从销售少量品类产品，向猛增产品品种及扩大线下仓库规模的方向转型，虽然都没有开实体店，但它们在物流、仓储等传统零售行业的流通环节中投入的人力、财力都在不断增加。近年来，新一代 B2C 企业（如京东商城）崛起，也是从在线销售数码产品等领域起家，然后又不约而同地打出了做综合网上商城的旗号，并向着这个目标迈进。

第二，占据价值链高附加值的两端。从价值链定位看，凡客诚品的活动主要集中在服装设计及销售方面，占据微笑曲线高附加值的两端。目前，已经和西班牙、瑞士、英国、法国、日本、韩国等多个国家的一线设计师合作，正在依托互联网品牌力量整合全世界的一流设计师资源。从对服装行业不甚了解，到成为服装行业的资深人士，陈年这个标准的 IT 人士，开始向时尚品牌学习，回归到一家服装品牌的定位，借助传统服装的品牌塑造路径，打造凡客诚品的品牌知名度和美誉度。在款式简单、用色谨慎的风格下，凡客诚品设计理念归纳为：去除不必要装饰，强调舒适性和表现不繁复的优雅。

第三，注重品牌塑造与推广。凡客诚品逐步从电子商务行业向服装行业的本质回归。创业以来，凡客诚品依靠良好的产品和个性化的服务，建立了企业的口碑。在让消费者对凡客诚品的产品建立信任之后，凡客诚品开始时尚品牌塑造的进程。凡客诚品首先走出电子商务企业的思维定式，回归到服装品牌的定位，按照时尚品牌的方式，塑造强势品牌。

凡客诚品品牌理念：互联网时尚生活品牌；提倡简单得体的生活方式；坚持一线品质、合理价位；致力于为互联网新兴族群提供高品质的精致生活。品牌理念的贯彻，又得益于企业诚信、务实、创新的文化。诚信是凡客诚品品牌理念的核心价值，坚守真诚待客之道，以提供高性价比产品为己任。务实是凡客诚品为人做事的行为准则，不做任何浮华虚夸之事，虽志存高远仍脚踏实地，不计较个人得失，以团队利益为重，营造简单、高效的工作氛围。创新是凡客诚品高速成长的坚实保证，不亦步亦趋，而以开放姿态鼓励创新，以持续创新提升业绩。

凡客诚品目前也在和各大院线、娱乐公司、时尚杂志、国内外跨界设计师联系，酝酿选美类活动、时尚服装走秀、设计师专属服饰等，凡客诚品从互联网品牌过渡到时尚生活品牌，从电子商务过渡到时尚品牌的思路清晰可见。凡客诚品破天荒地邀请了品牌代言人，这在电子商务行业绝无仅有，王珞丹和韩寒都是互联网上或目标群体中号召力强的明星人物，此举被业界人士视为旨在关联明星品牌和凡客诚品品牌，增加企业的品牌知名度和美誉度。

四 开心网案例——以用户为中心的开放创新模式

(一) 中国 SNS 服务业发展现状

从发展阶段看，中国网络社区主要经历了新闻组、BBS 和社会性网络服务（social network service，SNS）三个阶段。2005 年，中国网络社区开始进入新的商业模式探索期。在这一时期，互联网大量普及，网络技术迅速发展，用户基于网络的沟通交流需求大幅增长，互动信息和交互应用成为这一阶段用户的主要诉求。SNS 专指旨在帮助人们建立社会性网络的互联网应用服务。2003 年3 月，SNS 鼻祖 Friendster 在美国加利福尼亚州成立，被业界称为全球首家社交网站。其在推出之后以惊人的速度在全球范围内扩展，引来大批模仿者，包括2003 年 5 月推出的 linkedin、2003 年 8 月推出的 Myspace 及 2004 年 2 月推出的Facebook 等，在全球范围内掀起 SNS 网站热潮，投资界也对 SNS 表现出浓厚兴趣。

伴随着中国网络社区的发展，并在全球 SNS 浪潮下，中国的 SNS 网站也不断推出。2005 年 12 月，第一家 SNS 网站——校内网（2009 年更名为人人网）在中国推出，成为中国大学生市场具有垄断地位的校园网站。51.com、千橡开心、聚友、爱情公寓、QQ 空间等本土 SNS 网站也相继推出。SNS 发展谱系如

图 5-3 所示，开心网 2008 年 3 月推出。

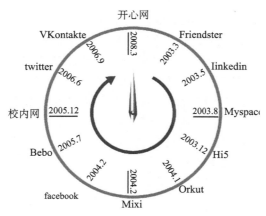

图 5-3　著名 SNS 网站成立时间

资料来源：开心网提供资料

在中国，SNS 发展表现出以下四大特征。

第一，平台化。SNS 网站将会更大程度地进行平台开放，实现虚拟网络社区与现实生活社区的无缝对接。

第二，与互联网其他领域融合。SNS 网站将以更多的形式参与第三方合作，成为网站用户黏性和盈利方式创新的主要手段。

第三，更多领域的 SNS 应用，即更多传统领域厂商会在自身产品服务中融入 SNS 应用。

第四，产业链分工更明确。SNS 不同领域分工将不断明确，产业链分工不断细化。

（二）社会性网络服务行业发展背景

马斯洛（2007）把需求分成生理需求、安全需求、社交需求、尊重需求和自我实现需求五类，依次由较低层次到较高层次排列。低层次的需要基本得到满足以后，它的激励作用就会降低，其优势地位将不再保持下去，高层次的需要会取代它成为推动行为的主要原因。

需求层次理论为 SNS 行业的产生提供了理论基础。SNS 企业通过分析，认为大部分用户在基本的生理需求和安全需求得到满足后，对社会需求、尊重需求、自我实现需求等高端需求的追求日益剧增，因此推出一系列基于满足个人交往、友情、互动、认可的关系网络互动服务，开创了互联网服务业一个崭新的领域。

1967 年，哈佛大学心理学家 Stanley Milgram 提出六度分隔理论（six degrees

of separation，也被称为小世界理论），假设世界上所有互不相识的人只需要很少中间人就能建立起联系，任何一个人和陌生人之间所间隔的人不会超过六个。也就是说，最多通过六个人你就能够认识任何一个陌生人。

六度分隔理论和互联网亲密结合，已经开始显露出商业价值。人们在近几年越来越关注社会网络的研究，很多网络软件也开始支持人们建立更加互信和紧密的社会关联，这些软件被统称为"社会性软件"（social software）。例如，博客就是一种社会性软件，因为博客写作所需要的个性和延续性，已使 Blogger 圈这种典型的物以类聚的生态形式，越来越像真实生活中的人际圈。在 SNS 中，人们可以更容易在全球找到和自己有共同志趣的人，更容易发现商业机会，更容易达到不同族群之间的理解和交流。

（三）开心网创新模式研究

1. 商业模式

开心网功能定位于休闲娱乐。针对白领的社会需要和尊重需要，开心网推出照片、日记、书评、影评等信息分享平台，短消息、留言、评论等沟通手段，事务管理、网络硬盘、收藏等个人工具，投票、答题、真心话等互动话题，以及朋友买卖、争车位、买房子送花园、钓鱼、开心餐厅等互动组件，以满足白领阶层的感情交流，并通过亲朋好友间的互动，实现促进工作和自我激励等功能。开心网的哲学认为"人生开心就好"，公司愿景也是为了"帮助更多人开心一点"。团队强调，"开心"包含着两重含义，首先是人生开心就好，人生中最重要的就是开心，开心网希望所有用户都能够拥有开心的人生；其次是打开你的心，面向世界，打开心门，以一个无比开放的心态，积极地面对生活。

与同类型网站相比，开心网的用户人群更倾向于白领，通过一线城市白领向二三线城市等更广阔地区、更广泛年龄层辐射。人人网的用户人群则定位于校园用户，51.com 的 SNS 定位于二三线城市去网吧的年轻人，SNS 较为关注开心网的模式，但更多的是处于探索之中。开心网的用户具有真实性、年轻化、集中在大中城市、高学历、中高收入、有品位、爱拼搏、爱享受等特征。

开心网采用品牌营销，把企业的形象、知名度、良好的信誉等展示给顾客，从而在顾客的心目中形成对企业产品或者服务的品牌形象。开心网开创了 SNS 时代的新营销模式，以"用户开心"为主导，引领和谐广告；以"好友关系"为秘籍，放大传播效果。通过品牌营销，开心网的品牌形象已经深刻地映入消费者的心中。

开心网采用口碑营销的方式。口碑营销就是利用用户体验产品的美誉度，进行小范围口对口的传播方式。开心网将口碑宣传从新浪员工传播至媒体圈和互联网企业，形成联系人、业内人员、推销员三类人，再由这三类人扩散至全国 2800 多万白领用户。当然，只有口碑营销还不够，再加上互联网最具特色的"病毒式"营销，开心网的传播效果大有提升。和其他 SNS 网站一样，开心网也通过 MSN 或 QQ 来进行交友。而和其他 SNS 们不同的是，很多开心网用户都会直接将网站链接发给朋友，效果比被动接收邮件更快速也更明显。

SNS 产业链主要由社区平台、合作机构和支持机构构成。2010 年起，开心网实施开放平台战略，第三方合作机构可以借此平台，直接为 8000 多万注册用户提供服务，让更多的中小创业者获得收益、分享开心。同时，开心网还将开放与各网站的连接，打破门户界限，让用户在互联网上自由冲浪，体会无所不在的开心。2010 年，开心网继续加大与电信运营商、手机厂商的合作，推出各个平台的客户端应用，让用户的开心体验突破时间和空间的限制，变得真正无所不在。

由于开心网拥有大量优质用户，能够为客户带来高性价比的广告收益。因此，开心网拥有大量客户资源。开心网依靠大量优质合作伙伴快速发展，当前拥有合作机构如表 5-4 所示。

表 5-4 开心网合作机构

机构种类	当前数量	代表机构
媒体	500 余家	新华社电视、中央电视台、中央人民广播电台、中国国际广播电台、上海文广新闻传媒集团、《南方周末》、《财经》、《三联生活周刊》、国家地理频道、MTV 等
公益组织	50 余家	壹基金、中国红十字基金会、中国扶贫基金会、中国残疾人福利基金会、中国青少年发展基金会等
政府组织	30 余家	云南省曲靖市委宣传部、北京市崇文区国家税务局、英国大使馆、新西兰旅游局等
知名企业	200 余家	奔驰、宝马、可口可乐、必胜客等
高端机构	100 余家	北京首都国际机场、香港中文大学等
生活服务	300 余家	俏江南、麻辣诱惑、王府井书店等

资料来源：开心网提供资料

开心网的名人主页拥有娱乐明星 200 余人，文化艺术明星 50 余人，商业财经名人 50 余人，传媒明星 150 余人，体育明星 50 余人，时尚名人 60 余人，以及其他名人 100 余人。很多名人入驻开心网并在开心网最早发布独家、最新动态，因此他们的个人主页也成为广大媒体获得名人新闻线索最快、最权威的平台。

2. 产品与服务创新

在创建开心网之前，程炳皓就职于新浪，任新浪企业服务副总经理，负责新浪的"爱问"搜索项目。2007 年 11 月，程炳皓带领一批同样从新浪走出的技术工程师、营销团队和市场团队，于 2008 年 3 月推出开心网。2008 年 5 月，开心网就获得了北极光风险投资注入的第一轮 500 万美元的投资，2008 年 10 月，北极光风险投资又投入 400 多万美元的风险投资。这是 2008 年下半年全球经济不景气的背景下，中国互联网风险投资项目的一个亮点。2009 年，开心网又获得来自启明创投和北极光风险投资及新浪的 2000 万美元投资。

自团队创建以来，一直在产品和功能的设计上大胆尝试，以创新的手段满足互联网用户的根本需求及潜在需求，不断追求更完善的用户体验，努力使开心网成为一个便捷实用的社区平台。在技术领域，开心网团队始终采用共享交互网络、数据传输方案、分布式存储解决方案等国际领先的互联网技术，以满足大规模用户的各种复杂应用与海量数据交互。

在开心网发展初期，主要对国外 SNS 著名网站进行模仿创新。例如，对国际著名 SNS 网站 Facebook 进行大量模仿，就连页面设计也和 Facebook 一脉相承，见表 5-5。但是开心网在模仿过程中进行大量二次创新。例如，开心网的买房子组件，虽然不是首创的，但其中进行了大量的引进、消化、吸收、再创新，并在争车位组件中推出拉力赛和道具卡等，极大丰富了产品服务的趣味性和互动性。

表 5-5　开心网与 Facebook 组件比较

开心网组件名称	Facebook 实用组件
朋友买卖	Friends for Sale
争车位	Parking War
开心农场	Happy Harvest
动他一下	Hug Me
真心话大冒险	Honesty Box
脑大福大	Who Has the biggest brain?
投票	Poll
朋友比较	Comparison
朋友知我多少	Do you really know me?
专业测试	Which is your secret talent?

开心网提供的产品和服务包括照片、日记、书评、影评等信息分享平台，短消息、留言、评论等沟通手段，事务管理、网络硬盘、收藏等个人工具，投票、答题、真心话等互动话题，以及朋友买卖、争车位、买房子送花园、钓鱼、开心餐厅等互动组件。开心网还允许第三方公司提供大量丰富的第三方组件，包括 X 世界、酷讯机票、驾照理论考试、优享团等，分别提供娱乐、休闲购物、实用资讯等领域服务。开心网推出网页游戏，如商业大亨、武侠风云等，以满足用户对游戏的需求。

依靠大量的产品与服务创新，开心网用户数量大幅增长。截至 2010 年 6 月 30 日，Alexa 排名中开心网位居全球第 99 名，位居中国第 18 名，开心网日均停留时间超过百度、新浪、搜狐和 QQ。截至 2010 年 9 月，开心网的注册用户已经超过 9000 万人，页面日浏览量超过 15 亿次，平均每月超过 5000 万活跃用户登录，平均每周页面被访问超过 80 亿次，平均每天开心用户总共停留 15 亿分钟，并以每天新增 10 余万注册用户的速度持续增长[①]。

3. 盈利模式创新

开心网的盈利模式主要包括植入性广告、组件广告和营销活动广告。三大盈利模式相互配合，开心网盈利实力不断增强，盈利潜力巨大。

第一，植入性广告。植入性广告可以巧妙地和网站的某些产品结合，让用户在不知不觉中强化对该品牌的印象。广告主通过将产品无缝地结合到开心网上的各个游戏行为中，使得用户较为容易地接受该产品的广告宣传，广告效果较好。例如，新君威汽车被应用于风靡的抢车位游戏中，该车成为用户可以选择的第一款车，并且会有停车告知。此外，万科企业股份有限公司当前也将自己品牌的房子集成到了开心网的小区中。

第二，组件广告。组件广告是指专门为特定用户开发完全跟产品结合的功能模块。例如，开心网已经推出了一款名为"非常礼遇"的组件，为中粮集团有限公司、联合利华公司、和路雪等公司的产品提供定向开发。例如，和路雪旗下一个名为梦龙的冰激凌靠此在一些地方曾卖到脱销，用户凭借梦龙冰激凌雪糕棒上的密码，就能在开心网获得一些加分、收菜等更好的玩游戏体验。

第三，营销活动广告。在营销活动广告中，开心网曾组织过一次兰蔻"粉领丽人"的活动，引发了开心网上超过 5000 人报名，活动投票评选出一定数量的女性用户，她们可以获得兰蔻的化妆礼盒。

第四节　互联网服务业创新模式特征与科技作用

一　创新模式要素维度

从互联网服务业企业创新活动看，其创新模式的各组成部分，即其构成要素，包括如下几个方面。

（一）外部环境

创新活动是在特定的环境下发展和进行的，因此外部环境条件将构成创新模式的关键要素之一，具体包括以下几个维度。

（1）需求条件。创新活动是服务于需求的，需求可能来自外部的市场客户，也可能来自内部创新者。既可能是外部客户等提出的，也可能是创新者发现的潜在需求。

---

① 参见开心网，关于我们，http：//www.kaixin001.com/s/newaboutus.html。

（2）要素环境。创新活动也需要要素支撑，包括资金、信息、技术、人才、知识、土地等，涉及关键要素的可获得性、成本等。

（3）产业竞争。已有产业竞争也是重要的，涉及产业的生命周期，是处于初创期、成长期、还是成熟期等。与之关联的是产业中是否已有竞争者，或只是潜在的竞争者。

（4）关联产业。既可能是互补性产业，也可能是有一定竞争关系的产业，对本产业的创新活动也有影响。

（5）政府。政府作用也是重要的，涉及政府管制、产业政策支持等。

（二）创新主体

创新活动必须有主体，并且是创新活动的载体，创新主体是创新活动不可缺少的核心要素之一。具体包括如下几个维度。

（1）主体构成。创新主体可能是几个关键的企业家，也可能是公司里的员工，或者外部合作伙伴等。

（2）背景特征。创新主体的背景特征，包括从业经验、是否有技术等，也都是重要的。

（三）动力机制

创新要有驱动力，驱动着创新的发生。创新的动力机制，主要包括创新的动力源维度。创新原动力是来自企业的内部和外部，其中外部动力主要包括利用外部机遇和应对挑战两种。

（四）表现形态

创新是要创造价值的，价值的表现形态是构成创新模式的一个关键要素，具体包括以下维度。

（1）价值形态。可能是技术，可能是商业模式，或者是组织管理等创新，也可能是某种综合类创新等。

（2）价值实现。指企业创新如何获取收益，它可以表现为利润的来源，也可以表现为提升企业的竞争力等。

（五）过程特征

创新是一个过程，过程特征也就构成创新模式的另一个关键要素，具体包括以下维度。

（1）原创程度。是模仿创新、原始创新还是集成创新？

（2）开放或封闭。可以是"以我为主，开放合作"的创新模式，与外部科研机构合作，并且客户积极参与其中，也可以以相对封闭的方式进行，主要靠自主创新。

以上各要素以更具体的形式表现出来，并相互作用，形成各种各样的创新模式。

二　创新特征

本部分我们以创新模式的关键要素，总结分析前面的典型案例，考察互联网服务业的一些关键的特征。表 5-6 对三个典型案例创新模式进行比较。

表 5-6　三个典型案例创新模式比较

	去哪儿网	开心网	凡客诚品
创新主体	两名创始人，一名为海归，另一名是美国人。均有技术背景和成功专业门户网站创业经验。一人曾任世界银行高级系统架构师，另一人曾任网易商务高级商务副总裁	创始团队领军人物曾任新浪企业服务副总经理，负责"爱问"搜索项目，带领技术、市场和营销团队创业	两名创始人均为卓越网（现为亚马逊中国）创始人，一人擅长市场与品牌营销，另一人擅长钻研技术
动力机制	内心创业动力；发现外部机遇	原项目不理想；利用外部机遇	利用潜在机遇
表现形态	技术融合商业模式	技术支撑＋商业模式创新	技术支持的商业模式创新
过程特征	自主＋国外先例；技术创新的自主，产品及服务的开放	模仿；自主技术开发	自主＋模仿；自主技术开发
外部环境	潜在需求开发；技术人员丰富；国内尚无先例；新兴产业；政策鼓励	满足已有需求；已有完整团队；国内尚无先例；新兴产业领域；大体无限制	发掘潜在需求；探索型；传统产业；无政策限制

根据上文的分析，可以发现我国互联网服务业创新模式具有的共性。

（1）领军人物通常有 1～2 名，使得决策过程简单、高效，适应于互联网服务业技术与市场快速变革的需要。

（2）领导或创业团队中，有人擅长钻研技术，有人擅长市场营销，这对互联网服务业的技术与市场都非常重要。

（3）领军人物有丰富的、成功的相关经验，有一定的技术和市场的经验累积。互联网服务业是技术密集型产业，技术与市场门槛较高，对相关技能的要求也较高。

（4）利用潜在机遇，发掘未满足的需求，这意味着竞争更少。

（5）有模仿的特点。相关业态或企业类型，在美国或多或少都有成功先例。

这与中国的经济社会发展水平及互联网技术的发展滞后于美国有关系。

（6）企业形态或业态国内首创。互联网的网络外部性及规模报酬递增的特点，决定互联网服务业具有赢者通吃的特点。因此，先动优势是成功的重要条件，国内首创业态常给企业许多竞争优势。

（7）从表现形态看，技术支撑是必要条件，更多情况下，表现为技术支撑的商业模式创新。

（8）技术开发以自我为主。不同于其他产业，与高校、科研院所的合作较少。互联网技术大多是应用性技术开发，从某种意义上说，公司技术力量强于许多高校，可以说，互联网技术发展是公司驱动的。

（9）产品或服务的开发更加开放，有用户的积极参与。这也适应于开放创新的趋势，体现满足用户需求的重要。

（10）有风险资本的支持。虽然有的企业得到政府资金的支持，但主要还是风险资本投入。互联网企业技术与市场的开发早期都需要较大的资金投入，由于其高回报性，比较容易吸引风险资本的加入。

三 演化趋势

从上文的 3 种典型创新模式的介绍，可以看出创新模式的趋势特征。

（一）专业化细分服务

在线旅行预定市场上除了存在以酒店和机票为主营业务的在线代理商之外，近几年出现了以途牛旅游网为代表的专注于度假产品的在线代理商。2006 年，途牛旅游网成立，是南京途牛科技有限公司旗下的网站，为旅游者提供旅游度假产品预订服务。国外也呈相似趋势，如 Hotels.com 专注于酒店业务，目前已是全球领先的酒店服务提供商，通过互联网及电话提供给旅行者超过 12 万家独立的、连锁及自助酒店预订服务。它提供给消费者一站式的服务，关于酒店价格、设施、可获得性等信息，并提供关于酒店预定后的服务。Hotels.com 总部位于德克萨斯州的达拉斯，属于 Expedia 集团公司。

（二）以用户为中心的开放创新

技术开发依赖自己，但从技术开发所支撑的产品、服务定位与设计来看，构建以用户为中心、以需求为驱动、以社会实践为舞台的共同创新、开放创新的应用创新平台，也是趋势之一。以 Web 2.0 为代表，以人为本的"创新 2.0 模式"，可以总结为以用户创新、大众创新、开放创新、共同创新为特点的，强化用户参与、以人为本的创新民主化。

（三）注重网络社区的功能

即便非纯粹的社交类网站，也很重视网络社区对黏住用户的作用。例如，淘宝网结合社区、江湖、帮派来增加网购人群的黏性，并且采用最新团网购模式与零售模式让网购人群乐而不返。

（四）产业融合

多产业融合也是互联网服务业发展趋势之一。例如，Priceline 是反向拍卖模式的先驱，给客户提供机票、酒店房间、租车等订购服务。最近，增加了更传统的模式，即代理商的模式，通过"由你自选"的模式推广固定价格的旅游产品。Orbitz.com 最初创建是航空业应用在线旅游服务商如 Expedia 和 Travelocity 竞争及对全球销售系统费用增加的反应。Priceline 由大陆航空公司（Continental Airlines，Inc.）、三角洲航空公司（Delta Air Lines，Inc.）、西北航空公司（Northwest Airlines）、联合航空公司（United Airlines）及后来加入的美国航空公司（American Airlines）共同投资 1.45 亿美元于 1999 年开始创建，2000 年初试运营，2001 年 6 月正式推出，如今业务模式大体相似于 Expedia 等。

四 互联网服务业创新中科技的作用分析

（一）互联网服务业是技术驱动型产业

从互联网服务业的发展历程就可以看出，科技在互联网服务业发展中的重要作用，互联网服务业是典型的技术驱动的产业，从表 5-7 中就可以看出。

表 5-7　技术进步与部分互联网服务业关系

即时通信	1988 年，芬兰人 Jarkko Oikarinen 发明网络聊天协议（internet relay chat，IRC），但当时该协议仅支持文本聊天 1996 年 ICO 发明后，即时通信基本成型。随后，1997 年，美国在线（American online，AOL）推出 AIM（American instant message）。1999 年，IBM 公司推出 Lotus Sametime，雅虎推出 Yahoo 通，微软推出 MSN
搜索引擎	1990 年，由蒙特利尔的麦吉尔大学的三名学生发明的 Archie FAQ，是所有搜索引擎的鼻祖 1993 年出现 Excite，通过分析字词关系，对互联网上的大量信息进行有效检索。后来由专业程序员们开发了一个名叫"蜘蛛"（spider）的程序，它能自动以人类无法达到的速度不断地在网络上检索信息 网页排序技术的发展，则推动 Google 的快速发展
网络电话	1996 年，VoIP 技术开始引起全世界的瞩目，其背后的无限商机使许多公司也开始研发并相继推出类似的软件。2000 年，IP 电话也从当初的计算机到计算机，扩展到计算机到电话，电话到电话等多种形式，话音质量逐渐提高，应用范围不断扩大

续表

移动互联网	对于这样一种复杂的网络性产品生产来说，需要系统设备制造商、运营商、内容和服务提供商、终端设备制造商的协作。i-mode 是日本电信运营商 NTT DoCoMo 于1997 年开始开发，1999 年 2 月正式推出的移动互联网服务。它是一种革命性的移动通信服务，使用户可以用手机浏览网页并收发电子邮件。对用户来说，i-mode 是一部能显示文字和图片的手机。i-mode 服务的主要技术构建有以下六个部分：PDC-P，即最初数据传输速度为 9.6K（后来不断升级）的信息包交换网络；i-mode 服务器，它承担 PDC-P 和内容服务提供商网站间网关的功能；带有微型浏览器的手机终端；门户网站；官方和非官方的内容提供商网站；微型支付系统

（二）互联网服务业是技术密集型产业

以去哪儿网为例，两名创始人都是技术出身、有过大机构工作经验和创业经验的人。到目前为止，去哪儿网的重点始终是产品及技术开发，绝大部分投入都用于搜索引擎的开发。去哪儿网拥有大量的清华大学、北京大学等院校优秀的毕业生，用最高的标准来招募工程师。目前，公司拥有 200 多名员工，70%以上为技术研发人员。人员成本及研发创新成本构成公司主要的成本。去哪儿网也重视使用一些最新的技术，如虚拟化的技术，以节约成本、减少部署、优化管理。技术是获取竞争优势的关键手段之一。

（三）互联网服务业成功创新取决于技术与商业模式的完美融合

从上文对互联网服务业创新模式的关键特征分析可以看出，领导或创业团队中，有人擅长钻研技术，有人擅长市场营销，这是因为对互联网服务业来说，技术与商业模式都很重要。如去哪儿网的成功，凭借其技术领先的平台，能够利用其便捷、人性且先进的搜索技术，对互联网上的机票、酒店等信息进行整合，提供及时的产品价格查询和比较服务，提供专业、全面、中立且准确的信息，帮助消费者做更好的购买决策。但技术不是其成功的唯一要素，也得益于它独特的商业模式。去哪儿网提供的在线旅游搜索服务，与携程旅行网、艺龙旅行网等在线旅游代理商有所不同，旅游搜索模式决定了它是一个信息平台。去哪儿网只做旅游分销环节中的信息和市场两大块，并不参与订单和支付，交易流程可以通过去哪儿网的链接，回到信息来源的供应商网站完成。

（四）商业模式创新以技术为重要支撑

商业模式创新对互联网服务业的成功非常重要，但如上文所述，互联网服务业是技术驱动和密集型产业，商业模式创新是要以技术为前提的。例如，分析的去哪儿网、开心网和凡客诚品所表明的，创业团队要有较强的成功相关经验，要有一定技术和市场经验的累积。总之，从表现形态看，技术支撑是必要条件，更多情况下，表现为技术支撑的商业模式创新。

第五节　促进互联网服务业创新发展政策建议

国际互联网用户还处于不断增长状态，为我国互联网服务业的发展奠定了基础。新一代网民越来越倾向于用互联网工具来获取信息和购物，为互联网服务业的发展提供了广阔的空间。网络购物市场继续发挥低成本优势，延续近两年来的高速增长。特别在全球金融危机后，在收入增长预期下降的情况下，更多的人愿意选择低成本的网络购物等方式，从美国近年互联网服务业增长态势也可以看出这一趋势特征。利用互联网服务业发展的新机遇，需要进一步加强政策支持。

一　强化信息技术基础设施建设

互联网服务业的发展取决于基础设施的完善程度，包括网络本身及接入等。信息基础设施建成后，必须能够方便接入才能实现电子商务活动，因此能否方便接入，是电子商务发展的制约因素。需要政府加大投入，在基础技术研发和行业应用推广方面进行政策优惠支持，方便接入，取得基础设施环境条件优势地位。

二　加强创业导师制度建设

上文分析的案例表明，领导或创业团队在成功创业之前都应该有相对多的经历或企业管理经验，这样才更有可能成功。知识经济条件下，市场的日趋完善对创业者的知识水平也有更高的要求。创业经验累积，如何尽快、尽量学到更多的知识和技能很重要，因此需要进一步加强知识与创业网络建设，促进已有的成功创业者对新一代创业者的传、帮、带。

三　促进技术支撑的商业模式创新

在我国，一些地方政府也已经行动起来，完善政府服务，积极推动当地的商业模式创新。例如，在杭州，商业模式创新企业可评为高科技企业或软件企业，享受相应优惠政策。杭州还发挥市创投服务中心平台作用，推动风投机构与项目对接。最近杭州初步整理出商业模式创新案例 112 例，进行宣传推广，以典型引路推动商业模式创新（蔡奇，2008；楼健人，2008）。对众多中小企业起到引导、示范作用，并使全社会关心支持商业模式创新，营造创业创新的浓厚氛围。这些措施对北京及其他城市也有借鉴意义。

四 加强对海归创业与产权保护支持

海归创业有技术优势、资本优势，但其对中国商业环境不熟悉，也是造成一些公司遭遇恶意模仿的原因。北京打造世界城市，海归等是创业大军的重要组成部分。除了需要支持解决知识产权保护外，也需要对海归回国创业给予更多商业环境的介绍，以避免类似情况的出现。

五 增强网络服务业积聚效应

杭州电子商务企业众多，得益于城市相对较小及信息的通畅。建设专门的相对集聚的电子商务产业园区，通过引导措施，把很多相关的中小企业、物流行业、支付行业、大的平台商、中小网店放在一起，实现物流、仓储的共享，整合更多的产业环节，降低库存压力、物流成本。

六 建设良好的诚信体系

对于网购而言，诚信体系和支付手段的建设显得尤为重要。一个良好的诚信体系将吸引更多的人加入到网购的行列中来。支付手段也同样重要，一个便捷、安全的支付手段将能为用户带来良好的购物体验，促进网购的发展，而适度多元化的市场格局，不仅有利于用户享受更好的服务体验，而且有助于防止"一强独大"的垄断格局。因此，需要在网络平台的支付手段、诚信体系建设方面，给予更多的关注和政策指导。

第六章

移动营销服务

第一节　移动营销的概念与特点

一　移动营销的概念

2003 年，美国的移动营销协会（Mobile Marketing Association，MMA）给出了移动营销的定义：移动营销就是利用无线通信媒介作为传播内容进行沟通的主要渠道，所进行的跨媒介营销。该定义是目前业界较为公认的定义。这里的无线通信媒介无疑就是被称为"第五媒体"的手机。移动营销是指向消费者提供具有时间价值和定制化的产品、服务或理念的信息，并以此来获得收益的一种移动营销方式。移动营销基于定量的市场调研、深入地研究目标消费者，全面地制定营销战略，运用和整合多种营销手段，来实现企业产品在市场上的营销目标。

移动营销服务是专业从事移动营销服务的公司，其利用强大的数据库支持，为商业企业或个人提供技术支持和整体解决方案。其通过多种形式，如手机互联网、短信回执、短信网址、彩铃、彩信、声讯、流媒体等，帮助商业企业或个人把个性化即时信息精确有效地传递给消费者个人，达到一对一的互动营销目的。

移动营销理念主张将顾客满意放在第一位，产品必须满足顾客需求，同时降低购买成本，并充分注意到购买的便利性与有效的营销沟通。目前，移动营销在中国尚处于起步阶段，其技术实现主要有三种典型方式，即短信、彩信和手机新媒体。短信和彩信是应用相对较早的两种形式，但其受自身展现形式的限制，无法满足企业对于丰富推广形式的要求，更无法满足消费者对于个性化的需求，因此有一部分企业开始尝试通过手机新媒体来实现移动营销。

二　移动营销的特点

手机传递信息具有能够精准到达目标用户、闭环可支付、交互性强等独特优势。由于手机具有可移动、可定位特性，借助移动通信平台，能够实现针对特定人群、特定位置和特定场所的定向服务。手机传递信息的到达率和采用率可以通过行为分析进行掌控，特别是手机的赢利模式相对单一，能够实现闭环支付，有利于信息的推广和持续运营。

手机与传统媒体的边界不断缩小，将引领移动营销的发展。随着 3G 的推广和应用，智能手机的使用率越来越高，网络带宽也不断提高，通过手机收看手机报、收听广播、观看手机电视、浏览互联网信息变得十分简单快捷。各种传统的营销服务完全可以通过新的形式在手机上实现，加之庞大的手机用户群体和手机的便携性，将为移动营销开创一个新的局面。

从传播形态而言，移动营销既区别于人际传播时代的小众传播，又区别于大众传播时代的泛传播，既是一对一的人际沟通工具，同时由于能够随时随地链接移动互联网，因而具备了大众传播的一些特征。但是它是与传统的大众传播完全不同的传播模式，不同的传播性质，颠覆了传统传播的大众媒体的概念，是全新的个性化、大众化的个人媒体。其存在的价值就在于提供个人生活沟通便利和娱乐、资讯消费和信息智能服务。

（一）手机是大众化的个人通信、个人娱乐的媒体

首先，从媒体的个人拥有量来说，手机绝对是个大众化的媒体，它远远超过一家电视台信息传达的个人有效接触率，超过一家报纸、一本杂志的发行量，超过互联网的网民数，成为消费大众的日常用具。其次，从文化圈来说，它又是一个由共同需求和共同爱好群体构成的小众化的传播圈，是个体与个体之间，个体与互联网的移动媒体平台。

走在世界移动通信市场前面的日本、韩国的发展经验表明，手机媒体生来就是为个人沟通服务的。手机发展到今天，国外技术及服务的开发商，更多的是以个人娱乐和功能使用作为手机服务的开发目标，功能的多样性，内容的丰富性仍在不断增加，更加强化了为个人的娱乐和资讯需求服务。

（二）手机是连接虚拟社会与真实社会的媒体

手机与互联网有很多相同之处，但是与互联网的虚拟传播环境相比，手机媒体在现实生活中的实用性，体现出其既可以创造一个虚拟的传播和娱乐环境（如游戏、流媒体享受），同时又能够提供随时随地的功能性服务（如电子钱包、拍照、发邮件）等，与互联网相比，其在现实社会中的实际价值和意义更加凸现。

（三）形成病毒式传播链

作为大众的个人化的传播媒体，其传播模式呈网状，原子分裂式的传播形态，有些信息可以知道起点，有些却无从寻找源头在哪，信息源头是谁。由于手机一方面具备人际间的电话沟通功能，另一方面具有独特的信息转发（群发）功能，谁也不会知道信息终点在哪里，可以说它的传播范围的扩展，类似于几何基数般的增长，但它是不规则的，是"一传十，十传百"式的传播递增形态。这种现象被商家加以开发利用，形成"病毒式"营销的传播效果。

（四）信息直达与即时反馈

在探讨手机的使用特征时发现，其即时性特征十分明显，主要表现在时空不限的自由移动性、贴身性和感应性。这些特征对于要求反馈的销售或服务，是最有效的媒体。"接触点"的资讯传达，直接引起消费者去试试的行为，如电子优惠购物券、电子奖券等。从手机媒体的特征中可以看出，针对这样一个新媒体，其媒体价值首先体现在资讯内容、广告内容与手机使用者个人的关联性如何，关联度高的信息，终端互动反馈就高。因此，对于手机使用者个人信息（基本情况、消费习惯）的调查了解就显得十分重要。

（五）有效接触率高

由运营商主导掌控，消费者根据需求自愿定制，一方面使得广告商在掌握客户数据资料的基础上，利用其数据库分析筛选手机使用者的消费取向，进而发布有效信息，效率高；另一方面消费者主动定制信息，情报随时更新，满足了消费者的需求，使得商业情报和广告被有效地阅读。

（六）手机与传统媒体比较分析

我国手机用户数量庞大，工业和信息化部发布的 2010 年第一季度数据显示，手机用户累计增长 2948.9 万户，达到 7.8 亿户，其中 3G 移动电话用户累计达到 1808 万户，继续保持着较高的增长规模。截至 2010 年 6 月，中国手机上网用户已由 2009 年年初的 1.18 亿户增长到 2.77 亿户，占网民总量的 66%。2012 年年底，智能手机销售量超过个人计算机。这种趋势预示未来人们最常用来接入互联网的设备是手机，而不是个人计算机。移动通信是以前固定电话的延伸和补充，迅速成为带动我国通信业快速发展的强劲增长点，成为信息化建设的重要力量。手机已经成为与报纸、广播、电视、互联网并列的第五媒体，与传统媒体相比，手机在信息内容、表现形式、传播速度、信息容量、受众群体、发展前景等方面均具有独特的优点，如表 6-1 所示。

表 6-1   手机与传统媒体的比较

媒体类型	信息内容	表现形式	传播速度	信息容量	受众群体	发展前景
报纸	权威可靠，擅长做深度分析	单一，以图文混排为主，易于保存	时效性差，更新速度慢，适于主动阅读	单份报纸的信息承载量较小	受众相对较少，需有一定文化程度	向专业性和综合性两个方向发展
广播	信息内容经过严格编辑审查	单一，仅限音频	时效性较强，滚动播放，被动接受信息	信息容量较大	受众面较小，限于广播爱好者	有逐步被电视和互联网等替代趋势
电视	信息经过精细加工，有较强的现场感	画面丰富，以音视频为主，兼顾图文，感染力强	时效性较强，滚动播放，被动接受信息	信息容量较大	受众面广，渗透性强，适合各类人群	大众媒体，逐步向数字化过渡
互联网	覆盖面极广，信息内容较粗糙、离散	多媒体和超文本链接，表现力丰富	时效性极强，信息交流具有双向性	信息量巨大，但存在大量无用和虚假信息	受众广泛，需有一定计算机操作水平	发展迅速，各种互联网应用层出不穷
手机	覆盖面极广，易获取，交互性强，能实现增值服务	以语音通信为主，多媒体和数字化应用逐渐丰富	时效性极强，可随时随地获取信息	信息量巨大，但屏幕能显示的信息容量有限	受众极其广泛，操作简便，适于所有人群	新兴媒体，正在迅速崛起，是未来媒体的主流

三 传统服务业的营销瓶颈

在北京，传统服务业作为第三产业的主要组成部分，主要面向群众基本生活，市场需求量大，吸纳就业能力强，但其信息化普及程度相对较低，一定程度上影响了传统服务业的快速发展。在全球金融危机的影响下，企业竞争的关键已经从市场占有率和规模转向顾客"黏性"和"个性化服务"能力。

大多数传统服务业企业的营销方式较为单一，缺乏对客户需求的了解和分析，导致产品和服务缺乏创新性和吸引力。

传统服务业企业在市场营销方面，主要存在三大类问题。

第一，理念落后。从菲利普·科特勒定义市场营销至今，市场营销的理念经历了由 4P 向 4C 的转变。传统市场营销强调以产品为中心，即 4P：产品（product）、价格（price）、渠道（place）和促销（promotion）；现代市场营销则强调以消费者为中心，即 4C：消费者（customer）、成本（cost）、便利（convenience）和沟通（communication）。大多数传统服务业企业对于市场营销的理解还停留在以产品为中心的传统营销时代，产品的设计主要依赖于传统思想和个别人对市场的判断，缺乏调研，无法满足客户多变的需求。

第二，缺乏新技术的支撑。传统服务业企业的市场推广手段相对落后，除了借助传统的三大媒体（电视、广播和报刊），基本没有太多新意。由于缺乏新技术的支撑，除了媒体宣传外，没有实现与消费者的互动。

第三，对客户信息资源分析不足。传统服务业企业对于客户信息的收集相对比较重视，但仅限于基本属性类信息，对于行为属性类信息则不是十分重视。大部分与消费行为相关的信息还停留在纸面上，整理起来工作量很大，因此，进行消费行为分析基本不可能。

综上所述，传统服务业企业必须改变其市场营销理念，引入先进的信息技术，开展市场推广，同时记录客户的消费行为信息，并通过应用商业智能技术，进行消费行为分析，从而指导市场推广，实现精准营销。

四　移动营销传播特性的优势

可以说，手机新媒体是近 10 年来移动信息技术发展的代表作品之一，它以手机为载体，具有可 24 小时随身携带、可互动、可支付等优势，随之诞生的手机软件（如移动 QQ、移动 MSN、3G 门户、PICA 和听网等）极大地丰富了人们的生活。以听网为例，其主要是通过为用户提供符合使用习惯的手机终端软件，使消费者可以通过手机主动地、方便地访问商家的 WAP 站点，获取营销服务；同时，消费者浏览产品、获取商品信息、订购产品不再受时间和空间的限制，全天 24 小时都可以轻松购物。商业企业通过手机这个传播平台，可以直接向目标消费群体精准地传播个性化的信息，并通过调查问卷等方式实现与消费者的互动。移动营销技术的应用，使企业更主动、更全面、更灵活、更高效地提供产品和服务，提升企业经济效益。

将移动营销引入传统服务业，可以解决企业在市场营销上面临的三大问题，即理念落后、技术匮乏和对客户信息分析不足。将现代化的新技术引入传统服务业，通过移动营销服务支撑平台与传统服务企业的应用系统对接，发现新需求，引导客户消费，向社会提供高附加值、高层次、精准的产品和服务，才能真正促进传统服务业经营效率的提高和快速发展。

第二节　我国移动营销服务的发展现状

全球移动营销产业正处于快速增长期，过去偏重于个性化娱乐应用的手机，正逐渐向移动商务、营销推广的角度倾斜。移动营销作为精准营销的个性化体现，凭借及时性、高回报性、创新性、精准性等优点，使企业对其产生了迫切而强烈的需求。随着手机的普及、WAP 网址的无限增量、手机广告市场的日渐成熟，移动营销展现了巨大活力。

一 移动营销潜在用户群体庞大

2012 年，我国移动互联网发展态势良好，整体用户规模上升，各类应用发展迅速，显现出巨大的商业价值。根据 CNNIC 发布的第 31 次《中国互联网络发展状况统计报告》，截至 2012 年 12 月底，我国手机网民规模为约 4.2 亿人，较上年年底增加约 6440 万人，网民中使用手机上网的人群占比由上年年底的 69.3％提升至 74.5％，成为我国网民第一大上网终端，如图 6-1 所示。越来越多的人开始使用移动互联网，为移动网络营销、移动网络增值服务等商业行为提供强大的用户基础。

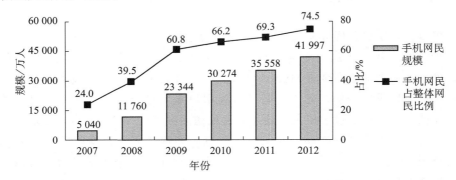

图 6-1　中国手机网民规模及其占网民比例

二 移动互联网市场规模高速增长

随着手机用户和手机网民规模的持续增长，3G 所带来的网络带宽的优势和终端供应的丰富，给移动互联网提供了良好的发展机遇，并催生了新的经济增长模式和增长点。根据艾瑞咨询统计数据显示，2012 年，中国移动互联网市场规模为 549.7 亿元，增长率为 96.4％，受到智能终端和移动网民规模快速增长的影响，移动互联网市场规模呈现高速增长，如图 6-2 所示。

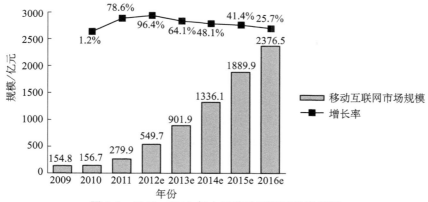

图 6-2　2009～2016 年中国移动互联网市场规模

资料来源：艾瑞咨询统计报告，http：//wireless. iresearch. cn/app/20130125/192017. shtml

三 移动购物和移动营销细分行业增长潜力巨大

在庞大的移动互联网市场中，移动购物和移动营销等细分行业都获得了大幅增长，是移动互联网增速较快的细分领域。2012 年，移动增值为移动互联网第一大细分行业，份额占比为 53.0%，移动购物占比为 23.7%，预计到 2014年，移动购物市场规模将超越移动增值，成为移动互联网第一大细分行业。移动购物快速增长的主要推动因素在于，一是智能终端的快速增长和网络速度的改善及用户使用习惯的改变都促进了移动购物快速发展；二是电子商务是目前移动互联网相对而言较为成熟的商业模式，电商企业的推动和传统企业在移动电商的布局，均促进了移动购物市场的发展。如图 6-3 所示。

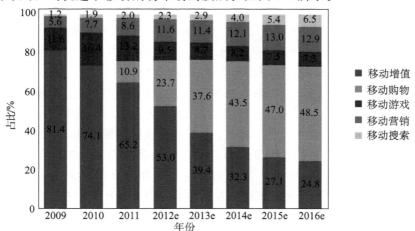

图 6-3　2009～2016 年中国移动互联网细分行业结构占比

资料来源：艾瑞咨询统计报告，http：//wireless. iresearch. cn/app/20130125/192017. shtml

第三节　移动营销服务的典型模式分析

我国移动营销服务虽然还处于起步阶段，但是，包括计算机软件和互联网服务领域在内的众多企业纷纷进军移动互联网，布局移动营销服务，涌现出了一批典型的创新案例。本书选择在技术创新和商业模式创新方面具有代表性和借鉴价值的 3 家企业，对其创新主体、创新过程、创新网络、技术、市场、制度特点等进行了深入的实证研究。

一　面向大型商业企业的定制化移动营销服务模式

（一）背景分析

北京闻言科技有限公司（简称闻言科技）成立于 2006 年，注册资金 1700 万元，是全球首家听网运营商，也是北京高新技术企业和"双软"认定企业。由闻言科技开发的"移动听网系统"，是一款"既能看、又能听"的手机软件，于 2006 年问世后不断得到完善，已获得 160 多项技术专利，并多次获得国家级和北京市级科技奖项。通过整合互联网上各类精彩内容，听网每天向目标客户送出 100 万多条新鲜资讯和 10 万多张美图。此外，听网还具有电子书浏览、搜索引擎、资源下载、短信播放等特色功能，形成了全新的移动生活方式。

听网以充分利用手机自身特点、发挥手机最大实用性为软件功能的设计理念，将手机媒体定位于未来最主要的商务营销载体，大力挖掘市场潜力，开发了面向大型百货企业的听网移动商务系统，专门为传统大型商业服务企业提供移动商务服务的平台，并设计开发了在线交易、支付和客户关系管理等服务功能。

截至 2009 年年底，听网的活跃用户已突破 600 万人，已申请国家发明专利 60 余项，注册商标 20 项，已获得相关软件著作权 8 项。同时，闻言科技也在推动相关技术标准的制定，为将来在全国范围内推广奠定基础。闻言科技现已在哈尔滨、西安、南京、郑州、成都五大城市建立分公司，覆盖了东北、华北、西北、西南、中南、华中六大区域，建立了遍布全国的服务网络。

听网最先选取北京翠微大厦股份有限公司（简称翠微）和北京菜市口百货股份有限公司（简称菜百公司）等大型百货企业作为移动营销技术的先行体验者，依据"强二八原则"对传统服务业的重点消费者（VIP）进行细分，摒弃了传统的 B2C 营销模式，创造性地提出了商家对高端会员（business-to-VIP，B2V）的移动电子商务模式。通过整合商业管理知识、消费者行为分析、人工智能和数据挖掘等成熟技术，形成了一套整体移动电子商务解决方案，直接向目标消费群体精准传播个性化的信息,"撮合"购物行为的完成,产生了显著的经济效益。现已形成"掌上菜百"、翠微"掌上奥特莱斯"等成熟的应用案例,促进了传统服务业的跨越式发展。

听网开发的翠微的"掌上奥特莱斯"和菜百公司的"掌上菜百"两个手机商城上线以来,一直运行平稳:前台的各色商品琳琅满目,各角度图片和详尽的商品描述让用户随时随地选购中意商品;后台的系统对用户行为自动分析,使商家可以在今后更准确地为有需要的用户提供精准的服务,满足了商家精准营销和客户关系管理需求。截至 2009 年 12 月,翠微利用该平台产生的订单收入为 500 余万元;菜百公司 2009 年会员消费比 2008 年会员消费增加了 4.76 亿元,增幅达 38%,人均消费增幅达到 7.3%。移动营销服务支撑平台在两个大型商家的成功示范应用,为该平台的推广使用奠定了基础。

(二)模式分析

1. 项目缘起

听网移动商务系统在"掌上菜百"和"掌上奥特莱斯"的成功源于北京市科学技术委员会的引导和支持,不只是资金方面,更主要的是帮助听网发现并对接了很多重要客户。

2008 年,为缓解全球金融危机对北京经济带来的影响,在促内需、保增长中发挥科技的支撑作用,北京市科学技术委员会从策划项目的角度,对北京零售百货业进行了大量调研,从中发现了菜百公司和翠微对于移动电子商务的巨大需求。与此同时,通过"长风开放标准平台软件联盟"了解了听网的移动技术营销服务平台能力,为科技服务移动营销的供需双方提供了合作基础。

2009 年,北京市科学技术委员会、闻言科技、翠微和菜百公司共同出资约 1000 万元启动了"面向传统服务业的移动营销服务研发及典型应用"项目,计划利用 2~3 年的时间,面向北京的传统服务业,打造移动营销服务支撑平台,利用先进的科技手段提升传统服务业、实现拉动内需的战略目标。在此项成果的基础上,同年 7 月,闻言科技的"面向大型百货企业的'听网'移动商务系统项目"又成功入选"2010 年度科技型中小企业技术创新资金立项项目清单",获得立项支持。

2. 商业模式

大型商业企业的发展要求突破传统的 B2C 模式。B2C 是英文 Business-to-Consumer(商家对客户)的缩写,中文简称为"商对客"。B2C 是传统电子商务的一种模式,也就是通常说的商业零售,直接面向消费者销售产品和服务。这种形式的电子商务一般以网络零售业为主,主要借助于互联网开展在线销售活动。随着环境的改变,传统的 B2C 模式已经不能适应新的发展形式,迫切需要创新，具体表现为两个方面：一是从大型商业企业角度看，利用网络来进行销售，面对的绝大多数普通个体消费者不是常年的、成规模的客户，许多客户多是抱有一种尝试的心态，与企业的接触与交易只有一次，目前还难以形成手机购物的稳定客户群体。因此，要为零散的客户提供个性化的服务颇为困难，而且开发和维护成本高昂，得不偿失。二是从普通个体消费者的角度看，其消费观念仍然没有本质转变，依旧保持着货比三家的传统购物习惯和眼见为实的购物心理要求。加之手机购物的信用机制尚不够健全，消费者对只能在手机上看见图片而无法亲身现场体验的商品质量不够放心，缺少购物体验的心理快感，进而产生信任危机，忠诚度普遍不高。

大型商业企业的"强二八原则"引发 B2V 模式的诞生。意大利经济学家帕雷托曾提出著名的"二八原则"，在商业领域可以简单的解释为：企业 80% 的销售额来自 20% 的商品；80% 的销售收入由 20% 的重要客户创造。"二八原则"给了许多企业家灵感，也给了许多企业研究者新的启迪，尤其适用于对忠诚客户的研究。企业资源的有限性使得企业更多地关注产生巨大价值的 20% 的商品或 20% 的客户。听网通过与翠微和菜百公司等大型商业企业的充分沟通，达成了"强二八原则"的共识。例如，翠微 2007 年实现销售额 25.2 亿元，其中约有 85% 来自不到总客户数 20% 的活跃 VIP，总人数约为 5 万人，集中在高端商务人群。菜百公司则表现出了更为明显的"强二八原则"，即约占 0.5% 的 VIP 就能够完成菜百公司 50% 以上的年销售任务，这些 VIP 的黄金购买力约为菜百公司供给力的十几倍。

听网充分研究了传统 B2C 模式的弊端，分析了"强二八原则"的影响，并与大型商业企业的技术部、市场部开会研讨，对若干 VIP 进行了深度访谈，得出如下结论：VIP 大多经常光顾实体店，普遍了解商家的各种信息，其利益诉求点主要锁定在方便地实施购买行为，而翠微的传统电话沟通方式经常令 VIP 感到不胜其烦，手机听网的方式则令用户普遍乐于接受。听网据此生发了具有移动营销开创意义的 B2V 模式理念，具体表现为以下三个方面。

一是保证对 VIP 的个性化服务。忠诚消费群的形成需要有超越传统的服务品质来保障。VIP 不同于偶尔逛一次的普通顾客，其特点是采购频次高、采购数额大，构成了大型商场最重要的需求。VIP 的购买需求不仅与普通顾客不一样，而且在 VIP 之间也有所不同，多数 VIP 日常事务繁忙，希望获得个性化的东西，要求供给的差异化。例如，针对菜百公司 VIP 供需差距产生的预约问题，听网将菜百传统的电话预定转化到手机电子购物平台，VIP 可以在手机上做预定，菜百公司也通过手机平台将信息反馈给 VIP，节约了 VIP 的时间和精力。听网从 VIP 这类最原始、最准确的要求点切入，进而展开带动了 VIP 一整套的电子商务购物行为，并为 VIP 客户量身定做了一系列个性化服务。

二是保证对 VIP 的货源品质和价格优势。库存充足是商业流通的必要条件。翠微等大型商业企业在货品丰富方面具有得天独厚的优势，并能通过听网手机平台转化为价格优势。例如，翠微货品多达上万种，但只有 5 个实体店，货品经常摆不下，商品下架频繁，而库存租金成本高昂，听网为这些下架商品创造了销售平台。在这里，鄂尔多斯羊绒衫、罗西奥男装、萨瑞尔女鞋、热浪泳衣这些平时动辄上千元的品牌商品在手机商城上都是以低于五折的价格销售，保证商家赢利的同时增加了消费者剩余，成为名副其实的"掌上奥特莱斯"，进一步强化了对 VIP 的吸引力、提高了其忠诚度。正是看中手机平台即时、移动、随身、用户众多等特点，翠微拟组织更多的名优品牌商品以北京最低价在手机上进行发布和售卖，众多的消费者将会逐步适应并喜爱上这种时尚便利的购物方式。

三是保证买卖双方相互信任。对于大型商业企业，VIP 与普通顾客一个相当大的区别是信任问题，这是移动营销最大的瓶颈。大型商业企业的实体可见性及在售后服务上的有力保障，令 VIP 信任大型商业企业的售卖行为；VIP 的既往购买能力和购买行为使大型商业企业信任其灵活的支付方式。而普通顾客的购买行为和消费记录通常无法支持大型商业企业的这种信任。

3. 关键技术来源

听网推出的移动营销平台属于典型的竞争前技术，是利用最先进的无线应用技术为传统的大型商业服务企业提供从服务内容到服务手段的一次全面提升，也是针对广大手机用户的一次在购物方式上的革新。

听网之所以能够提出并实现 B2V 移动营销模式，其核心竞争力在于将"双边市场下的智能因子推荐系统"的研究成果转化为了商业营销的后台双边"撮合"技术，通过主观干预，极大地提高了商品成交率。前者由听网与清华大学经济管理学院合作开发，属于"新兴电子商务智能精准推荐系统"系列课题之一，课题经费达 1000 万元，是国家自然科学基金委员会管理学部成立以来的最大项目。

通过这一技术分析系统，听网能够根据消费者以前的消费记录，为商家建立精准的数据库，通过后台统计，将自动记录的统计数据转换成营销信息，从而充分掌握用户的需求及用户购物喜好和行为，深度分析客户属性、跟踪购买动态，解析出客户在掌上商城中对于不同服务与产品的偏好，进而提炼客户特征，更准确地找到有特定消费习惯的人群进行有针对性的营销，最终促成类似"啤酒和尿布"这些看似不相关商品的"撮合"交易。这体现了高超的营销智能，远远甩掉了以往简单的短信群发、电子优惠券下载等初级移动营销模式，给消费者带来更大的利益、价值和差异化的体验。这也是移动营销项目会有长期生命力的重要原因。

4. 赢利模式

鉴于赢利模式涉及企业核心商业机密，我们在调研中不便获取定量数据，但从与听网方面的沟通交流中可以定性推断出手机商城目前的盈利主要来自三个方面，结合波士顿矩阵分析法归纳如下。

一是听网手机商城技术平台本身的研发和运营劳务费用，属于稳定型的金牛业务收入，目前所占比例不大，且今后所占份额也不会有太大变化。

二是从商业企业实现的商品销售额提成，属于明星型的增长型业务收入，目前所占比例可观，未来成长潜力巨大。

三是与通过手机移动支付平台，从合作银行处获得的交易中介费用，并有意向手机银联的方向发展，目前刚刚开展合作，所占比例不大，但发展空间巨大，仅以翠微的 6 万 VIP 算，其手机绑定的信用卡消费额可达到 20 亿元。

综上所述，B2V 移动营销服务创新模式可用图 6-4 表示。

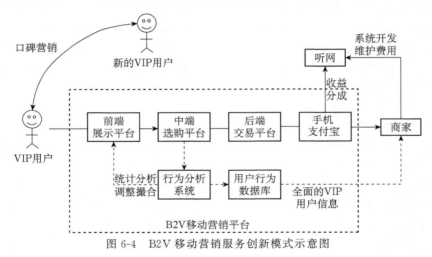

图 6-4　B2V 移动营销服务创新模式示意图

（三）效果分析

1. 创造了多方共赢的格局

综上所述，在 3G 环境逐渐完善的过程中，更快速的无线上网体验已经开始为手机应用的发展提供更广阔的天地。听网充分发挥手机可移动、可识别的特点，通过先进的无线科技手段，实现商业模式 B2C 向 B2V 的跨越，达到了商家、消费者、银行和听网多赢的局面。

第一，听网全面提升了消费者的使用体验。移动营销平台个性化强，方便快捷、又能提供优惠服务，充分满足了消费者购物需求。消费者可以通过手机主动、方便地访问商家的 WAP 站点，获取营销服务。同时，消费者浏览产品、获取商品信息、订购产品不再受时间和空间的限制，全天 24 小时都可以轻松购物，获得了物美价廉的商品、采购方便的购买途径，实现了更多的消费者剩余。

第二，商家通过 B2V 的手机传播平台，可以直接向目标消费群体精准传播个性化的信息，提升销售额，巩固了 VIP 的忠诚度。通过移动营销服务支撑平台与自身应用系统的对接，发现客户新需求，引导客户消费，向社会提供高附加值、高层次、精准的产品和服务，拥有了便捷高效的销售渠道，节约了库存成本，加速了资金流转速度，真正促进了传统商业的经营效率提高和快速发展。

此外，银行的参与还能增加自身 VIP 级的信用卡消费者数量和刷卡金额的大幅提升，获取不菲的手续费和利息。听网通过三个渠道增值收益，并提高了知名度、美誉度和对整个产业链的控制力。听网手机商城因此成为现代化科学新技术服务传统百货商业的典型模式。

2. 超越了传统营销的服务模式

与传统的一般营销服务模式相比，听网的优势主要表现在以下两个方面。

第一，一般的营销服务模式理念落后，对于市场营销的理解还停留在以产品为中心的传统营销时代，产品的设计主要依赖于传统思想和个别人对市场的判断，缺乏调研，无法满足客户多变的需求。听网的 B2V 模式，主张将顾客的满意放在第一位，产品必须满足顾客需求，同时降低顾客购买成本，充分注意到顾客购买过程中的便利性，并与顾客实施有效的营销沟通，显然属于 4C 模式的高端形态，从源头上提升了市场营销理念（汤海京，2009）。

第二，一般的营销服务模式缺乏新技术的支撑，市场推广手段相对落后，除了借助传统的四大媒体（电视、广播、报刊和网络），基本没有太多新意。由于缺乏新技术的支撑，除了媒体宣传外，没有实现与消费者的互动，流于卖家信息发布平台、街头广告、电视插播广告等低端模式。对客户信息资源分析不足，虽然对于客户信息的收集相对比较重视，但仅限于基本属性类信息，对于行为属性类信息则无力顾及。大部分与消费者行为相关的信息还停留在纸面上，整理起来工作量很大，因此进行消费者行为分析基本不可能。而听网开发的后台双边"撮合"技术能够弥补一般的营销服务模式在这方面的不足。

（四）趋势分析

利用手机商城的成熟模式，听网不仅继续开发新世界百货等大型商业企业，还将其进一步进行扩展，不断开发新的手机应用。

一是在北京市商务局和北京市科学技术委员会的协助下，在朝阳、海淀、崇文等城区开展了社区服务活动，利用听网现有的资源发行了 100 万张社区电子便民卡，既提升商家的知名度，又方便市民的出行与生活。

二是与瑞士国家旅游局合作了电子导游项目，该项目在听网软件中植入了瑞士自由行手机导游功能。中国游客在使用这个软件的过程中，不但可以随时随地地收看或收听到瑞士主要旅游城市和景区的介绍，还可以在瑞士旅游局推荐的景点或商店等处享受到相应的优惠服务。一个随身的导游加一个能带来优惠的服务平台就是此款软件的最准确描述。

三是带动了实体商业企业的网络化进程。翠微作为最先开通手机商城的大型商业服务企业，在 2009 年 8 月已经全面启动了手机购物相关的系列服务。将公司原来的信息部剥离出来，单独成立了电子商务公司，同时开展网络和手机两个平台的营销运营，提升了企业经济效益。

二 面向中小企业的全程式移动营销服务模式

用友"移动商街"是基于移动互联网的移动营销服务平台，主要通过短信和手机互联网促成商家与消费者之间的商品交易，现阶段致力于通过汇聚数百万企业进驻平台，并以海量的商业信息和生活消费信息吸引数以亿计的手机用户访问，为广大中小企业提供全程式的高效精准移动营销服务。

（一）背景分析

1. 用友"移动商街"的企业背景

"移动商街"隶属于北京伟库电子商务科技有限公司（简称伟库），起初是一款移动电子商务拳头产品，经过几年的运作，现已发展为一个移动营销服务平台，能够承载众多移动营销服务应用产品。

提到伟库，不得不提的是用友软件股份有限公司（简称用友），该公司成立于 1988 年，2001 年成功上市，致力于用信息技术推动商业和社会进步，提供具有自主知识产权的企业管理/ERP 软件、行业解决方案、服务，是亚太地区最大的管理软件提供商，服务于亚太地区超过 80 万家企业与机构。

伟库是用友旗下的核心企业，由用友移动商务科技有限公司和用友软件在线事业部整合而成，致力于为企业提供便捷、高效、灵活、经济的"全程电子商务"服务，同时承担着用友发展电子商务服务的战略重任。"移动商街"就是伟库"全程电子商务"的代表性优秀产品，也是伟库为数以百万计的商家提供移动营销服务的重要平台。

2. 用友"移动商街"的诞生缘由

一是适逢移动营销服务行业洗牌。2006 年前后，我国移动营销服务行业才刚刚成形，主要以短信直投业务为主，处于垄断地位的移动梦网急剧扩张，旗下大量不良服务提供商（SP）在个人消费领域大肆进行业务欺诈，几乎到了人人喊打的境地。刚刚起步的行业遭遇如此乱象，反而让其他看重手机媒体的企业看到了希望，于是，移动梦网的辉煌逐渐逝去，移动营销服务行业开始快速洗牌。许多知名企业，特别是互联网企业"乘虚而出"，纷纷推出了移动应用，如手机新浪、手机搜狐等，同时还出现了空中网这样专做移动互联网业务的企业。移动营销服务行业的骤变和大量企业的涌入，表明这一领域必将迎来大的机遇和发展。

二是用友战略培植移动商务业务。随着手机用户的飞速增长，手机第五媒体的地位得到广泛认可，在注意力经济时代，只要能聚拢大规模的用户，就一定有可挖掘的价值。面对诱人的移动营销服务市场，作为传统企业管理软件龙头的用友也不愿坐失良机。于是，在用友新的战略布局中，移动电子商务被放在了与企业管理软件同等重要的地位，通过成立用友移动商务科技有限公司，用友正式吹响了进军移动营销服务领域的号角。

三是用友全力打造移动营销服务平台。用友进军移动营销服务领域后发现了两大现象，一种是移动梦网坐拥海量用户资源却难以获得移动营销服务领域的真正成功，看来人气并不代表市场和收益；另一种是移动互联网开发相对不足，广大中小企业无力建造自己独立的 WAP 网站进行营销。因此，只要打造一个全新的移动营销服务平台，既能为广大中小企业搭建 WAP 店面，又能保证店面门庭若市，就一定能大获成功。

正是基于上述原因，用友"移动商街"应运而生，为入驻商家提供移商旺铺与移动实名等丰富的应用和服务，商家可通过此平台与消费者开展营销互动活动。截至 2009 年 10 月，"移动商街"在全国已有近 80 万家企业客户和 560 多万的消费者会员，形成了鼎盛和富有活力的移动商圈，其成功之处在于全程式移动营销服务模式的创立。

（二）模式分析

1. 打造全程式移动营销服务理念

"移动商街"一经推出就定位于打造中国最大的移动营销服务平台，借助用友在企业管理软件领域的丰富产品体系，"移动商街"将其理念阐释为：融合全球 3G 商用成功经验，以互联网和移动互联网两大网络为载体，将管理软件、移动应用、营销与服务整合为一体，为中小企业提供"全在线、全互联"的移动商务解决方案和应用服务。因此，全程式是"移动商街"服务模式的最大特点，体现在多应用支撑、双重人气汇聚和三重价值实现等方面，如图6-5 所示。

首先，"移动商街"不断推出各种移动商务应用，瞄向商家营销的全过程，几乎可以支撑营销环节的任何业务需求。这些应用在移商旺铺的基础上分为移商宝和移商套件两类，如宝箱、折扣券卡、移商定位、广告猎狗等，涵盖数据采集、信息推送、交易支付、社区互动等多个业务环节。对于商家来说，"移动

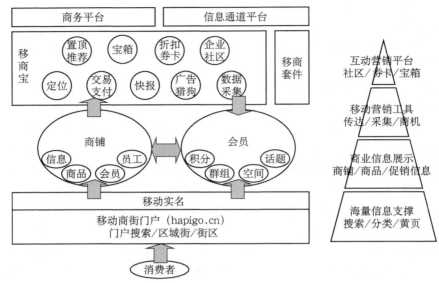

图 6-5 全程式"移动商街"服务模式特点

商街"既是商务平台，又是信息通道平台，能够在手机客户端优化展示商铺信息，实时传送营销信息并开展互动营销，为移动营销的实施提供全程式的便捷服务。

其次，"移动商街"不断汇聚商家和消费者会员双重人气，既保证了移动店铺的完美呈现，又保证了移动商铺的人气流量，全程关注商家与消费者的利益诉求。在商家层面，不断发展更多高质量的商家入驻，重点目标包括携程旅行网、旅游行业协会等能提供商品服务内容信息和优惠、折扣信息的内容合作伙伴，百盛百货、北京中友百货有限责任公司、北京三环家具城等依托其实体经营的实体合作伙伴，北京燕京啤酒股份有限公司、中青旅控股股份有限公司等有品牌推广和促销优惠的项目合作伙伴。在消费者层面，专注于个人消费领域，倡导移动化生存方式，已开通的区域商街上汇聚了各地知名商家，可以随时随地提供各种资讯和服务，包括娱乐、餐饮、酒吧、旅游、招聘、培训、书碟等热点服务，可以说，如果消费者一天当中有 10 件事，其中有 8 件能够借助"移动商街"来解决，每天都要用到"移动商街"上的服务，对"移动商街"有使用习惯和依赖关系。

最后，"移动商街"具有占位、应用和投资三重价值，价值的关联效应为商家提供了全程式的价值实现选择。在"移动商街"占据移动商务的优势地段，对品牌、业务和商机能进行有效保护；商家既可以立足于自己建立应用，进行保护性投资，也可以着眼于与其他机构合作，包括进行转让，为财富升值进行增值性投资。随着应用的全面展开和深化，"移动商街"三重价值会实现递归式循环放大。

2. 提供全程式移动营销服务平台

"移动商街"作为移动营销服务平台，其连接商家和消费者的方式可以用 P2B2C 来概括，即"移动商街"同时服务于商家和消费者，商家和消费者各自 需求的实现也必须通过"移动商街"。在"移动商街"，入驻的商家可通过移动 网铺进行市场营销、产品推广和形象展示，为消费者提供商业服务，促进销售，并可实现移动交易和支付，节省成本；消费者可通过手机获得及时、有用的消 费和生活服务信息，比较、选择和消费，了解商家并参与互动，享受折扣、奖 品和积分回报等实惠。

"移动商街"的营销服务通过平台应用和商家应用两个方面实现。平台应 用体现为商圈和商街，如杭州文三路电子信息街区"移动电子商城"、广东清 远义乌商贸城等，都由与伟库结为运营伙伴关系的大型商贸机构注册管理，这些机构通过整合具有实体领辖权的店铺资源，管理商铺内容，形成地区化、本地化的大型网上虚拟街面和店面。而中小企业也可以自己开设商铺，通过 移商旺铺、移动实名、优惠券等丰富应用，实时推介新品、发布手机优惠券、开展精准移动营销、接受订单……"移动商街"正成为商家在 3G 时代新的生 意平台（图 6-6）。

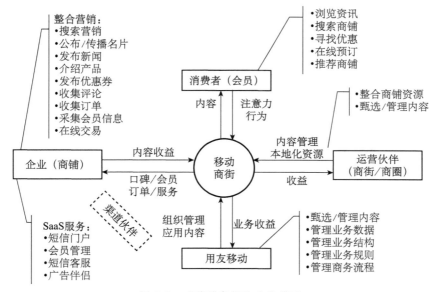

图 6-6　"移动商街"业务模型

"移动商街"同时提供网页（WAP）版和短信（SMS）版，如图 6-7 所示。任何具有上网功能并开通了 GPRS 服务功能的手机，直接输入移动商街的域名

（wap. hapigo. cn）就能进入"移动商街"首页界面，并按"区域"、"栏目"、"搜索"或"导航"，即可快速进入商家的移动店铺，体验手机逛街的便捷和乐趣。短信是用户基础最大、应用最广泛的移动增值服务，任何可以收发短信的手机，都可以通过发送"移动商街"到 1066916068 进入"移动商街"短信版，或直接发送商家的移动实名，即可直达商家的移动商铺，了解产品和服务信息，享受折扣、奖品和积分回报等实惠。此外，"移动商街"与实体街区和店面相对应，符合商家和消费者的日常生活经验。例如，在北京商街里会有王府井步行街、西单商业街、女人街等原生态商业街，在上海商街里也会有南京路步行街。

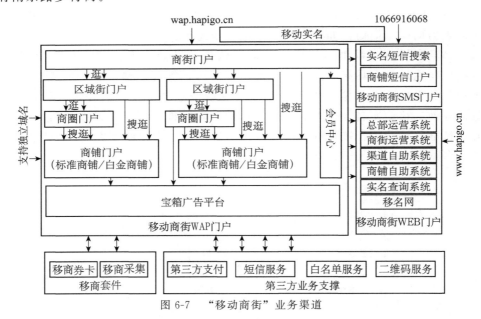

图 6-7 "移动商街"业务渠道

"移动商街"服务移动营销是通过不断创新业务应用来实现的，主要业务应用如图 6-8 所示。在搜索营销方面，提供移动实名应用，支持竞价排名，可以抢占价值较高的关键词，直接与店铺关联，搜索关键词即可到达对应店铺；在工具营销方面，主要有广告伴侣，能通过多种方式跟踪和监测商家在各种媒介广告投放的效果；在人气营销方面，宝箱广告在满足消费者网上探险、收获奖品的同时，为商家聚拢人气，传播营销信息；在整合营销方面，主推白金商铺，商家可以通过付费升级为白金商铺享受更多的营销和管理服务；同时，"移动商街"还推出了移商采集等一些面向产品销售数据采集的应用工具。

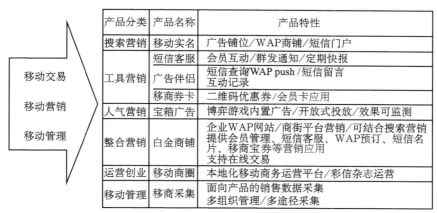

产品分类	产品名称	产品特性
搜索营销	移动实名	广告铺位/WAP商铺/短信门户
工具营销	短信客服	会员互动/群发通知/定期快报
	广告伴侣	短信查询WAP push/短信留言 互动记录
	移商券卡	二维码优惠券/会员卡应用
人气营销	宝箱广告	博弈游戏内置广告/开放式投放/效果可监测
整合营销	白金商铺	企业WAP网站/商街平台营销/可结合搜索营销 提供会员管理、短信客服、WAP预订、短信名 片、移商宝券等营销应用 支持在线交易
运营创业	移动商圈	本地化移动商务运营平台/彩信杂志运营
移动管理	移商采集	面向产品的销售数据采集 多组织管理/多途径采集

移动交易

移动营销

移动管理

图 6-8　"移动商街"主要产品及特性

（三）效果分析

"移动商街"的成功是多方面的，既得益于技术创新和商业模式方面的领先，也得益于用友对商业机遇的敏锐和国外 3G 商用成功经验的引入。

首先，"移动商街"拥有强大的技术支撑。伟库 300 余人的业务团队中，半数以上是从事技术研发的人员，任何一个商业应用的创新概念都能在短时间内物化为实际的移动营销工具，并在最快的时间载入到"移动商街"平台。同时，"移动商街"还背靠用友 2500 多人的研发力量和 20 多年积累而成的企业服务软件技术池，许多成熟的技术和应用可以移植到移动互联网平台之上。目前，国内以"移动营销"为名的服务提供商有不少，除用友"移动商街"外，分众无线传媒技术有限公司、新网互联科技有限公司、锋众网科技有限公司等也分别推出了各自的移动商务服务。但严格说来，后者这些移动实名服务商只能算是手机 1.0 时代，也就是短信时代的经营者，它们并没有真正进入手机 2.0 时代，也就是移动商务的互动时代。它们的移动实名只能将商户信息用短信、彩信形式，回复到用户手机上，而不能让用户像在有线互联网上一样任意浏览和搜索。而用友"移动商街"最大的不同正是在于此，用户可以通过移动实名形式登录商户 WAP 网站，直接查看商品、甚至下单，这种为企业服务的移动商务企业级市场，在国内除用友之外鲜有其他公司介入。

其次，用友在商业运作方面花费了巨大心力。前期通过免费使用来汇聚人气，团队中有很大一部分人员奔赴全国各地进行品牌推广，通过进校园、进商场、办讲座等多种形式聚拢了火爆的人气资源。超强的人气汇聚，才使"移动商街"成为熙熙攘攘的商圈，在各地全面开街后，用友又重点转向发展商家和消费者的双重人气，实现"有人天天用、天天有人用"的理想状态。伴随市场推广在内的是赢利点的巧妙布设，移动实名、商业广告、竞价排名、效果付费等赢利模式的创立，为"移动商街"的持续发展提供了资金保障。

最后，用友敏锐地捕捉了国内移动互联网商机的发展机遇，在第一时间做出了战略调整，在移动互联网领域尚无成功盈利的情况下，用友不惜血本主做移动营销服务平台的气魄体现了集团的远大战略，也使用友得以优先占领移动营销服务的有利市场。同时，用友深知国内移动营销服务市场的不成熟和 3G 商用模式的缺乏，因此主动与日本 NTT DoCoMo 公司开展合作，率先引进了国外成功的移动营销理念。NTT DoCoMo 在日本率先开展 3G 商用模式，其移动商务应用很快超过了图铃下载和手机游戏等消费者个人应用，目前，日本有 75% 以上的知名企业通过 NTT DoCoMo 成功的 i-mode 开展移动营销。

（四）趋势分析

在未来发展中，面向中小企业的移动营销服务平台模式将主要面临以下两类风险：一是市场风险，"移动商街"取得成功之后，就被业内企业模仿和复制，出现了各种名目的商街，甚至打着"移动商街"的名号在互联网上实施欺诈，更有甚者利用博客、QQ 群等一切渠道发布诋毁信息，恶意竞争，严重损害企业信誉，因此必须对移动互联网的企业行为采取一定的管制措施。二是政策风险，比市场更可怕或是更不可抗拒的是政策，白名单技术、移动支付等具有巨大潜力的市场应用不断胎死腹中，说明我国移动市场还处于不完全开放状态，运营商高端控制了很多资源，许多创新性的应用难以顺利实现。

在发展方向上，国内移动电子商务的市场正在走入成熟期。之前大多数人对移动商务不看好主要有以下几方面原因。手机用户对推送广告的反感、广告主对无线广告效果的不确定、移动支付的普及和安全性、相关物流配送的模式。而其他营销模式中最重要的终端，恰恰并不是移动商务考虑的难题。因为，拥有手机的用户早已超过了 7 亿户，远远高于任何一种单一媒体。根据中传移动媒体数据中心（MMDC）对某著名体育品牌通过无线广告监测，用户对 WAP 文字链广告的响应量将近过半，电子消费类、快速消费品及汽车类广告主对无线广告接受度较高；大城市 WAP 上网用户属性与电子商务产品目标消费群体重合度较高、移动支付手段被各大银行和运营商推广、便于支付和购买的二维码使用范围在扩大、有线互联网与无线互联网的结合日益紧密……这些都说明，移动电子商务的时代正在来临，被称为第五媒体的手机显然已是生活必需品，正在发挥其潜在的巨大商业价值，因此"移动商街"的发展正当其时。未来，"移动商街"将紧随 3G 技术的普及应用，大力发展虚拟与现实相结合的移动互联网商街理念，开发基于"移动商街"平台的丰富应用，满足商家和消费者不断变化和发展的需求，将全程式移动营销服务理念发展到极致。

三 面向广告主的整合型移动营销服务模式

（一）背景分析

与其他传统媒体所经历的发展一样，广告收入必将成为无线互联网行业最重要和长远的业务收入之一。据英国的朱尼普研究公司（Juniper Research）预测，到 2014 年，全球手机广告会成为一个价值达 60 亿美元的市场（李晶，2010）。随着智能手机价格下降和普及，手机应用的增长及广告主对手机广告关注度的增加，移动广告市场规模很可能会在短时间爆发。

众所周知，传统广告业存在一个难题，即业界明知 50% 的广告费是浪费掉的，但不知道哪 50% 是被浪费掉的。无线互联网广告业态的出现解决了这一难题。相对于纸媒、广电和传统互联网广告，无线互联网广告具有无可比拟的优势，包括精准、定向、及时互动、广告效果实时优化等方面，能帮助广告主掌握目标受众在移动互联网上喜欢看什么、做什么，哪个时间段是用户上网高峰期，对什么样的形式和内容接受度高等。

以此为契机，成立于 2006 年的上海亿动广告传媒公司（简称亿动广告传媒，Madhouse）探索出一套有效的赢利模式。其在自身的逐步发展中，依靠不断进步的技术手段，将包括广告主、广告代理商、用户、运营商、应用软件开发商、无线广告网络、无线媒体和第三方监测机构在内的整个产业环境整合成为一个良性的无线营销生态系统，为无线广告的投放提供一个无限大的平台。

凭借对手机媒体和无线互联网广告的专注及由此形成的系列核心竞争力，亿动广告传媒已发展成为中国最大、最智能的无线移动广告联播网络，为广告主提供完善的无线营销服务和领先的无线营销解决方案，通过整合广告主和无线互联网络资源，充分发挥无线媒体的平台优势。亿动广告传媒拥有业内领先的无线广告管理系统（MadServing）、专业出色的无线解决方案（MadSolutions）和国内最大的无线广告网络（MadNetwork），已经相继为众多国际知名品牌和 4A 广告公司提供了无线互联网广告的策划和发布实施方案，在无线广告网络运营管理、智能广告投放技术、新广告产品开发能力和投放管理上都处于领先的地位。

目前，亿动广告传媒已经为包括佳能相机、苹果 iPod、戴尔电脑、宝岛眼镜、强生制药、轩尼诗、中美天津史克制药有限公司及 BenQ-Siemens 在内的多个国际知名厂商提供了无线互联网广告的策划和发布实施，广告总体展示量已经突破 6690 万次，日最高展示量达到 377 万次。

（二）模式分析

根据中国无线互联网的上述现实情况和客户需求，亿动广告传媒开发出了很多新的无线广告产品及整合新的无线营销技术，以期最大化地利用和开发无线媒体的优势和价值，在智能投放技术和广告网络覆盖率等核心优势方面都远远领先于其他竞争对手。其依靠在技术层面、媒体资源及专业团队的优势，独创的整合型移动营销服务模式是其他同行短期内不易复制的。

1. 整合型移动营销服务模式的技术支撑

由亿动广告传媒独立研发的亿动无线广告管理系统为其整合型移动营销服务模式提供了强大的技术支撑。它是目前业内最为智能的无线广告投放和效果监测管理系统，通过多重智能定向的无线广告精确投放和客观公正的无线广告效果监测报告，为广告主和媒体主提供最优化的无线广告解决方案。它具备精准投放、频次监控、广告版本自动优化及广告效果视觉优化的功能。

所谓多重智能定向，主要包括两类，一是基于用户信息和手机属性的定向（运营商品牌、时间段、地域、手机品牌和型号、手机零售价位、手机功能属性）；二是基于用户所浏览的媒体属性的定向（按内容分类频道，如女性、财经、数码、体育等；按受众分类网络，如男性、女性、年轻人等）。

所谓精准投放，并不依赖于客户数据库，亿动广告传媒尊重每一位手机用户的隐私，不提倡将用户的手机号码等信息进行商业利用。亿动广告传媒倡导的无线广告精准投放是指通过技术实时判别用户属性从而做到智能定向投放。亿动广告传媒无线广告系统的领先技术可以确保在 10 毫秒内判断登录无线互联网站的用户属性，播放符合定向要求并经过分辨率优化的无线广告。因此，亿动广告传媒的精准投放是指根据不同标准参数，播放不同的广告，确保广告与受众相关。这样，广告主不仅可以锁定自己的目标消费者群体投放广告，并且能够让广告出现在目标消费者最常浏览的媒体。例如，对于同一个 WAP 网站，使用高端手机的用户登录时，看到的是 iPod 广告；使用动感地带的用户登录时，看到的则可能是可口可乐广告。

所谓广告版本自动优化，是指即时优化广告版本保证投放效果，并精确地统计和限定同一用户对特定广告活动的观看，点击或下载等行为次数，避免传统广告因为无法确知用户是否已经有效收看而造成的重复投放浪费，有效保证广告投放的经济有效。

亿动无线广告管理系统目前也是国内唯一能自动识别用户的手机屏幕分辨率，智能播放最适配的广告图片的无线广告运营商。通过对国内市场现有 6000 多款不同手机的深入研究和分析，亿动无线广告管理系统还能智能投放适配于不同用户手机浏览器和屏幕分辨率的广告版本。

系统本身不断地进行优化和升级，很难被复制或超越，亿动广告传媒为此投入了大量的技术开发资源，包括资金、人力和时间，申请了多项专利保护，塑造了亿动广告传媒的核心竞争力。立足于独一无二的技术优势，亿动广告传媒确立了媒体代理而非广告代理的定位。媒体代理偏向于和媒体直接合作，广告代理则偏向于和广告主直接合作。亿动广告传媒偏向媒体代理，一方面直接和媒体合作，帮助媒体开发更多的广告资源，并且提高资源利用率。另一方面，亿动广告传媒和广告公司合作，一起开拓中国无线营销市场，规避了很多竞争，可以得到更多的合作伙伴，整合型移动营销服务模式因此具备了技术前提。

2. 整合型服务模式的资源支撑

整合型服务模式需要大量的媒体资源，亿动无线广告网络与诸多国际大品牌和无线媒体紧密合作，很巧妙地避开大部分竞争，并为它们提供业内领先的无线营销解决方案，是目前中国最大的无线广告网络，已整合超过 1100 家主流无线媒体和客户端的广告资源（包括腾讯 QQ、WAP 天下、空中网、3G 门户、搜狐、新浪、Tom、乐迅、捉鱼、DTOP 等），覆盖中国 75% 以上无线互联网流量，通过亿动广告传媒的广告系统，可以帮助网站卖掉本来零价值的流量。

亿动无线广告网络同时也是国内多家领先无线媒体站点的独家广告代理，并借此成为广告主与媒体之间的桥梁，接到广告主订单以后直接下发到各个网站，能够将广告主的品牌信息快速地传递给更广泛的特定目标用户群体，并与消费者适时沟通，并可以根据广告主需求，限制广告播放频次并自动优化播放效果较好的广告版本。这种无所不在的互动效应成为亿动广告传媒应对竞争对手的有力武器。

在亿动无线网络，亿动广告传媒将无线互联网的广告资源进行整合；而通过亿动无线广告系统，亿动广告传媒能更有效地利用这一庞大的媒体资源，进行精准的无线广告智能投放，并对无线广告的呈现效果予以优化。亿动广告传媒同媒体伙伴的战略合作关系有助于更快地推动现有无线广告产品的优化，并应用更多的、更适合无线媒体的广告新产品。而亿动广告传媒与各大广告和媒体代理集团之间的密切合作也保证了亿动广告传媒的媒体伙伴的利益最大化，为整合型移动营销服务模式提供了资源基础。

3. 整合型服务模式的标准支撑

在行业标准方面，由 MMA 亚太区移动广告委员会制定的移动广告标准，提供了关于无线互联网图片广告的创意、格式和使用等方面的详尽和可操作的指导信息。作为 MMA 亚太区移动广告委员会的创始会员和董事会成员，亿动广告传媒同时负责制定亚太地区移动广告标准，致力于制定详细的、具有指导意义的移动广告标准，帮助无线营销活动更为有效地实行，确保消费者不论使用何种手机或运营商服务都能获得同等和积极的体验。目前，亿动广告传媒已签署并发布了针对亚太地区移动广告行业特别指定的移动广告标准。该项标准的制定在于激励和推动亚太地区的品牌主和广告商有效开展无线广告活动，并通过统一的广告规格和规范改善和提升手机用户浏览广告时的体验，确保每个无线广告活动取得最好的效果。亿动广告传媒在其今后的智能无线广告投放中率先应用 MMA 亚太区移动广告委员会的移动广告标准。

亿动广告传媒这一系列优势最大限度地体现了无线互联网的独特价值，将更高效、更智能的整合型移动营销服务理念带入中国的无线媒体和互动营销事业，并受到众多国际广告代理公司和广告主的高度认可。根据亿动无线广告管理系统自 2008 年 1 月 1 日零点至 2008 年 12 月 31 日 24 点的数据显示，广告主通过亿动广告传媒进行投放的无线定向广告展示量累计 5 628 758 761 次，是其 2007 年无线广告定向投放累计展示量的 12 倍，由此显示 2008 年中国无线互联网定向广告投放强劲长势和亿动广告传媒在无线广告发布领域的迅猛扩张。

4. 整合型服务模式的产品支撑

为了能为广告主提供整合型的无线营销方案和互动体验，亿动广告传媒在广告形式方面，除了文字链、图片广告、插页全屏广告、客户端和信息类广告之外，还积极开发应用富媒体广告，并且不断开发应用新的技术和平台，包括移动应用程序、数字影像识别、互动式语音应答（IVR）和 AR 技术等。通过不断整合无线媒体产业链上下游的各种资源，为广告主提供全面的无线广告服务。

在既有模式和优势的基础上，亿动广告传媒陆续推出一系列更新、更精准的无线广告产品及无线广告网络，2009 年与更多的广告代理公司进行更为密切和深入的合作，同时不断地优化和开发新的无线广告投放系统和广告形式，提高服务能力。亿动商道（Madsmart）就是其中一个重要的战略产品。

亿动商道是中国首款智能无线关键词竞价排名广告，为中国数百万中小型企业定制的无线互联网智能营销网络。目前，无线互联网网站的品牌广告投放过于集中在特定的一级页面或首页，有大量资源还没有利用起来，亿动商道则充分调动起网站的所有资源，提高整个网站的资源利用率，并使用关键词竞价的方式以创造最大化的广告营收。亿动商道率先发布了中国首个以内容相关的无线广告产品，即基于无线互联网网页上下文内容相关的关键词广告产品 MadSenseTM 和基于无线互联网关键词搜索结果页面的广告产品 MadWordsTM。这一系列的无线广告产品将采用简洁的文字链或图形文字链的呈现形式，并配合热线直呼（click to call）的功能。

亿动商道所有的无线广告产品都秉承亿动广告传媒智能区域定向、广告版本分辨率自动适配和频次限制等多重技术优势，按照每个点击或呼出电话（cost per click/cost per call）计费，并拥有亿动无线广告网络强大的无线媒体广告资源支持。这一理念得到了众多的无线互联网门户和垂直网站的认同。亿动商道的内容相关广告网络（Contextual MadNetworkTM）的战略伙伴包括 3G 门户、腾讯 QQ、搜狐、Tom、易查、当乐、天极、天下网、泡泡等众多业内领先的无线互联网站。

（三）效果分析

在整合型移动营销服务模式的效果方面，从可获得的公开数据分析，亿动广告传媒的整合效果相当好。2008 年 1 月至 2010 年 3 月，亿动无线广告管理平台累计为广告主投放的定向广告展示量为 146 亿次，亿动无线广告网络的合作资源网站数从 2006 年的 100 多个发展到 2012 年的 1100 多家。

从业界资源上看，2008 年，群邑广告集团（GroupM）宣布亿动广告传媒为其无线营销的合作伙伴，共同培育市场、培育客户。根据被定名为"群邑移动，源自亿动广告传媒"（GroupM Mobile Powered by Madhouse）的合作协议，亿动广告传媒和群邑广告集团无线营销团队一起为群邑广告集团旗下包括传立媒体、竞立媒体、尚扬媒介及迈势中国在内的媒体公司。亿动无线广告网络已经成功覆盖国内超过 65％的无线互联网网站流量。经过多年的努力，亿动广告传媒与代理机构建立了相互信任的合作关系，并先后与上海知世营销咨询有限公司、电众数码（北京）广告有限公司、凯络媒体、安吉斯媒体集团及 Neo@Ogilvy 等多家知名 4A 代理公司发展了独家或战略合作。

从资本金上看，截至 2010 年，亿动广告传媒共获得过包括戈壁合伙人有限公司、集富亚洲投资公司和华盈国际投资集团等在内的两轮共计 2000 万美元的投资。诺基亚旗下风险投资部门诺基亚成长伙伴基金也把亿动广告传媒列为该机构在中国大陆完成的首笔投资。

从业务结构上看，根据自有的亿动无线广告系统 2008 年广告投放数据得出的《2008 年度无线互联网趋势报告》显示，2008 年度无线广告的区域分布逐渐趋于平均，无线互联网用户所持手机价格区间大幅向高价位发展，大屏幕手机渐成主流。

在以往无线广告区域分布中，华南地区长期占据着大半份额。但是在 2008 年，华南地区的市场份额已降至 40％左右，其他地区的市场份额逐渐增长。尤其是华东和华北地区增长显著，两者的份额相加已达到 40％，成为无线互联网用户最快的增长点（图 6-9）。广东省的手机上网资费一直是全国最低的，因此无线互联网用户数量最多，活跃度也较高。然而，3G 牌照发放前后，其他各省均已下调手机上网资费，现已与广东省资费齐平。可以预见，各地的无线互联网用户将有爆发性的增长，活跃度也将大幅提高，无线广告的区域分布将进一步优化。

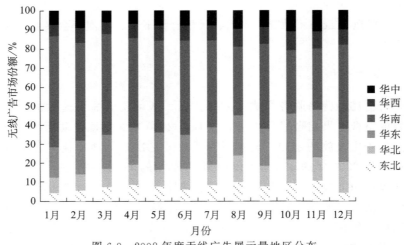

图 6-9　2008 年度无线广告展示量地区分布

在 2008 年无线广告点击用户所持手机的出厂价格分布中，2500 元以上的高端手机用户数量逐步上升，已超过 40％；1500～2499 元的中端手机用户数量略有下降，在 35％左右；1500 元以下的低端手机用户数量呈现明显下降趋势，已跌至 23％。显示无线互联网主要用户群体已从最初的学生人群向城市白领和中产阶级发展，无线互联网用户消费能力显著提升，如图 6-10 所示。

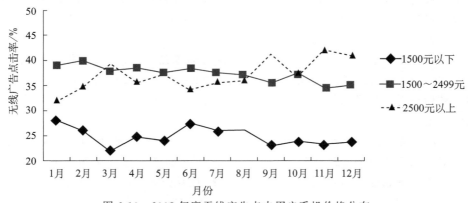

图 6-10　2008 年度无线广告点击用户手机价格分布

对于无线互联网用户的上网体验来说，手机屏幕的大小有着相当大的影响。在 2008 年度无线广告展示用户的手机分辨率统计（图 6-11）中，128×128 像素的小屏幕手机比例呈现下滑趋势，其所占的份额也最低；176×220 像素的中屏幕手机虽然所占比例仍比较高，但也持续明显的下滑；240×320

像素的大屏幕手机则显示出强劲的增长态势，已经接近甚至超过 176×220 像素所占的比例，未来必将成为上网手机的主流。中高像素的手机均支持 WAP2.0，可以让用户获得良好的上网体验。

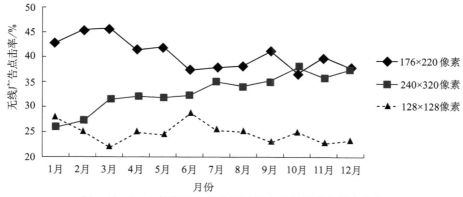

图 6-11　2008 年度无线广告展示用户手机屏幕分辨率分布

综上所述，无线广告的巨大市场让广告主、运营商、移动广告代理商及程序开发者构成的产业链形成了一个"生态系统"。在无线广告运营中，亿动广告传媒是广告主（包括品牌主、广告代理公司和媒介代理公司）及无线互联网媒体主之间非常重要的一个纽带，这一定位实现了三个突破。一是突破了传统的广告代理商角色，二是突破了传统的 SP 角色，三是突破了单纯的媒体代理商角色。亿动广告传媒的独特模式和优势，使它们不仅掌握了大量的无线广告平台资源，同时能够自主开发无线广告系统和自助式广告平台，为广告主、众多无线网站、程序开发者等提供服务，实际上是整合多重角色和身份于一体，通过将业务专注于无线互联网的广告管理和营销平台，区别于传统模式下的运营商、大量 SP 和独立 WAP 站点。由此形成的无线互联网广告的投放和管理、无线营销平台搭建、流量代理及提供整合性的无线营销方案，都是基于无线媒体的广告精准投放这一核心技术。

（四）趋势分析

虽然亿动广告传媒目前的业务重心仍以中国内地市场为主，但已经开始向内地地区以外拓展市场。中国台湾远传电信股份有限公司（Far EasTone）对亿动无线广告平台（MadPlatform）的移植和应用为亿动广告传媒的整合型移动营销服务模式开创了一个新的市场空间。2010 年 5 月，亿动广告传媒首次与中国内地地区以外的运营商进行无线广告平台技术的授权应用合作，也是亿动广告传媒在中国内地以外市场战略的一个开始。已和中国台湾远传电信股份有限公司达成合作，授权远传电信股份有限公司使用其自主研发的无线广告智能发布和管理平台亿动无线广告平台，用于远传电信股份有限公司在台湾地区的无线广告网络构建和无线广告发布业务。

亿动广告传媒将利用其自有技术和广告发布管理平台，为远传电信股份有限公司实现无线广告网络的运营，以及基于电信运营商、时间段、手机品牌型号和手机上市价格的无线广告定向发布。亿动广告传媒还根据台湾地区的市场特点，加入用户所在地区，用户每月账单额度和所选套餐，以及包括用户性别、年龄和用户上网行为的分析，作为远传电信股份有限公司无线广告投放的定向参数，以利于广告主进行更为精准的定向投放。

远传电信股份有限公司始终致力于以创新提供更多和更优质的服务。此项合作旨在帮助远传电信股份有限公司构建其自有的无线广告网络，整合跨运营商的无线互联网网站广告资源。即通过远传电信股份有限公司，台湾地区的广告主可以选择符合其要求的目标消费受众在台湾地区的跨运营商无线互联网网站进行定向的广告投放。而无线互联网网站主则可通过远传电信股份有限公司的无线广告网络有效利用和扩大其广告营收。引入亿动无线广告平台很好地解决了对跨运营商无线广告网络的管理和智能投放的需求。引进亿动无线广告平台可以令其在台湾地区的无线广告网络运营和广告投放上有所借鉴，同时也节约了大量的开发时间，使远传电信股份有限公司率先成为台湾地区第一家拥有跨运营商的无线广告平台的运营商。

2010 年年底，亿动广告传媒将启动国际化进程，首先考虑进入印度市场。具体的合作方式不仅限于广告平台的授权，还将包括为国内外的广告主提供相互的广告投放服务。此外，开发应用软件的内置广告也是亿动广告传媒 2010 年的重点业务之一。在国外，苹果 2010 年 7 月 1 日上线的 iAd 广告平台就是在应用软件中内置广告，目前已经获得 6000 万美元的广告订单，而 Google 的 AdMob 广告平台很大一部分收入也是来自在苹果应用软件。

第四节　移动营销服务创新模式总结

一　移动营销服务创新模式的比较

(一) 背景比较

移动营销服务创新模式的产生，主要来源于互联网及软件服务企业，以及传统广告企业，这种创新模式并没有太高的行业门槛，几乎都是企业决策层看中手机媒体的发展前景所做出的战略布局。类似闻言科技这样规模较小的企业以卓越的技术为突破口，是在第三方的"撮合"下，看到了自身技术的优势，只对现有软件系统的功能做了迁移应用后，便成功介入了移动营销服务领域。而像用友这样的大型集团企业，主要以平台构建为主，雄厚的财力和技术使它能够更多地布局于未来的发展，抢占新兴行业的处女地。亿动广告传媒的介入则是传统广告行业随着手机新媒体的走热所做的升级举动，可以预见，随着手机媒体地位的提升，越来越多的广告企业将介入移动营销服务领域，如表 6-2 所示。

表 6-2 移动营销服务创新模式产生背景比较

模式名称	归属企业			介入缘由	第三方促成
	企业名称	企业实力	主要领域		
"听网"移动商务系统	北京闻言科技有限公司（成立于 2006 年）	员工 100 人左右，全球首家"听网"运营商，北京知名的高新技术企业和"双软"认定企业	通信（设备/运营/增值服务）、互联网、电子商务	"听网"系统的功能可方便地扩展至电子商务领域	是，北京市科学技术委员会提供资金资助，并"撮合"服务对象
用友"移动商街"	用友软件股份有限公司（成立于 1988 年）	研发队伍超过 2500 人，亚太本土最大的管理软件提供商，2001 年上市	提供具自主知识产权的企业管理/ERP 软件、行业解决方案、服务	大型财务软件集团的战略布局	否，企业自主行为
亿动广告传媒	上海亿动信息技术有限公司（成立于 2006 年）	超过 160 人的专业团队，中国最大、最智能的移动广告网络之一	为广告主和无线媒体伙伴提供领先的无线广告投放和应用方案	广告传媒企业面对手机媒体兴起所做的顺势转变	否，企业自主行为

（二）对象比较

移动营销服务的对象具有十分鲜明的特征，细分领域非常明显，这与移动营销的精准性是相应的。"听网"移动商务系统的服务对象最为明确，目前只针对大型百货企业，已经形成固定的应用伙伴，闻言科技主要利用这一系统帮助大型百货企业针对重点消费者定向营销，由于商家是完全委托，所以这种合作关系非常紧密。用友"移动商街"主要面向实体街面和中小企业，主推平台和商家应用，因而针对客户的服务主要在于前期的建站，之后则由客户自行维护，合作比较松散。亿动广告传媒主要针对广告主进行智能的广告投放和效果监测，因而与客户的合作关系较为紧密，往往是一种长期的战略合作关系，长期为其提供移动媒介的广告投放服务，如表 6-3 所示。

表 6-3　移动营销服务创新模式服务对象比较

模式名称	细分领域	服务商家	服务内容	合作紧密度
"听网"移动商务系统	大型百货企业	翠微大厦股份有限公司、北京菜市口百货股份有限公司	主要帮助大型百货企业针对重点消费者进行针对性营销	紧密，自始至终与商家密切交互
用友"移动商街"	实体街面及中小企业	杭州电子大卖场、义乌国际商贸城及中频电炉厂、土特产有限公司等	针对实体街面推出平台应用，针对中小企业推出商家应用	松散，主要合作在网上店铺建立之初，之后为自主经营
亿动广告传媒	各种类型的广告主	肯德基、平安保险、宝岛眼镜等传统广告大户	进行智能的广告投放并监测广告效果	一般，是传统广告服务的延伸和升级

（三）技术比较

移动营销服务技术最突出的特点是移动广告传媒，其自主研发的多重智能定向技术融合了用户信息、手机属性和媒体属性，具有复杂的信息交互和处理过程，将移动营销服务的精准特性发挥到了极致。而"听网"移动商务系统的突出特点在于技术成果的转化应用，作为科技型中小企业，自身创新能力受到各方面条件的约束，在这种情况下，积极利用北京优越的科研氛围，转化国家自然基金等项目高水平研究成果，无疑是企业技术创新的一条捷径，只要选准技术，瞄准市场，技术转化相对于完全的自主研发往往具有事半功倍的效果。另外，移动营销服务仍然属于服务业领域，通常并不一定非要以高精尖的技术为依托，更多时候依赖的是技术和资源的整合，因而像用友"移动商街"一样，在通用性技术条件下，专攻平台优化可以避开在技术创新方面的难度，如表 6-4 所示。

表 6-4　移动营销服务创新模式技术创新比较

模式名称	主要服务产品	技术特点	技术难度	研发类型
"听网"移动商务系统	掌上菜百、翠微"掌上奥特莱斯"	整合商业管理知识、消费者行为分析、人工智能和数据挖掘等成熟技术	前端技术研发难度较高，平台整合技术难度一般	技术成果转化应用，依托国家自然科学基金项目成果
用友"移动商街"	移动实名	真正的手机 2.0 时代，具有很强的交互性	技术难度一般，主要在于平台的稳定性和可靠性	企业自主研发
亿动广告传媒	无线广告管理系统	能够根据用户信息、手机属性和媒体属性进行多重智能定向，具备精准投放、频次监控、广告版本自动优化的特点	技术难度较高，信息交互和处理十分复杂	企业自主研发

（四）商业模式比较

商业模式的差异源自企业的战略规划，商业模式的优劣不能以短期的赢利数额来衡量，只有与企业发展相适宜、与市场需求相一致的商业模式才是符合企业自身的最佳模式。因而，在商业模式的构建上，"听网"移动商务系统注重的是短期赢利，并将这种赢利与商家的销售额进行了捆绑，这种捆绑是以全程式技术服务为交换的，从企业自身发展来看，以技术和服务换取大型百货企业的市场分成是一笔细水长流的经济账。而用友"移动商街"主要着眼的是平台的发展，短期赢利并不是企业关注的重点，随着商街覆盖城市和商圈的不断扩大，可以预测，未来的收益将是几何级数的增长。亿动广告传媒的市场份额非常庞大，广告收益丰厚，并以滚雪球的方式增长，这直接受益于亿动广告传媒广泛的广告资源，也是普通企业难以企及的。移动营销服务商业模式的比较如表 6-5 所示。

表 6-5　移动营销服务商业模式比较

模式名称	商业模式内容			是否参与利润分成	赢利状况	市场推广程度
	前端	中端	后端			
"听网"移动商务系统	协助商家更新商品信息	提供智能化的选购平台	代替商家与消费者发生交易支付行为	是，主要收益为商品销售额提成	已获得较大的利润分成和交易中介收益	已经成功实现 2 家大型企业的应用，正在推广
用友"移动商街"	商家自主更新	提供智能化的选购平台	仅提供平台，不与消费者直接接触	否，主要收益为各类商务应用	目前仍然处于平台养成期，未来潜力巨大	陆续覆盖上海、广州、西安等全国 20 多个重点城市的主要商圈
亿动广告传媒	完全替代商家完成商品推介	智能推送	不参与后端交易	否，主要收取广告费用	业务进展相当好，收益连年翻番，获多个风险投资	广告业务遍布我国七大区域，并已拓展至印度等地

（五）趋势比较

每个模式都有一定的适用性，同时也存在一定的缺陷，因而，必须在企业长远战略布局的基础上，寻找突破，否则技术的创新和商业模式的成功难以保证企业总是处于不败的境地。"听网"移动商务系统具有很强的可复制性，可以迅速推广至其他百货企业，但也因此很容易被替代，难以持续，必须在企业的横向战略布局中寻找突破。用友"移动商街"和亿动广告传媒在实现方式上都具有很强的自身可复制性，但是可持续性的支撑条件不同，"移动商街"的可持续靠的是长久经营所汇聚的人气，而移动传媒则是靠广告资源的积累。从这点可以看出，移动营销服务企业的发展前景与企业的长期战略和积累是密不可分的，这也就不难理解"移动商街"的战略锁定在虚拟与现实的结合，而亿动广告传媒则着眼于营销生态系统的整合。因而，当企业发展到一定程度之后，其所面临的竞争在一定程度上是自身战略定位的完美与否，如表 6-6 所示。

表 6-6　移动营销服务创新模式发展前景比较

模式名称	自身可复制性	外部可替代性	模式可持续性	纵向战略布局	横向战略布局
"听网"移动商务系统	强，无需技术升级即可实现迁移应用	强，容易被 WAP 网站取代	弱，随着移动营销的普及，大型企业可能会自主建站维护	与新世界百货中国有限公司达成应用意向，进一步向大型商业企业扩张	结合电子导游项目，向"吃住行、游购娱"全面渗透
用友"移动商街"	强，只需在现有架构上更新内容即可	弱，成功的平台需要相当长的养成期	强，一旦形成广泛应用，能够不断积累人气	不断圈定大中城市，并将各个城市的商圈纳入其中	建成实体城市、街区与虚拟商街相对应的移动购物平台，随时随地激发购物行为
亿动广告传媒	强，不同广告内容在技术上具通用性	中，容易被普通传媒企业模仿，侵占市场份额	强，广泛的广告资源和技术领先程度难以颠覆	以中国内地市场为主，不断向海外拓展市场	整合并主导广告主、运营商、移动广告代理商及程序开发者所构成的移动营销生态系统

二 移动营销服务创新的总体模式

（一）总体模式概述

综上所述，移动营销服务模式的创新形式是多种多样的，不同企业面对不同的市场环境和企业价值取向，将形成不同的创新模式，同时，这种创新模式必然与企业的技术创新和商业模式密切相关。但是，从各种创新模式的比较不难发现，无论移动营销服务创新模式如何多样，总是有一些规律可循的，这些规律在一定程度上就是移动营销服务创新的总体模式，即移动营销服务创新模式是指基于移动媒体特别是智能手机的高度普及和应用，通过先进的移动通信技术、计算机技术及网络技术分析消费者个体和总体的海量数据，实现智能化的用户群体细分和用户行为分析，在深度和广度两个维度上达到精准传播的营销服务方式。

移动营销服务创新模式突出的表现在营销前、营销中、营销后三个阶段。营销前，必须具备必要的先决条件，首先是媒体形式，限定为可移动的媒体，目前绝大部分是手机，尤其以具备 WAP 网站浏览和交互功能的智能手机为主，同时，还要有强大的移动通信网络，带宽至少应该能够支持 WAP 网站图片和流媒体的顺畅播放。营销中，是先进技术的应用，这些技术应该是融合了通信技术、计算机技术和网络技术三者优势的创新性技术，主要目的是实现用户群体的细分和用户行为的分析，由于营销活动的即时性和不确定性，这些技术必须是实时和智能化的，并且随着数据的积累，智能化和精准度应该不断提高，理想的效果是感知潜在消费者的所想所好，个性化推介，缩减甚至免去购物的挑选环节，提供感应式的购物体验，最大程度地促成交易行为的发生。营销后，是可量化的效果评估，对每一个营销效果和营销的总体效果都应当有量化的评估结果，使被服务者随时掌握营销的进展和成效，同时，无论是否促成交易，都应当有结果反馈，这种反馈应该是积极的和有效的，能够有助于改善营销效果。移动营销创新模式如图 6-12 所示。

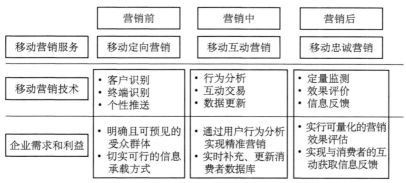

图 6-12　移动营销服务创新模式示意图

移动营销服务是在网络购物的刺激下产生的，它是网络购物的延伸，并具有替代后者的趋势。随着移动营销服务模式的不断创新，现有的网购将向"随身购"转变，并逐渐成为一种新的消费习惯。移动营销服务中信息的对称性将有助于净化网络购物环境，增加网购的信任度，在一个高度信任的购物环境里，"随身购"这种消费习惯的养成是良性的，可以将普通网购群体从整天在电脑前挑选商品的"淘货"方式转变为随时随地随身随性的"提货"方式。因为"淘货"时往往主观目的性不强，在信息的浏览过程中容易受到诱导和误导，产生不必要的消费，即使是找到了期望中的商品，也只是一种常规实体店面消费方式的网上模拟，浪费时间和精力，而移动营销服务环境下，仿佛有人按照自己的好恶已经提前安排好了购物流程并挑好了心仪的商品，消费者只需要"提货"

即可，免去了不必要的周折和时间成本，增强了购物体验。从"淘"到"提"，是购物模式的一次升级。随着 3G 网络的发展，势必会有越来越多的用户选择随时随地随身随性的手机购物模式，更好地感受用手机购物带来的便捷、私密与互动。

（二）总体模式的特征

对于移动营销服务创新模式，其特征主要包括三个方面。首先是"移动"，营销信息传播的载体必须是以手机为主的可移动设备，使消费者随时随地都能接受营销信息，突破传统营销在时间和空间上的束缚。其次是"精准"，营销的对象应该是经过充分细分的特定群体，避免不必要的侵扰，而且所传播的营销信息必须是经过处理的有效信息，是符合消费者行为习惯并乐于接受的，"精准"是移动营销服务最本质的特征，能够有效地保证移动营销的成功率。最后是"技术"，移动营销服务的实现是以技术创新为支撑的，其技术要求远远高于任何一种营销方式，是移动通信技术、计算机技术和网络技术的复合，既要求对用户行为数据进行存储、计量和预测，从而做出个性化的商品推介，又要求对移动媒体的属性进行实时判定和信息适配，以保证信息传播具有最佳的接收效果。

（三）总体模式的形成条件

移动营销服务创新模式的形成是若干条件共同作用的结果。首先是技术条件，在移动媒体上，手机硬件指标和性能不断提升，高速处理器、大容量存储、大屏幕、智能化等为移动营销信息的传播奠定了良好的载体；在通信技术上，2G 时代的 GPRS 带宽不断提高，资费不断下降，为多媒体信息的传播提供了便利的通道，3G 网络的普及更是为移动营销服务的进一步提升预留了广阔的空间，未来的移动营销服务将更多地借助于流媒体的形式。其次是市场条件，互联网时代网购的盛行大大激发了人们对虚拟购物需求，造就了一大批习惯于网购的特殊群体，这就为手机购物积蓄了庞大的潜在消费群体，大大缩短了网络购物向手机购物的过渡时间，年轻的网购族们几乎不用过多费神就可以掌握移动购物的方法，尽情释放购物需求。

（四）总体模式的适用性

移动营销服务创新模式是对移动营销服务各类创新模式的高度概括，具有普遍性的规律总结，对于不同的行业和商家，移动营销服务必须创新不同的模式去应对。

类似"听网"移动商务系统的 WAP 网站类模式，主要适用于大型百货公司或商场超市，是普通购物网站的升级方向，越是容易促成即时网络交易行为的商家，此类模式的效果越是明显。

类似用友"移动商街"的虚拟现实结合类模式，适用于在有限生活圈范围内的固定消费，如餐馆、理发店、影院，主要提供打折、特惠活动等信息，以预约、预订为主，容易形成预期的消费，如果能够配合口碑营销策略，此类模式将取得显著效果。

类似亿动广告传媒的综合性媒体广告模式，适用于传统广告的升级，这类移动营销服务能够帮助商家开辟新的宣传阵地，争取新的消费群体，但是这类移动营销服务具有一定的滞后性，主要以告知为主，不能产生即时消费，适用于品牌营销的需求，长期坚持能够影响消费者的消费行为、消费习惯甚至消费意识。

移动营销服务的模式应该还有很多，对的才是好的，盲目应用并不能取得预期效果。目前，手机购物还只是网购的延伸，在 3G 网络和智能手机普及之后，手机购物必然会大规模地取代现有网络购物。因此，无论是现有的大型网络购物平台，还是贴近消费端的实体企业，必须未雨绸缪，及早选择和规划适合自身需要的移动营销平台，这将催生移动营销服务领域的繁荣，也必将产生更多的移动营销服务创新模式。

三 移动营销服务创新中的科技作用分析

(一) 迅猛发展的移动通信技术

首先，移动通信开始步入多媒体时代。移动通信技术的发展突飞猛进，正在向数据化、宽带化、智能化发展，各种网络趋于融合。从 1995 年第一代模拟制式手机的诞生，到 2009 年中国第三代移动通信技术商用元年的到来，仅仅经历了不到 15 年的时间，移动通信技术又在马不停蹄地向 4G 时代迈进。3G 技术与前两代的主要区别在于提升了传输声音和数据的速度，能够处理图像、音乐、视频流等多种媒体形式。截至 2009 年年底，我国 3G 用户总数达到 1325 万户，预计未来 5 年内将有一半的移动用户成为 3G 用户[①]。技术的发展、市场需求的变化、市场竞争的加剧及市场管制政策的放松将使电信网、计算机网、电视网等加快融合为一体，形成统一的综合宽带通信网。

其次，移动互联网业务承载的内容不断丰富。我国移动互联网业务正在加速发展，呈现多元化、差异化和个性化趋势。除了技术进步因素，市场需求是

---

① 中投顾问产业研究中心 . 2010. 2010—2015 年中国 3G 产业投资分析及前景预测报告。

更深层次的原因，共同推动移动互联网业务经历了从文本格式、铃声图片、WAP上网、个性化定制服务到多媒体信息服务的发展。目前，移动宽带和智能手机成为服务内容创新和发展的主要动力，手机搜索、手机即时通信、手机SNS、位置服务LBS和手机游戏受到越来越多用户的欢迎。手机终端发展趋向于更加贴近用户并且以满足个人需求为主，在这一需求的驱动下，多样化、差异化和个性化的服务必将主导未来移动互联网的业务发展方向。

最后，移动通信平台融合发展步伐加快。移动通信平台步入开放、协作和分享的融合发展阶段，终端应用和产品服务日趋丰富。技术进步和网络演进使移动通信平台突破有限带宽资源、单一内容应用和垄断经营的制约因素，由电信运营商主导，开始积极构建开放式平台、集成互联网应用服务、创新商业模式、提高产业链服务能力，与终端厂商和信息服务提供商的融合加速。如图6-13所示，在新的商业模式下，电信运营商主导的"平台＋服务"模式，定位于价值链控制力；终端厂商主导的"终端＋应用"模式，定位于用户需求整体解决方案；信息/内容服务提供商主导的"软件＋门户"模式，定位于最佳产品服务。由此，能够应用于移动通信平台的终端应用和产品服务不断增长。

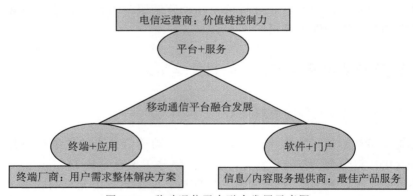

图6-13　移动通信平台融合发展示意图

（二）移动通信技术丰富移动营销方式

移动通信终端的多样化和个性化拓展了营销途径、提高了营销效率。在技术进步的支撑下，不断有新的移动通信终端问世，除了手机、上网本外，还有电纸书、G3阅读器、掌上电脑（PDA）、超级移动个人计算机（UMPC）、数字网络设备（MID）、平板电脑等，在营销传播方面各有特色。移动通信终端大都通过电信网或各种无线接入方式进行网络信息交互，具有明确的功能定位，几种典型的移动通信终端的比较如表6-7所示。移动通信技术的多样化，在营销学上的意义在于将渠道这一要素进行了广义扩张，渠道不再是商场等单调的物理实体和僵化的 IP 地址概念，渠道的方便性标准因多样化的移动通信技术获得了革命性提升。

表 6-7 几种典型的移动通信终端比较

名称	联网方式	功能与特点
手机	2G/3G、WiFi	基本功能为满足语音通话，信号稳定，形态较小，交互性强，多媒体和数字化应用逐渐丰富。便携性最突出，普及率最高，能承载各种形式信息，便于通过移动通信平台进行交互
上网本	WiFi、3G	以上网为主要诉求，屏幕尺寸多在 7~10 寸，比笔记本电脑轻便，配置低。能承载的信息内容和形式丰富
G3 阅读器	2G/3G	主要用于阅读电子书，屏幕优良，适于文字阅读，环保、健康、节能。仅限于文字形式的信息传播，较呆板
PDA	WiFi	集成通信、个人数字助理和计算功能，硬件水平和整体功能较差，通常采用手写笔作为输入设备。普及率较低，不适合大范围传播信息
MID	WiFi、3G	具有移动上网功能，屏幕尺寸 4~7 英寸，通过触摸式屏幕实现多媒体应用。普及率较低，不适合大范围传播信息
平板电脑	WiFi、3G	主要用于浏览网页、娱乐等，介于智能手机和笔记本电脑之间，可以运行的应用十分丰富。普及率较低，不适合大范围传播信息

在移动终端多样性的同时，随着人们对时尚的不断追求，性价比不再是唯一的选择条件，人们更在乎的是外观设计、功能，甚至是设计理念和推广模式，满足用户个性化需求成为移动通信终端发展的另一个重要趋势。例如，同为智能手机的 iPhone 受到国内外市场的火热追捧，原因就在于其精美简约的外观、灵动绚丽的图像表现力和不计其数的在线应用支持，特别是苹果品牌强大的号召力。这表明移动通信技术的层次更替和代际淘汰能够对营销对象产生自然分类效应，高新移动技术必然对应较高消费能力群体，技术的进步成为商家不断精细化营销对象的重要标准。

（三）移动通信技术提升了移动营销的智能水准

在所有的移动终端中，手机无疑是最便携常见的，与生俱来的通话功能使它始终保持着最大的移动通信终端市场占有率。除了满足基本的通话功能外，手机已经在外观、性能、功能等方面取得了突破性发展，未来的手机将沿着智能化的方向发展，其硬件指标将越来越高，操作系统将更趋开放一致，软件应用也会越来越丰富，这将使未来多种多样的营销形式在手机上实现应用成为可能。

第一，在硬件指标方面，随着集成电路技术的飞速发展，手机已经拥有了强大的处理能力，正在从简单的通话工具变为一个综合信息处理平台。当前，中高端智能手机已经出现频率 1GHz 的处理器，内存容量可达 32G，全屏触控、大面积电容式触控屏广泛应用，屏幕像素越来越高，能够支持精细触控，突破了手机屏幕小、操作不便的缺点。未来，高速处理、海量存储、全键盘、大屏幕、全触控、语音控制等手机性能的描述将更加名副其实。这为移动营销的价格因素带来了巨大变革。厂商用于移动营销的成本将越来越低于电视、广播、报纸等传统媒体，即使是对成本相差不大的互联网营销，也因为其无所不在的移动便利性而取得更高消费者剩余，具有相对成本优势。

第二，在软件系统方面，受全球 3G 市场加速发展的推动，智能手机操作系统正在成为争夺移动互联网市场的最有力武器。目前，这一领域仍处在群雄争霸的时代，国内各种智能手机所使用的操作系统主要有 Symbian、Windows Mobile、Android、iPhone OS、Palm OS 等，其中 Symbian 作为老牌手机系统平台占据了主导地位。但是，后起之秀 Android 以其开源、免费的姿态，得到了全球众多手机运营商、手机厂商、应用开发者和用户的追捧，国内各大手机厂商和运营商更是纷纷转投 Android。Android 倡导的免费、开源操作的系统后来居上，领跑手机操作系统的发展。这为移动营销的产品因素带来了巨大变革。各种移动营销产品和服务因此得以趋于标准化和一致化，为客户提供更高质量和可衡量的产品及服务方案。

第三，在功能和应用方面，传统的通信、拍照、听音乐、玩游戏已经不值一提，手机渐渐从话音平台演进为视频、数据、娱乐、商务、导航、支付等多功能平台，用于实现这些功能的软件应用也十分丰富，涵盖系统工具、音视频播放、图形处理、网络聊天、图书阅读等众多方面。目前，仅苹果公司应用商店就包含逾 15 万款应用，中国移动也已经把触角伸向了为软件开发提供平台的领域，其 Mobile Market 于 2009 年成功上线。未来，手机领域赢利的重点将在于内容消费，因此手机功能将更加丰富实用，应用软件也将不断推陈出新。这为移动营销的促销方式提供了更广阔的内容空间和更鲜活的表现形式，增强了营销的便利程度。

四 移动营销服务创新中存在的问题

(一) 盲目追求信息的大量传播，侵扰受众

手机移动营销的即时性和到达率是其他营销形式无法望其项背的。营销信息通过手机这一贴身媒介直接到达受众，几乎没有时间差，使其备受青睐，但同时众多非主动搜索的信息传递到手机上，也大大侵害了受众的权益。一方面，未获得消费者的许可就强行发送营销信息到手机这种带有私密性的媒介上，就形成了对消费者权益的肆意侵犯；同时，各种各样的信息，并非都是消费者需

要的，大量的无用信息造成信息超载。随着手机用户群体的不断增长和移动营销的优势逐渐被发掘和利用，"垃圾信息"成为伴随移动营销出现的热门字眼。垃圾信息成为人们生活中每天都必须面对的东西，让人们不堪其扰，严重影响了人们的生活、学习和工作，也伤害了企业与消费之间的感情，对移动营销产生严重的负面效应。

（二）营销诉求广泛，不能满足精确的受众需求

企业通过各种方式获得数据库以后，总会充分利用资源，发布各种营销信息，以追求信息的广泛传播，但是每一个消费者的需求都是个性化的、精确化的，如果各种各样的营销内容与消费者需求的相关度甚小，甚至没有相关性，那么这些营销是没有效果的。实际上，能够利用移动营销在众多的企业中脱颖而出的企业往往都是追求特定的营销诉求，然后在确定的营销诉求方面不断努力和提高，从而满足受众精确的个性化需求。以手机软件为例，信安易卫士是一款专门为用户提供个性化来电过滤的软件，就是这么一款小软件，却深受用户的喜爱，还几获殊荣：2009 年 1 月，入选新浪 2008 软件年度评选手机软件前三名；2009 年 1 月，入选"2008 中国手机客户端软件 Top50"；2008 年 6 月，荣获第三届中国手机应用大赛金枝奖的"最佳手机安全应用金枝奖"。同时我们看到，有许多其他的软件集来电过滤和多媒体播放于一体，但是这些软件在市场上的表现却是一般，因为这些企业的营销诉求过于广泛，本想以满足客户的各种需求而取胜，却最终未能被用户广泛认可和接受。在这个消费者的需求越来越多样化和个性化的年代，企业必须遵循细分市场营销和定制化营销的观念才能在市场活动中取胜，对于利用新媒体进行的移动营销来说更是如此。

（三）用户信息安全保障性较低

通过掌握的数据库，企业可以方便地向用户传递营销信息，还可以与用户进行双向沟通，但是有些企业保障用户信息安全的意识差，有些企业甚至不去保障用户信息而把用户信息用作他用，这样用户的信息安全便难以得到保障，企业和用户之间的长期信任也难以长期维持，加上随着无线网络和移动终端发展而产生的手机病毒、流氓软件等的影响，用户信息的安全状况更是令人担忧。

（四）追求移动营销形式的多样性，忽视媒介的接受能力

在当今这个信息超载的社会里，企业进行营销活动在讲求传播信息量的同时也强调形式的多样性，丰富的形式能起到吸引消费者眼球、增强传播效果的作用，手机移动营销也不例外。企业通过网络发送各种营销信息的形式现在已经比较成熟，但是通过手机这种媒介传播多媒体形式的营销信息还是受到一定

的限制。一方面，手机媒介的信息流量并非完全支持多媒体信息的传播；另一方面，手机媒介各种各样，并非所有的手机都能接受运营商的各种信息，如果不清楚这些条件必定会造成信息的浪费。企业营销信息通过手机媒介的传播，在硬件上直接依赖于移动终端，当前我国企业进行移动营销时具有一定的盲目性，很多企业追求形式的多样性却忽视了媒介的接受能力。例如，盲目地、大量地群发信息，对手机应用软件进行营销，却不认真考虑手机操作系统的市场情况和操作系统对软件的支持性。

（五）赢利模式较为单一

艾瑞咨询研究发现，2008 年移动互联网市场规模达 96.6 亿元，同比增长54.5%。其中，用户支付的流量费和信息费占营收主体，广告主付费及游戏道具等费用占比较少。艾瑞咨询预测，在运营商推广力度加大及用户规模增长等利好因素驱动下，2009 年中国移动互联网市场规模将达到 148.8 亿。艾瑞咨询认为，广告主对无线广告认知度低是目前 WAP 广告收入较少的主要因素。从现阶段广告主结构看，中小广告主成为 WAP 广告投放主体，而众多品牌广告主对无线广告投放仍持观望态度。此外，手机支付渠道的匮乏及用户对道具类增值服务付费意愿较低也成为影响移动互联网市场规模增长的短板。根据数据可知，相对于移动互联网市场的总体规模来说，其自身结构很单一，赢利模式以流量费和信息费为主，其他收入渠道却很少。

第五节　移动营销服务创新的策略与政策建议

随着我国进入移动营销市场导入期，有相当多的企业试水移动营销。移动营销大致经历三个阶段：针对企业售前的移动定向营销，针对企业售中的移动互动营销和针对企业售后的移动忠诚营销。在这三个阶段要有不同的服务策略。

一　针对企业售前的移动定向营销的策略

针对企业售前的移动定向营销，应以建立数据库，开拓新市场，寻求新客户为主。

（一）完善移动营销数据库建设

移动营销应当是在制定有效的目标消费群数据库基础上实施的，移动营销具有合法性约束，这是指移动营销的活动是基于用户准入的原则下进行的，即任何形式的手机广告信息是在用户允许的第一前提下实施的，用户允许意味着用户自己的主动参与，而不是被动的。这就不仅是通过"推"，还要通过"拉"来实现目标消费者的真正需求和消费行为，有针对性地开展"一对一"的沟通。传统用以评估媒体营销效果的很多方式并不能直接使用在手机媒体上，作为一种直达用户同时能掌握用户行为特征的渠道，移动营销的优势更多地在客户数据库营销上。建立完善的数据库，根据数据库分析，选取合适的用户开展企业营销工作，不但能节约企业资金，更能起到事半功倍的效果。

一个基本合格的移动营销数据库要对精准用户的特征属性有全面把握，包括性别、年龄（范围）、收入（范围）、手机号、地域，这几个基本属性缺一不可，扩展属性包括手机型号、行业、职位、学历、投资方式、每月手机话费额度、婚姻状况、私家车情况、投资方式、兴趣爱好、体形特征、视力情况等，多多益善。对于绝大多数广告主而言，5 个基本属性就可以很精准地找到目标客户，辅以扩展属性，就可以进一步提高准确度，达到真正的精确制导，一击必中。

另外，可以通过与移动运营商的合作，获取用户信息。移动运营商掌握丰富的客户信息，如客户的地址、教育程度、收入情况、消费偏好等，客户的数据维度详细精准。如果企业可以通过移动营销专业服务公司与移动运营商建立共享数据库，即可实现三方获取客户、渠道等资源的"短、精、快"。高效的信息数据库，结合企业已有的消费者和产品销售信息，才可能为广告投放目标的精确选择提供决策依据，有利于营销计划的进一步调整。例如，飞拓无限信息技术（北京）有限公司通过与中国移动的合作获得了移动梦网 1 亿多的注册用户群，在较短的时间内，在我国移动营销领域占据了主导地位。

（二）制定准确的营销策略

在制定移动营销策略的同时，必须以满足客户的需求为出发点，充分考虑企业产品、手机媒体的特点，遵循细分市场营销和定制化营销的原则，结合相关的资源制定准确的营销诉求，避免定位的失误和营销信息的表达错误。企业在制定营销策略之前应该进行市场调查和分析，分析目标客户的文化、个性、年龄等特点及所借助的手机媒体的形式，为细分用户市场提供个性化服务。企业也可以采取体验营销的方式来最终确定营销方向和策略，企业在推出新产品或提供新服务的时候，有可能因为经验的缺乏、消费者的需求难以把握而不知道采取何种营销策略，这时企业可以以试探的方法，让消费者先体验自己的营销产品，并做好与消费者沟通的准备，及时收集反馈信息，调整营销战略，最终也能准确把握营销诉求，满足客户的需要。

二 针对企业售中的移动互动营销的策略

针对企业售中的移动互动营销，应以增强互动性、提升成交率、改善营销工具为主。

(一) 增强手机广告的互动性

手机广告是以手机为载体，通过 WAP 广告、PUSH 、WAPPUSH、EPUSH 等定向推送广告及其他手机植入式广告、二维码广告等无线广告向受众群体精准、形象地传播产品信息。手机广告的内容是移动营销的基础，移动营销专业服务公司应注重广告的创意，采用简单明了、吸引眼球的设计，如 Flash 动画、3D 音乐或 3D 图案等形式，甚至进行客户 DIY 设计，突出用户个性化的关怀，实现手机广告与目标消费者良好互动，刺激成交率的提升。

(二) 移动营销应为用户提供有用的信息服务

手机用户准入是移动营销开展的前提，而移动营销所带来价值则是用户唯一判断的依据，对用户来说，价值包含多方面含义，包括信息自身所提供的价值，以及因为获取信息所得到的补偿，不论采用哪一种方式，运营商在开展移动营销时都需要将价值点真实呈现在用户面前。另外，移动营销必须尊重用户的生活习惯，将用户按照性别、年龄、居住地、会员服务类型等进行分类，再根据不同的时间段和用户意愿提供差别化的营销信息。

(三) 借鉴互联网营销的经验，全力打造移动互联网

互联网营销具有灵活、个性化、互动的特点，移动营销可以借鉴互联网营销的宝贵经验，创新移动营销的内容模式。此外，移动互联网是一种高速、宽带、可支持多媒体业务并适合于移动运行环境的 IP 网络。移动互联网可帮助移动运营商实现门户开放，手机用户可以像有线接入一样接入互联网、浏览网页，甚至进行手机视频通信，在方便手机用户的同时，也为移动营销提供了宽广的平台，促进了移动营销的健康发展。例如，亿动广告传媒通过与 100 多个资源网站的合作，包括腾讯、搜狐、Tom、空中网、WAP 天下等主要的门户和众多的联盟结合，成为中国移动营销领域的霸主。

三 针对企业售后的移动忠诚营销策略

针对企业售后的移动忠诚营销，主要应以改善客户关系，提高顾客的忠诚

度来推动行业的发展。

（一）对反馈数据进行分析，评估营销效果

移动营销专业服务公司可利用移动运营商所提供的数据，如手机广告到达率、点击率、WAP 访问量、MMS 广告转寄等统计此次营销的效果，并为下一次营销活动的改进提供依据。移动营销专业服务公司可通过跟踪成百上千的行业广告和营销活动的效果而形成数据，用以衡量广告营销活动的有效性，并针对有购买意图的消费者间断性地开展再营销工作，提升产品的曝光率和被接受程度。

（二）通过"病毒性感染营销"提升宣传效果

病毒性感染营销是口碑营销的一种形式，在这里主要是指通过具有吸引力和感染力的消费体验，使消费者愿意把体验传递给朋友，利用口碑营销达到"一传十，十传百"的良好效果。

四 打造移动营销的良好服务环境

移动营销在我国的发展还不成熟，规范的市场秩序尚未建立，专门法律法规有待完善，企业的营销经验还不够丰富，这些因素都导致我国移动营销实践中各种问题的出现，打造移动营销的良好服务环境迫在眉睫。

（一）完善相关制度，解决垃圾信息问题

要发展移动营销，必须及早解决垃圾信息问题，这样才能净化移动营销市场，为移动营销的发展打下良好基础。垃圾短信的泛滥，不是有关部门没采取行动，而是垃圾短信管理涉及文化部、公安部、信息产业部、国家工商行政管理总局等多个部门，由此产生的多头管理，导致责任难以明确，部门间相互推诿，治理结果乏善可陈。因此，对于中国市场，尽早出台相关的法律法规，明确责任，于移动营销价值链上的各方都是有益的。2008 年 4 月 29 日，12321 网络不良与垃圾信息举报受理中心（http：//www.12321.cn）成立，这是一个全国范围内的专门的网络不良与垃圾信息举报受理中心，这一平台的成立，对解决垃圾信息问题产生了重要的积极作用，相关部门开展垃圾短信息治理工作已显成效（贺康庄，2009）。

（二）提高意识、明确责任，保障用户信息安全

移动营销的首要原则应是用户自愿，并尊重与保护用户的个人隐私。企业

在移动营销运行当中，应避免对用户的骚扰、避免被用户投诉。由于手机已经成为特定的个人专用物品，服务与功能的使用几乎都收费，尊重用户隐私与意愿已经成为移动通信事业的立足之本，也是移动营销活动展开的首要原则。任何违背用户意愿的活动会遭到用户的投诉，从而被迫中止。企业必须提高意识，充分重视用户信息的安全，把保障用户信息安全作为自己的责任，这样才能取得用户的信任，才能开展持久的移动营销活动。企业应该及时与用户沟通，表明自己对用户信息安全性的重视及保障用户信息安全的方法，也应该努力去了解用户对自己信息安全的看法、疑问和要求，这样可以增强双方的信任，有利于企业开展持久的移动营销活动（贺康庄，2009）。

（三）规范移动营销产业链行为，促进多方共赢

移动营销的产业链上至企业，中至移动营销专业服务公司、移动运营商，下至普通消费者，是一种需要不同领域多方合作的新型营销模式。每一个领域提供的服务、专业方向及运营特点不同，因此移动营销产业链上的各方应积极构建一个多赢、开放、共享的合作平台，探索比较可行的商业模式，既要把蛋糕做大，又要把蛋糕分好。合理的商业模式应鼓励企业开展合理竞争，促进移动营销的专业服务公司提供更好的平台和服务，移动运营商提高基础工作的主动性，完善移动营销网络基础环境。

规范移动营销产业链行为，形成运营商、网购平台及网付平台三方合作的手机购物铁三角，不仅用户购物更为便捷，电信运营商和网购行业也从中获益匪浅。

随着3G的发展，各种终端的成熟及移动支付的推进，移动购物将成为未来B2C市场的主流。但要把握住手机购物行业的先机，不仅要给用户提供手机浏览购物信息的机会，更要苦练内功，即在商品的质量、移动支付，以及服务质量上严格把关，才能在竞争中立于不败之地。

第一节　电子支付业的概念及其产业边界

一　概念及其特征

（一）概念

以计算机技术和通信技术为基础的网上交易的出现，对结算也提出了电子化的要求。目前，电子结算方式是以金融电子化网络为基础的，以商用电子化设备和电子交易卡为媒介，货币以电子数据（二进位制）形式存储在银行的计算机系统中，并通过计算机网络系统以电子信息传递的方式实现流通与支付功能。

从电子支付的起源来看，美国早在 1918 年就建立了专用的资金传送网；1967 年在伦敦，世界上第一台自助柜员机（automated teller machine，ATM）投放使用；1970 年在美国出现了电子资金转账（emotional freedom technique，EFT）技术；1985 年世界上出现了电子数据交换（electronic data interchange，EDI）技术并在电子支付业中得到广泛应用。

通过互联网进行电子支付与通过销售终端（POS）机支付的处理过程非常相似，主要不同之处在于互联网网上支付的客户是通过个人计算机和商家提供的 Web 服务器进行通信的。客户通过 Web 浏览器进行商品或服务的订购，并向商家告知其支付方式是信用卡、电子现金还是电子支票，服务器上的软件对客户的订购进行确认，然后从银行或信用卡发卡机构验证得到支付资金的授权。通常，商家要使用支付网关（gateway）① 来与银行网产生联系。整个支付过程中要对用户、商家、付款要求进行合法性验证。

1999 年 9 月，招商银行全面启动国内首家网上银行——"一网通"，建立了由网上企业银行、网上个人银行、网上证券、网上商城、网上支付组成的较为完善的网络银行服务体系，电子支付在中国浮出水面。

---

① 支付网关是以商家为主的商业网与以银行为主的金融网之间连接的桥梁。为安全起见，金融网通常是一个相对独立的封闭网络，外界要与该网络进行资金借贷方面的信息交换必须通过支付网关进行。

2005 年，中国人民银行发布的《电子支付指引（第一号）》第 2 条将电子支付界定为："电子支付是指单位、个人（简称客户）直接或授权他人通过电子终端发出支付指令、实现货币支付与资金转移的行为。电子支付的类型按电子支付指令发起方式分为网上支付、电话支付、移动支付、销售点终端交易、自动柜员机交易和其他电子支付。"如图 7-1 所示。

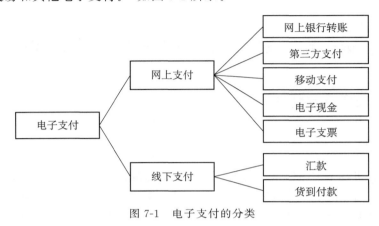

图 7-1　电子支付的分类

（二）特征

与传统的支付方式相比，电子支付具有以下特征。

（1）电子支付是采用先进的技术通过数字流转来完成信息传输的，其各种支付方式都是采用数字化的方式进行款项支付的；而传统的支付方式则是通过现金的流转、票据的转让及银行的汇兑等物理实体的流转来完成款项支付的。

（2）电子支付的工作环境是基于一个开放的系统平台（如互联网）之上的；而传统支付则是在较为封闭的系统中运作的。

（3）电子支付使用的是最先进的通信手段，如互联网、外联网；而传统支付使用的则是传统的通信媒介。电子支付对软硬件设施的要求很高，一般要求有联网的计算机、相关的软件及其他一些配套设施；而传统支付则没有这么高的要求。

（4）电子支付具有方便、快捷、高效、经济的优势。用户只要拥有一台能上网的个人计算机，便可足不出户，在很短的时间内完成整个支付过程。

（三）电子支付的业务领域

电子支付业务有着广泛的应用范围，可应用于娱乐、购物、教育、信息、通信、旅行、金融等多类行业及场合，具体可分为以下几类。

1. 缴费类业务

缴费类业务包括缴纳电话费、上网费、有线电视费、水电煤气费等。这类业务虽然交易金额较大，但是用途专一，即使出现非法盗用情况，也不会造成严重的经济损失，因此对系统安全性要求较低。

2. 彩票类业务

彩票类业务包括足彩、体彩、福彩等。这类业务虽然投注金额较少，但是奖金数额可能很大，一旦发生差错可能造成严重后果，需要确保投注处理的准确性。另外，彩票类业务的用户数量大，很可能成为小额支付业务中的杀手级业务。

3. 购卡类业务

购卡类业务包括购买各种上网卡、电话卡、游戏卡等。所购商品的载体是数字化信息，如上网卡的卡号和密码，不是实物形态，不需要物流配送过程。

4. 购物类业务

购物类业务是购买实物形态的商品，如书籍、鲜花等，这类业务需要物流配送、客户签收等过程，需要商家做好货品的配送，该业务可能涉及物品损坏、退款等流程的操作。

5. 付费类业务

付费类业务包括停车费、地铁票、公园门票、结账、自动售货等。多数是实物形态当场交易，不需要物流配送过程。这类业务可以按照普通的支付业务对待，通过短信或语音接入方式完成。但是由于这些场合一般人流密集，希望尽量提高业务处理速度，如果安装专门的 POS 机，同移动终端通过无线方式通信，实现类似于 IC 卡刷卡的方式，可以大大提高效率。

6. 端到端业务

端到端业务，支付行为发生在两个移动用户之间，资金从一个用户的账户转到另一个用户的账户。而其他业务的支付行为发生于移动用户和商户之间，业务流程有所不同。

二　产业边界

(一) 电子支付业引发了新的金融支付服务方式

随着技术的发展，支付方式也在不断地发展由单一化向多元化的方向发展(图 7-2)。过去，人们在各种消费活动中习惯用现金支付、银行汇兑等传统的支付方式，这些传统的支付方式一直占据着人们进行支付交易的全部。电子货币的出现方便了人们外出购物和消费，电子货币通常在专用网络上传输，通过设在银行、商场等地的 POS 机、ATM 进行处理，完成货币支付操作。近年来，随着互联网商业化的发展，电子商务化的网上金融服务已经开始在世界范围内开展。网上金融服务包括人们的各种需要内容，如网上消费、家庭银行、个人理财、网上投资交易、网上保险等。这些金融服务的特点是通过电子货币在互联网上进行及时电子支付与结算，以至人们可随时、随地完成购物消费活动，进行货币支付。

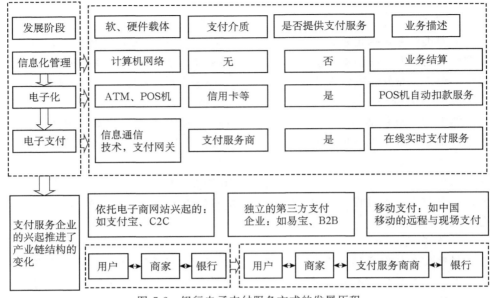

图 7-2 银行电子支付服务方式的发展历程

（二）电子支付业链

电子支付业链主要包括基础层、运营层和应用层三个层次，其产业链构成如图 7-3 所示。

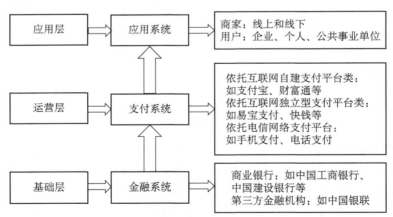

图 7-3 电子支付业的产业链

1. 基础层

基础层主要由金融机构构成，主要为各大商业银行，它们是产业链中最基本和最重要的参与者，其地位是不可取代的。只有银行的参与，电子支付服务的支付方式才得以成立。银行需要协助支付平台的服务商建立一套完整、灵活的安全体系，从而保证用户支付过程的安全通畅，并提供资金结算服务。

2. 运营层

运营层主要由提供支付服务的公司构成，它们是信息通信技术的快速发展产生的一类新兴的企业，如依托互联网进行支付服务开发的支付宝、易宝支付，以及依托电信网络的中国移动手机支付业务。它们是推动银行电子支付服务方式产生的第一推动者，作为专业化的支付机构，必然是在前端不停地分析各种传统支付业务及新兴支付业务的流程，挖掘企业各种各样的需求及交易过程中存在的安全、信用等各种问题，然后把这个需求带回来，到银行寻找解决方案，通过技术的方式解决原本复杂的交易、结算流程。

3. 应用层

应用层主要由使用支付系统的商家和用户构成，商家可包括线上虚拟商家和线下的真实商家，用户既包括 B2B 交易方式中的企业，也包括 B2C、C2C 交易方式中的个人，还包括有各种缴费服务的公共事业单位。应用层的商家与用户同基础层的银行一样是产业链中最基本最重要参与者，没有它们的参与同样无法构成支付产业链。

通过对电子支付业链的分析，支撑支付系统的支付服务企业是支付这一产业的新进入者，但它们对电子支付业的成功运行，起着承上启下的重要作用，是为金融机构拓展新支付服务方式的最关键的一个环节。因此，本书将选取提供支付服务的典型企业，从服务创新的视角进行深入的案例分析。

第二节　电子支付业的发展现状

一 电子支付业处于高速增长期

自从 1998 年招商银行推出网上银行业务以来中国电子支付业已经走过了十几个年头，2001 年以后的电子支付交易额以超过 100％的速度增长。据艾瑞咨询的统计数据显示，2001 年中国第三方电子支付交易规模仅为 1.6 亿元，到 2012 年交易规模突破了 12 亿元。

电子支付的市场交易规模在全社会消费品零售总额规模中的比例还较低，但一直呈上升趋势。据艾瑞咨询分析报告显示，2005～2009 年，网上支付交易额占社会消费品零售总额的比例从 0.3％上升到了 4％。

二 北京、浙江等地电子支付产业规模全国领先

北京作为国内金融电子化领先的城市，跨行、跨区域的电子支付体系已经

建立，网上支付特别是第三方支付方面，北京集中了首信易支付、易宝支付、云网、网银在线等国内知名的第三方支付企业，全市从事支付业务的企业约30家，粗略估计各家合计应占全国第三方支付市场10%以上的份额①，其中易宝支付是北方市场份额最大的支付企业。

总部位于浙江杭州的支付宝，在全国的市场份额近50%（图7-4）。根据国内最大的独立第三方支付平台支付宝发布的统计报告②，北京在电子支付这一应用上的普及率目前位居全国第一，2008年北京网民通过支付宝在网上共消费了63亿元之多。根据支付宝2009年7月数据显示，北京的支付宝用户数量增长到1162万户，位居全国第四。可见，对北京、浙江等地电子支付产业发展较好地区的研究，有助于了解我国电子支付业的发展现状与趋势。

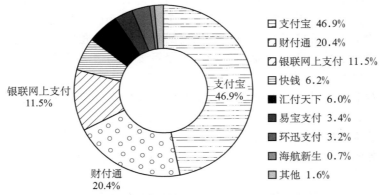

图 7-4　2012年第三季度第三方支付市场厂商营业额所占份额

资料来源：易观智库 . 2012. 第三季支付宝领先整体，快钱领先第三方 .
http：//tech. qq. com/a/20121031/000159. htm［2012-12-17］

第三节　电子支付业的创新案例研究

从上述对电子支付现状的分析不难看出，支付宝是全国最大的第三方支付企业，易宝支付是北方最大的独立型第三方支付企业，中国移动的手机支付是手机支付中最具实力和规模的代表案例。因此，本书选取支付宝、易宝支付和中国移动手机支付三个案例对电子支付业的创新模式展开分析。

---

① 北京市信息化工作办公室，北京市统计局 . 2008. 北京市电子商务发展报告（2007）。
② 北京晨报 . 2009. 北京电子支付普及率居全国之首 . http：//tech. sina. com. cn/i/2009-03-31/02562956769. shtml［2009-03-31］。

一 支付宝

(一) 发展概况

支付宝（中国）网络技术有限公司成立于 2004 年。公司起步时依附于淘宝网交易平台，通过平台上大量的支付交易，形成了庞大的用户基础。2007 年支付宝开始"去淘宝化"历程，开拓更加独立、多样化的业务，搭建整合支付平台。

支付宝是属于电子支付中的第三方支付平台性质的企业。第三方支付平台指在电子商务活动中，独立于交易双方，通过与一些大银行建立合作关系，为交易双方提供虚拟账户、便利在线支付，并提供网上交易查询等功能，通常起到信用担保作用的支付中介机构（刘洪波，2009）。在通过第三方支付平台的交易中，买方选购商品后，使用第三方平台提供的账户进行货款支付，由第三方通知卖家货款到达、进行发货；买方检验物品后，通知付款给卖家，第三方再将款项转至卖家账户（杨兴凯和张笑楠，2008）。

经过几年的发展，支付宝的营业额已经在第三方支付企业中位列第一，占第三方支付市场营业额的 50% 左右。截至 2012 年 12 月底，支付宝注册用户突破 8 亿，日交易额超过 200 亿元，日交易笔数超过 1 亿笔。

支付宝定位于满足多元化客户需求的综合型支付平台。目前，淘宝网在支付宝业务中的比重为 50% 左右，支付宝业务范围覆盖到 B2C 购物、航空机票、旅游、教育、虚拟游戏甚至房产等众多领域；在淘宝网之外的合作商户达 46 万家，与国内外 160 多家银行及 VISA、Master Card 等国际支付组织建立了战略合作关系。支付宝平台下的买卖双方交易流程如图 7-5 所示。

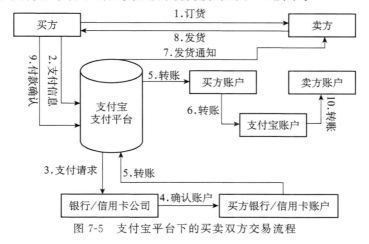

图 7-5 支付宝平台下的买卖双方交易流程

（二）发展历程

支付宝的发展历程大致可分为起步发展期、扩张期和升华发展期三个阶段（图7-6）。

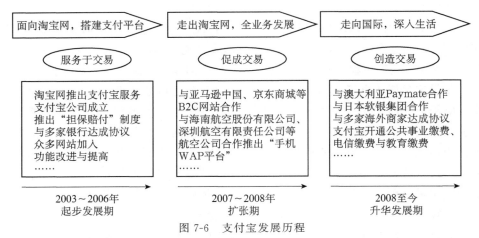

图 7-6　支付宝发展历程

资料来源：根据新浪科技和易观国际数据整理，http：//www.sina.com.cn，2009 年 7 月 13 日

1. 面向淘宝网，搭建支付平台阶段

支付宝发展的第一阶段重点解决了两大问题，一是信任问题，二是金融结算问题。

（1）信任问题。支付宝在成立之初，主要面向淘宝网提供交易担保服务，重点在于解决网上交易的信任问题。支付宝完善的第三方担保和信用评价功能使得支付宝逐步成为了网上交易双方普遍接受的标准。

（2）金融结算问题。由于第三方支付平台不是金融机构，不具备吸纳存款、提供资金结算等功能，因而第三方支付平台的资金仍需存放在银行，其资金结算等业务也需通过银行来完成。这为银行拓展业务带来了良机。在发展之初，银行与第三方支付平台基本上达成了"银行做大客户，第三方支付做小客户"的默契。

在支付宝成立初期，能否与各大商业银行形成紧密合作，能否在和银行的谈判中将价格谈到最低，成为支付宝竞争的首要手段。支付宝自成立以来，不断发展与银行的战略合作关系，目前支付宝的支付网关，已经连接了 60 家国内银行的内部网关，形成统一的支付接口（图7-7为支付宝与银行合作关系的发展）。

2. 走出淘宝网，全业务发展阶段

2004 年 12 月 8 日，支付宝（中国）网络科技有限公司成立，支付宝正式从淘宝网独立，而且整个业务流程与淘宝网的业务流程剥离，支付宝网站上线并

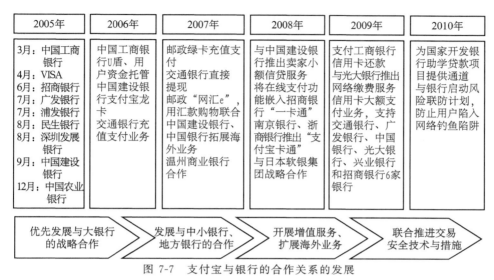

2005年	2006年	2007年	2008年	2009年	2010年
3月：中国工商银行 4月：VISA 6月：招商银行 7月：广发银行 7月：浦发银行 8月：民生银行 8月：深圳发展银行 9月：中国建设银行 12月：中国农业银行	中国工商银行U盾、用户资金托管 中国建设银行支付宝龙卡 交通银行充值支付业务	邮政绿卡充值支付 交通银行直接提现 邮政"网汇e"，用汇款购物联合中国建设银行、中国银行拓展海外业务 温州商业银行合作	与中国建设银行推出卖家小额信贷服务 将在线支付功能嵌入招商银行"一卡通" 南京银行、浙商银行推出"支付宝卡通" 与日本软银集团战略合作	支付工商银行信用卡还款 与光大银行推出网络缴费 信用卡大额支付业务，支持交通银行、广发银行、中国银行、光大银行、兴业银行和招商银行6家银行	为国家开发银行助学贷款项目提供通道 与银行启动风险联防计划，防止用户陷入网络钓鱼陷阱

| 优先发展与大银行的战略合作 | 发展与中小银行、地方银行的合作 | 开展增值服务、扩展海外业务 | 联合推进交易安全技术与措施 |

图 7-7　支付宝与银行的合作关系的发展

独立运营，支付宝开始从第三方担保平台逐渐向在线支付平台转变，进入全业务支付发展阶段。

目前，淘宝网在支付宝业务中的比重已经降到 50% 左右。支付宝的业务范围覆盖到 B2C 购物、航空机票、旅游、教育、虚拟游戏甚至房产等众多领域，服务对象已从淘宝网扩展到了整个网络购物市场。

3. 走向国际，深入生活阶段

（1）支付宝的国际化路线（图 7-8）。支付宝的国际化路线开始于支付宝成立之后的第二年，支付宝与 VISA 国际组织签订了战略合作伙伴协议，并在一些领域进行了国际合作的尝试。从 2007 年年底开始，支付宝加大了海外市场的布局，先后与北美地区和日本的电子商务服务供应商、咨询公司或百货公司等零售商签订代理和合作协议。同时，支付宝还与国外合作伙伴加强了网络支付增值服务和配套服务的合作。例如，与日本软银集团、Tenso 国际物流等达成了深度合作协议。

2005年4月，牵手VISA国际组织 2007年4月，牵手西班牙饮品公司 2007年8月，正式宣布开拓海外业务	2007年12月,北美市场推广 2008年6月,澳大利亚"海外宝"上线 2009年6月,联手日本零售商	2008年12月,与日本软银电子支付签订战略合作协议 2009后3月,牵手日本Tenso物流公司推广日本业务
战略确定和尝试阶段	海外业务布局阶段	深化合作阶段

图 7-8　支付宝的国际化发展路线

资料来源：根据支付宝网站资料整理

（2）支付宝不断深入生活。随着电子商务业务的迅猛发展，支付宝不断拓展业务种类，开发新客户，拓展自己的生存空间。比如，支付宝在上海、北京等地区推出了通过支付宝缴纳水、电、煤、通信费用的服务。同时，支付宝还凭借其巨大的会员数量及潜在的消费市场，吸引了一些大商户陆续进驻其专门开辟的网上商城。

（三）创新过程及特征分析

自支付宝依附于淘宝网成立以来，其业务主要定位于 B2C 和 C2C，即能够触及终端客户的业务，近几年 B2B 业务也有所拓展。支付宝的发展业务目前分为三大部分：第一部分为淘宝网提供支付服务；第二部分是对外商城；第三部分是公共事业收费领域的服务。随着支付宝业务模式的不断拓展，其运营模式也不断创新，呈现出多种特征。

1. 商业模式的创新

1）信用＋担保式的创新

2003 年 10 月 18 日，淘宝网成立了支付部门，推出了现在成为第三方支付的标杆模式之一的"担保交易"，也称为监管型账户支付模式，是指买卖双方达成付款的意向后，由买方将款项划至其在支付平台上的账户。待卖家发货给买家，买家收货后通知第三方支付平台，第三方支付平台将买方划来的款项从买家的账户中划至卖家的账户。这种模式的实质是以支付公司作为信用中介，在买家确认收到商品前，代替买卖双方暂时保管货款。

支付宝提出"因为信任，所以简单"。这种信任的建立，依赖于支付宝承担起买卖过程中的信用担保和代收代付角色，其运作的实质是以支付宝为信用中介，为买卖双方提供的一种增值服务。这种支付模式是在我国信用体系不完善的情况下应运而生的，它有效地解决了现在电子商务发展的支付瓶颈和信用瓶颈。

2）"电子商务"＋"支付服务"的创新

支付宝是依托于淘宝网的商务交易平台发展起来的，相比于快钱等竞争对手，其一开始运营就具备了强大的用户市场和用户黏性。淘宝网已是亚太地区最大的网络零售商圈，截至 2008 年 12 月 31 日，淘宝网注册会员超 9800 万人，覆盖了中国绝大部分网购人群；2008 年交易额为 999.6 亿元，占中国网购市场 80％的份额。与淘宝网的捆绑，是支付宝与竞争对手迅速拉开差距的先天优势。"支付宝＋淘宝网"方式的网上支付企业模式已经成为了一些支付企业的参考标本。

3）综合型支付平台的创新

相比于快钱、云网等专注于某一细分市场，支付宝构建了综合化的电子支付平台，为不同类型的用户提供定制化的解决方案，全面满足对于支付的多元化需求。支付宝的用户已经覆盖了整个 C2C、B2C 及 B2B 领域。

2. 创新特征

1）市场的创新

支付宝的发展正在于发现了网上支付中银行无暇顾及的 C2C 市场的支付需求。基于庞大的客户基础，支付宝的市场敏感度很高，往往能够先于银行发现市场的潜在需求，去分析并定义这种需求，最终将其纳入支付业务范畴，不断丰富金融服务的内涵。

对于数目众多、金额较小的电子支付业务，众多分散商户难以实现与所有商业银行之间直联，进行资金结算。

作为银行，要介入这类业务也有许多困难，主要有以下几方面原因。

一是因为卖家众多而且比较零散，管理需要耗费很多时间，如果银行一个个地同卖家谈合作，对银行来说，可能收益并不理想，因此这类业务对银行而言是成本高、利润低的业务。

二是要想在在线支付领域有所作为，就必须实现跨银行间的合作，而银行间合作关系的建立却存在很大的难度。

三是中国的银行企业是一种十分传统的企业体制，追求稳定与成熟的服务与市场。而在线购物市场是一个完全新兴的产业，面临着太多的变数。在线支付作为这个市场的服务内容，必将面临很多改革的内容以适应在线销售市场的发展，银行的机制很难支持这样的变革要求。

四是商业银行作为专业金融机构，很难提供电子商务流程中的信用担保服务。

支付宝正是在电子支付的需求和银行难以提供令人满意的服务之间，找到了市场创新的突破口。支付宝联合全国的各家银行，为零售商和买家建立了统一的支付网关，并提供信用担保，极大地促进了电子商务的发展，扩大了整个收单市场。对银行而言，也有效引导客户使用网银，切实减少商业银行的网点压力。

2）市场驱动的渐进型服务产品与流程创新

支付宝发展的真正核心在于从客户角度出发，不断地理解和挖掘他们的需求（图 7-9）。网上支付不仅仅需要为买卖双方提供交易的平台，还需要为交易相关的环节提供人性化的服务，从买卖双方交流、沟通的工具到达成交易进行支付，为支付安全性提供一定的保障，再到售后服务的可靠性等环节都要有所表现。

支付宝想尽心思用更便捷的支付模式来吸引用户，并力求用支付方式的改变，来促进用户生活方式的改变，包括 AA 付款、交话费、交房租、送礼金等。这些创新都是由市场需求驱动的、渐进而微小的创新。Hertog（2002）在对知识

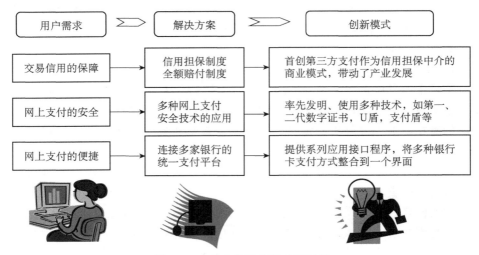

图 7-9　支付宝的需求驱动型创新

密集型服务业的研究中，提出了一个有关服务创新的概念模型。这一模型从服务概念、客户界面、服务传递系统和技术四个维度对服务业创新进行了分析。表 7-1 就是应用这个概念模型对支付宝的服务创新进行的分析。

表 7-1　支付宝的创新性服务产品

名称	客户需求	主要内容	创新类型
支付宝生活助手	一站式完成多种支付需求	收付款、水电煤、通信费、信用卡还款、收房租等功能，网上跨行为信用卡还款，1 分钟完成，还可查询还款状态	客户界面
AA 收款功能	聚餐、旅行等活动中需要的 AA 制支付	用户用支付宝发起一笔"AA 收款"给朋友，填写朋友的手机号码，系统会立即向大家免费发送短信，提醒大家登录支付宝付款	新服务概念
境外收单业务	买家购买国外商品时遇到货币兑换管制	支付宝帮助买家通过境内合作银行进行购汇，按照国家相关规定进行登记及年限额控制，并将货款结算给卖家，向海内买家和海外卖家提供一站式的支付结算解决方案	新服务概念、服务传递系统
卖家信用担保贷款	小规模商户银行贷款的限制及对资金快速流转的需求	担保信用良好的商家，在中国建设银行申请单笔上限为 5 万元的贷款	新服务概念
送礼金	异地送礼金	异地朋友结婚生子或有事无法参加喜宴，在线送礼金	新服务概念
线下收银台	不会或不能熟练使用网银的用户	与拉卡拉合作，在全国十几个重点城市的便利店、超市、药店、银行营业厅布设万余个支付网点，用户可就近用 POS 机为账户充值	技术用户界面

续表

名称	客户需求	主要内容	创新类型
旺旺付款	便捷	点击旺旺好友，启动支付宝付款功能，输入支付金额与密码，实现快速向好友付款等操作。省去了以往登录支付宝网站并填写对方账号等步骤	用户界面 新服务
自助式商家服务平台	满足不同商户的个性需求，提供增值服务	网上商户从自主购买支付产品方案、独立开设网店到论坛营销、财务管理等可通过平台完成。并且可以实现在线签约。提供售后商户热线中心等营销支持和增值服务	用户界面
"支付小宝"在线服务	人工服务跟不上咨询的增长速度	智能客服，网上互动帮助方式	技术 用户界面
聋哑客户绿色通道	聋哑用户特殊需求	方便聋哑客户遇到问题时可以第一时间找到客服解决问题	新服务概念
代付功能	代付款的纠纷及责任	用户可以将一笔交易的付款工作交给另一位用户，由后者帮助完成付款，而交易双方不变	新服务概念

3）产业价值链的整合与创新

第三方支付的产业链包括银行卡发卡机构（商业银行）、银联交换中心、互联网支付服务提供商、第三方支付平台、网上商户、消费者等多个环节。目前，中国网络支付市场已经形成了由基础支付层、第三方支付服务层和应用层组成的产业价值链雏形。在产业链中，位于最底层的是由银行、银联等组成的基础支付层。在基础支付层提供统一平台和接口的基础上，一些具有较强银行接口技术的服务商对其进行集成、封装等二次开发，形成了产业链的中间层——第三方支付服务层。在产业链的最顶层是终端消费者（网上商户、消费者）形成的应用层，如图7-10所示。

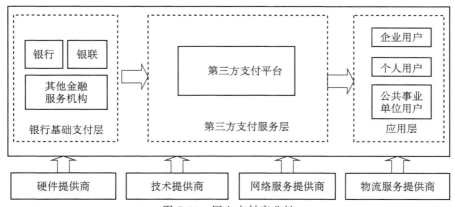

图 7-10 网上支付产业链

支付产业的发展，需要产业链上各方的合作与发展。它们各自扮演着不同的角色，它们的竞争与合作正不断演绎着这个市场中的新规则。作为支付平台本身，支付宝的核心价值就在于能够整合众多的银行资源，逐一地嫁接到支付宝的平台上来，然后以支付宝平台为商户提供统一的支付流通管道，这样可以大大节约商户的接入和运维成本。支付宝在移动支付上建立产业联盟的成功，其背后就是其整合产业链资源的能力。

2009 年，支付宝开始布局移动支付产业链。由于移动支付各合作方之间在利益分配等方面各不相同，一定程度上影响了移动互联网的发展与推广。同时，由于存在多种实现模式，移动互联网支付产业链上包含了芯片商、软件开发商、第三方支付等诸多环节。没有合理完善的利润分配机制将直接影响各方的参与积极性。对此，支付宝提出了全新的合作理念。2010 年 10 月 19 日，支付宝主办的"支付与移动互联网峰会"在北京举行。在会上，支付宝携手到会的国内外知名手机芯片商、手机制造商、手机应用商等 60 多家企业共同成立"安全支付产业联盟"，这也是国内首个无线支付领域的联盟。据悉，支付宝手机安全支付产品可以根据参与程度设置参与各方的分配比例。例如，针对 App Store 模式对于开发者过低的分成比例，支付宝方案中，开发者可获得整个产业链中 90%以上的收益，并且可以直接面对支付宝 4 亿多的用户及大量的终端，而包括支付宝和手机硬件厂商都可以获得收益，形成了一个良性的产业链。

为了提高应用软件界面的便捷性，支付宝还于 2009 年收购了浏览器公司UCWEB，显示出了把 UCWEB 变为拓展"移动支付宝"桥头堡意图。业界评论，"应用提供者＋手机终端厂商＋支付宝＋银行卡＋用户"的新的商业价值链已经呼之欲出。

3. 支付宝的赢利模式

支付宝的赢利模式还处于摸索阶段。支付宝从开创起一再强调其"免费"模式，这一措施的实施，为支付宝赢得了众多用户，获得了市场和信誉。但据悉目前仍未实现赢利。支付宝前任总裁邵晓锋针对第三方支付行业的赢利问题公开表示："如果支付宝想赢利，已经可以随时实现赢利。不过，由于目前还处于市场开拓和培育期，支付宝对赢利并无财务上的指标。"

目前，支付宝的赢利主要来自以下几个渠道：①对大额交易量卖家收取的服务费。2009 年年初，支付宝宣布对少数大额交易量用户收取一定比例的服务费用，额度为交易额的 1%～1.5%，但承诺继续对普通用户免费。②物流和店铺的广告费。③电子商户的服务费，如亚马逊中国、巨人网络科技有限公司等。④公共部门（医保等）提供的服务费。

根据当初的约定，银行和支付宝是"战略合作伙伴关系"，意味着双方之间互不收取对方佣金，但支付宝实行对用户免费的模式，因此银行在与支付宝这个时期的合作中，也没有收入进账。但是随着支付宝用户数量的猛增，银行开始觉得支付宝的免费模式欠公平，认为银行为支付宝提供后台结算服务耗费的成本很大，有必要收取一定的佣金。据悉，目前支付宝已经开始向银行采用按交易量打包付费方式支付佣金。

在未实现赢利阶段，阿里巴巴集团对支付宝提供了强大的资金支持。2010年4月，阿里巴巴集团宣布将在未来5年内向支付宝投资50亿元，帮助支付宝进一步提升并优化整个系统（风险控制系统、数据库储存、灾难备份等），还将在支付宝移动支付等新兴技术领域进行全面布局。

4. 技术在支付宝创新中的作用

1）支付宝的技术体系与创新

（1）自主开发的海量交易处理平台。据统计，2009年全国每天银行卡消费笔数为966万笔，支付宝的交易笔数为500万笔，接近一半（冯春培，2010）。支付宝系统上平均每天有百亿次服务请求，数据平台上每天处理5亿次事务请求，每天处理上亿条可靠消息。相比于一家国有银行每年IT采购高达百亿的规模，支付宝的硬件投入仅有零头，但与此同时系统的压力却更为庞大，使得支付宝必须在技术上付出更多努力。

小额支付是支付宝赖以成长的关键，支付业务量几乎超过任何一家单一银行，为了降低每一笔小额交易所要分摊的IT费用，对支付宝技术团队的需求非常高。目前，支付宝每天500万笔的交易完全建立在自主开发的平台上，后台几乎没有采用IBM高端大型机等设备。支付宝CTO李静明透露，还将推进构建一个全新的核心支付系统，届时可承担日交易1200万笔的交易量。他表示，在这次过程中支付宝将面临世界级技术难题的考验。

（2）通过合作，不断完善安全支付技术。支付宝通过多级密码设置、安全控件、实名认证及国内首家数字证书认证等多方面安全措施，确保用户网上支付的高度安全可靠（表7-2）。在2006年，支付宝采用免费方式，推出国内支付领域首张数字证书，之后又不断对数字证书进行升级和优化。用户安装了数字证书后，即使被黑客盗取账号和密码，如果他没有用户的数字证书，也无法动用其账户，就算黑客监控了网络数据传输，也无法破译其内容。在提现安全技术方面，支付宝账户在提现时，系统将自动检查用户自主登记的银行账户姓名与用户在支付宝注册或认证的姓名是否一致，否则系统将拒绝用户的提现申请。支付宝自行研发的风险监控系统，24小时监控商户发生的交易及资金变动情况，为商户风险管理提供全方位的技术保障。

支付宝的数字认证系统是其与公安部、信息产业部和国家密码管理局等权威机构认可的数字证书系统提供商进行合作，在第三方支付领域率先引入的。数字认证，即CA证书或电子密匙证书，用它可以在互联网上识别不同用户和加密传输数据，并能根据用户的身份给予相应的网络资源访问权限。

表 7-2　支付宝的主要安全技术

技术手段	推出时间	主要内容	合作机构
风险监控系统	2005 年 8 月	24 小时监控商户发生的交易及资金变动情况，为商户风险管理提供全方位的技术保障	自主研发
第一代数字证书	2006 年 3 月	国内支付领域首张数字证书，从技术上摆脱了普通六位密码验证	数字认证系统提供商
中国工商银行 U 盾和支付宝数字证书共享	2006 年 5 月	阿里巴巴与中国工商银行发布合作战略，包括中国工商银行 U 盾和支付宝数字证书共享，中国工商银行为支付宝客户资金提供资金托管等一系列合作内容	中国工商银行
第二代数字证书	2007 年 1 月	增加了手机和安全问题两种确认用户身份的方式；增加远程删除证书的功能，具备防黑客、防盗窃等特性，用户账户的安全性得到进一步提高	数字认证系统提供商

2）高端技术人才战略和独特的内部培训体系

支付宝采取高端技术人才战略，在涉及的技术领域中挖掘技术专家。例如，支付宝 CTO 李静明曾在 Sun 微系统公司、Unisys 等跨国 IT 公司担任技术总监、首席架构师等职务，具有国际视野，而在支付宝之前他还在阿里云担任副总裁，主导互联网平台技术的研发。

在数据库管理员（database administrator，DBA）领域支付宝更是高手云集，是国内互联网业内唯一一家同时拥有两位 Oracle ACE 的公司。一位曾担任 ebay 全球高级 DBA，与美国同事 24 小时接力管理全球数据库；另一位曾参与编写《Oracle 数据库 DBA 专题技术精粹》和《Oracle 数据库性能优化》，在数据库、主机、存储等领域有着丰富经验，目前专注于大规模数据的并行计算和存储、用户行为研究与风险控制领域。此外，近期众多金融业高级人才也纷纷进入支付宝，其中很多曾经在花旗银行及汇丰银行等各大银行有 10 年以上的从业经验。

2009 年，支付宝共有员工约 900 人，其中技术人员有 400 人，占到了总人数的 45%。2010 年，支付宝又启动了 500 人的招聘计划，技术工程师高达 300 名，占招聘总数的 60%，侧重招聘 JAVA 工程师、数据仓库工程师、数据挖掘工程师、系统架构等技术类人才。此举可见支付宝在技术及业务扩展的势头。支付宝新到的技术人员都要参加近卫军交流会，"青年近卫军"是支付宝对于每年新入职应届毕业生的称呼，他们会作为一个整体，接受为期一个月的培训，再进入相应的技术部门。在技术部，有一个培训项目为"黄埔军校"，该"军校"已经为中国的电子支付业培养了不少的技术中坚力量，也正是这个"军校"

保证了支付宝在快速发展中的技术优势。

（四）支付宝创新的挑战

1. 内部组织与文化的挑战

支付宝总裁彭蕾认为，支付宝在前些年更多的还是一个"小孩"，更多的只是一个工具，是一个比较后台的定位。但未来支付宝的空间绝对不仅仅在于此。支付宝下一步的发展，是内部组织结构、能力及人才的全面提升，这些都为支付宝下阶段的发展做准备。

支付宝从战略到执行层面均未能摆脱与其兄弟公司——淘宝网的倚赖与粘连，如何搭建合理的组织架构，如何形成有内在动力的创新机制，如何制定有足够高度的公司战略——这些对任何科技型公司来说都是很核心的问题，对于五岁的支付宝来说更是全新的课题。

2. 用户服务体系的重塑与跟进不足的挑战

业内惯称为 B 端的商户和 C 端的消费者，最大的共性就是"用脚投票"——谁的产品服务和客户体验做得好，谁就更有吸引力。支付宝下一阶段的竞争重心，是对客户层面的争夺。"未来的支付公司一定不是胜在技术环节，不是接入问题，而在于支付体验和服务"。而在用户体验方面，支付宝做得还不够成功。新推出的产品很多，客户体验没有跟上，导致许多商户不满意支付宝的新产品和用户体验。做独立的第三方支付业务，是支付宝的当务之急，亦是其未来发展的关键。对于支付宝的过去，淘宝网的客户价值就是支付宝的客户价值，而随着支付宝慢慢走出淘宝网，且淘宝网以外的市场份额逐渐增长之后，对客户服务体系的重塑成为其巨大挑战。

3. 潜在竞争威胁与客户基础的挑战

环顾支付宝身边的竞争对手，虽然从市场份额上看，支付宝占据半壁江山，但从一些细分指标来说，支付宝的日子过得并不安稳。比如，支付宝官方宣布拥有 46 万户商户，财付通则对外宣布拥有商户数量也超过 40 万户，市场排名位居第四的快钱，也称其商业合作伙伴已超过 37 万户。

4. 创新突破的难度

第三方支付是基于互联网参与金融服务业务的一个创新行业。无论从互联网公司的本质或其业务涉及的领域来看，创新及创新的边界无疑是第三方支付行业成败的关键。

事实上，除了当初的"担保交易"可称"神来之笔"，五年来，支付宝再无任何大的创新突破。在马云看来，支付宝已经越来越保守，越来越怕承担责任，业务发展最急需的创新勇气，被自我营造的无形监管气氛严重束缚。

在中国科学院金融科技研究中心主任潘辛平看来，支付宝针对应用场景的产品创新已然充分，并没有太多空间可挖掘。"支付宝的产品创新，始终只能做到满足眼前客户的某个具体支付需要上，不能站在一个战略的高度去谈创新，这样的创新意识不大"。潘辛平认为，支付宝始终无法上升到战略高度思考对支付模式的创新——这正是自开创"担保支付"模式以来，其一直无法再次捕获类似价值创新灵感之症结所在。

二 易宝支付

（一）易宝支付简介

易宝支付是由北京通融通信息技术有限公司于 2003 年 8 月创建的，是中国北方地区最大的第三方支付平台，是国内领先的独立第三方支付公司，是提供创新的多元化电子支付业务一站式服务的专业领导厂商。易宝支付专注于金融增值服务领域，创新并推广多元化、低成本的、安全有效的支付服务，在立足于网上支付的同时，将互联网、手机、固定电话整合在一个平台上（图 7-11），首家推出电话支付业务，真正实现了脱离互联网限制的电子支付，为更多传统行业搭建了电子支付的高速公路。

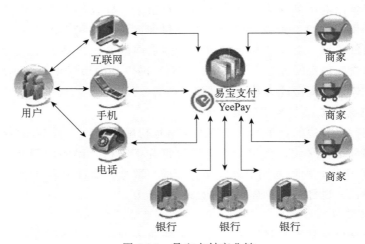

图 7-11 易宝支付产业链

易宝支付现已发展了 10 000 多家的大中型商家和千万量级的注册用户，其商户客户涵盖了电子商务、数字娱乐、航空旅游、行政教育、保险等众多领域，包括百度、盛大、当当网、搜狐、国美电器、金山软件有限公司、环球、易行天下、易游网、游益网、上海电信有限公司、深圳航空有限责任公司、新东方在线、江民新科技技术有限公司等众多知名企业。易宝支付现已与中国工商银行、中国建设银行、招商银行、中国民生银行、VISA、IBM 等结成了战略伙伴关系。

从 2005 年推出电子支付服务以来，易宝支付一直以高出行业平均增长率的速度快速发展。2008 年，在金融危机席卷全球的背景下，易宝支付的增长速度却达到近 6 倍。易观智库数据显示，2009 年，易宝支付交易额已超过 300 亿元，日均交易笔数达 60 万笔。

（二）易宝支付的发展历程

2002 年，美国硅谷中国无线科技协会会长唐彬回国考察，途中手机打到一半时欠费停机，遍寻宾馆周围也找不到购买充值卡的地方，这让他深刻体会中国和美国在支付领域的差距，意识到支付行业在中国的巨大瓶颈。于是，他决定回国创业，并于 2003 年 8 月与余晨等成立了北京通融通信息技术有限公司。2005 年 4 月，易宝支付电子支付平台正式上线。

2005 年 8 月，易宝支付联合北京市工商银行 95588 在国内首创电话支付模式，推出了独具特色的电话支付产品，使手机、固定电话、小灵通变身 POS 机，实现了随时随地支付，开创了离线支付的先河。

2000 年 3 月，南方航空率先推出国内第一张电子客票，6 年来，电子客票的普及给国内领先的第三方支付公司带来了无限商机。为提高大众消费者购票的便利性，易宝支付推出了切合中国老百姓消费习惯的电话支付、呼叫中心解决方案；针对航空行业 B2B 交易的特点和难点，为机票代理人提供"我垫付，你赚钱"的易宝信用支付方案。2006 年 7 月，易宝支付成功签约深圳航空，标志着易宝支付面向航空公司的电子支付解决方案得到航空业界的认可。

2007 年 5 月，易宝支付联手北京联通、北京工商银行、北京招商银行、北京银行共同推出银行卡充值业务，用户只需通过拨打电话银行客服电话进行业务注册，将手机号码与银行卡号关联，设置充值密码后即可开通使用，注册开通后，用户即可使用任意座机、手机、小灵通拨打联通全业务付费电话，随时随地为本机或他机充值缴费。

2008 年 9 月，易宝支付成功中标中国联通全国网上营业厅项目，其杀手锏就是专门的电信解决方案，在资费收取之后，这套方案能为联通分公司逐个做资金流管理。在激励的行业竞争中，易宝支付的竞争优势就在于深入行业提供有针对性的解决方案，围绕行业做支付专家。

除航空外，易宝支付在电信运营商、行政教育、数字娱乐等细分领域均颇有建树，已成为领军企业。2010 年 7 月，易宝支付发起成立"中国金融电子支付发展研究中心"的建议，同期推出车险行业创新支付服务——易宝车险理赔通。易宝车险理赔通一经面世，受到广大保险公司、4S店的广泛关注，被业界誉为填补了车险行业电子商务的市场空白。

2010年11月，易宝支付在北京发起包括18家团购网站在内的"易宝团购联盟"，开创了团购运营的新模式。在统一的平台上，各团购网站可以实现互惠互利、共享资源，创造新的赢利空间，共同推动行业健康有序发展。

（三）易宝支付的创新过程及特征分析

1. 易宝支付商业模式的创新

易宝支付对传统的支付网关做了大量有针对性的改进和创新，创造了多元化的支付机制，是按需支付的综合性支付模式的典型代表。

1）按需支付的综合性支付模式

在支付新理念方面，易宝支付在业内率先提倡按需支付的电子支付2.0理念。第三方支付国内的市场很大，地域差别也很大，行业需求差别更大。易宝支付针对不同的行业和地区，根据需求量身定制解决方案，真正做到电子支付、随需应变、量身定制为原则，陆续推出网上购物、数字娱乐与游戏、航空旅游、教育考试等行业的专用支付解决方案。目前，签约的合作商家包括百度、搜狐、易趣、当当网、慧聪网、九城、盛大、完美世界、迅雷、南方航空、海南航空、深圳航空、四川航空、中国航信、中国联通、中国电信等知名企业。

以首都航空为例，易宝支付提供的易宝VIP账户和航旅专用支付，是专为机票B2B在线销售"量身定制"的支付解决方案。此方案的最大优势在于大大简化了B2B购票的支付环节，代理人经过一次性签约绑定，将易宝账户与银行卡关联，此后就不必频繁输入银行卡号和密码，只需输入易宝支付账号和密码，即可一次性支付总票款，提高了支付操作的易用性。[①]

2）"我垫付，你赚钱"的授信服务模式

易宝支付提供了针对航空行业的集散客、代理人、航空公司于一体的全行业资金解决方案——支付链，以及"我垫资，你赚钱"的易宝信用支付解决方案，易宝支付为机票代理人提供"我垫付，你赚钱"的授信服务。易宝支付在与有些机票代理商的合作过程中发现，有些代理商不乏客户资源，有着很强的扩张欲望，它们希望从航空公司订购更多的机票，但是自己却缺乏现金，于是，易宝支付为这些人提供授信支持，根据这些代理商的资质和信用情况，通过跟商业银行的合作，对其进行短期资金垫付，用支付平台控制风险。这样不仅解

---

① 和讯科技.2010.易宝支付：航空旅游行业电子支付专家.http://news.yesky.com/249/11405749.shtml［2012-12-04］。

决了收单的问题，还解决了代理人的资金流问题，让代理人实现资金流快速运转，增加了交易的规模和力度，航空公司也会因此得到了很好的竞争优势。

3）"商家零门槛的自助接入"的服务模式

在商家服务方面，易宝支付首家推出"商家零门槛的自助接入"服务，无需技术开发、无需接入费用、无需专业人士操作、无需时间成本，突破了对国内中小商家而言面临的接入在线支付技术门槛高的难题，推动了在线支付平台的普及，为促进我国电子商务的蓬勃发展迈出了坚实的一步。

2. 易宝支付的创新特征

1）战略合作技术驱动的业务创新

易宝支付与IBM的强强联手，正是技术驱动业务的一个成功案例。易宝支付从创立之初就一直致力于打造安全、高效的电子支付平台。平台建设不仅要充分保证高可用性及可延伸性，同时必须保证用户在使用电子交易平台过程中其账号、口令、交易信息及个人信息的安全。为此，易宝支付采取了一系列措施，从系统架构、系统运维到产品运营等多个层面进行投入，斥巨资投入平台基础建设，采用IBM包括eServer OpenPower 720服务器（后端）、IBM eServer BladeCente JS20刀片式服务器（前端）、应用服务器、数据库在内的基于Linux和开放源代码的全套解决方案，不仅可以满足中国支付市场大量用户海量交易的处理需求，还可以满足易宝支付对系统安全性、稳定性和可靠性的要求。

目前，易宝支付采用了IBM第三代支付平台系统即DB2 9.5版本，能够承载每天1600万笔的交易量，每秒最多进行500笔并发交易，能承受住海量交易带来的压力。同时系统整体交易效率提高了20%，节约了10%的成本，交易成功率达到99.999%。第三代支付平台系统可以满足易宝支付未来3～5年的发展需求。相对于其他品牌的数据库而言，在稳定性、安全性、承受高数据并行压力及兼容性方面都表现出众。

2）支付手段的创新

从支付的手段上来看，易宝支付定位于一站式综合性服务，不仅做网上支付，还做电话的收单、手机移动支付等，是行业里第一家推出线上、线下相结合的多元化服务的企业。一站式完整解决方案会为商家、用户提供尽可能多的选择。

2005年12月8日，国内领先的多元化电子支付平台易宝对外宣布，正式推出其创新的电话支付业务，是国内首例实现脱离互联网限制的电子支付方式。在电话支付领域，易宝支付借鉴国外成功经验，基于强大的平台与银行的深度合作，推出适合我国国情的创新应用。例如，航空分账系统和极具中国特色的电话支付业务，把离线和在线市场有机地结合到一起，创造性地利用了现有电话银行的广阔市场基础，开拓了 POS 机刷卡和网银之外的另一种具有普适性的非现金支付方式。目前，易宝支付的在线支付包括银行卡网关支付、会员支付、数字产品包月支付服务等；手机支付包括手机充值和短信支付，无需买充值卡，打一个电话或发一条短信就能给手机充值或购买数字产品。多元化的支付机制既传统又现代，是适合中国国情的创新。

3）服务产品的创新

从服务产品上来看，易宝支付专注于对行业需求的细化深入分析与探索。在支付行业本身是普适性需求的前提下，在支付产业链中，运营商有运营商的需求，购物网站、航空公司、游戏公司也存在各自的独特需求。易宝支付专注于诸如航空电子客票、数字娱乐、网游、电信缴费、金融保险等非物流型行业的电子支付，并深入这些行业，分析每个行业产业链中上下游各方的需求，为其提供定制化的服务。

4）服务理念的创新

在电子支付的支付理念上，易宝支付在业界率先提出了"绿色支付、快乐支付"及"公益支付"的理念。

易宝支付首倡"绿色支付、快乐支付"的理念，希望通过绿色支付来打造一个良性、健康的产业价值链，推动行业的可持续发展，让生活变得便捷、低成本、高效率，提升人们的生活质量，让生活更快乐。为此，易宝支付在国内率先提供 7×24 小时服务，一直致力于电子支付技术、应用的创新，通过创新的一站式集成化平台，提供多种产品和业务，包括电话支付、在线支付、手机及时充、短信支付、会员账户支付、手机银行、委托扣款、委托结算等，有效降低商家的接入和运营成本。后台与银行紧密合作，为行业和商家提供量身定制的解决方案，为企业发展寻找更为广阔的生存空间，为打造绿色生态产业链贡献价值。

易宝公益圈（gongyi.yeepay.com）由中国领先的独立第三方支付平台——易宝支付于 2008 年 5 月创建，是国内一流的公益服务平台。易宝公益圈将慈善公益与日常业务相结合，以电子支付推动网上捐款和互联网公益事业发展，联手数十家国内主流银行、中国电信、中国联通，包括新浪、腾讯、天涯、开心网等在内的主流媒体，以及易宝支付合作的上千家商户，都纷纷加入到易宝公益圈的互联网慈善公益业中来，打造了互联时代慈善公益的新模式。截至 2011 年 1 月底，已有联合国儿童基金会、中国红十字会、中国扶贫基金会、李连杰壹基金、北京市红十字会、北京妇女儿童发展基金会、中国华侨公益基金会等近 30 家公益机构入驻易宝公益圈。通过易宝公益圈，网友捐款已达到 2360 余万元，易宝公益圈已成为 3.5 亿网民关注公益、献爱心的首选渠道。

3. 易宝支付的盈利模式

从目前的第三方支付盈利模式来看，我国的第三方支付仍处于初级阶段，还没有找到比较成熟的盈利模式。增值服务和特色服务是易宝实现盈利的重要方式[①]。

易宝支付推出的诸如"供应链融资"的业务，即通过整合支付业务供应链上下游潜在的融资需求，从而促成银行和中小企业的借贷业务，一方面增加了合作伙伴的黏性，另一方面实现了更多的手续费收入。

易宝支付推出的整合营销式的增值服务，促成了中国联通和中国银行的合作，一方面让中国银行在全国的物理网点对中国联通的网上充值缴费做了很大的宣传，另一方面让中国联通在自己的实体营业厅、网上营业厅甚至是在短信渠道上宣传中国银行业务。在这个过程中，不仅中国联通的网上营业厅交易量增加50%，而且中国银行的业务也得到了很好的宣传，易宝支付也加强了与两个大客户的合作关系，真可谓"一举多得"。

易宝支付专注于金融增值服务领域，创新并推广多元化、低成本的、安全有效的支付服务。除此之外，易宝支付还联合商家进行互动营销、跨行业营销，利用商家和用户的数据库进行推广等。易宝支付开拓的车险理赔、基金销售等创新业务，其交易量以每年2~3倍的速度快速增长，截至2009年年底，已实现连续两年盈利。

4. 技术在易宝支付创新中的作用

易宝支付利用其IT技术方面的强大优势，深入分析交易的每一个环节，去设计与创造推进交易发生的多元化支付机制，消除交易环节中的支付障碍，促进交易大量而顺利地完成。从前台网站到后台数据库，从大型硬件设备到各种软件，易宝支付支付平台基于IBM先进的技术环境，充分保障安全而高效的运转。同时得到了各大商业银行的全力支持，无论是电话支付、在线支付还是短信支付，透过易宝支付，银行可以和更多的消费者和广大商家在不同的支付终端相遇，为更多的需求提供有针对性的金融服务。

(四) 易宝支付面临的挑战

易宝支付目前面临的最大挑战就是在业内的竞争优势还不显著。面对国内电子支付领域的空白，2000年以后大量外资涌入到第三方支付领域，短时间内产生了大量的第三方支付企业，并在各领域形成割据形势。虽然经过市场的洗礼淘汰了一批缺少竞争力的公司，但是在如今的市场格局中仍存在大量的电子支付公司。支付宝和财付通由于具有电子商务平台用户优势，占

---

① 易宝支付创始人唐彬称，电子支付现在进入了"随需应变"时代，如果仅仅充当介于银行和商户之间这种插线板式的角色，只有死路一条，第三方支付商应该将注意力放在更多的增值服务上，增值服务和特色服务才是盈利的正选之道。

据了交易额的主要部分。而独立第三方易宝支付、环讯等厂商在各领域展开激烈的竞争。根据易观国际 2009 年统计数据显示，2008 年支付宝和财付通占据了中国第三方支付市场约 72％ 的市场份额。2009 年中国银联高调进入第三方支付领域，标志着行业竞争将进一步加剧。在暂时无法撼动支付宝和财付通市场地位的前提下，中国银联的进入将会给易宝支付等中游支付企业带来巨大的压力。

三 中国移动手机支付

（一）手机支付简介

手机支付是将用户手机 SIM 卡与用户本人的银行卡账号建立一种一一对应的关系，或建立专门的手机支付小额账户，或将手机话费账户本身作为扣除手机支付的账户，用户通过发送手机短信、IVR、WAP 等多种方式，在系统指令的引导下完成交易支付请求，操作简单，可以随时随地进行交易。手机支付将真正让手机成为用户随身携带的电子钱包。手机支付这项个性化增值服务，可以实现众多支付功能，如银行转账、缴费、购物等商业交易活动，当然最主要强调的是移动缴费和消费。目前，其具体可实现的业务大致分为五类：一是移动业务代收费（SMS、WAP、IVR）；二是手机银行卡捆绑缴费、支付；三是手机网上银行或第三方支付；四是手机钱包在线小额支付；五是基于射频识别技术（RFID）或近距离无线通信技术（NFC）的手机钱包现场支付。

（二）中国移动手机支付的发展历程

国内手机支付业务的诞生是以 2000 年中国移动推出的手机话费账户短信查询、通报的业务为标志的。2000 年至今，中国手机支付产业经历了三个不同的发展阶段：2000～2005 年是手机支付产业发展的第一阶段，是以移动运营商为主导，以短信模式为主的第一代移动支付；2006～2008 年是手机支付产业发展的第二阶段，在这一阶段随着 WAP 和二维码等技术在手机中的使用，银行和第三方逐步参与到移动支付的产业链中；2009 年至今是手机发展的第三阶段，随着非接触、手机客户端和安全芯片等技术在世界范围内的兴起，引发了手机近端支付的革命，更加推动了银行、第三方等多方的参与，手机支付产业逐步走向成熟（表 7-3）。

表 7-3　手机支付的三个发展阶段

阶段	年份	技术演进	技术模式	手机支付发展情况
手机支付 1.0	2000~2005	2G/短信	以短信模式为主的第一代移动支付	SP 主导，银行零星参与，短信支付广泛应用于互联网和移动互联网的小额支付领域，结算资金以话费为主
手机支付 2.0	2006~2008	2.5G/GPRS	以 WAP 和二维码为主要特征的第二代移动支付	短信代收费遭到工业和信息化部的严厉打击，银行和第三方支付迅速进入到手机支付产业链中，银行资金和第三方资金参与结算增加，SMS 和 WAP 使用率不相上下
手机支付 3.0	2009 至今	3G/WCDMA	以移动互联、非接触、手机客户端和安全芯片为主要特征	手机近端支付进入局部试运营阶段，移动互联网支付开始多方布局，手机短信与支付配合更为密切，银行资金参与结算的比重稳步增加。产业发展到新的关键节点

资料来源：刘磊，2008；艾瑞咨询.2009.中国手机支付发展研究报告简版.http：//www. ire-search. com. cn

1. 中国移动与中国银行等金融部门联合推出的短信支付业务掀起了手机支付发展的开端

早在 2000 年，中国移动就与中国工商银行、招商银行和中国银行等金融部门合作，推出了基于 STK[①] 卡技术的手机银行业务，用户需要将现有的 SIM 卡更换为装有银行密钥的 32K 大容量的 STK 卡（手机号码不变）。由于当时更换手机卡的成本较高，而且提供的服务范围较窄，都是仅提供简单的账户查询和账户变更通知信息，并没有形成明确的亮点业务，这项业务没有普遍推广。

2001 年年初，中国移动取消了点对点短信月租，无需申请就能尝试使用。这给移动支付产业的发展注入了一针强心剂，通过短信收费来进行小额支付成为可能，被广泛应用在互联网和移动互联网的小额收费业务中，如交纳电子信箱使用费、即时通信工具会员费、下载各种铃声和图片等。自此，短信支付被广泛应用在互联网和移动互联网的小额收费业务，如电子书刊、会员费缴纳、付费下载等，以话费为主的短信支付一度帮助中国互联网走出 2000 年的互联网泡沫，数以千计的服务提供商迅速发现了短信应用在支付领域的市场机会，2000 年即把短信应用于手机代扣费的信息服务。至此，手机支付进入元年。同时，移动互联网服务提供商和内容提供商也通过短信代扣费从用户处迅速积累

①　STK（SIM tool KIT），简称"用户识别应用发展工具"。STK 卡允许基于智能卡的用户身份识别模块运行自己的应用软件，是基于 Java 语言平台的 Simera 32K 卡片。

了大量财富。

同时，短信支付繁荣的背后存在着巨大的隐患和风险，直至 2005 年，支付环节不透明，话费计算混乱、不准确等问题使用户蒙受损失，移动运营商的声誉受到了严重的负面影响，工业和信息化部作为主管部门难辞其咎。2006 年，在工业和信息化部的督促下，移动运营商不允许服务提供商与其他公司或网站提供任何形式的扣费业务，并设立扣费前用户二次确认等机制，使得手机话费作为支付资金来源受到了较为严格的限制。手机话费短信支付从此步入低谷。

2. 银行和第三方支付的广泛参与推动了多种手机支付业务的兴起

2002 年 5 月，中国移动开始在浙江、上海、广东、福建等地进行小额支付试点带动了相关兴趣方，尤其是以中国银联为主的金融机构对该业务的极大关注。

2003 年，各地移动公司纷纷推出相应的移动支付业务，2 月湖南移动公司与中国银联长沙公司推出银行账号捆绑的手机支付业务。紧接着，广东发展银行率先打出了"有了手机，还用带钱包吗？"的广告语，与中国移动的合作标志着银行业开始进入移动支付领域。此后，移动运营商们不断调整思路，尝试与银行业联手开展更深层次的跨行业合作。其中，中国移动与中国银联、各大国有及股份制商业银行联合推出的手机钱包和中国联通与中国建设银行推出的"手机银行"均是典型案例。

2003 年 8 月，中国移动、中国银联合资成立了北京联动优势科技有限公司（简称联动优势）。联动优势定位为专业化的移动支付服务商，旨在为中国移动用户提供手机钱包服务。联动优势的目标是运用其商业模式开展移动支付业务，大力整合行业资源，建立行业客户群体，不断完善移动支付价值链构成（刘启诚，2005）。

如图 7-12 所示，中国移动与国内发卡机构中国银联成立了合资公司——联动优势，负责中国移动手机支付业务的运营，包括商户的拓展和管理、与银行之间建立通道实现金融交易的功能，并成为用户、商户和银行三者的枢纽，负责整个业务的推广和宣传等。银行、商户都是通过支付平台与用户完成交易，从而，中国移动通过联动优势间接控制了整个产业链（李萍等，2008）。

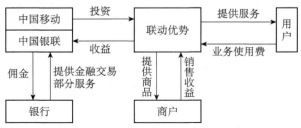

图 7-12　联动优势手机支付业务商业模式

2004 年 8 月，中国移动、中国银联联合各大国有及股份制商业银行共同推出手机钱包业务。联动优势为手机钱包业务的运营支持单位，手机钱包通过把客户的手机号码与银行卡等支付账户绑定，随时随地为中国移动客户提供移动支付通道服务。客户可使用手机短信、语音、WAP、K-JAVA ① 和 USSD② 等操作方式，管理自己的银行卡账户或小额中间账户并实现从中扣费。手机钱包支持的具体服务包括手机理财、数字点卡、手机交费、软件服务、远程教育、彩票投注、宽带邮箱、慈善捐款、在线票务、影视宽频、保险服务和报刊订阅等多项业务。

2005 年，根据手机钱包用户数据显示，除了交纳话费等基本业务外，电子票据、股票买卖和彩票投注等业务已经逐步成为吸引中国移动用户注册手机钱包的新热点。据联动优势透露，2005 年，中国移动手机钱包用户已突破 500 万户，可以说，手机钱包在 2005 年已形成了传统带动创新的业务推广局面。

从 2005 年开始，随着福彩购买、手机话费交纳、公共事业费交纳等业务商业模式的成熟，上述手机支付业务呈现迅速发展的态势，在各地迅速扩展。用户使用习惯得到培养，其应用的地区快速增多，已经进入地域快速扩展的快车道，但市场规模仍然有限，业务种类单一，处于地域扩展期。

3. 中国移动主导的手机近端支付业务的兴起掀起了新一轮产业链各方的博弈

近端支付的发展起源于 2006 年，中国移动数据部和市场部通过对菲律宾短信支付和日本现场支付技术的考察，其中日本手机现场支付的成功很值得我们借鉴，但不同国家国情的不同，日本现场支付的运营模式并不符合中国。结合现有的手机现场支付技术，中国移动基于 2.4GHz 频段模式，主导了 RF-SIM 卡（射频 SIM 卡，可实现中近距离无线通信的手机智能卡）的开发——将无线射频模块（包括片上天线）、应用模块等集成在 SIM 卡上。用户只需要更换 SIM 卡，即可实现相应的手机支付功能。其主要目标是实现用户与中国移动的绑定。

为推动中国移动电子商务业务发展，满足用户中、小额支付需求，实施从移动通信专家向移动信息专家转型的战略，中国移动决定在全国建立中国移动手机支付统一平台，各省建立本省的手机支付平台，并建立与话费账户分开的独立的小额支付账户。

2008 年年初，中国移动选定湖南、重庆、广州等地进行了手机刷卡支付业务的试点。

2009 年，中国移动选择 2.4GHz 作为其手机支付的主要方式，开始主推 RF-SIM 技术，并很快形成了完整的产业链。包括 RF-SIM 芯片设计制造、RF-SIM 模块封装、RF-SIM 卡片制造和手机支付业务运营，上下游涉及几十亿元的市场规

---

① K－JAVA 是专门用于嵌入式设备的 JAVA 软件。
② USSD 是一种新型基于 GSM 网络的交互式数据业务。

模，涉及的上市公司包括国民技术股份有限公司、长电科技股份有限公司、南通富士通微电子股份有限公司、东信和平智能卡股份有限公司、恒宝股份有限公司、南天电子信息产业股份有限公司、证通电子股份有限公司、拓维信息系统股份有限公司、华胜天成科技股份有限公司、中兴通讯股份有限公司等 10 多家。

2009 年年底，中国移动在湖南、重庆等 11 地大规模推广 RF-SIM 支付业务。同时，中国移动将手机支付业务定位于 2010 年的战略性发展业务，进入中国移动 2010 年 KPI 计划，将得到可观的集团资源支持在各地推广。

进入 2010 年，中国移动在第一季度开始了第一次 RF-SIM 卡的采购，涉及数量约 100 万片，按照每片 100 元左右的价格，累计金额达到约 1 亿元。有分析指出，中国移动 2010 年全年的 RF-SIM 卡采购量会有 400 万片，涉及约 4 亿元的市场。此外，由于 RF-SIM 支付方式需要更换 POS 机，2010 年的 RF-POS 机的采购也将达到 10 余万台，又涉及数亿元的市场。

中国移动也一直与多家银行争取协作，并于 2010 年 3 月 10 日以 398.01 亿元的价格收购上海浦东银行增发的逾 22 亿股新股，交易完成后，中国移动将通过子公司广东移动持有浦发银行 20% 的股权。此外，中国移动还建立了两级移动支付业务中心，全国级中心主要处理清算及结算业务，省级中心主要处理各省商户接入管理与运作等事宜。中国移动入驻浦发银行及两级移动支付业务中心的建立进一步推动了 RF-SIM 支付业务的发展。

可以说，在 2010 年年初推进得如火如荼的 RF-SIM 支付业务，却在 2010 年的第二个季度全面叫停，除了湖南、重庆、深圳和上海等地有签约合作外，其他地方必须选择 13.56MHz。其中，技术、产业链各参与方的协作及推广成本是阻碍 RFID-SIM 全卡支付方案推行的重要原因。

虽然中国移动主推的 2.4GHz 频段的 RF-SIM 技术被暂停，但基于 13.56MHz 的 NFC 技术是大部分现有 POS 机和城市公交一卡通等多采用的标准，中国移动、中国联通及中国电信都在积极推广，虽然手机近端支付技术、产业链本身尚不成熟，缺乏相应政策的支持，但这一领域将是支持手机支付产业兴起的一个重要领域。手机近端支付在中国 2010 年上海世界博览会中的成功应用，以及在湖南等地的成功示范无疑为手机近端支付的兴起坚定了信心。

（三）中国移动手机支付的创新过程及特点分析

1. 中国移动手机支付的商业模式

通过对手机支付产业链及发展历程的分析，可以看到，手机支付与其他众多的移动增值新业务不同，手机支付业务涉及面广，是一个融合各个相关行业的新产业，这决定了手机支付产业链的复杂性与多变性。其中，在手机支付参与方中，移动运营商拥有庞大的用户资源和手机业务门户；银行拥有移动运营商所缺乏的资源，即严密的支付结算体系和精确的信用管理体系；在移动运营商、银行、商户之间还涌现出一些专业的手机支付业务运营商。这几方的相互交织形成了四种手机支付的运营模式，即以移动运营商为运营主体的手机支付业务、以银行为运营主体的手机支付业务、以独立的第三方为运营主体的手机支付业务及移动运营商与银行合作的手机支付业务，但尚未形成显著的商业模式。

2. 中国移动手机支付的创新特征

1) 技术推动式创新

中国移动手机支付的最大特点是，中国移动每一项手机支付服务的推出，都是通过技术改变用户现有的支付方式。

2000 年，中国移动就通过短信的方式，从话费中扣除电子书刊、会员费缴纳、付费下载等费用。

2003 年，中国移动的手机支付用户可使用手机短信、语音、WAP、K-JAVA、USSD 等操作方式，管理自己的银行卡账户或小额中间账户并实现从中扣费。手机钱包支持的具体服务包括手机理财、数字点卡、手机交费、软件服务、远程教育、彩票投注、宽带邮箱、慈善捐款、在线票务、影视宽频、保险服务和报刊订阅等多项非物流类支付业务。

2006 年以后，现场支付技术的兴起，整合了所有具有支付功能（如信用卡）和非支付功能的卡（如门禁卡），为用户带来了极大的便利性（图 7-13）。

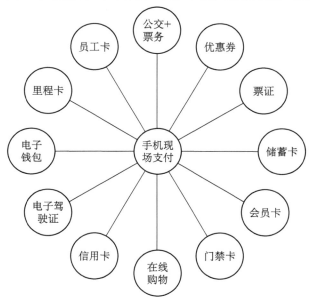

图 7-13 手机现场支付的功能

2）模仿跟进式创新

（1）以互联网为依托的支付服务平台服务方式的模仿与跟进。2003 年前后，基于互联网的各种支付服务平台如雨后春笋般出现，并迅速成长，尤其是以支付宝、财富通、易宝支付等为代表的支付企业迅速拓展了很多传统的与新兴的支付业务。中国移动反应灵敏，迅速通过技术的方式实现了上网的通道，并通过话费和小账户的形式支付其他支付平台所能实现的支付服务。

（2）国外移动支付服务平台服务方式的模仿与跟进。中国移动手机支付服务的推广是在考察借鉴国外尤其是日韩移动支付成功的基础上，自主研发了 2.4GMHz 的 RF-SIM 技术，推动了中国移动近端手机支付业务的兴起。

3）用户界面的创新

尽管手机在运行能力、终端表现能力上不如计算机，但在随时随地接入的方便性上则超过了计算机。

当电子商务创造电子支付服务的需要，金融机构对信用卡、账户等传统的支付方式进行了扩展，引入了网上银行支付业务、电子发票、借记卡/信用卡电子转账支付账单和票据。随着移动支付服务的出现，新的参与者进入了传统的支付市场（如移动网络运营商、市政交通一卡通公司等）。移动现场支付将传统所有通过刷卡实现的交易及非交易类业务集为一体。人们在日常通常采用的现金、支票、挂账、信用卡在各种零售店的消费等方式及门禁卡、考勤卡、公交卡等刷卡类方式，都随着移动现场支付的出现发生了新的变化。手机支付的界面不仅实现了计算机和电话终端所能实现的所有支付方式，而且实现了计算机和电话终端所不能实现的功能，推动了金融服务又一新的支付界面的产生。

4）产业链创新的困境

中国移动手机支付服务一直在中国移动与金融机构的合作与争斗中前行，形成了以移动运营商为主体、以银行为主体、以第三方为主体、以银行与运营商合作为主体等多种运营模式，但总体运行并不成功，其主要表现在以下几个方面。

其一，中国移动对手机支付极强的控制欲，阻碍了手机支付产业链的形成。

一是中国移动在移动支付技术的系统上进行竞争，无论是业务技术的完善、移动支付技术的安全性，以及技术创新方面，中国移动都力争打造最完善的技术，以获取更大的利益；二是中国移动一直想通过自己拥有的 5 亿多的用户掌握手机支付市场的垄断地位，但所有涉及货币流通的支付业务都是金融机构的业务服务范畴，这必然侵犯了金融机构的领地。

中国移动单独建立的小额支付账户标志着中国移动在技术上的一次一次推进。例如，中国移动联合芯片研发企业自主研发 2.4GHz 的支付标准，其最终目的都是垄断控制整条产业链，但无论什么样的技术都无法避开金融政策的监管，从而限制了中国移动支付的发展速度。

其二，金融机构弱化了中国移动在产业链中的作用。

金融机构，这里主要讲银行，在竞争上，一是体现在自身的结算支付体系的完善和与移动运营商的技术衔接等方面，通过快捷、便利的结算体系，来突显竞争优势；二是在银行主导的手机支付服务中，在通过短信和上网实现手机支付的情况下手机只是一个简单的支付通道，其中弱化了中国移动在产业链中的作用，而在银行主导的手机现场支付服务中，将13.56MHz的贴片卡贴在手机上，与中国移动没有任何关系。

其三，第三方介入困难，尚不成熟。

银行与移动运营商之外的第三方，主要是围绕用户数量来进行竞争，它们的博弈主要是如何体现自身交易平台的功能和质量。所面临的困难在于：一方面由于银行和中国移动之间的博弈，第三方难以介入；另一方面研发、市场、资金等能力的限制，还没有特别成熟的第三方能够介入其中。

3. 中国移动手机支付的盈利模式

移动支付产业的收入来源多样化，包括从商户端收取的交易费、从用户端收取的通信费、从银行等支付服务提供商端收取的管理费及建立在用户消费数据库基础之上并基于手机开展的针对性营销等增值业务收入。产业链中的每一个参与方都要从中获利。

1）移动运营商

从中长期发展看，抓住机遇积累线上线下商户（企业客户）资源，为迎接真正的3G应用时代（1~2年后TD成熟或其他成熟技术替代）的到来，为拓展移动商务应用，做好客户资源和客户关系准备，为进入金融支付结算市场做准备。

从近期来看，应对全业务竞争，提高客户（个人客户）黏性为主，兼顾赢利性，但前期不考虑盈利，为移动商务打基础。

当前，移动支付业务的好处可归结为四个方面：一是来自服务提供商的佣金，佣金一般在服务费3%~20%；目前，国内移动运营商从搜狐短信点歌服务费中所提取的佣金比例为20%。二是基于语音、SMS、WAP的移动支付业务可以给运营商带来数据流量收益。三是移动支付业务可以刺激用户产生更多的数据业务需求，从而促进其他移动互联网业务的发展。四是有利于移动运营商稳定现有客户并吸纳新的客户，提高企业竞争力。

2）金融机构

金融机构的利益获得可归结为五个方面：一是来自手机银行账户上的预存金额，其增加的储蓄额无疑能让银行受益；二是来自每笔移动支付业务的利润分成；三是通过移动支付业务，能够激活银行卡的使用；四是能有效减少营业网点的建设，降低经营成本；五是有助于巩固和拓展用户群，提高银行的市场竞争力。

3）移动支付服务提供商

作为银行和运营商之间的衔接环节，第三方移动支付服务提供商（或移动支付平台运营商）在移动支付业务的发展进程中发挥着十分重要的作用。移动支付服务提供商的收益来源有两块：一是向移动运营商、银行和商户收取设备和技术使用许可费；二是从移动运营商处提取签约用户使用移动支付业务的佣金。

4）商家

商家在表面上，可以说似乎和移动支付的关系并不大，也好像没有从移动支付的市场中获得什么显性收益，似乎只是一个参与者而已。其实不然，对于商家而言，在商场和零售店部署移动支付系统，在一定程度上能减少支付的中间环节的建设时间和人力物力，降低经营、服务和管理成本，提高支付环节的有效工作率，从而提高利润率。不仅如此，对于支付环节的简化，实际上就是为消费者节约了消费时间成本，会提高的用户满意度，为商家的品牌价值提高做出了贡献。可以说，商家在移动支付的具体流程中是最具隐性利益的，也是投入产出比最高的。

4.技术在中国移动手机支付创新中的作用

2000年至今，手机支付服务业务的每一次升级与完善，都离不开技术的创新，根据移动支付技术成熟度及业务应用的不同，移动支付的技术模式经历了以下三个阶段（刘磊，2008），如表 7-4 所示。

表 7-4　移动支付技术模式的分类及对比

技术模式	特点	业务应用
以短信模式为主的第一代移动支付	处于成熟阶段，已进入商业推广期，应用领域和定制用户规模较为广泛。通过定制验证、交易授权的方式进行安全控制	定向交易和查询类交易
以 WAP 和二维码为主要特征的第二代移动支付	处于发展阶段，在国内小规模应用，业务品种和应用正日益丰富。通过 SSL、非对称密钥、手机证书来实现安全控制	银行卡查询、充值缴费、远程大额消费、转账交易等
以移动互联网、非接触、手机客户端和安全芯片为主要特征的第三代移动支付	正处于储备阶段，有部分商用实验。将引发支付产业的又一次革命	其应用于现场支付和远程支付的多个领域

1）以短信模式为主的第一代移动支付技术推动了手机银行服务的产生

第一代移动支付技术实现模式包括 SMS、STK、IVR、USSD、WAP1.0、K-JAVA 等，但以短信支付模式为主。目前，这种技术模式已处于成熟阶段，已进入商业推广期，其应用领域和定制用户规模都较为广泛。这种技术实现模式在完成一般定向交易（如缴费业务、信用卡还款）和查询类交易（如银行卡查询、账单查询）中发挥了巨大的作用。

2）以 WAP 和二维码为主要特征的第二代移动支付技术推动了手机钱包服务的发展

第二代移动支付承载技术包括 WAP 2.0、手机客户端技术、二维码、手机证书等。目前，这种技术模式正处于发展阶段，在国内已经得到小规模的应用，其业务品种和应用领域正日益丰富。它的业务模式既可以采用银行卡无磁有密的模式或下载加密磁道的有磁有密的模式，又可以采用手机话费账户模式。这类技术模式的安全控制主要通过 SSL 技术、非对称密钥技术等实现交易的端对端加密，并配合手机证书的应用，保证了移动电子商务的安全交易环境。这种技术模式既可以完成现场支付——主要通过二维码电子回执技术实现现场支付及电子凭证的无物流配送和现场识别（如移动票务），又可以实现远程支付——主要通过 WAP 2.0 实现初级的无线互联网支付应用，手机客户端实现手机与服务器的端对端加密。

3）以移动互联网、非接触和安全芯片为主要特征的第三代移动支付技术引发了手机近端支付服务的革命

目前，这种技术正处于储备阶段，中国移动和中国银联分别在厦门、上海等地进行了商用试验。第三代移动支付将会带来发卡模式、消费模式、网络模式等多方面的变革，从而引发支付产业的又一次革命，主要表现在以下几个方面。

（1）发卡模式的改变。银行卡应用将不依赖于卡基，开始向数字基转变。商业银行将金融电子钱包应用、EMV 应用或磁条卡应用、积分应用、身份识别信息等，采用 OTA（over the air）空中发卡模式，通过移动互联网下载到手机 IC 卡芯片上。同时，移动用户也可以通过移动互联网申请开通某些业务或银行卡应用。

（2）消费模式的改变。非接触支付功能解决了移动支付现场消费的速度问题。移动支付既能用于远程移动电子商务，也能满足现场大额消费和小额消费的需求。这大大提高了移动支付的综合竞争力和生命活力，并给移动支付的应用空间创造出无限的可能。

（3）网络模式的改变。由于移动互联网和传统互联网的融合，移动支付和金融非接触 IC 卡支付的结合，移动支付与其他支付方式的界限越来越模糊。

（四）中国移动手机支付面临的问题

1. 消费者存在多种顾虑

1）安全问题

虽然随着移动新技术的发展和移动支付价值链上合作模式的完善，业务的安全性得到进一步的保证，但是绝大多数消费者依然对移动支付业务的安全性表示担忧。根据 Forrester Research 公司 2004 年调查显示，大约有 52％的消费

者认为移动支付业务的安全性和私密性是最大的问题（表 7-5）。安全性无疑在某种程度上决定着移动支付的未来发展程度。

表 7-5　用户使用手机支付的障碍

障碍	手机/%	PDA/%
信用卡安全	52	47
糟糕的用户体验	35	31
不知如何使用	16	16
从未听说过	10	12
其他	11	13

目前，移动支付很多都局限于小额支付，这样的支付对安全性要求低，但随着移动支付的进一步发展，对交易安全性的要求也越来越高。如果能用一套完善的机制把银行卡与移动设备结合起来，建立一套安全的支付体系，将会促进移动支付更大的发展。

2）社会信用缺失问题

根据易观咨询对国内手机用户的调查显示，28%的用户认为移动支付没有必要，其他方式没什么不便。造成上述消费者习惯问题的原因有很多，其中一个最主要原因就是社会信用缺失。社会信用的缺失是妨碍我国移动支付业务增长的瓶颈之一。

3）信用卡消费观念问题

据美国 AC 尼尔森公司对北京、上海、广州三市的调查显示。这三个城市 2006 年信用卡渗透率分别为 28%、32% 和 27%，全国 30 个城市平均信用卡渗透率仅为 7%，而发达国家的信用卡渗透率在 80% 以上。就刷卡消费而言，发达国家刷卡消费占社会消费总额的 70%～80%，而我国在 2003 年全年刷卡消费仅占社会消费零售总额的 5%，虽然在 2006 年这一比例提高到 18.5%，但使用信用卡的低下水平依然是制约移动支付业务发展的重要因素[①]。所以，移动支付的重大难题仍然是着力改变人们长期以来习惯使用现金支付的交易方式，并应适应人们理财需求的增加，突出移动支付的便利性和理财工具色彩，为推动移动支付高速发展奠定基础。

2. 手机支付费用较高、操作烦琐

目前，已开办手机支付业务的银行，单笔交易大约收取 2% 的手续费，加上手机支付业务服务费，再加上发送短信的费用，用户使用手机支付要比传统支付方式付出更多，用户从费用的角度来考虑，并没有很突出的需求来支持这一

---

① 何延润 . 2008. 移动支付仍需突破"三道关". http://tech.rfidworld.com.cn/2008 _ 1/ 20081817222468.html［2012-12-04］。

市场。另外，我国手机支付的主要实现方式是 SMS、WAP、USSD、IVR 等，这些非实时的交易方式难以普及到老百姓的日常生活中去。同时，我国手机支付能够实现的服务内容虽然很丰富，但这些服务都可以通过其他方式轻松实现，反倒是用手机进行支付时显得有些烦琐。

3. 支付行业的政策壁垒[①]

众所周知，绝大多数国家对于金融管制都是比较严格的，我国也不例外。非金融行业要涉足金融领域的业务，往往会受到政策方面的约束。手机支付的最初发起者是移动通信企业，而支付业务又应该属于金融业务类型。因此，单单靠移动通信企业来承担发展手机支付业务的重担并不现实。虽然后来出现了一些通信企业、金融机构联合推广和发展该项业务的案例，但是面对着一块如此完整而美味的"奶油蛋糕"，合作参与的每一方都期望自己能占据主导核心的位置，也就是期望能获得更多更大的利润空间。这样一来，合作可能反而会演变成双方的牵制和制约，这样的合作自然也就不可能太深入和太默契。

4. 手机支付缺乏统一的行业标准[①]

目前，已经开展的手机支付业务多是由发起企业自行设计和推广的。而各种不同的手机支付设备，其软硬件设施并不统一，也没有统一的标准接口，这就导致手机支付的产品不能通用。试想，当客户拿着某公司设计的手机支付设备完成支付活动时，却遇到无法同其他公司设计的产品相融合的问题。那么，就算市面上有各种各样的手机支付产品在流通，而各种产品之间的无法融合也必然会导致这些产品不能被绝大多数用户所接纳。因此，手机支付需要一个统一的行业标准，这也是发展手机支付业务需要解决的一个迫在眉睫的问题。

第四节　电子支付业的创新特征及模式分析

一　创新驱动因素的分析

结合产业创新体系的理论，市场、技术、制度及电子支付业特性等对电子支付创新的成功起到了重要作用。

（一）市场的需求驱动电子支付业的创新

支付宝和易宝支付两个案例是市场需求带动创新的两个典型案例，支付宝

---

① 吴卫华.2008.我国手机支付现状及发展初探.特区经济，(10)：238－239。

通过挖掘分析用户的各种需求，开发了多种有针对性的服务产品；易宝支付则是分析不同地域、不同行业的不同市场需求，开发量身定制的方案。

另外，电子支付企业的竞争优势依赖于建立和扩大用户黏性。支付宝正是借助于淘宝网的用户，建立了用户黏性。中国移动本身拥有庞大的用户群，抓住手机支付这一契机，黏住用户，可以更好地巩固其市场地位。

(二) 信息通信技术发展推动电子支付业产业链的创新

产业价值链创新指通过整合产业链间参与主体的价值分配体系，推动产业的发展及产业链的延伸。在电子支付业中信息通信技术的发展推动了电子支付业的产生，由于电子支付服务商的产生，在新兴的金融支付方式——电子支付中起到承上启下的重要作用。支付服务商同时连接银行、用户和商家，不仅增强了支付的便利性，还保障了支付的及时性及安全性。同时，也衍生出了一系列支撑电子支付业发展的服务行业，如物流服务、技术服务、软硬件服务等。电子支付业产业链结构的变化，如图 7-14 所示。

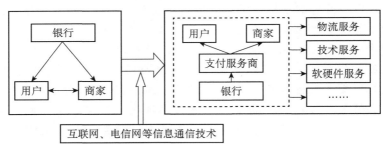

图 7-14　电子支付业产业链结构的变化

(三) 政策制度推动电子支付业产业的健康发展

在电子行业发展初期，政府给其提供宽松的政策环境，甚至对一些打擦边球、钻政策空子的行为也是睁只眼闭只眼，但发展到一定程度特别是高速发展的时期，国家有关部门就会着手进行管理，提供必要的、有效的规范进行监督与管理，以保证行业继续健康发展。

国内电子支付企业在 2000～2003 年逐步兴起，这一时期机会多、门槛低、存活率高，同时明确的电子支付政策并未出台，许多公司看到了机会，踏入这个市场，导致市场较为混乱。随着第三方支付的日趋成熟，交易规模的飞速增长，巨额的交易资金安全问题引起金融监管部门的注意。政府出台了相应的监管政策，促进了电子支付业的健康发展，但同时，也面临着各种困难。例如，中国移动和金融机构间存在着多种博弈关系，制约了中国移动手机支付的发展速度，电子支付的政策制度也正处于不断完善的过程中。

（四）电子支付业的特性对创新网络的影响

电子支付业较传统支付行业最大的特征就在于用户与商家的非直接接触性交易，以及支付服务商黏住用户，获得创新获利的特征（图7-15）。

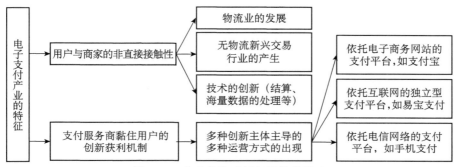

图 7-15 产业特性对创新网络的影响

首先，用户与商家的非直接接触性交易推动了物流业的发展、无物流新兴交易行业的产生及支撑电子支付网络正常运行的技术体系的创新。

（1）推动了物流业的发展。支付宝是最典型的推动物流业发展的电子支付企业，截至目前，支付宝已经与10余家国内主要的物流服务商开展了合作，这其中也包括为淘宝网提供服务的物流商，如天津大田物流有限公司、宅急送、申通、圆通等。2008年下半年以来，支付宝海外部已经开始和一些其他国家的邮政体系、国际物流公司积极接洽，尝试从降低海外到中国的运输费用、提升物流顺畅度的角度为国内客户提供完整的供应链。

（2）催生了无物流新兴交易行业的产生。随着在线支付的出现，各种上网卡、电话卡、游戏卡等一些以数字化信息为载体的商品在电子支付中逐渐兴盛，这类商品只购买卡号和密码，不是实物形态，不需要物流配送过程。另外，随着航空客票电子化的出现，在线电子机票的买卖也逐渐发展为电子支付无物流新兴交易的重点行业之一。支付宝、易宝支付及中国移动的手机支付在这一领域的业务中均有涉及，也是各大支付服务商竞争的主要业务领域。其中，易宝支付是专注于无物流交易的电子支付企业。

（3）推动了技术的创新。用户与商家的非直接接触性交易导致了用户对很多的诸如安全、信用等问题的担心，商家对结算技术的要求，支付服务商面对不断增长的用户的业务处理能力等都需要技术的创新。

二 创新特征的分析

结合产业创新理论及 Hertog（2002）在对知识密集型服务业的研究中提出的四维度模型，以下将从主导创新类型、创新主体与网络、知识基础与技术体系、市场与产业结构、制度五个方面对本章研究的三个案例进行对比（表 7-6），并总体分析电子支付的创新特征。

表 7-6　电子支付业创新特征对比分析

	主导创新类型	创新主体与网络	知识基础与技术体系	市场与产业结构	制度
支付宝	概念的创新；服务界面的创新；技术的创新；市场的创新；产业价值链的整合与创新	以支付宝为主体的，整合产业链各参与方合作的创新网络	信息通信技术是推动第三方支付创新的关键；知识来源于不断对实践中各种问题解决的积累	市场规模较大，处于不断挖掘与细分的过程中，呈市场越细，市场规模越大的趋势；市场需求对第三支付的技术创新起着关键作用；大量的潜在用户还未挖掘出来	政策缺失，处于不断完善过程中
易宝支付	技术驱动的业务创新；支付手段的创新；服务产品的创新；服务理念的创新	以易宝支付为主体的，整合产业链各参与方合作的创新网络	信息通信技术是推动易宝支付创新的关键；知识来源于不断对各行业需求的深入分析与挖掘	市场规模较大，处于不断挖掘与细分的过程中，呈市场越细，市场规模越大的趋势；市场需求对第三支付的技术创新起着关键作用；大量的潜在用户还未挖掘出来	政策缺失，处于不断完善过程中，北京对易宝支付之类的本土电子支付企业重视程度不够
中国移动手机支付	技术的创新；服务界面的创新	中国移动，金融机构等主要参与方竞相争当创新主体，手机支付面临产业链创新的困境	信息通信技术是推动手机支付创新的关键；知识来源于不断对国内外网上支付及手机支付领域前沿知识的引进、消化与吸收	市场潜在用户较多，但对客户需求的把握不够，市场规模还未完全打开	政策缺失，处于不断完善过程中，产业链各参与方间的博弈急需解决

（一）主导创新类型

电子支付业的创新总体呈渐进性的创新，创新类型涵盖了服务界面的创新、服务产品的创新、市场的创新、支付手段的创新等层面。

1. 服务界面的创新

由于电子支付具有用户与商家的非接触性的特征，必然产生用户界面的创新，支付宝、易宝支付及中国移动的手机支付分别从不同的方面实现了用户界面的创新。支付宝基于在线实时支付，针对用户的各种需求，开发多种用户交易界面，如支付宝生活助手、自助式商家服务平台等；易宝支付在国内首次实现了电话支付的服务界面，并实现了互联网、手机、固定电话整合集一个平台实现实时支付的支付界面；中国移动的手机支付最典型的支付服务界面就是近端集成式支付服务界面的创新。

2. 服务产品的创新

电子支付的服务产品创新可归纳为两类：一是市场驱动式服务产品创新，二是技术推动式服务产品创新。

（1）市场驱动式服务产品创新。支付宝是市场驱动型创新的典型代表，支付宝从客户角度出发，不断地理解和挖掘客户的需求，开发了诸如 AA 收款、境外收单业务、旺旺付款、聋哑客户绿色通道代付功能等多种服务产品。

（2）技术推动式服务产品创新。中国移动的手机支付是技术推动型创新的典型，手机支付中短信支付、小额账户支付及正在兴起的近端现场支付都是在中国移动庞大用户群的基础上，研发新的服务产品，培养用户并使用户适应新的支付方式。

3. 市场的创新

电子支付方式的兴起，不仅掀起了支付领域的革命，也开创了市场领域的创新。支付宝正是发现了网上支付中银行无暇顾及的 C2C 市场的支付需求，对这一市场的潜在需求进行了深入的挖掘分析，获得了成功。易宝支付则是以无物流服务的 B2B 市场作为切入点，尤其在航空电子机票的业务领域中率先取得了成功。中国移动手机支付借助于庞大的手机用户群，不仅在远程支付的无物流支付服务中占据了一席之地，还对近端支付的市场进行了进一步的分析与创新。

4. 支付手段的创新

结合支持电子支付的支付载体（如互联网、电话、手机），形成了多元化的支付手段，包括线上与线下相结合的支付手段，手机与互联网相结合的支付手段等。易宝支付是支付手段创新的典型，不仅做网上支付，还可以做电话的收单、手机移动支付等，是行业里第一家推出线上与线下相结合的多元化支付的企业。

（二）创新主体与网络

电子支付业的创新网络呈以支付企业为主体，整合金融机构、技术提供商、物流提供商、商家、用户等企业形成的创新网络，在创新网络中各参与方之间形成了既竞争又合作的格局，未形成产学研间的合作局面，基本都是以企业为主体的，与高校和科研院所的联系较少。

（三）知识与技术基础体系

电子支付业的技术体系都是在信息通信技术的基础上，结合市场的需求不断研发改进。技术与知识体系的形成可归结为三个方面：一是国际先进技术的引进、消化与吸收，中国移动近端支付技术就是在吸收借鉴国外相关技术的基础上形成了几种适合国内的近端支付形式；二是来自实践的不断积累，如支付宝要根据用户数量的增长不断完善升级后数据库的承载力，要根据用户的各种支付需求不断开发新的服务产品；三是通过对行业需求的挖掘不断积累新的技术与知识，易宝支付在按需支付的服务模式中积累了很多相关行业领域的知识。

（四）市场与产业结构

电子支付业市场特征主要表现为两个方面：一是市场规模较大，目前处于不断挖掘与细分的过程中，现有市场占总体社会消费额的比重还较低。据统计，2009 年，中国的社会消费品零售总额为 12.3 万亿元，其中 B2C 的电子商务销售额在 3000 亿元左右，占比约为 2%[1]；二是市场是电子支付创新发展的重要驱动力，支付宝正是随着用户新需求的不断出现，而不断推动着服务产品、服务界面、服务手段等方面的创新，易宝支付则是通过对航空等行业领域需求的不断挖掘与分析，从而在无物流行业领域占据了领先的位置。

（五）制度

政策缺失或尚未完全明确，以及牌照问题是影响电子支付发展的重要瓶颈之一。政策的滞后性是电子支付业制度的最大特征，先形成市场，后出台政策，往往很多企业会在电子支付领域发现一种新商机，在政策处于空白之时，取得成功。

三 商业模式分析

电子支付商业模式的创新都是基于用户需求和问题的创新，如支付宝最典型的"信用担保"与"全额赔付"商业模式的创新就是基于用户与商家对信用问题的顾虑而产生的。易宝支付按需支付的综合性支付商业模式就是根据不同地域、不同领域的不同需求，开创了综合性支付模式。

---

① 艾瑞咨询.2010.2009—2010 年中国电子商务行业发展报告。

（一）"信用担保"与"全额赔付"商业模式

电子商务的交易具有虚拟性，交易双方一般不见面，彼此之间存在着一定程度上的信息不对称，从而导致买方不愿先付款，而卖方也不愿先发货，针对这一问题，支付宝率先提出"你敢用，我就敢赔"的口号，承担起了买卖过程中的信用担保和代收代付角色，其运作的实质是以支付宝为信用中介，形成了"信用担保"与"全额赔付"商业模式。

（二）按需支付的综合性支付商业模式

易宝支付针对不同的行业和地区，根据需求量身定制解决方案，真正做到电子支付，随需应变。比如，数字产品销售支付一般不是按次数支付的，主要通过包月服务，这和航空公司呼叫中心卖机票时用户需要每次支付的行为是很不一样的，易宝支付针对此推出了包月支付服务，提供与用户习惯更接近的支付服务。

四 科技在电子支付业创新中作用分析

（一）信息通信技术创新的成功解决了用户所顾虑的安全、信用等问题

（1）支付宝通过多级密码设置、安全控件、实名认证及国内首家数字证书认证等多方面安全措施，确保用户网上支付的高度安全可靠。2006 年，支付宝采用免费方式，推出国内支付领域首张数字证书，之后又不断对数字证书进行升级和优化。用户安装了数字证书后，即使被黑客盗取账号和密码，如果他没有用户的数字证书，也无法动用其账户，就算黑客监控了网络数据传输，也无法破译其内容。在提现安全技术方面，支付宝账户在提现时，系统将自动检查用户自主登记的银行账户姓名与用户在支付宝注册或认证的姓名是否一致，否则系统将拒绝用户的提现申请。支付宝自行研发的风险监控系统，24 小时监控商户发生的交易及资金变动情况，为商户风险管理提供全方位的技术保障。

（2）第二代手机支付承载技术包括 WAP2.0、手机客户端技术、二维码、手机证书等。目前，这种技术模式正处于发展阶段，在国内已经得到小规模的应用，其业务品种和应用领域正日益丰富。它的业务模式既可以采用银行卡无磁有密的模式或下载加密磁道的有磁有密的模式，又可以采用手机话费账户模式。这类技术模式的安全控制主要通过 SSL 技术、非对称密钥技术等实现交易的端对端加密，并配合手机证书的应用，保证了移动电子商务的安全交易环境。这种技术模式既可以完成现场支付——主要通过二维码电子回执技术实现现场

支付及电子凭证的无物流配送和现场识别（如移动票务），又可以实现远程支付——主要通过 WAP2.0 实现初级的无线互联网支付应用，手机客户端实现手机与服务器的端对端加密。

（二）中国移动手机支付对现场支付技术的探索与研发，促进了服务产品的创新

手机近端支付是近距离无线通信技术推动的支付创新，日韩两国有较为成功的应用。其竞争对手是大额领域的银行卡（特别是信用卡）支付、小额领域的储值卡（公交卡、会员卡等）支付和现金支付。中国移动在 2.4GMHz 频段推行的 RF-SIM 技术及 13.56MHz 频段的 NFC 技术的初步成功带来了发卡模式、消费模式、网络模式等多方面的变革，从而引发支付产业的又一次革命。

（三）信息通信技术推动了电子支付业商业模式的创新

"信用担保"与"全额赔付"的商业模式及按需支付的综合性支付商业模式的成功实现，都离不开安全接入技术、账户管理技术及资金结算技术在背后的强大支撑。

第五节　电子支付业创新中存在的问题及政策建议

一 信用问题

电子商务中的在线电子支付是建立在信用体系基础上的。在中国的信用体系建设不健全，特别是个人信用体系基本属于空白，企业之间相互赖账的情况还没彻底解决，也存在企业拖欠银行贷款的情况，这种现象不仅制约了电子支付的发展，而且还影响了电子商务的健康发展。

促进电子支付业健康、快速的发展应主要从两个方面考虑：一方面是电子支付的宏观大环境，包括法律法规的完善、加强金融监管，信用体系的建设，以及网民观念上的改变；另一方面是从电子支付本身着手，既要考虑支付手段又要考虑支付模式（陈实，2006）。

二 消费者支付习惯

长时间以来，人们已经习惯于"一手交钱，一手交货"的交易。而电子支付彻底改变了传统支付方式，可能轻点几下鼠标就花出去成千上万的钱，而且

交易对方看起来只是几张虚拟的网页。要改变消费者和企业多年的支付习惯，需要相关各部门做出长期、大量的工作来培养消费者在线支付的习惯，也需要从技术上进一步保障支付的安全性。

三 安全问题

电子支付需要在公用互联网平台上传输很多机密数据，而目前的互联网安全仍然受到黑客攻击、病毒等因素的威胁，消费者隐私信息泄露的事件时有发生。同时，也缺乏一个统一、权威的 CA 中心对交易参与方进行统一认证。这都是电子支付中的安全隐患，如果解决不好，将会给消费者、企业、银行各方带来重大损失。现存的问题有些可以在短期内解决，有些则是长期都将存在的问题，只有随着社会发展水平的整体提高来逐渐解决。

四 支付方式的标准问题

在电子支付中存在着若干种支付方式，每一种方式都有其自身的特点，且有时两种支付方式之间不能做到互相兼容，双方就不可能通过电子支付的手段来支付款项，从而也就不能实现互联网上的交易。此外，就单种支付方式而言，也存在着标准不一的问题。显然，在每种支付方式所采用的标准方面也存在着统一的问题。因此，有必要努力将各种不同的支付方式统一起来，将各种不同的支付方式融会贯通、取长补短，结合而形成一种较为完善的支付方式。

五 完善法律问题

目前，我国关于电子商务的法律法规非常少，关于电子支付的法律法规也正在研究过程中。相关法规不完善是制约电子支付发展的一个问题。

电子支付业的健康发展必须有相应的法律法规来保障，因此国家有关部门应加快立法的步伐，为电子支付业的持续发展提供健全的法律保障体系和服务支持体系。一是政府有关部门应就网络银行的通信安全、控制权的法律责任、存款保险、保护措施和争端的适应条文等问题加以立法。二是制定有关数字化、电子货币的发行、支付与管理的制度及电子支付业务结算、电子设备使用等标准。为给电子支付业发展一个规范、明确的法律环境，立法机关要密切关注电子支付业的最新发展和科技创新成果，集中力量研究、制定与完善有关的法律法规，如加密法、电子证据法等。要明确定义电子交易各方（消费者、商家、银行、CA 中心）的权利和义务，明确法律判决的依据。

第三篇 计算机服务与软件业

第一节   软件服务外包的概念与主要业务类型

一 相关概念

（一）服务外包

服务外包，是指企业将价值链中原本由自身提供的具有基础性、共性、非核心的业务和业务流程剥离出来后，外包给企业外部专业服务提供商来完成的经济活动。可以利用服务营销学"服务之花"的表述方法说明行业对象的外包关系（图 8-1）。"服务之花"由八个花瓣围绕一个花蕊，形象地表达了特定服务企业通过若干服务流程和"组群"实现支持和提供特定服务的核心产品关系（卢锋，2007）。制造业企业生产过程内部也包含大量支持性服务流程，因而也可以用"服务之花"表述制造业中核心制造产品与服务流程的关系。

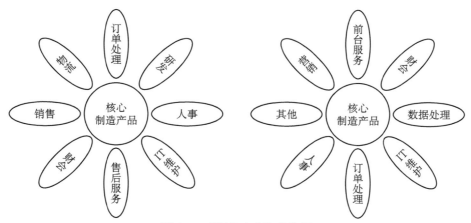

图 8-1   "服务之花"结构图

如果有关企业把部分服务流程转移给外部企业完成，则意味着发生了服务外包。企业将其非核心的业务外包出去，利用外部最优秀的专业化团队来承接其业务，从而使其专注核心业务，达到降低成本、提高效率、增强企业核心竞争力和环境应变能力的目的。服务外包包括商业流程外包（business process outsourcing，BPO）、信息技术外包（information technology outsourcing，ITO）、知识流程外包（knowledge process outsourcing，KPO）。其中，BPO 是指将人力资源管理、客户关系管理等管理类业务外包，通过 IT 技术实现高效管理；ITO 是指类似于办公信息系统的建设和维护等服务；KPO 业务与技术能力相关，如新药研究过程的各种试验外包等。

为此，外包业务没有高端、低端的绝对划分，而是依据分包产业的产业链来区别发包业务的技术含量。

（二）软件服务外包

狭义的软件服务外包是指软件开发与测试等直接与软件相关的外包服务，是将软件产品或应用系统的部分或全部委托接包方来完成，主要包含应用软件设计与开发，应用软件系统集成、测试和维护，以及应用系统的数据服务等。广义的软件服务外包指企业将其非核心的 IT 相关业务委托给外部服务供应商完成，包括 IT 系统部件的采购、安装、集成与交付使用，IT 系统构架、性能评估、更新策略和升级，应用软件系统的策划、开发、测试和交付，IT 及软件系统的维护、评估、策略更新和升级，业务所需的数据服务、格式转换、维护与更新，电子商务系统的设计、开发、更新和维护等（李华等，2008）。

依据产业划分的 ITO、BPO 都是目前软件服务外包企业的主要业务，ITO 就是狭义的软件服务外包，是外包企业利用 IT 工具为客户提供 IT 服务，当客户的 IT 需求发生变化时，企业能够及时做出相应调整。而 BPO 中的各种业务流程也都离不开 IT 技术的支持，这种支持可以通过硬件系统平台完成，也可以通过软件服务完成。如果说 ITO 是围绕客户的 IT 系统定制合适的功能，而 BPO 就是围绕客户的管理流程、业务流程定制合适的 IT 系统。当前的软件服务外包企业早已不局限于 ITO 业务，粗具规模的企业都已经涉足 BPO 类业务，并且逐步承接产业链高端业务。因此，仍用软件服务外包来定义此类企业显得过于局限，而应该称其为基于 IT 技术的服务外包企业。但为了全书统一，下文仍使用软件服务外包。

二 主要业务类型

软件服务外包一般从事以下五类业务。

（1）IT 咨询，主要协助管理层进行决策的规划性服务，是比较高端的服务项目，中国的软件服务外包中鲜有具备承接这类项目能力的企业。

（2）定制应用开发和维护服务，侧重于提供定制开发或应用及界面的修改，也包括现有应用包或设计好的模板功能的加强，在此方面中国软件服务外包企业在国际竞争环境中实力不强。

（3）应用型外包，是指承担某项应用的实施和管理，包括对定制软件的加强服务，包括很多应用细分，主要有数据库管理、ERP 系统、个人生产率和电子商务等，这是中国软件服务外包企业开展的主要业务活动。

（4）信息系统外包，是指服务提供者负责某一个客户全部或部分信息系统的运行，中国软件服务外包企业大多在向这个方向发展。

（5）业务流程外包，将基于信息技术的业务活动流程外包给专业的公司，降低整体业务成本，提升外包业务流程的准确性、时间性。

根据软件项目管理的定义，一个软件的开发要经历需求分析、设计、编码、测试、交付、维护等几个阶段。

按照软件项目开发流程划分，可以分为高端、中端、低端三层外包业务（图 8-2）（赛迪顾问股份有限公司，2010）。低端的外包业务，承包方一般不参与需求分析和系统设计，仅负责整个系统某些子模块的编程，或将设计结果转化为可执行的程序代码。中端的外包业务，承包方不参与需求分析，但要参与系统设计活动。高端的外包业务，承包方担当了为客户咨询诊断的角色，要深入客户所在行业，进行详细的需求分析，并进行系统设计，完成整套软件项目的开发和应用服务活动。

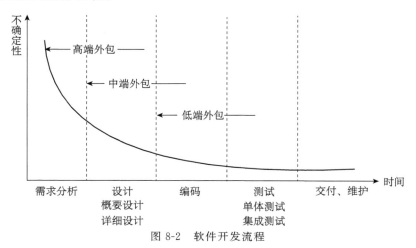

图 8-2　软件开发流程

软件外包业有高端、中端、低端层级的划分，而软件服务外包业不能定位为某种等级的产业。作为高技术型服务业，软件服务外包业的本质是为客户企业提供专业的服务，帮助客户实现增值。软件服务外包企业的业务属于高端或低端是由发包商的业务需求决定的，承包业务的性质取决于发包商所分包业务在其整个产业链中的位置，越处于产业链高端的业务外包给客户带来的价值就越大，越接近于客户企业核心竞争力的外包业务与客户所在行业的结合度就越紧密。因此，软件服务外包业最典型的特性就是以技术帮助客户实现增值的服务性质。

软件服务外包业具有集聚效应，企业的发展模式比较类似，而服务的差异主要表现为质量、特性、售后服务、价格等的不同，以及与客户需求的结合程度等细节。随着软件服务外包企业能承接的业务层级不断提高，单个软件外包项目的规模不断扩大，只有大规模的软件服务外包企业才有能力承接，人员规模在一定程度上反映了接包企业的管理能力和项目承接能力。大规模企业更容易获得发包商的认同，因此软件服务外包业是技术密集和知识密集相结合的产业。

软件服务外包业作为以出口为主的行业，其合作对象多是国外大型发包商，随着客户群和业务规模的积累，在全球市场的竞争力会迅速提高。软件服务外包业的发展特点是"强者恒强，弱者恒弱"，因此市场会向领先厂商集中。

第二节　我国软件服务外包业发展的环境及现状

一　我国软件服务外包业发展的国际环境

2009 年，全球软件服务外包业市场规模达到 666 亿美元，增长率为 9.2%，较 2008 年略有增长（原毅军，2009）（图 8-3，图 8-4）。

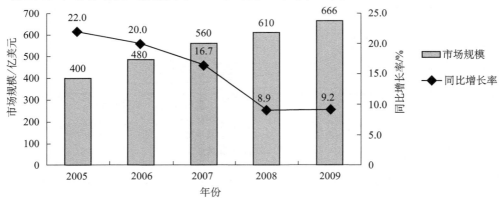

图 8-3　2005～2009 年全球软件服务外包业规模与增长

资料来源：赛迪顾问股份有限公司（2010）

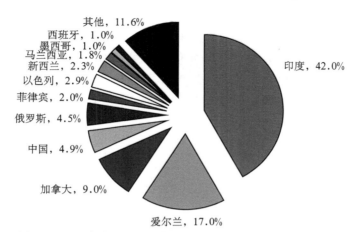

图 8-4　2009 年全球主要软件服务外包业接包国家和地区格局

资料来源：赛迪顾问股份有限公司（2010）

　　此外，软件服务外包业也开始呈现新的发展态势。首先，业务范围日趋拓展，参与群体不断延伸。信息技术及网络技术的发展使软件服务外包业所需的技术知识水平不断提高，需求分析、概要设计、详细设计、编码实现、测试、集成测试、软件本地化等服务类型不断拓展，接包商交付模式也不断丰富，包括各种现场服务、在岸、离岸、双现场、离岸开发中心及离岸质量中心等。其次，离岸方式占据主体，软件外包同服务外包融合趋势明显。在发展中国家教育水平不断提升的背景下，较低的工资水平吸引着发包方更多采取离岸的方式，享受发展中国家人力成本的优势。同时，随着接包国外包项目管理水平的提高，发包方愿意把更多的项目放在接包国执行，使得离岸方式持续占据外包市场的重要位置（张云川和蔡淑琴，2005）。目前，软件服务外包业正变得更加复杂，不仅包括应用软件的开发与维护，还包括借业务流程与技术而实现的企业转型。随着电信基础设施质量不断提高、通信成本的日渐降低、异地协同工作流程的改进和效率的提高，领先的跨国企业纷纷将IT 基础设施服务在全球进行离岸外包。与此同时，跨国企业正在将设计研发向东欧、印度、中国等地转移。

二　我国软件服务外包业发展的国内环境

　　受全球金融危机的影响，2009 年，我国软件服务外包业的增长率从 2008年的 28.4％降低到 27.5％，但是产业规模却从 25.8 亿美元增长到 32.9 亿美元。2009 年上半年，由于主要发包国受全球金融危机影响严重，部分发包业务萎缩，我国的软件服务外包市场的发展受到了联动的影响，尤其是国内一些无固定项目的小外包厂商遇到了严重的经营难题，国内 3000 多家外包企业面临重新洗牌的局面。随着全球经济形势回暖和我国软件服务外包企业的共同努力，2009 年下半年，软件服务外包市场呈现回升态势。另外，发包国经济的不景气更使其不断降低成本、为提高竞争力的需求纷纷发包到成本更低的国家，这为我国软件服务外包市场发展带来了增长的动力（原毅军，2009），如图 8-5 所示。

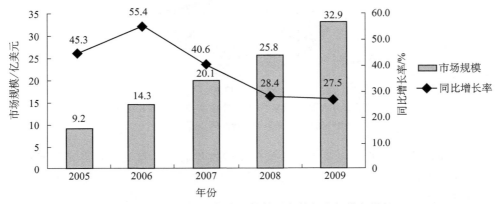

图 8-5　2005～2009 年中国软件服务外包业规模与增长

资料来源：赛迪顾问股份有限公司（2010）

从我国软件服务外包业的城市来看，北京、大连、上海三个城市占据了51.1% 的市场份额（表 8-1）。与此同时，国内一线城市的人力成本逐年上升，人才竞争激烈，加之其他城市对软件服务外包业逐渐加大支持力度，产业自身的发展不断驱动产业资本向成本更低、人力资源更丰富密集的区域进行梯度拓展，软件服务外包业的区域布局正从一线城市向二三线城市转移（原毅军，2009），如图 8-6 所示。

表 8-1　2008～2009 年中国软件服务外包重点城市规模及增长

地区	市场规模/亿美元		所占份额/%	
	2008 年	2009 年	2008 年	2009 年
北京	5.42	6.95	21.0	21.1
大连	5.01	6.43	19.4	19.5
上海	2.97	3.46	11.5	10.5

资料来源：赛迪顾问股份有限公司（2010）

从结构分析上看，中国软件服务外包业最大的来源地仍是日本市场，2009年的规模达到 20.28 亿美元。美国发包市场在经济复苏带动下有一定增长，中国软件服务外包企业所接包的客户主要集中在微软、IBM 等 IT 类厂商，行业类企业客户较少，因此所受的冲击要比印度同行小。

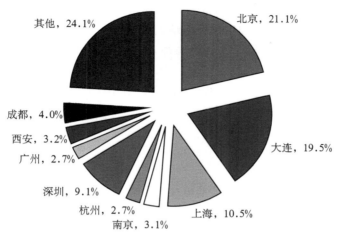

图 8-6　2009 年中国软件服务外包业重点城市结构

资料来源：赛迪顾问股份有限公司（2010）

　　总体看来，伴随着国际经济形势渐缓的趋势，中国软件服务外包企业一方面加紧修炼内功，增强自身差异化、集群化、规范化服务能力，另一方面则在并购和国际化运作中寻求机遇和突破。

三　我国政府大力支持软件服务外包业的发展

　　国家有关部门对服务外包业的发展十分重视，先后出台了多项政策推动其发展。国务院在 2007 年下发的《关于加快发展服务业的若干意见》中专门就推动服务外包业的发展做出了要求，提出要把承接国际服务外包作为扩大服务贸易的重点。为推动中国软件产业的国际化，科技部早在 2003 年年底就启动了"中国软件欧美出口工程"（China Offshore Software Engineering Project，COSEP），从全国火炬软件产业基地内的万余家企业中，评选出一批从事软件出口和服务外包的优秀企业，形成品牌和带动作用。同时，科技部认定一批软件出口和服务外包示范园区，通过建设支撑环境帮助企业提高软件出口和服务外包能力。商务部在 2006 年提出了"千百十工程"，即培育近千家企业，吸引上百家跨国公司，建立十几个服务外包基地的目标，对符合条件且取得行业国际认证的服务外包企业给予一定的奖励，并采取有效措施支持其国际认证的维护和升级。

　　此外，各级政府在出台政策时十分重视对人力资源的培养。国家规定，对符合条件的技术先进型服务外包企业，每新录用 1 名大专以上学历员工从事服务外包工作并签订 1 年以上劳动合同的，中央财政给予企业不超过每人 4500 元的培训支持；对符合条件的培训机构培训的从事服务外包业务人才（大专以上学历），通过服务外包专业知识和技能培训考核，并与服务外包企业签订 1 年以上劳动合同的，中央财政给予培训机构每人不超过 500 元的培训支持。

第三节　软件服务外包业创新案例

一　研究概况

软件服务外包业不仅仅是对分包业务的公司进行业务加工，在提供外包服务的过程中，企业正在走出一条自己的发展之路。企业作为创新主体，从管理创新、交付模式创新、商业模式创新等多个层次上推动着产业的发展。

本书选取了四家企业作为对象进行案例研究。案例的选取标准为：

(1) 行业领先者，是典型模式的代表企业。

(2) 在提供服务外包过程中实现技术创新的企业。

(3) 能够为世界顶级企业提供软件服务的中国软件企业（图 8-7）。

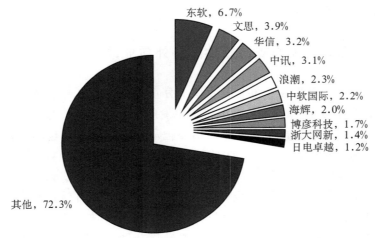

东软，6.7%
文思，3.9%
华信，3.2%
中讯，3.1%
浪潮，2.3%
中软国际，2.2%
海辉，2.0%
博彦科技，1.7%
浙大网新，1.4%
日电卓越，1.2%
其他，72.3%

图 8-7　2009 年中国软件服务外包业品牌竞争格局
资料来源：赛迪顾问股份有限公司（2010）

本书深入研究的四个案例，都是中国十佳软件服务外包企业。其中，文思、博彦科技股份有限公司（简称博彦科技）位于北京中关村软件园，这两家服务外包企业是中关村软件园中最具有代表型的软件服务外包企业。文思在 2010 年刚突破万人规模，成为中关村软件园中最大规模的软件服务外包企业，在全国排名第二位，占市场份额的 3.9%。东软集团股份有限公司（简称东软）总部位于沈阳，其市场份额占全国的 6.7%。中软国际有限公司（简称中软国际）是国内少数取得 10 个国家部委合约的解决方案业务企业，具有一定的政府背景，其"中外互动"的业务模式在业务获得广泛认同。东软三度荣登"亚洲新兴外包"十强榜首，是中国规模最大的软件服务外包企业。

本书案例研究数据主要来源于企业的调研资料和企业官方网站所公布的数据。

二 博彦科技股份有限公司创新案例

（一）公司概况

博彦科技是北京最早成立的软件服务外包企业之一，创立于 1995 年，目前有员工 5000 人左右，是外包专业化国际联合会（IAOP）"2009 全球外包 100 强"、"NeoIT 2008 全球外包服务 100 强"及"中国十佳 IT 外包企业"。2012 年被评为 IDC 中国离岸软件开发供应商十强。博彦科技具备全球范围内的交付能力，为全球客户提供 IT 咨询、应用程序开发和维护、ERP 和 BPO 等服务。其主要客户包括微软、IBM、惠普、SAP 和甲骨文等跨国公司。公司总部位于北京，在美国、日本、新加坡、印度设有交付中心，在北京、上海、大连、武汉、天津、成都、深圳、西安共八个城市设有分支机构和研发中心。

（二）创新过程与特点分析——以管理模式创新构建全球交付架构

2004 年以前，与其他众多软件服务外包企业一样，博彦科技的服务模式为，客户提出需求，并以项目的形式委托给博彦科技；博彦科技成立项目团队，由项目经理满足客户需求，如期交付。

随着博彦科技服务质量的提升及服务经验的不断积累，加之全球软件服务外包市场的不断发展，越来越多的客户将外包业务交给博彦科技，博彦科技的客户群不断拓展，项目数量与日俱增。这就出现了这样的瓶颈：博彦科技的服务团队人员有限，现有的管理方式就是"一个萝卜一个坑"，一个人负责一个项目，从一个部门整体或整个公司的总体来看，当仅有几个、十几个甚至几十个的项目的时候也勉强可以管理自如，但当项目数量、客户数量达到几百个、几千个的时候，单纯依靠增加人员已经不能解决现有的问题。此外，对于软件服务外包企业，最为关键的环节就是人员管理。当一个项目正在进行时，所有参与人员是满负荷或是高负荷的状态，而当项目结束时，原有的参与人员立即闲置，很多企业的人员管理效率低，造成人力成本大幅增加。因此，如何在保证服务质量的同时提高项目管理效率，成为博彦科技必须思考和解决的问题。

1. 开发管理平台

为提高管理效率，整合企业资源，博彦科技先后采购并应用了多家企业的管理软件作为日常管理工具。在当时，国内几乎没有做管理工具的企业，因此这些管理工具基本上都是国外企业开发的。而海外工具应用模式与国内企业实际情况有很大差别，不能够完全满足博彦科技的要求，加之价格较高，管理工具性价比及应用效果很不理想。

在此过程中，博彦科技 A 部门对目前公司内部的业务进行了梳理，得出了这样一个结论：在公司内部，测试及相同类型的项目数量越来越多，这些项目一般具有相关技术背景或相关业务模式。因此，博彦科技一位高管提出要开发一套项目管理系统，提高同类型项目管理的效率。随即，A 部门根据博彦科技客户类型、业务模式、管理方式，更重要的是与客户的沟通方式，尝试性地自主开发出一套管理系统 W 系统。

W 系统主要具备两个功能：一是汇集博彦科技此类所有项目信息；二是记录每位参与项目的员工的绩效。

通过 W 系统，项目经理、公司高管、客户及每位员工都可以根据自己的权限了解相关的内容。项目经理可以清晰地看到所负责的项目的进展情况、每位项目团队成员的工作分工、工作进度及工作效果，以此把握项目进度、实施效果并进行人员评估；公司管理者可以掌握企业相关项目的基本信息、进展情况，甚至可以了解项目的未来预期，以此作为公司决策的重要依据；客户可以直观地了解项目的完成质量、进度、人员安排及管理模式；每位项目成员可以了解个人分工、项目计划等内容。随后，A 部门对于 W 系统做了架构调整，使得它能够应用于互联网，针对于不同的人、不同的角色设置不同的权限，通过不同的连接方法，在博彦科技内部及博彦科技与客户之间建立了一个协同的工具平台。

随着 W 系统的使用，A 部门从现有人员中抽调出部分人员进行 W 系统的功能完善及维护工作，开始在 W 系统中集成多种附加元素。例如，博彦科技每个项目的特殊思路及经过整理、加工和处理的大量信息，并增加了博彦科技知识库和培训园地，将博彦科技多年下来积累的行业信息、服务经验、不同岗位员工的培训课程信息等内容充实其中，使每位使用 W 系统的博彦科技成员能够检索、获取所需信息及相关参考。

W 系统还有一个重要的功能，那就是客户管理。每一位与博彦科技接触的客户信息都会详细地反映在 W 系统上，使得每个部门、每位高管能够在第一时间了解该客户是否是新客户，以及新客户的基本信息，如果是老客户，那么他与博彦科技的接触及合作记录如何？所有这些都会在 W 系统中体现。因此，W 系统可以说是博彦科技客户关系管理的重要组成部分。

当然，W系统最终呈现出的或说是提供的各项功能都需要大量的后台支撑。例如，为知识库功能提供支撑的是博彦科技的COE（center of excellent）部门，现已整理了博彦科技多年来在八个领域的实践经验、相关技术知识及资料。同样的，博彦科技的人力资源及培训部门负责支撑W平台的培训园地功能，并制定培训课程、组织不同层级的人员培训等。

2. 实现高效率的全球项目管理

W系统应用不仅为博彦科技的内部管理提供更多的便利，提高了管理效率，也获得了客户的认可，这在惠普公司的打印机测试服务中得到了最好的体现。

博彦科技是惠普最大的海外服务厂商。惠普打印机遍布全球各地，为此测试服务也需要覆盖全球各地。同时，博彦科技的测试服务人员也分布在不同的交付地点。这势必会产生交付不及时、需求对接不畅通等诸多问题。为此，协调各地需求，整合自身的服务资源，成为博彦科技惠普项目中必须解决的问题。W系统的应用有效地解决了这些问题。通过W系统，博彦科技可以为惠普在新加坡、美国、欧洲、澳大利亚等的五个点进行产品咨询分析，同时，能够协调博彦科技内部分布在不同交付中心与项目相关的服务团队，用最少的人员、最低的成本、最快的速度服务于对方客户，极大地提高了博彦科技的交付效率，并有效地减少了公司成本。

最初，博彦科技仅应用该系统为惠普新加坡公司提供产品测试，惠普新加坡公司对此反馈很好，又得到了惠普美国总部的认可。惠普扩大了对博彦科技的委托项目，逐渐将全球打印机产品研发和测试都委托给博彦科技。先是新加坡业务，后又增加了法国、美国、澳大利亚多个国家和地区的业务，使得博彦科技在人员调配上有了很大的压力。与此同时，相关产品也在不断丰富。

尽管业务量在不断增加，服务地区在不断扩大，但产品的服务类型有很多相似之处。随着W系统的不断升级，能够把异地的远程支持、服务管理起来，能够同时管理各个地方不同时区、一天不同时段的不同的问题，最有效地在交付部门的8个工作小时内分配好、完成好，并做到准时交付，同时能够最有效地管理现有的人员，做到人员调配有序、高效。

目前，博彦科技拥有惠普在亚洲地区最大的打印机测试中心，是惠普全球17家技术合作伙伴之一。每年，惠普都会对全球20多家外包供应商进行打分，包含技术、质量、响应速度、交付时间、成本、安全6项指标。7年来，博彦科技一直都是第一。

3. 企业专属性的管理平台奠定了全球交付架构的基础

有了这样的管理平台，博彦科技就能有效地实现"两地三方"、"多地多方"的全球交付。这里的两地，是指国外和中国；三方，是指包括博彦科技在国外的团队、北京团队，再加上客户一方的团队。博彦科技逐渐在美国、日本、新加坡、印度设立交付中心，国内也在八个城市设立运营机构。以 W 系统为代表的管理模式，支撑博彦科技通过国际化布局，形成了一种全球交付（global delivery）的架构。可以更好地贴近客户，为他们提供服务。全球交付的架构，真正让博彦科技做到了"以客户为导向来构建自己的核心竞争力"。

W 系统的应用效果不仅得到博彦科技内部及客户的认可，很多同行及相关行业企业也建议博彦科技将 W 系统产品化，开拓新的市场。博彦科技内部出现了两种不同的意见。一部分人认为，博彦科技应开拓管理软件市场，生产并销售 W 系统；另一部分人认为，能够复制的产品应具有一定的通用性，而 W 系统仅仅适用于部分项目，如测试类项目，而在其他项目管理中应用效果不佳，更别说应用于其他企业。此外，沟通习惯、地域文化等方面存在较大差异，与国外客户相比，国内客户更注重面对面的交流与沟通，因此 W 系统不太适用于国内客户。基于上述两方面因素，博彦科技不应在此时将 W 系统产品化。

博彦科技内部针对该问题进行了多次研讨，并进行可行性评估。最终，博彦科技管理层决定不将 W 系统投入市场。

博彦科技对 W 系统先后进行了五次改版。2008 年，博彦科技对 W 系统申请了软件著作权，以保护自有知识产权。从某种意义上来说，W 系统逐步成为博彦科技的一项重要无形资产。

目前，W 系统具备很好的扩展空间。博彦科技设立相对独立的部门及开发人员对该系统进行完善及维护。一方面保证现有系统正常运转，同时根据员工的需求、客户的需求、公司的发展进程等因素开发、增加新的功能，丰富新的信息。另一方面，公司每年对 W 系统设立专门的经费预算，以保证该系统工具更好地服务于公司发展。

博彦科技自主研发 W 系统，有效地解决了公司发展所带来的繁杂的项目管理问题，提高了管理效率，降低了管理成本，开拓出更好的客户沟通渠道。W 系统是博彦科技管理理念的载体，也是博彦科技业务模式的整合。但这种创新、整合不是超前的，甚至是滞后的。正如博彦科技案例受访者的阐述，"我们在需要的时候开发出 W 系统，在不断的需要中拓展它的功能。因此，它为我们所造，并为我们所用，具有很高的投入产出率"。

三 文思信息技术有限公司创新案例

(一) 公司概况

成立于 1995 年的文思是第一家在纽约交易所上市的中国软件服务外包企

业。据国际数据公司（IDC）的统计数据显示，以 2009 年销售额衡量，文思是中国对欧美外包最大的服务提供商，同时是国内最大的软件和 IT 外包服务提供商之一。2010 年年初，文思成为中国为数不多的突破万人规模的软件服务外包企业，目前已有 12 000 余人，北京总部大约有 4000 人，其中 80％以上的员工为研发人员，文思的目标是要成为下一代 IT 技术服务提供商。2012 年 11 月，文思与海辉软件（国际）集团公司合并，新合并的文思海辉技术有限公司被评为 2012 年度"中国服务外包企业五十强"。

（二）创新过程与特点分析——以 BOT 模式建立离岸研发中心

为了能够更好地为客户服务，1999 年，文思在上海成立了分公司，同年，在美国成立了一个有着四五名员工的办事处，还请了一位苹果公司的前任副总裁做主任。但是仅仅做了 5 个月，文思就决定关闭办事处。在美国设立办事处的初衷是为了能够更好地发展，并能获得国际市场的认可。但是当时公司的规模还不到 2000 人，和印度软件公司有较大的差距，而且每年投入两三百万给美国办事处，大大削弱了公司的竞争力，因此，文思决定取消驻美办事处。

1. 率先提出 BOT 模式建立离岸研发中心

自 2001 年开始，中国提出要大力发展软件产业，吸引跨国公司和国内大型企业设立研发中心。但是在吸引跨国公司软件研发中心的过程中，面临着印度、俄罗斯等地的竞争。跨国公司要在中国设立软件研发中心，既担心前期投入大，回收困难，又担心中国软件开发人员的素质能否承担全球软件开发的任务。文思创新性地提出了以 BOT 模式承建并管理跨国公司在中国的离岸研发中心。BOT 模式是一种特殊的投资方式，一般应用于政府基础建设项目，是指承担项目的投资者在特许经营期内，自主筹资、自主经营、自享收益、自担风险，经营期满后，全部设施完好、无偿地移交政府管理。文思的 BOT 模式是由文思招聘员工，但是使用跨国公司研发中心的企业标志，根据跨国公司的项目要求进行软件研发，员工从人事关系和工资发放上还归属于文思，有效解决了跨国公司在中国设立研发机构的投入产出、研发能力等方面的顾虑。

2. 借助离岸研发中心实现业务升级

TIBCO 公司是一家拥有 3000 多名客户的在斯达克上市的美国软件公司，有遍布 40 个国家和地区的分支机构。2006 年 3 月，TIBCO 公司和文思在北京成立了 TIBCO 中国研发中心，这是 TIBCO 公司首次将研发外包业务从印度转向中国。Adapter 系列产品是 TIBCO 公司产业链的重要一环，它的设计、研发、测试工作以前一直由印度的 Infosys 公司承接，而现在已经全部转到了文思建立的 TIBCO 中国研发中心。印度软件人员的薪酬成本增长，使印度丧失了成本优势，而高级软件人才的供不应求又带来频繁的人员流动，这是跨国企业最担心的，却是中国企业发展的好机会。TIBCO 公司对建立离岸研发中心的合作对象提出了这样的要求：开发人员、支持人员要具有学习新技术的能力和热情；要临近 TIBCO 公司的目标用户市场，配合 TIBCO 公司的全球市场部署；能够推介新技术，改进运营效率，加快产品上市时间和提高核心产品的价格竞争力。对于文思而言，国内的软件工程师还是比较稳定的，而文思形成的严谨的管理体制也保证了公司的团队实力，且团队成员大都有在微软总部、SUN 公司、IBM 等 IT 业大型公司工作的经验，完全克服了英语这个中国外包企业发展的瓶颈，这成为了 TIBCO 公司选择文思的关键。过去很多外国公司进入中国，只给中国企业提供产品的测试版，而 TIBCO 中国研发中心完成的是产品的开发、测试及修正漏洞的全过程，大大提升了中国软件外包企业承担项目的复杂程度。

文思通过建立 TIBCO 中国研发中心快速积累开发软件的经验，而 TIBCO 公司在欧美金融、电信等领域拥有的大量合作伙伴也间接为文思带来商机。2007 年 7 月，文思利用 TIBCO 中国研发中心的技术力量完成了中国某开发性金融机构的项目要求，为其实施了支持西方金融标准 SWIFT 的支付系统和支持中国金融标准 CNAPS 的支付系统，完成了其与路透集团和彭博公司等金融信息提供商的外网信息系统集成和内网档案管理的系统集成，获得了客户的认可。在此项目中，行业系统架构的知识产权归 TIBCO 公司，基于此架构的应用开发的知识产权归文思公司。文思已经从这种交付模式中实现了技术的战略引进，提升了整体的研发实力。

文思用 BOT 模式为仁科公司（PeopleSoft）建立了"PeopleSoft 中国研发中心"，为微软建立了"微软文思基地"。离岸研发中心的模式不仅保证了订单的持续稳定，而且成为软件外包公司实现技术溢出效应的良方。这种模式架构成为引进国外技术平台的一个途径，即借用国外大公司的系统架构，依托文思的 IT 技术为客户提供增值服务。

四 东软集团股份有限公司创新案例

（一）公司概况

1989 年，东北大学的刘积仁博士就以"计算机系计算机网络工程研究室"为依托，尝试技术出口和软件委托开发业务，即软件外包服务，日本的阿尔派株式会社成为东软的第一个客户。1991 年，东软成立于东北大学，并建立了中国第一个"计算机软件国家工程研究中心"。依靠东北大学的研发实力,东软得到快速发展,1996 年,沈阳东大阿尔派软件股份有限公司在上海证券交易所上市。东软地处辽宁,地理上的便捷优势,使得日本成为其主要的外包市场,东软的软件开发技术使其在日本市场上站稳了脚跟,逐步拓展欧美市场,并获得了很好的市场收益。2009 年,东软实现了 41 亿元的营业收入,同比 2008 年增长了 12.33%。东软将软件与制造业、服务业相结合,提出了中国发展软件服务外包业的东软模式。

(二)创新过程与特点分析——嵌入式软件研发到开放式创新战略的发展模式

印度的发展让中国企业看到,发展软件服务业的经营模式能够产生巨大的经济效益。中国的硬件制造领域已经领先全球,如果能将现代制造业和服务业结合,就将会抓住新一轮的成长机会。东软的成功就是发展嵌入式软件,使软件成为平台,将技术与服务、与客户的核心业务结合,逐步走入世界市场。东软表示,嵌入式软件模式将是中国发展软件服务外包业的不同于印度的模式。

1. 以开发嵌入式软件进入软件服务外包业

东软在其发展史上经历过两次重要的转型。第一次转型发生在创设初期,东软当时还叫做东大阿尔派软件股份有限公司,通过与日本阿尔派公司的合作,把自己的软件卖到全球各大汽车厂商的音响设备当中,由此度过了创业的困难时期。1998 年,东软看到了软件与医疗设备进行整合的机会,开始进入数字医疗领域,生产 CT 机(计算机 X 线断层摄影机)。东软预见到医疗设备数字化的趋势,而软件正是其关键部分,CT 机的硬件部分生产,东软又外包给了其他国内厂商。当时这个行业还是通用电气、西门子、飞利浦等跨国公司的天下,一台进口二手 CT 机都可以卖到三四百万元,东软进入这个行业后,CT 机的价格很快被拉低到 200 万元以下。东软在国内的稳固地位使得飞利浦专程登门拜访,并于 2004 年与东软组建了一家研发和生产数字医疗产品的合资公司。这家合资公司生产出来的产品,一部分是飞利浦的品牌,另一部分则是东软的品牌。这次转型使得东软获得了资本市场的认同,通过资本市场公开筹资,最终使东软转变为一家真正的软件企业。第二次转型发生在 2001 年前后。2000 年互联网泡沫破灭,东软业绩开始一路下滑,东软从制造业出发,开始大举进入软件外包业。在国内很多软件公司对软件外包业务还不是很在意时,东软在日本设立了分公司,以每月一次的频率出访日本,争取到了阿尔派、东芝、NEC、日立、索尼等大客户的外包业务,前期的技术储备,正是公司转型成功的关键因素。

把软件行业当做制造业发展的东软商业模式,打破了软件企业长不大的怪圈,也成了中国软件企业与印度竞争的差异点。在全国社保系统里,东软的软件市场占有率达 50％以上，在电信的计费、短信系统里，东软的软件占了 30％以上。在很多的数字化产品中，如 CT 机等医疗设备、汽车电子、手机、数字家电中都嵌入了东软的软件；在很多的行业应用方案中，东软的软件都起到了系统的支撑作用。

东软首先选择制造业发展嵌入式软件的模式是由当时的市场环境决定的，1991 年，东软的所有营业收入中，软件只占到 10％，而硬件却占到了 90％，当时软件的价值不被市场认可，而硬件的利润率却很高，因此"买硬件送软件"是当时主要的营销方式之一。1994 年，东北大学开发出了 CT 技术，但在产业化道路上面临困境，于是东软接手 CT 技术进行产业化，在 1998 年成立了东软医疗系统有限公司。在数字医疗领域，东软采用了国际流行的集优化生产方式——虚拟制造，即产品开发、设计和组装、调试、销售等两头制造在公司内部进行，生产加工等中间环节由外部企业协作进行。东软的核心是开发医疗设备上的嵌入式软件产品，软件成为东软的 CT 机与竞争对手差异化竞争的工具。东软在美国市场上主推的专业 CT 机，配备专用的临床应用软件包，在强劲的竞争对手 LG 公司的地盘上获得了一定的市场份额。

借助制造业发展嵌入式软件的商业模式使东软在数字医疗业务领域大获成功，在其他行业的解决方案上也得到了应用。例如，东软的汽车音响和导航软件应用到了宝马等众多国际品牌的汽车上，诺基亚等多种主流手机的软件是由东软开发的，数码相机、电子琴等产品中也应用了东软的软件产品。以嵌入式软件商业模式拓展软件外包业的市场，或许会成为中国区别于印度的软件业竞争模式。

东软的行业解决方案覆盖了电信、电力、金融、制造业、商贸流通业、医疗卫生、教育、交通等领域。在产品工程解决方案领域，通过与阿尔派、东芝、诺基亚、飞利浦、西门子等跨国公司开展合作，提供车载信息产品、数字家庭产品、移动终端、数字医疗、IT 产品等嵌入式软件开发和服务。

行业解决方案和产品工程解决方案中积淀的技术储备为东软转型软件外包奠定了基础，同时成为其难以被对手复制的优势：嵌入式软件有较高的进入壁垒，与开放软件不同，嵌入式软件要求从业人员对软件和硬件均有较丰富的知识积累，而且公司在嵌入式软件研发过程中积累的"技术诀窍"（know-how）是其他企业短期内难以学会的，也是其区别于其他企业的核心竞争力。

2. 借助开发平台软件实现开放式创新

早在 2002 年，东软就提出了东软解决方案架构（NeuSA），并在这个技术架构上进行了长期的研究。2007 年，在 NeuSA 的基础上，东软构建了一个解决方案统一架构平台 UniEAP。如今，东软所有的解决方案都将在 UniEAP 平台上进行定制开发，大大节省了人力和知识积累的成本。与东软不同，国内很多软件企业都缺乏统一的开发平台，它们每进入一个新的行业都需要推倒重来，既缺乏效率，又无法实现快速扩张。东软的技术平台开发策略大大提升了项目的开发效率，2006 年，东软参与上海证券交易所第三代监察系统招标，当时的竞争对手全是有着多年交易所实施经验的跨国公司，而东软从来没有做过类似的项目。但是依靠在电信领域的技术积累，依托 UniEAP 平台，东软在短短的10 个月的时间里完成了这个项目的系统设计、系统开发和系统验证全过程，最终赢得了此项目。

目前，东软开发了嵌入式 Linux 应用开发平台，这是一个可复用平台，基于此平台可以构造各种应用中间件，如导航、Mobile TV、多媒体编解码、基于Web2.0 的浏览器等，以此为基础帮助目标客户构造各种目标产品。还有东软的ICDC 加速器，它分别分析了东软各个细分行业领域的模型，定义数据模型，并基于 ICDC 参考架构，构建面向行业应用的参考实现，从而达到充分利用既有平台，快速有效地构造以信息集中化分析和应用为特征的行业解决方案和应用系统的目标。ICDC 加速器强调形成企业或组织信息服务，成为企业未来构建新业务的强大的数据平台和服务平台。

东软通过平台软件系统的开发，大大提升了企业的技术实力，平台软件的可复用性也成为东软快速进入各个行业领域的技术基础。

东软认为，全球的 IT 服务正在进入工业化时代，其特点就是具有可度量性、可控性和高效率。东软根据自己在制造业等领域的成功经验的总结，认为软件行业也可以实施精细化管理。

五 中软国际有限公司创新案例

(一) 公司概况

中软国际成立于 2000 年，总部位于北京，员工已达 19 000 人，是国内大型综合性软件与信息服务企业。从 2003 年到现在，公司保持了 58% 的年复合增长率；2009～2013 年连续五年荣获 IAOP "全球外包 100 强"称号；2009 年和2010 年连续两年在 "IDC 欧美离岸软件开发市场中国供应商"中排名第二；2009 年和 2010 年连续两年荣获 "中国服务外包领军企业十强"称号。在全球包括美国普林斯顿和西雅图、日本东京、英国伦敦在内的 25 个城市拥有数十家分子公司、办事处及研发机构。作为国内第一家专注于电子政务领域的 IT 服务商，于 2003 年 6 月在香港联合交易所创业板成功上市，并于 2008 年 12 月转往香港联合交易所主板上市。

（二）创新过程与特点分析——中外互动的业务模式创新

中软国际可以为全球客户提供从 IT 咨询服务、IT 技术服务到 IT 外包服务的全方位的"端到端"软件及信息服务。其国内行业咨询的解决方案业务同外包业务已经形成有效互动，"做强本土，放飞国际"的中外互动的业务模式成就了中软国际独特的发展路径。

1. 以"垂直行业整合模式"夯实本土业务基础

"垂直行业整合模式"来自中软国际对中国本土市场的正确认知。中国本土的行业从组织上形成一个金字塔结构，行业的 IT 建设有着独特性，借助行业整合工具，辅以营造生态环境，从金字塔顶切入，逐渐整合行业，是这个模式的主要特点。

该模式最早应用于电子政务领域，成功地在审计、烟草、数字化开发区、农业等电子政务领域得到成功的应用，是国内少数取得 10 个国家部委合约的解决方案业务企业。中软国际"垂直行业整合模式"的重要创新是在技术上不断开发平台性产品作为行业整合的技术平台工具，此工具就是中软国际拥有自主知识产权的 ResourceOne 平台软件。2000 年，中软国际成功推出了自有软件产品 ResourceOne V1.0，此后在不断升级的 ResourceOne 平台上成功实施了烟草行业解决方案，为全行业的 100 多家工业企业和 400 多家商户部署了行业生产决策管理系统，并与国家烟草专卖局建立了战略伙伴关系，分别在北京、福建、湖北成立了三家合资公司。

2002 年，中软国际中标成为金审工程软件服务总集成商，随后成功地将基于 J2EE 架构的应用整合平台（EAI）ResourceOne V3.0 推广到全国的审计行业，有效解决了金审工程的重大技术和管理问题，成为审计行业的核心平台。随后公司在联网审计、国有企业内审、食品和药品监管等领域的业务不断拓展，进一步巩固了公司在"泛监管"领域的独特优势。

目前，ResourceOne 已经升级至 4.5 版本，是面向服务的体系结构（SOA）中间件平台产品，是支持 ICT 应用的云服务平台。

中软国际独特的"垂直行业整合模式"的商业模式具备很强的复用能力，使集团得以建立跨部门行业信息化整合平台，进行多角度互动，保证中软国际在参与的多个国家"金"字信息化工程的建设中都能取得辉煌成绩，在电子政务领域拥有不可动摇的行业地位。

2007 年到 2008 年上半年，中软国际在金审工程、烟草信息化项目上持续推进，并正式签订农业部金农工程一期项目的总集成及相关系统开发合同。此外，中软国际还顺利通过中国邮政汇兑结算全国大集中系统项目的初验，将连接中国邮政储蓄银行的 5 万个网点。

借助这种模式，中软国际在行业方面拥有广泛的客户基础和大量成熟应用，已经成功地为快速消费品、食品药品监管、金融、审计、社保与卫生、支付与清算、公共交通、农业等领域提供全方位的信息化解决方案。

2. 通过收购兼并和自身积累挺进国际外包服务市场

中软国际是国内最早从事 IT 外包的企业之一，但外包行业的规模经济是重要优势，为了达到规模经济，收购兼并是重要手段。

自 2003 年开始，中软国际陆续成功地并购了北京中软资源信息科技服务有限公司、湖南创智国际软件有限公司对日外包业务、正辰科技发展有限公司等国内知名外包企业或其业务，拓展了集团对欧美和日本的外包业务。为增强自身服务能力，2007 年 8 月，中软国际完成了当时 IT 行业最大规模的并购案——对和勤环球资源有限公司（HGR）的整合，使得公司在金融、制药、外包服务等领域拥有广泛的客户基础和大量成熟应用和服务经验，进一步促进公司向世界级企业迈进。

自 2003 年开始，通过 23 次业务开拓与购并整合，中软国际的外包业务逐渐壮大，业务遍及 ITO、BPO 领域，并分别在美国西雅图、普林斯顿，日本东京和英国伦敦设立了分支机构，作为集团拓展海外业务的窗口。同时，借助收购兼并，企业实力加强的同时也带动了企业解决方案能力的提升，在全国性大型信息化工程，尤其是电子政务方面的优势进一步加深。

目前，全球化商业浪潮使国际大企业纷纷在中国寻求更具成本优势的外包服务合作伙伴，这为中软国际的科技外包业务发展提供了契机。软件外包已经成为中软国际最具成长性的业务。

目前，公司与微软、IBM、惠普、NEC、渣打银行及日立造船等国际企业保持着长期而密切的外包合作关系。至此，通过自身成长与对业内优秀企业的购并整合，中软国际的外包服务（ITO 和 BPO）已经涵盖从低端到高端的全线 IT 技术服务领域。

3. 内外兼修，中外互动的创新业务模式提升核心竞争力

从国内走向国外，再从国外走回国内。在不断夯实本土业务基础并挺进国际外包服务市场过程中，中软国际始终探索新的业务模式。中软国际董事总经理、CEO 陈宇红博士表示："以中外优势资源互动的模式拓展 IT 外包服务领域，兼顾行业发展与战略大客户两大方面开拓业务，是中软国际以整体服务能力区别于单一经营外包业务提供商的独特之处。"

正如陈宇红博士介绍，中软国际的外包业务与其他外包企业不同之处在于中软国际可以利用国内的行业解决方案经验来为国际客户服务，这种中外互动的模式也是很多国际客户看好中软国际的原因之一。同时也可以通过海外的公司积极地将国际先进经验引进到国内来。

中软国际的中外互动可以细分为市场资源互动、双方客户资源互动和标准与技术上的互动三种。市场资源的互动可以引发解决方案和产品复用产生的规模效应。而通过促成中外客户的交流，中软国际起到中间桥梁的作用，成为知识和经验的传播者。标准和技术的交流，更让中软国际成为解决方案的创新者和技术实现者。

中软国际先是利用在国内业务中形成的某些行业的核心技术能力，凭借在中国市场所拥有的独特领导地位和全球提交能力，与国际外包服务业务进行互动。一方面利用中软国际对国内市场的经验帮助海外客户更快地了解和进入中国市场，另一方面则利用自身在海外的经验帮助国内的客户把握行业的发展趋势，帮助他们保持和提升竞争力。也就是说，中软国际不仅能为客户提供传统外包服务及信息解决方案外，还能以其国内、海外市场的互动能力帮助客户在中国或海外开拓新的业务机会。

随后，中软国际利用在国外同类行业中的管理经验，结合相关咨询服务和专业项目管理工具，积极地将国际先进经验移植到国内来，加入自己的创新，创造适合中国本土的应用技术。同时也透过集团境外成员的窗口作用，积极向国际市场推广国内的成功经验。在全球金融危机后国际经济局势不明朗的背景下，更多的国际大企业为了削减成本，在中国寻求外包业务合作伙伴，合作的深度也会日益加强，合作模式也会更加多样。

历经 10 余年的发展，中软国际走过了一条创新（innovative）、互动（interactive）、整合（integrative）的发展之路。这种创新既有技术、管理、市场创新，又有商业模式的创新。在前者上，中软国际开始打造端到端 IT 服务，不断升级和改进企业旗舰产品 ResourceOne，推行产品服务化和服务产品化，并针对新的市场和应用开发出适用性的软件产品。在商业模式上，中软国际正在整合解决方案、外包服务、IT 培训三者互动的潜力，通过"固本求强，开新搏大，转型图变"的战略方针来实现世界 IT 服务百强的梦想。

第四节　软件服务外包业的核心要素及创新特征

一　软件服务外包业创新的核心要素

本书所举的四个案例，是中国软件服务外包业中最具代表性的企业，业内最大的东软、正在向龙头老大地位发展的文思、内外兼修的中软国际及仍处于稳健成长期的博彦科技，它们代表了中国软件服务外包业的发展态势，也反映了中国软件服务外包业的创新特征。但与其他行业有着显著区别的是，尽管这几家公司在发展历程上各自具有其代表性，但其发展模式是相似的，其创新特点也相近，这与该行业的市场环境有关。在国内软件服务外包市场，竞争在一定程度上仍然存在，其中也会有资源争夺，但由于该市场空间巨大，并未出现"互不相容"的竞争格局。企业间的同质化竞争并不会从根本上影响其发展。相信在国内的外包市场占国际很大的比重之后，企业间的竞争才会真正展开。

在本书研究过程中，我们综合分析了四家企业的创新案例，总结出以下软件服务外包业创新的核心要素，这些要素共同支撑了企业乃至整个行业的创新发展。

(一) 人才培养是基础

在知识经济蓬勃发展的大环境下，通过在人才培养思路、策略和方式上的创新，中国软件服务外包企业逐渐开始积聚起自己在人才竞争方面的优势。

软件服务外包企业的规模是与从业人员的数量成正比的，也就是说，这个行业的规模越大，要求的从业人员就越多，同时它的产业特征又要求从业人员的知识能力必须达到一定的水平。因此，人才问题是软件服务外包业做大做强的关键要素。相比印度软件服务外包企业，中国企业人员的规模难以匹敌，印度三大软件外包巨头企业的人员规模都已达到 10 万人，而中国的软件外包企业突破 1 万人规模的都在少数。目前，中国最大的东软有 18 000 人左右的规模，文思、软通动力等第二梯队的企业有 12 000 人左右规模，博彦科技这类中等企业仅有五六千人的规模，大部分的软件外包企业都在三四千人的规模。中国众多的大学毕业生成为了软件服务外包企业发展的重要资源，企业通过自建企业大学的形式培养适合于各类项目的应用型人才。被调研的四家企业都实行的是自主式人才培养模式，这也是企业进行大规模人才管理、培养团队式人才最合适的方式。

东软脱胎于东北大学，对教育有着深刻的体会。2000 年，东软与大连软件园在东北大学和大连市政府的扶持下创办了大连东软信息学院，希望为东软乃至整个行业培育具有创新精神和实践能力的应用型高级人才。同时，分别在成都和南海设立了两所东软信息学院，成立了 IT 人才的实训基地，这样的模式有效地缓解了公司规模扩张过程中的人才紧缺问题，并且大大节省了新进人员的见习培训成本。另外，东软还在 IT 教育领域与客户和合作伙伴共享 IT 人力资源。企业定制班是东软信息学院特有的项目，定制班的课程由学校和企业共同设置，在校大学生在高年级时，经过选拔、考试才能进入，然后由企业派工程师带领学生进行项目实践，保证学生能够掌握 IT 企业中需要的技术知识。定制班目前已经为惠普、东芝、阿尔派、SAP 等企业输送了大批实用人才。这种人才培养模式给东软带来的最大好处就是使其具备了一年招收 5000 名新员工的人力资源管理能力，并逐渐强化大规模人才管理能力。

文思和博彦科技的人才培养重点是其企业大学。文思大学在招生的选择上充分考虑了基础工作的性质，采取了"舍近求远"的招聘原则。作为总部设在北京中关村的企业，文思却将招聘的目标放到了中西部城市的高校中。每年，文思都会到兰州大学、延安大学、西安交通大学、西北工业大学等60多所大学进行宣讲，邀请有意来文思工作的学生到文思分布在各地的大学免费进行3～6个月的暑期培训。经过培训上岗的新员工，不仅已经完成从书本知识到实际操作的过渡，而且从目前统计的数据上看，这类员工的忠诚度非常高，离职率在10％以下。另外，文思请国外的学生来公司实习，既可以吸收国外先进的管理知识，又让这些头上顶着知名商学院光环的学生了解中国，更重要的是要了解文思，因为他们未来极有可能成为文思客户公司的骨干。懂得长期培育市场，搭建自己的人才网络，这才是跨越印度式竞争门槛的秘诀。此外，文思在高管的选择上也非常注重团队的国际化。公司的目标员工是那些已经在欧美国家积累了丰富的工作经验，但又熟悉中国国情的海外留学生或华裔。为了能够找到这些人才，不管是文思的员工到海外出差，还是让风险投资机构牵线搭桥，他们都会利用一切可以接触到的途径留意合适的人选。目前，文思管理层中"海归"的比例已经高达50％，就是这些员工的加入，不断增强着文思服务海外客户的经验、能力同人脉，强化了文思的"人才生态系统"，让它成功跻身于一线IT服务商之列。在美国某评比中，文思被列为中国金融行业的IT技术提供商七雄之一，与IBM、埃森哲等国际大公司竞争。

博彦科技专门成立了一个后台职能部门叫做博彦大学，主要承担了以下几项职能：一是初级员工的招聘与培训，通过与高校合作，从大学一年级到三年级期间就开始介入，通过课程置换、讲座、工程实践、共建实验室等形式，为学生提供培训，对到企业实训基地的大三学员提供免费培训。二是在职员工培训，包括定期新技术、新产品或项目管理方面。三是博彦商学院，主要针对公司中层以上管理人员。除博彦大学外，博彦科技还于2010年推出"阳光实习就业工程——博彦IT人才定向培养计划"。该计划目标就是为计算机相关专业大学生提供进入博彦科技就业的绿色通道，并通过特色培训（包括全企业化任职环境并参与项目实战），使学生有机会在3～6个月内积累相当于2～3年的工作经验。

与其他两家企业一样，人才策略也是中软国际打造"中国智造"第一平台的重要基石。中软国际于2005年11月启动了我国第一个专业化软件实训基地——中软软件人才实训基地，由具备丰富项目经验的中软高级软件开发工程师指导，带领学员在项目开发团队中扮演不同的角色，与团队其他成员共同完成实战项目，模拟真实的开发环境，并在此基础上增加学生职业素质教育及企业文化的灌输，让学员适应企业，得心应手于日后的工作岗位。目前，中软国际卓越培训中心（ETC）已经与国内200余所高校建立了稳定的人才实训合作，同时在北京、重庆、无锡、长沙、厦门、大连等城市各建立了超过 3000 平方米的实训基地，年培训量超过 10 000 人，在未来三年内达到年培训 50 000 人的规模。ETC 不仅是中软国际软件及外包业务快速发展的重要人才支撑平台，同时也为我国软件产业输送大量可用之才。

尽管各企业都重视并采取了不同的方式加强人才培养，但从市场竞争的总体层面看，竞争的核心是高端人才的竞争，而行业系统架构师类的高级人才仍然是国内软件服务外包企业的人才瓶颈。博彦科技这样规模的公司还无法支付高端人才所要求的薪酬待遇。文思则通过并购的形式将人才和业务全团队引进。正是有这样的世界领先人才，文思虽然进入金融领域才两年左右，就可以和 IBM 这类公司竞争。但是吸引高端人才需要公司投入大成本，企业文化的融合也需要一定的磨合期，而培养高级人才需要很长的周期，因此高端人才的稀缺性仍然是中国软件服务外包企业发展的瓶颈。

（二）技术服务能力是核心

软件服务企业本身就是依托于信息技术的科技型企业，技术含量决定了软件企业的竞争力。对于软件服务外包企业而言，成本一方面来自大规模人员管理的费用，另一方面来自技术的研发成本。因此，可持续的技术研发能力是企业的核心价值。研发能力对服务外包企业尤其重要。业内专家北京服务外包企业协会副理事长胡万进这样评价技术服务能力在软件服务外包企业创新中的作用："创新不仅是要得到一个产品，也可能会得到一种能力。当你拥有一定的或是特定的技术时，你的服务能力就会大大提升。因此，我们可以说，创新就是更好的服务，服务能力提升了，你的订单才会跟着升上去。"[①] 软件服务外包企业往往不提供直接进入消费市场的软件产品，而更多的体现其服务特性，因为需要与其他企业的产业合作，所以良好的合作关系是软件服务外包企业创造价值的关键。

（三）商业模式是关键

现代企业的健康发展得益于商业模式不断地推陈出新，软件服务外包作为产业分工形成的新型组织方式，本身就是很新的商业模式，这类企业在发展的过程中，遵循的是比较一致的商业模式，只是各个企业在产品服务、技术水平等方面形成差异化竞争。本书选取的四个案例企业在行业中的地位不同，因此各个企业的发展风格也不同。博彦科技处于成长期，正在筹划上市，其风格是相对稳健保守的；文思已经成为中国软件服务外包业的第二大企业，正意气风

[①] 韩士德. 2010. 让"中国服务"音震全球. http：//www. 360doc. com/content/10/1209/13/ 1858460 _ 76427553. shtml ［2012-12-09］.

发地跻进行业领导者行列，深入行业咨询领域是它们的发展目标；东软作为行业内的老大哥，拥有良好的信誉和优质的资源，与制造业深度结合的软件开发模式决定了企业精准稳健的发展风格；中软国际则在站稳国内市场基础上，借力拓展。

尽管企业的发展风格不同，但是作为以信息技术为核心提供服务的软件服务外包业而言，这个具有强者恒强特性的行业内的企业的发展目标都是要成为规模大且业务全的领头企业。软件服务外包业的客户资源是那些有能力将业务分包的大企业或组织，虽然这是一个规模很大的市场，但是外包企业的客户依存度很高，一旦与大型国际企业建立了合作关系，将会成为企业自身发展的稳定资源，从这个角度看，大企业要远比小企业有优势（杨波和殷国鹏，2010）。外包企业的发展基本都是从承接编码、本地化等业务起步的，通过技术发展逐步介入到系统设计、软件开发等高端业务，通过并购迅速进入垂直行业，扩大企业规模和业务领域。

虽然发展的模式是基本相同的，但是想要在软件服务外包业中成长起来，企业还需要有各自特色的商业模式。东软的软件与制造业结合的模式是其发展的特色，文思率先引入 BOT 模式建立离岸研发中心使其获得迅速发展的先机。总之，尽管软件服务外包企业从事的业务都是相似的，但是商业模式的创新能够成为企业获得迅速发展的一个机遇。

二 软件服务外包业的创新模式

（一）市场需求是企业创新的最大动力

根据麦肯锡公司 2010 年发布的研究显示，全球每年潜在的服务外包规模高达 5000 亿美元，目前每年实现的金额仅为 600 亿美元，印度占到了一半以上的份额，而中国只占据不到 1/10 的份额。从目前的发展趋势看，我国服务外包产业已经形成欧美、日韩和国内三大块市场，潜在的空间很大（表 8-2，表 8-3）。

表 8-2　软件服务外包业市场分析

		表现	特征	管理要求
市场规模		仍有很大潜力	越来越多的企业有业务外包意愿	占领市场
市场竞争		大企业主导 小企业众多	竞争激烈 低成本、高技术	规模优势
产业周期	进入期	为日本、欧美等国家和地区的大企业提供软件测试和本地化工作	处于价值链低端，人力成本低	技术跟进，扩大规模
	成长期	逐步扩大咨询业务，向产业链高端业务发展	向价值链中高端拓展	技术创新，扩大规模

表 8-3 软件服务外包业发展分析

		表现	特征	管理要求
产业合作	上游	欧美、日本等发达国家和地区为主要发包国国内市场逐渐壮大	高端业务外包较少	直接面对发包商，承接第一手业务
	下游	行业领域越来越多	需求复杂多样	了解行业需求
知识产权保护		完善的知识产权管理制度	与国际大企业合作的必然要求	强化知识产权管理
政府管理		政府大力支持，但没有针对软件外包业的政策	市场机制为主导	在企业发展的过程中总结经验

通过调研，我们发现，软件服务外包企业创新的主要动力来自客户的需求。引用被访者的原话："我们的创新大都是被逼出来的。"无论是博彦科技的 W 系统，还是文思最先引入的 BOT 模式，都是在市场需求的冲击下企业所采取的策略。据博彦科技介绍，面对消费者对 Pad 产品的巨大需求，博彦科技在 Google Andriod 操作系统上将原有的项目成果进行了集成，开发出一套软件"应用集"（笔者为其定义的名称）。这套"应用集"类似于苹果公司的 iPad 平台，能够快速适应某一个 Pad 产品，同时具有最基本的功能，包括照片、邮件、语音、视频会议、游戏等。其中每一个模块的开发均来源于以往的项目积累。同时，博彦科技也在尝试改变行业内传统的项目结算方式，以新的商业模式打破与客户间的合作方式，开始对商业模式创新的探索。

（二）"模仿—消化吸收与学习—再创新"是产业创新的典型模式

总体来说，软件服务外包业的发展要经历四个阶段，第一阶段，发包方的主要目标是削减成本，主要完成编码（简单编码）的软件外包初级工作；第二阶段，发包方主要起知识传递的作用，外包企业处在学习阶段，如开发嵌入式应用等；第三阶段，发包方主要从事外包项目管理，接包方企业提供开发商务应用服务；第四阶段，发包方提供完全外包，发包方与接包方形成合作伙伴关系，形成开发及系统集成能力（图 8-8）。

在发展初期，软件服务外包业更注重规模化发展，处在产业链的低端，鲜有企业关注处在产业链高端的研发业务。随着业务结构的逐步多元化，更多软件服务外包企业开始注重构筑核心竞争力（陈刚，2010）。

当前，全球离岸外包市场正高速发展，金融、客户交互服务、本地化服务、远程教育正在成为未来主要增长领域。从发展现状来看，北京软件服务外包业正处于第二阶段和第三阶段之间，当前的主要任务就是学习软件服务外包的技术、管理流程和国际市场运作经验，壮大企业规模，提升外包能力和国际形象。在长期与国外顶级企业的合作中，从技术到管理再到商业模式，国内企业不断取经修炼内功，走出一条软件服务外包企业"模仿—消化吸收与学习—再创新"

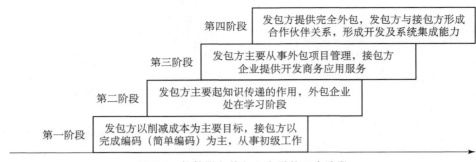

第四阶段　发包方提供完全外包，发包方与接包方形成合作伙伴关系，形成开发及系统集成能力

第三阶段　发包方主要从事外包项目管理，接包方企业提供开发商务应用服务

第二阶段　发包方主要起知识传递的作用，外包企业处在学习阶段

第一阶段　发包方以削减成本为主要目标，接包方以完成编码（简单编码）为主，从事初级工作

图 8-8　软件服务外包业发展的四个阶段

资料来源：北京方迪经济发展研究院.2010.中关村软件外包产业发展研究

的创新之路。本书研究的几家企业，在发展过程中，不仅有自己的创新产品，也在业内创出品牌，不断夯实软实力。此外，企业尤其注重不断加大创新投入。虽然一些企业由于全球金融危机影响削减了部分 IT 费用，但对研发服务的需求却至少保持原有的水平，这给像文思这样的软件服务外包企业带来了新的机遇。可以这样判断，中国的软件外包企业想与印度的外包巨头竞争，就必须着眼于高端的研发业务，在消化吸收与学习中，不断创新。文思的 TIBCO 中国研发中心的项目，就是很好的实例。

除了在高端领域取得突破之外，文思传统的质量保证和测试等业务也在高速增长，其整个业务结构包括研究及开发、企业解决方案、应用软件开发和维护、质量保证和测试、本地化和全球化服务。从产业链的高端到低端，各业务之间能够互相配合、驱动。

而为了配合在研发业务上的突破，文思跟一些高校一起建立了培训机构，进行人才的合作培养。在人才引进方面，文思还推行国际化战略，大量引进来自印度、菲律宾、日本、美国等国家的外籍技术人员。

（三）核心技术的提升是支撑企业创新的关键

由以上几个案例比较可以看出，软件服务外包企业都有其突出的特色，并在发展的过程中不断地创新，逐步向承接高端业务攀升。无论是依靠开发管理工具进行的管理模式创新，还是靠建立离岸外包中心实习的交付模式创新，抑或是将软件与制造业相结合的商业模式创新，软件服务外包企业都是以软件开发技术能力为核心，依靠创新实现企业价值的最大化。因此，可以说，技术创新是企业生存、发展的基础。

但从产业总体来看，软件服务外包企业的技术门槛不是很高，尤其是在中国当前以承接软件检测、编码等低端业务为主的行业发展阶段，能承接高端业务的软件服务外包企业还在少数。软件服务外包业技术分析如表 8-4 所示。

表 8-4　软件服务外包业技术分析

		表现	特征	管理要求
技术周期	导入期	软件测试	国内软件技术和市场发展的局限	强化技术能力
	成长期	软件开发，行业解决方案	根据客户需求进行开发	以市场为基础，加强技术创新
技术难度		整体架构技术较难基础编译语言易学	易进入	扩大渠道，向高端拓展
技术变化性		软件开发语言进步迅速	随客户需求而变化	保持对技术进步的敏感性

　　技术创新固然重要，但从软件服务外包企业的发展模式来看，商业模式、管理等非技术创新也是产业创新的重要形式。当企业发展到一定规模时，人员和业务量扩大，企业必然面临着管理的瓶颈，因此管理平台软件的开发是企业必须要做的。作为服务外包企业，交付模式是服务提供的重要形式，有从发包商处承接软件外包项目带回到本公司实施完成的，也有派遣技术人员到发包商处从事软件外包项目的（陈刚，2010）。交付模式的创新可为发包商降低成本，提高效率，从而提升接包商的企业竞争力。企业的永续发展还需要商业模式的创新，虽然市场规模还很大，但是较为同质的业务性质决定了还是需要有特色的商业模式为企业进行个性化定位，有利于企业接到更优质的订单。因此，在企业发展的不同阶段，企业都要有所创新，而核心技术的提升才是支撑企业创新的关键（图 8-9）。

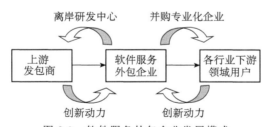

图 8-9　软件服务外包企业发展模式

　　与其他产业不同的是，不同的软件服务外包企业尤其是大企业之间的创新并没有太大的区别。对比几个企业案例发现，在企业发展的不同阶段，企业的创新目标和创新动力等都是不同的，而它们的发展共同构成了软件服务外包企业的基本创新模式，在调研过程中，企业也普遍认同，中国软件服务外包企业终将会是同一种模式（表 8-5）。

表 8-5　各企业创新特色对比

	博彦科技	文思	东软	中软国际
企业特色	管理模式创新	交付模式创新	商业模式创新	业务模式创新
创新动力	项目执行过程中的需求发现	接包过程中的竞争压力	市场环境与企业业务结构	中外优势资源互动
创业源头	承接微软本地化业务	承接 IBM 测试业务	高校技术产业化	政府背景
人才资源	有专门的培训计划	建立企业大学——文思大学	成立民办高校——东软信息学院	中软国际卓越培训中心（ETC）
资本市场	准备上市	纽约证券交易所上市	上海证券交易所上市	香港联合交易所创业板上市

案例中的几个企业都有各自独特的创新点，但这并不是企业发展中唯一的创新，这几个企业代表了行业内企业的不同发展阶段，它们的创新特点叠加成整个行业的创新模式。

第五节　我国软件服务外包业创新存在的问题

软件服务外包业的市场潜力很大，软件企业进入市场的积极性很高，但是软件服务外包作为劳动密集型行业，企业规模是衡量其竞争力的一个指标，而作为知识密集型行业，高端人才的集聚也是企业创新的来源之一，在直面国际市场的接包过程中，整体行业形象也是重要的竞争因素。笔者认为，北京乃至全国软件服务外包业在发展的过程中存在以下几方面问题。

一　整体规模偏小，集中度不高的特点影响整体行业创新

软件服务外包企业要进入欧美外包市场，500 人的公司规模是一个基本门槛，而软件企业在融资和通过资本市场实现企业间的重组与结构优化等方面存在许多障碍，无法形成具有较强国际竞争力的、带领企业发展的龙头企业，造成了小而散的手工作坊式产业分布状态。印度在这方面比中国更具有优势，印度 TCS、Infosys、Wipro 等软件咨询公司具有十几万甚至几十万人的规模，通过大企业的规模优势对其整个软件业产生了竞争、合作及集聚效应，大大促进了印度软件业的发展。而北京软件服务外包业只有文思、软通动力两家公司刚突破 1 万人规模，在承接较复杂的海外业务时，面临着印度大公司的强大竞争压力。

此外，中国的软件服务外包业还是一个较新鲜的事物，发展时间短，很多企业规模小，产业集中度不高。虽然北京软件服务外包业发展居全国之首，但产业发展的网络还没有形成，企业间的协作比较少，几乎没有行业规划。中国

有 3000 多家软件服务外包企业，在全球金融危机的影响下，中国的软件服务外包业进入了行业整合的发展阶段，大企业开始寻找并购小企业的机会来扩大企业规模，北京有条件培育出一些具有较大规模的优质的软件服务外包企业。

二　人才尤其是高端人才缺乏仍是行业发展创新的瓶颈

上文已经提到，软件服务外包业中人员数量是衡量企业规模的关键指标，也是承接国际业务的重要指标，较大的规模预示着企业有较强的管理能力。印度大型的软件企业具备一年新增上万人的管理能力，而中国最大的软件外包企业东软，也只具备一年新增 5000 人的管理能力，有时海外发包商的一个项目就要求 5000 人以上的团队接包能力。中国软件外包接包能力的弱势不仅表现在人员规模不比印度企业，而且表现在高级人才的缺乏尤其是既懂行业专业知识、又懂软件知识的高素质人才严重不足。

例如，中国的软件服务外包企业普遍缺少行业的整体架构工程师，在进入专业行业领域时，客户需要接包团队能够拥有掌握至少 10 年以上行业专业知识、熟练的软件开发经验、流利的外语这样条件的高级人才，而中国软件服务外包业最缺的人才就是同时具备这三个条件的高级架构师，这些人才大都任职于 IBM、埃森哲这类跨国公司中，中国同类企业尚处于发展阶段，没有资本去争抢，就造成了中国软件服务外包业向高端业务拓展的障碍。

此外，对欧美外包最大的困难就是缺少熟悉国际软件工程规范和大型项目管理经验的高端商务人才，直接影响了企业获得订单的能力。不仅是北京，中国软件服务外包企业由于高端人才匮乏，在国际软件外包的巨大市场上的竞争能力都比较薄弱。

众所周知，留学归国人员及在跨国公司工作的高层人员对母国承接国际软件外包具有很大的促进作用。中国尽管在留学生数量、吸引留学生归国创业的吸引力方面有很大优势，但目前还没有充分发挥出来。

总之，中国软件服务外包业要形成规模化经营，赶超世界一流水平，软件人才匮乏是其首先要打破的瓶颈。

三　区域金融环境缺乏制约软件服务外包业创新

缺乏软件服务外包业发展的区域金融配套体系是目前北京及很多城市发展中最明显的短板。金融尤其是融资问题对于软件服务外包企业是一个比较现实的问题，由于中国传统的银行贷款需要固定资产抵押，而软件服务外包企业作为一个服务企业往往只有比较少的固定资产。缺乏这样的区域金融配套体系，尤其是融资体系，会大大制约北京的发展。金融体系所汇聚和使用的资本资源是高级生产要素的一种，缺乏金融体系表明北京的高级生产要素缺乏，支撑北京经济发展的力量还没有培育起来。随着中国在国际软件服务外包市场的份额不断扩大，为了能够与印度企业在国际市场中抗衡，中国的软件服务外包产业势必将出现一波企业并购潮。北京作为中国软件服务外包企业云集的软件服务外包基地城市也会受到这股并购潮的冲击。

四 中介组织对软件服务外包业创新的支持仍需加强

印度近几年在软件服务外包市场上的巨大成功，首先归功于印度政府实行的"印度计算机软件政策"，其次就是成立于 1988 年的印度国家软件服务企业联盟（National Association of Software & Service Companies，NASSCOM）。作为政府的合作伙伴和印度软件服务外包企业整体形象的代表，NASSCOM 已经为印度的软件服务外包企业引入数百亿美元的软件外包项目。NASSCOM 在为政府扶持软件外包企业、扩大软件外包企业规模和落实政府的各项优惠政策等方面也起到了巨大的作用。在国际软件外包领域，NASSCOM 已经成为印度软件服务外包的代名词。中国目前还没有成立一个全国性的软件服务外包业协会。这样的组织可以促进我国软件服务外包业的快速发展，进一步提升"中国服务"这样一个国家品牌竞争力，在国际上不断打出"中国服务"的品牌，使我国企业有机会大量接受国际的一手订单。

以北京为例，北京的软件服务外包企业虽然众多，但规模大的不多，单个企业的海外宣传力度无法与印度相比，其影响力难以打动发包商。北京中关村软件园也组成了一个类似于 NASSCOM 的北京服务外包协会（BASSCOM），组织成员企业参与国际展会，整合行业信息，宣传北京服务外包的产业环境，为推动北京软件服务外包业的发展做出了贡献。虽然与印度的 NASSCOM 同为企业自发成立的民间组织，但是北京服务外包协会在国际上的声誉还很小，远不及印度的 NASSCOM 国际影响力大。为此，建设外包服务体系，推动北京软件服务外包业发展，是北京的必要之举。

第六节　我国软件服务外包业创新的启示

据统计，目前 95％的全球财富 1000 强企业已经制订了业务外包计划。到 2020 年，全球离岸服务外包市场将达 1.65 万亿～1.8 万亿美元，这为我国积极承接国际服务外包带来了难得的机遇。但受全球金融危机的影响，发达国家的服务外包市场急剧萎缩，我国服务外包企业国际市场打拼难度也不断加大，机遇和挑战并存使软件服务外包业正处于关键时点。

我国应该从战略高度重视发展软件服务外包产业，在鼓励企业抢占日本、欧美及国内三大市场业务的同时挖掘在岸外包潜力，壮大企业规模，强化人才战略，扶持行业协会等机构的发展，并且将我国软件服务外包作为产业品牌进行推广，推动中国软件服务外包产业的国际化。

一　鼓励企业挖掘国内市场潜力

我国本身有很强的软件服务外包业市场，这是我国区别于印度最典型的特点。

近年来，我国国内市场的 IT 服务需求一直在上升，这些需求在一定程度上能帮助我国软件服务外包企业抵御国外需求萎缩的冲击。此外，我国还有众多世界 500 强企业，我国超过 40% 的离岸软件服务外包收入实际上来自跨国公司设在我国的子公司。迫切想拓展我国消费市场的微软、摩托罗拉等跨国公司需要软件服务外包以支持它们开发我国市场的战略。这种需求在未来 3～5 年仍将持续快速增长，这为我国软件服务外包企业提供了绝佳的发展机会。

为此，笔者认为，我国的软件服务外包企业要发展，一定要有本地的行业做支撑，积极承接国内企业的服务业务，拓展本土市场，通过在国内市场的练兵不断夯实自身竞争力，这也是北京乃至我国软件服务外包企业的重要选择。我国出台了《关于鼓励政府和企业发包促进我国服务外包产业发展的指导意见》，积极落实针对服务外包的税收优惠、资金扶持政策。综合运用财政、金融、税收、政府采购等政策手段，在继续做好面向国际市场的离岸外包的同时，大力发展面向内需市场的外包，尽快培育一批具有产业优势、规模效应和品牌形象的龙头企业。

二　加强人才尤其是高端人才的培养

从市场竞争的层面看，竞争的核心是人才的竞争，特别是高端人才的竞争。为此，除了国家补贴支持以外，地方政府还需进行配套支持，注重对人才的培养。

鉴于高级项目管理人才的缺失，一方面，建议在软件类专业优秀的高校开设软件项目经理、软件工程师等资质的培训，与企业建立互动式的长效机制。另一方面，从海外引进更多优秀的高级人才也是企业获得人才的一个途径，放宽对高级人才的户口政策。

此外，建议发展企业与院校联合办学的模式，培养企业急需的人才，尤其是大量的系统编程人员，减少企业的员工培训成本。东软的大连东软信息学院结合产业需求设置专业，现在已经发展成一所具有民办高校资质的教育机构。文思建立的文思大学已经成为满足文思人才需求的重要来源。但是对于更多的中小规模的软件服务外包企业而言，没有实力设立专属的人才培训基地，推动企业与高校联合培养机制，能够较快速解决人才短缺问题。

对于软件企业面临的人才流失风险，一方面，建议以行业协会为主体，建立软件人才库，由人力资源专家和软件行业专家制定外包人才认证标准，对软件人才进行长期的培训、能力考核、工作业绩评估等工作和记录，对各软件企业的人才需求进行跟踪，搭建软件外包业的人才资源供需链。另一方面，通过软件人才库储备项目经理、系统架构师、客户经理等高级人才资源，为企业寻找人才带来便利。

（三）构建产业联盟，扶持行业协会，促进软件服务外包业规模化发展

应进一步推动软件服务外包联盟的建立与发展，通过联盟规范产业的技术体系和质量标准体系，以联盟为整体拓展外包和内包市场渠道，凝聚群体的力量，实现外包企业在技术、人才、管理上的共同提升，从而提高接单能力，实现抱团发展。建议政府相关部门出台相关政策，支持软件服务外包联盟的发展。

应加大对行业协会的支持，建立行业宣传、人才资源服务等全套体系。为发挥企业和政府之间的桥梁作用，可以定期组织软件服务外包业发展论坛，建立政府官员、专家学者、企业家、投资商的交流平台，加强各方的沟通和理解，共同促进行业发展。

此外，应鼓励联盟或协会制定承接软件服务外包项目的一系列技术标准，在联盟或协会成员企业内推广实施，在实施的过程中不断完善，逐渐形成国家软件服务外包标准。可以重点支持软件服务外包协会发挥第三方机构的中立作用，对接包企业的整体实力、信用水平、发展潜力等进行统计评估，逐渐形成海外发包商的重要参考依据。

（四）构建多层次融资体系及市场营销体系，为软件外包产业发展提供有力的资金支持

可以加大财政资金支持力度，设立软件外包产业发展专项资金，用于专业园区建设、研发、公共技术平台建设、种子引导资金设立等方面。此外，进一步完善重大引进项目的财政跟投机制，搭建高效、规范的融资服务平台，为软

件外包企业融资提供全方位的跟踪服务；发挥种子资金的引导和放大作用，吸引民间资金介入软件外包产业发展，建立和完善风险投资机制和体系，拓宽直接融资渠道，鼓励和扶持重点软件外包企业通过产权交易、上市融资等多种途径获取发展所需资金。同时，协调国家政策性银行加大对软件外包产业的资金支持，通过贴息、担保等方式鼓励商业银行加大相关企业的贷款力度，探索适宜的担保机构资本金补充和多层次风险分担机制，大力发展与融资有关的中介和担保机构，为软件外包企业获取间接融资提供有力支持。

　　另一种有效方式就是设立服务外包协会的海外办事处，及时获取海外发包商的发包意向等信息，在国际上宣传我国承接外包业务的优势，尤其是对我国知识产权保护战略、商务环境等方面的宣传，并且组织当地的资源，深入了解发包商的企业文化和需求，降低企业在项目接洽过程中走弯路的风险。尤其是要利用海外的华人资源，从留学生到企业高管，都有可能为国内带来可观的外包业务，配合中国政府组织的国际贸易交流会和洽谈会等活动，吸引更多的高端业务到中国。还可以由服务外包协会组织软件发包项目宣讲会，邀请海内外发包商、我国接包企业参加，对发包项目提供前期的各种服务，如项目调研、商务洽谈等，为软件服务外包企业提供便利，共同开发软件外包市场，使接包企业预先了解发包企业的发包意向，有针对性地参加宣讲会，促成合作的迅速达成。

第一节 环境在线监测服务业概念与特点

一 环境在线监测系统

从宏观上来讲，环境在线监测系统是为了适应新形势下环境监测工作的具体要求，将传统手段与现代信息技术相结合，综合应用全球定位系统（GPS）、地理信息系统（GIS）、自动控制技术、网络与通信技术、数据库技术、管理信息系统技术等先进手段和方法，对环境监测目标进行实时动态、多维变频、总量控制、应急响应等科学的管理和分析，实现水、气、噪声及生态等环境要素的实时、多维、高精度的在线监测和数据分析与管理，实现对监测业务和环境管理决策的深度支持，从而最大限度地提高环境监测信息化水平，增强环境决策与管理的能力（田劲松，2004）。

从微观上来讲，环境在线监测系统就是利用在线式监测仪器及设备对其监测指标进行连续监测，并通过网络传输和数据处理设备对监测信息进行分析、处理与管理，实现环境要素实时、动态监控的系统。

按照监测对象和监测目的，环境在线监测系统主要可以划分为空气质量在线监测系统、水质在线监测系统、污染源在线监测系统及放射源在线监控系统等。环境在线监测系统主要是作为制定、采取环境控制措施的依据，为政府提供及时、准确的监测数据，同时也为环境执法机构提供数据依据，以此对排污企业及涉源单位进行更为有效地监督和管理（郑涛，2001），如图9-1所示。

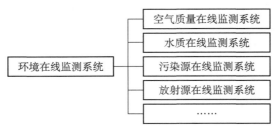

图 9-1 环境在线监测系统主要组成部分

二 环境在线监测服务业

纵观整个环境在线监测服务产业链，环境在线监测系统可以分为产业链的上游企业——在线监测系统前端设备供货商，主要从事在线监测前端设备的研发与出售，也包括对国外先进技术和产品的引进；中游企业——在线监测系统集成商，为用户提供在线监测系统的整体解决方案；下游企业——在线监测系统运营商，主要是各地环保部门或由各地环保部门牵头，应用环境在线监测系统为政府或企业提供监测数据并制定相关政策。如图 9-2 所示（郑涛，2001）。

致力于环境在线监测仪器仪表的开发，以及设备的维修与更换。一般来说具有较高的产品自主研发能力。提供多项目的在线监控产品，及时引进国外先进生产工艺，满足客户需求。

主要从事各种在线监测系统平台的开发，实现对监测过程和监测数据的信息化管理，另外也研发出在线监测系统的衍生产品，如环境突发事件应急系统、环境自动监控中心等。并负责系统的安装、实施、运行、维护等任务（吴邦灿和费龙，1999）。

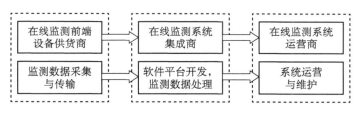

图 9-2　环境在线监测服务产业链结构图

第二节　环境在线监测服务业发展现状

一 环境在线监测服务业的特色

20 世纪 80 年代初期，我国的环保行业基本处于没有市场引导也无政策扶持的"自为"阶段，这期间主要是以"三废"治理为重点，所采用的污染处理设备基本上都是从苏联与主体设备一起引进的，作为单独的环保技术引进（黄彦君和上官志洪，2008；王炳华和赵明，2000）。

经过多年的发展，北京、上海、陕西、浙江、广东等地的环境在线监测服务业得到快速的发展和壮大，同时它的产业特色也逐渐显现。在分析我国环境在线监测的市场情况中发现，环境在线监测服务业的主要特色有以下几个方面。

（一）发展迅速但产业规模小

经过近 30 年的发展，环境在线监测服务业还处于快速提升阶段，但行业整体规模不大，主要是依托一些高校和科研院所的相关专业发展出一部分高新技术企业。

（二）高技术快速渗入

引进国外先进技术，增强环境在线监测效果，降低成本，增强环境在线监测服务业实力。目前，电子及计算机技术、先进的传感器技术、遥感技术（RS）、GIS、GPS、先进的通信技术等已广泛应用于环境在线监测服务业领域（陈红雨，2005）。

（三）与政府密切合作

环境在线监测服务业的特殊性决定了该行业为政府主导性行业，政府提出的相关政策为环境在线监测服务业的发展奠定了良好的基础。政策扶持主要体现在财政补贴、减免税、低息贷款、折价优惠制度等（熊嘉琪，2007）。

（四）从尾部控制向源头控制发展

由于人们对环境问题的逐渐重视，环保意识的逐渐提高，绿色产品和绿色生产成为大企业提升自身形象、增加产品竞争力的主要因素，环境问题的解决也逐渐从尾部控制向源头控制发展。这样的发展趋势也就引导着环境在线监测服务业逐渐进入平稳发展阶段（叶萍，2009）。

二 发展环境在线监测服务业的优势

（一）国际环境

全球气候变化成为全球环境问题焦点，发达国家与第三世界国家在经济发展博弈过程中，关于环境代价的探讨不断热化，环境在线监测服务业是解决环境污染问题的出发点和基本点，是治理环境污染的重要举措。通过国际环境下各类环保机构的努力和进步，环境在线监测服务业在全球范围内形成了相对规范且行之有效的环境监管支撑能力。

（二）政策优势

环境在线监测服务业主要根据国家发布相关政策来实施和推进，我国环境保护部作为环境监测政策的重点发布机构和环境在线监测服务业的重要需求机构，对于环境在线监测的执行具有政策指导作用（奚旦立，1998）。

（三）科研优势

环境在线监测服务业是一项涉及环境科学、机械电子、信息技术、分析化学、系统集成等多门学科专业型很强的服务工作，相关产品的研发需要深厚的专业科研学术背景。例如，北京作为我国的科研文化教育中心，有着许多国家重点高校和科研机构（如清华大学、中国环境科学研究院、北京师范大学、中国硅谷——中关村等），并以此为依托发展了许多专业性较强的环境在线监测系统的高新技术企业。通过在线监测产品成功的科技成果转化及不断加强的企业服务质量，我国在水污染在线监测、空气质量在线监测、噪声监测等环境在线监测服务业取得了很大进步。

（四）市场优势

随着对污染源监控力度的不断加强，环境在线监测服务业潜在的市场容量越发巨大。2012 年 7 月，国务院印发《"十二五"节能环保产业发展规划》，明确"十二五"期间，节能环保产业产值年均增长 15％以上，根据规划，"十二五"期间，全国将新增污水配套管网建设能力 20 万吨，新增污水处理规模 9000 万吨，升级改造污水处理规模 5000 万吨，新增污泥日处理能力 4.7 万吨，新增垃圾填埋日处理能力 25 万吨，新增垃圾焚烧日处理能力 15 万吨。到 2020 年节能环保产业将成为中国国民经济的支柱产业，全国环保产业可谓市场广阔、前景良好。行业内非常看好在线监测设备领域，未来实时在线监测指标是趋势。预计国家"十二五"期间预计投资 750 亿元，从而带动各地及企业投资达千亿元。

第三节　环境在线监测服务业创新案例

经济政策是指国家或政党为实现一定的政治和经济任务，或为指导和调节经济活动，所规定的在经济生活上的行动准则和措施，主要包括财政与税收政策、货币政策、贸易政策等。环境在线监测服务业的经济政策主要是指通过一定的经济手段调整或影响市场主体的行为，实现经济建设与环境监测的协调发展。

一　研究概况

经过深入分析本行业的研究目的及案例的研究意义，在环境在线监测服务业创新模式研究中共选择了五家企业作为本书的调研案例，北京企业四家，西安企业一家，另外选择了具有代表性的国外企业作为本书的对比案例。

环境在线监测产业链上游——前端设备供货商：北京安控科技股份有限公司（简称安控科技）和北京利达科信环境安全技术有限公司。选择安控科技的主要原因是其业务范围广，产品种类多；选择北京利达科信环境安全技术有限公司的主要原因是其生产规模大，自主创新产品多（胥树凡，2008）。

环境在线监测产业链中下游企业——系统集成商：中科宇图天下科技有限公司（简称中科宇图）和北京思路创新科技有限公司。其中选择中科宇图的主要原因是在线监测产品具有自身特色，并得到各地环保部门广泛认可；选择北京思路创新科技有限公司的主要原因是其专业性强，系统操作方便，界面友好（姜林和王岩，1997）。

环境在线监测产业链下游企业——系统运营商：西安交大长天软件股份有限公司（简称交大长天），选择该企业的主要原因是其知名度高，影响力大，专业性强。同时，与国外的在线监测的相关企业进行比较和分析，总结环境在线监测服务的创新模式。国内企业调研情况如表 9-1 所示。

表 9-1　调研情况一览表

企业名称	研究方法	数据获取方法	数据获取对象
中科宇图天下科技有限公司	实地调研、与高层深入访谈	访谈记录	企业领导
北京利达科信环境安全技术有限公司	实地调研	与工作人员交谈	企业市场部
北京安控科技股份有限公司	实地调研	企业高层访谈	公司高层管理者
北京思路创新科技有限公司	网络搜索	互联网	企业网站
西安交大长天软件股份有限公司	网络搜索	互联网	企业网站、企业领导访谈记录

经研究分析，最终选择了三家具有代表性的企业作为本书的重点分析案例，包括中科宇图、安控科技、交大长天。

二　中科宇图天下科技有限公司创新案例

（一）公司概况及发展历程

中科宇图于 2001 年成立，成立初期只是拥有 20 多人的小公司，主要从事电子地图的业务，2003 年，公司开始涉足环保行业，并成立专门的环保事业部，从事环保信息系统的软件研发工作。在随后的几年时间中，企业规模迅速扩大，注册资金增至 5180 万元，并先后成立了华中分公司、华南分公司、天津分公司和成都分公司，公司总人数 300 余人，年产值上亿元。

中科宇图利用自身研发平台 MapUni 为基础，将中国科学院遥感应用研究所的技术成果进行改良，形成了空气质量监测模块和污染源在线监测模块，并将其加入到 MapUni 平台，完成了环境在线监测系统的雏形。

中科宇图以空间数据、数字环保、系统集成、运营服务为主要业务方向。

在空间数据方面，将空间信息技术应用到通信、石油、国土、电力等行业领域，结合导航定位、位置服务等技术让空间技术融入百姓生活。

在数字环保方面，将 3S 有机地结合起来，对国内外环保行业的各类需求进行深入的挖掘和整理，利用数字环保实验室所提供的技术支撑，通过长期致力于环保行业的专业研发团队，搭建起高科技、数字化的信息系统平台，为客户提供全方位、一体化的数字环保整体解决方案，实现对环保业务的严密整合和深度支持，为构建数字环保宏伟工程，保护人类生存环境向更高层次发展。

作为政府信息化和行业信息化领域的积极参与者，通过整合内外优势资源，为广大客户提供系统集成及第三方运营服务，深刻理解客户信息化需求，不断提升客户信息系统运行效率和运行质量，最终达到提升客户价值的目的[1]。

目前，中科宇图的环境在线监测服务的客户主要包括各地环保部门、大型企业（如甘肃矿区、紫金矿业等）及中国环境科学研究院等相关科研机构。主要客户分布于河北、河南两省的大部分地市及广东的近 10 个地市。从客户的成熟度来说，根据经济的发达程度及当地的政策支持和对于环保事业的投入，使得客户的分布存在一定的地域差异。例如，在华东、华南等经济实力较强的地区（如南京、广州、阳江等），当地政府的环保力度比较强，环境在线监测服务的发展较好；相反，西北地区的环境在线监测发展服务则相对滞后。另外，在华北、华中地区（如张家口、济源等）公司能够根据当地地域特点，开发出适合当地实际情况的环境在线监测服务，也使得这一地区的在线监测服务发展相对成熟。

环境在线监测服服务作为中科宇图的三大业务之一，约占公司销售总额的三成。就整个行业而言，环境在线监测服务的市场份额差别不大，像交大长天约占市场总额的 12%、北京思路创新科技有限公司约占 8%、上海数慧系统技术有限公司约占 7.8%、联通系统集成有限公司约占 6.3%、中科宇图也位于该行业的前几位[2]。

（二）中科宇图环境在线监测系统创新过程

1. 在线监测系统概况

环境在线监测系统基于 GIS 技术和通信网络平台，结合监控设备实现对环

---

① 史俊杰 .2008. 赴德国、法国环境监测与管理考察报告 .http：// ww. bjdx. gov. cn/ztlm/ygcfkcbg/185212. htm［2012 - 12 - 04］。

② 中科宇图天下科技有限公司，http：www. mapuni. com。

境质量、污染源的实时在线监控。用户通过监控中心掌握区域环境质量状况和污染源排口排放情况，实现环境监控的自动化、无人化。

该系统在数据查询方面，可支持同时查询多个监测站点的监测数据；在突发状况报警方面，支持系统和短信双重报警；通过 GIS 功能与环境质量在线监测数据的有机结合，为环境质量监督工作提供决策依据。

环境在线监测系统的主要功能包括如下几个：

（1）可实现企业废水排放口、烟气排放口等重点污染源的在线监控。

（2）可实现对水环境、大气环境、噪声环境质量的在线监控。

（3）可实现对污染源、监测站点信息的统一管理。

（4）可实现实时监测数据、历史监测数据的查询、统计、分析功能，生成相关统计图表。

（5）结合 GIS 功能，展示污染源、监测站点的空间分布情况，进行空间分析，生成相关类型环保专题图。

2. 研发背景及过程

随着社会的进步和经济的发展，传统的监测技术不能满足现有的需求，因此国家在"九五"期间开展了针对于环境在线监测技术的探索，这也促使系统研发人员研发新的能够满足在线监测需求的系统和产品。

2003 年，中科宇图开始了针对环境在线监测系统的研发工作，2004 年 11 月，中科宇图成功研发出环境在线监测系统 V1.0，并在随后的 6 年时间内，将该系统的版本升级到 V3.0。系统功能更加齐全，监测手段更加先进，同时系统进一步的细分为水监测、空气质量监测、污染源监测及噪声污染监测，这样不同的用户就可以根据自己的需求安装相应的系统。例如，排放污水企业只需要安装污染源在线监测系统，这样就使得监测服务更具有针对性和专业性。

中科宇图利用自身在 3S 技术及电子地图方面的优势，结合环保的需求，为用户提供完整的解决方案，实现环境在线监测系统数据的空间分析和展示功能，这是很多传统的在线监测企业所不能完成的。另外，该公司在软件与硬件的集成创新方面，做了很多工作，研制了自己的环境在线监测的设备，通过与公司的软件开发技术及电子地图技术结合，构成了完整的环境在线监测系统。

（三）中科宇图放射源在线监控管理系统创新过程

2003 年，中央机构编制委员会办公室发布了《关于放射源安全监管部门职责分工的通知》，国家正式将核与辐射的监管工作划分到环境保护部，放射源监控管理系统也逐渐成为环保部门需要建设的项目之一。早期，放射源的监控管理与在线监测技术没有实现有机结合，对于放射源的监管工作效率低，监管能力弱。

2006 年 5 月，中科宇图联合中国科学院遥感应用研究所及焦作市环境保护局共同研制放射源实时监控管理系统，并试验运行成功。

目前，放射源系统已占据中科宇图环境在线监测业务 20％左右的份额，在多个地级环保部门得到应用。

在该系统开发之初，放射源分属各单位管理，分布分散，导致基础数据库建设不完善，早期的放射源信息建库工作量大。另外，放射源自身性质的特殊性，使得系统在测试和试运行过程中遇到了一定的阻碍。

该系统通过视频监控、辐射剂量率监控实现对放射源的远程统一管理，可以有效地对分散于各处的放射源进行实时监控，并对放射源监控过程和状态的信息进行采集，使得对于放射源的监控管理实现自动化和智能化，将各区的放射源依据统一的标准进行统一管理。同时，通过定位监控实现对移动放射源的远程实时监控，能够及时了解放射源的位置移动轨迹。

该系统部署在焦作市环境保护局环境信息中心，运行后性能良好，成功地将焦作市重点放射源纳入环境保护局的监控系统中，在焦作市放射源管理中发挥了较好的作用，提高了环境保护局的环境管理和环境执法水平。

（四）中科宇图创新特点分析

中科宇图在环境在线监测服务中体现出的创新主要表现在以下几点。

（1）中科宇图充分利用了自身对环境在线监测服务多核心技术的把握，针对不同客户开发不同产品，实现了在线监测产品的多样化。包括提供污染源在线监测、环境应急监控等多项服务产品。

（2）中科宇图的在线监测服务由于起源于 IT 行业，所以其发展轨迹仍有软件服务业的痕迹。中科宇图在早期发展中较侧重数据分析、数据处理功能、数据同步及软件的兼容性等方面的发展，目的是使其产品具有更高的兼容性和实用性。这样，公司后期开发出的软件在软件平台、数据处理及系统维护方面就具有了较大优势。

（3）中科宇图提供的 BOT 模式成为了该行业的主流发展方向。随着企业经营的多元化，企业在发展各自产品的基础上，逐渐形成了通过 BOT 模式深挖掘客户的业务需求，提供多元化、一体化环保信息的全套解决方案，以及与环境在线监测相关的衍生产品、衍生服务的创新企划模式。

三　北京安控科技股份有限公司创新案例

（一）公司概况及发展历程

安控科技成立于 1998 年，注册资金 4366 万元，现有员工 400 余人，其中研发人员 150 人，约占公司总人数的 40％，产品研发及生产场地约 4000 平方米。

安控科技原属部队企业，后随着部队改制，公司开始独立经营。20 世纪 90 年代初期，国内的自动化企业还很少，具有自主产品的企业更少，国内的自动化业务基本上都是依靠国外进口，安控科技作为少数拥有自主产品的企业使其在改制后仍然顺利地发展壮大。

公司一直专注于在沙漠油田应用的工业控制技术的研发和提供，沙漠油田的生产环境非常恶劣，白天地表温度最高能够达到 70℃，晚上能够达到 −30℃，产品具备工业级水准。

安控科技创始人俞凌本身也是技术人员，并一直参与技术工程项目的实施，在员工中的威信较高，公司员工对企业有充分的信心。公司为高级技术骨干提供了很好的发展平台和激励政策，保证了核心技术人员结构的稳定，企业的核心技术及自主知识产权得到很好的保护。

近几年来，企业领导注意到环保是一个很好的发展领域，国家大形势好、市场容量大。在线监测实际上是环保和仪表交叉的领域，从事工业控制的企业进入环保领域从技术上比较容易实现。企业具备在线监测系统的核心研发技术，企业能够在环保行业得到发展，在这样的背景下，安控科技进入了环保领域。

环境在线监测服务作为安控科技的主营业务，公司年总产值约为 1.5 亿元，在环境在线监测领域的年销售额约占公司销售总额的 1/3①。

（二）安控科技工业级在线监测仪器的创新过程

2007 年，安控科技开始涉足环境在线监测业务的仪器生产，之后在全国范围内开展实施了一系列的在线监测服务项目。

安控科技在自动化控制及工业和远程终端单元（remote terminal units，RTU）方面的优势，使得其仪器仪表与其他企业相比都具备较高的环境适应性和仪器设备稳定性。多年的工业控制产品的开发和经营让安控科技拥有了非常强的研发能力，在不到两年的时间里已经开发了包括数据采集传输仪、总有机碳（total organic carbon，TOC）在线监测仪、化学需氧量（chemical oxygen demand，COD）在线监测仪、氨氮在线监测、烟气在线监测系统等一系列产品，能满足用户全方位的需求。

相比其他企业的设备而言，安控科技生产的工业级数据采集仪的功能齐全，同时又具有自身特点。首先，其环境适应性强，能够适应恶劣的环境，工作温度在 −40～70℃，一般的产品的工作温度只能在 0～50℃。其次，设备具有优良的抗电子干扰的能力，目前是国内唯一具备高等级抗电子干扰能力的产品，具

---

① 北京安控科技股份有限公司，http：//www.echocontrol.com/。

有中国电子兼容中心的检测报告。最后，安控科技还为产品提供了完备的增值服务，根据客户需求开发出了许多其他同类产品所不具备的功能。例如，通过视频数据与一般数据的同时获取，实现数据的叠加，可以使两类数据同时显示在屏幕上，这样可以同时验证数据的真实性。

（三）安控科技创新特点分析

1. 专注技术突破和新产品研发

安控科技在西安石油大学设立了专门的产品研发实验室，在前期为其提供资金和场地，实验室研究人员分析相关政策和规划之后，确定了行业的发展方向，首先研发出实验室产品，然后公司的技术人员再将原理性产品转化为技术性产品，并将其推向市场，实现了实验室原理化样机到技术产品的转化。

安控科技每年对研发的投入可达 1000 万元，达到公司总投入的 15%，是其他在线监测仪器生产厂家所不能比拟的。

2. 充分利于现有成熟技术

安控科技在工业级 RTU 产品研发、生产、销售和系统集成业务方面已取得了显著的成绩，其核心产品 RTU 控制器更是被广泛应用于石油、天然气的开采、处理、管输、储配等各个环境，在全球的石油、天然气领域都占据着一席之地。安控科技利用自身在油田领域取得的领先优势，通过技术整合，将 RTU 控制器应用于环保领域。这样，安控科技生产出的环保产品就具备了一定的研发创新基础，使得新产品的研发推广周期缩短。

安控科技利用现有的成熟生产工艺来发展环境在线监测仪器，体现出了企业在环境在线监测服务业的创新特点，这也是企业发展的一项重要策略。

四 西安交大长天软件股份有限公司创新案例

（一）公司概况与发展历程

交大长天成立于 1999 年，注册资金 2000 万元。该公司以开发、生产环保行业个性化软硬件为主业，同时涉及信息服务、系统集成、技术咨询、培训及相关产品生产和环保设备销售等领域。

交大长天成立以来，以信息化的数字环保为发展战略，依托"西部＋名校"与"IT＋环保"的资源优势和行业优势，在项目研发、市场培育、产品开发、应用推广、人力资源等各个方面成绩斐然，目前是环保信息化领域中的龙头企业。交大长天被国家环境保护总局指定为软件研发基地和战略合作单位，已拥有 16 项具有自主知识产权的高新技术成果和技术专利，开发了 40 余种（款）软硬件产品。

目前，交大长天的产品已遍及上海、江苏、浙江、河北、江西、山东、安徽、福建、河南、云南等 29 个省（自治区、直辖市）、500 多个城市的环保部门及排污企业，已在全国拥有近 20 家代理商和 40 余家配销商，并与微软、思科、IBM、惠普、HACH、MapInfo、中国移动、方正、浪潮等国内外 IT 巨头建立了紧密的合作关系①。

（二）国家环境监理信息系统的创新过程

1. 国家环境监理信息系统概况

20 世纪 90 年代，我国的环境污染与生态问题日益严重，环保部门传统的工作方式与环境保护业务需要之间的矛盾日益显著。为了有效地对环境污染进行总量控制，掌握环境污染的第一手资料，国家环境保护总局决心从环境监理工作入手，运用先进、成熟的技术及网络技术，以构架面向全国的污染源自动监控网络为手段，对传统的环境保护方法进行改进，从而达到环境信息化、自动化和现代化的目标。在对西安交通大学的科研实力进行评估后，1997 年 10 月，国家环境保护总局正式向西安交通大学发出了关于委托西安交通大学研制开发计算机环境监督管理系统的函，正式将开发全国环境监理信息系统的工作委托给西安交通大学。

国家环境监理信息系统结合国家环境保护总局的工作性质和特点，实现了污染源的实时、历史数据的采集，污染治理设施运行情况监控等同级功能，强化了对下级环保部门监理数据的采集和相应管理功能，可全面实现《环境监理工作报告制度》中要求的各种报表和数据的传输、统计分析、打印上报等功能。该系统在数据的传输方面有很大的改善，预留了光纤、卫星通信等宽带接入接口，还采用了自主开发的 GIS 引擎，实现了污染源地理信息的可视化，大大提高了系统的直观性和灵活性。

该系统的主要特点是：唯一的跨越国家、省、地市、企业四级网络结构系统，可以充分保障行政区间的信息畅通和资源共享；可扩展的功能强，可实现污染源监控与报警、环境监管能力举报录音等多个系统与该系统配套使用；该系统的可扩展性强，提供了单机版、客户/服务器（C/S）及浏览器/服务器（B/S）等多种版本，使得系统能够对不同规模的地市、区域提供相应的解决方案。

---

① 史俊杰 . 2008. 赴德国、法国水环境监测与管理考察报告 . http：//www. bjdx. gov. cn/ztlm/ygcfkcbg/185212. htm［2012-18-20］。

2. 国家环境监理信息系统研发过程

1997 年 10 月，国家环境保护总局总体部署、指挥，地方环保部门配合支持，西安交通大学出人力、资金进行具体研制开发。交大长天通过两年的市场调研及国家各级环保部门的大力支持，1999 年 10 月 10 日，项目通过验收。

该系统研发历时两年，主要由林宣雄博士带领的西安交通大学项目组完成，按照国家环境保护总局的需求，项目组制订了系统研发计划书，将各功能组件的开发分配给相应的技术人员，根据项目计划，完成系统功能。

林宣雄博士在研发过程中，发现了该系统的社会价值和商业价值，构思出"国家环境保护总局领导，各地环保部门支持，项目市场化运作"的发展思路。此时，西安交通大学技术成果转移中心获知长天国际控股公司正欲在西部大开发中投资几个高科技项目。林宣雄博士及西安交通大学强大的科研力量与长天国际控股公司雄厚的资金实力使双方很快就此项目达成了共识，由长天国际控股公司为该项目注入开发资金，共同组建研发基地，目的是完成该系统的成果转化和市场化，交大长天就是在这样的背景下成立的，并在成立之后的几年时间中，相继推出了与该系统相匹配的一系列衍生系统。

（三）交大长天创新特点分析

交大长天作为环境信息化领域的龙头企业，在创立之初就得到了国家环境保护总局的认可及各地环保部门的支持。在成功研发出国家环境监理信息系统之后，环境信息化才逐渐发展成为一个产业，也就有了之后的环境在线监测服务及门类众多的在线监测系统产品。

交大长天作为环境信息化的先驱者，其创新特点主要表现在对于环保信息化系统的探索性和首创性。

交大长天作为环保部的战略合作单位，能够在最短的时间内掌握国家环保政策信息，为环境在线监测的发展指出方向，体现了企业在环境在线监测领域的方向指导性的特点。

五 国外对比案例

（一）硬件供货商对比

德国 GIMAT 公司，成立于 1976 年，为世界知名的环境质量监测硬件设备供应商，30 多年来，其始终致力于市政污水、污染源和地表水的在线监测分析仪的开发、研制、生产。该公司的在线监测分析仪器，如氨氮、COD、总氮、总磷、生化需氧量（biochemical oxygen demand，BOD）、总有机碳、磷酸盐、溶解氧、污泥浓度/固体悬浮物、pH 在线监测分析仪器以及自动采样器等产品以技术领先性一直以来都深受用户的信任。

与我国的硬件供货商相比，GIMAT 公司的仪器具有的优势包括：在线仪器控制器平台的统一化，运行的智能化，数据以数字信号输出。

另外，德国在环境监测方面制定了相应的法律制度，企业和社会民众具有较高的环保意识，自觉接受政府和相关部门的监督和管理。在技术方面，经过几十年的实践研究和应用，针对不同的排污类型企业采取不同的监测手段，如对于大型企业实施在线监测，对于小型企业实施人工采样监测，在线监测仪器、监控设备的研究和应用均处于领先地位。

目前，德国的环境监测已进入成熟阶段，污水处理设备的研制与开发成为发展重点，在线监测仪器只是作为污水处理后的各项指标数据的获取工具，不再作为重要的执法依据。另外，在其他一些发达国家，在线监测硬件生产商的发展基本与德国类似，在该行业发展成熟稳定之后，不再局限于在线监测仪器设备的生产，通过研发新技术和新产品，拓展新业务领域，逐渐发展成为多种仪器仪表的生产商。

（二）系统集成商对比

英国 EHS Data 公司，成立于 1996 年，主要致力于环境监测软件平台的集成开发。该公司的主要业务为生产环境、健康、安全数据等软件管理系统，长期与 MAPINFO、ESRI 公司合作，提升了公司在 GIS 领域的发展。目前，英国多个地方议会都采用了该公司的垃圾填埋与水监控系统产品，多种产品已出口至全球 10 多个国家。

与我国的系统集成商相比，EHS Data 公司对于数据的管理及兼容性处理具有绝对优势，公司开发的系统可完成客户输入程序（解决数据资料与现有表格不相容的问题）、持续性数据管理（可再生能源、碳排放、臭氧、废物产生与循环等）、环境突发事故管理（泄漏、意外事故、受伤等）多项功能。

在英国的常规环境质量在线监测项目基本建设完成后，EHS Data 公司将其业务范围逐渐扩展至健康监控数据（如饮用水、职业健康数据，如药物、酒类、筛查记录、血铅等）、其他杂项数据管理（如微粒数据管理）等解决方案的设计，引导企业逐渐向业务多元化方向发展[1]。

---

[1] EHS Data，http：//www.ehsdata.com/products.aspx。

第四节 环境在线监测服务业的创新特征与模式

一 环境在线监测服务业创新的核心要素与特征分析

(一) 环境在线监测服务业创新的核心要素

1. 国家政策

国家政策的相继出台,为环境在线监测服务业指明了发展方向,确定了重点发展领域,使得在线监测的一系列的相关系统产品得到长足的发展。在《国家环境保护"十一五"科技发展规划》中提出的重点监测 COD、BOD 等指标,很大程度地促进了在线监测相关企业的产品创新,研发出了一大批相应的在线监测的软硬件系统。

另外,自"十一五"以来,国家及地方政府部门对于环保领域的资金投入大幅增加,在很大程度上刺激了环境在线监测服务业规模的扩大。

2. 市场需求

与其他服务业一样,环境在线监测服务业产品和技术的发展主要依赖于市场的需求。随着国家节能减排工作的大力开展,对于总量控制的力度将进一步加强,对于环境监测软硬件系统、监测技术的自动化程度等方面也提出了更高的要求,促进了环境在线监测服务业的技术进步。

3. 科技发展

随着计算机软件技术、自动控制技术、集成电路技术、GIS 技术等的快速发展,环境在线监测手段的自动化水平逐渐提高。高新技术在该产业中的应用,也促使环境在线监测的技术和产品创新性日益突出,创新活动层出不穷。

(二) 环境在线监测服务业创新的特征

1. 产品定制化服务

环境在线监测服务业需根据客户的监测需求,按照不同的监测指标,提供相应的监测产品。在线监测服务企业主要是采用一种技术支持的方式,前期根据各地环保部门制定的规划,与用户进行沟通,了解客户需求,并给予建设性的意见,根据客户需求制定相应的解决方案。

中科宇图在承担"张家口应急工程项目"的过程中,公司技术人员根据张家口地区存在的尾矿问题,有针对性地在应急监测系统中加入了尾矿库查询和监控的功能,通过在线监控张家口地区的矿区情况,对张家口地区的尾矿库进行及时的监督，解决了环保部门对于尾矿的监管难题，满足了客户的需求，也从侧面证明了企业的营销能力。

2. 增值服务

由于环境在线监测还处于高速发展阶段，监测要求日益提高，监测软硬件系统的功能逐渐完善，这就要求企业对原有的监测设备及系统平台进行更新和升级。在线监测行业的增值服务成为企业创新的展示平台，也成为在线监测服务业的重要组成部分。

中科宇图在完成环境在线监测平台的建设后，能够根据客户提出的进一步要求，为客户提供相应的系统功能扩展。例如，在洛阳放射源监控管理系统项目的建设完成之后，根据洛阳环保部门的需求，在原有系统平台的基础上，为其增加了巡检模块，使得系统功能更加完善。像这一类的系统功能性扩展，属于增值服务的内容。

3. 第三方运营服务

环境在线监测服务业提供的第三方运营服务，是该行业提供社会化、商业化、专业化服务的代表模式，即采用有偿的方式为客户提供在线监测系统的全部运行管理人员，并对设备维护和保养，保证系统正常运行和系统的监测结果的合法有效性。这也有效地克服了监控设备由企业自身管理的种种弊端，从根本上改变了过去设施安装后无人管理、基本处于停运或半停运状态的局面。

目前，在线监测的第三方运维服务还处于发展的最初期，相关政府部门和企业对于该服务模式还处于观望阶段，第三方运营服务模式还未成型。

4. 受国家政策的高度影响

由于环境在线监测服务业隶属于环境保护服务业范畴，政府投资对产业的发展起主导作用。环境在线监测服务业的创新方向直接受到政府政策的引导，政府政策及相关环保部门对环境在线监测服务业的发展起着决定性作用。

例如，国家在"十一五"期间，提出了针对 COD、BOD 指标的监测要求，企业纷纷投身到这些硬件和软件的研发工作当中，并取得显著成效。由此导致国家政策对于环境在线监测服务业的技术创新产生了一定的限制作用。

二 环境在线监测服务业创新的典型模式

(一) 产学研合作模式

由于早期的环境在线监测服务业多由相关科研院所和高校发展出来，并与科研机构保持密切的联系，这为企业提供了强大的技术支撑。企业通过引进科研院所先进的技术和理念，并进一步研发，生产出市场化的产品，就形成了这种产学研的创新模式（图 9-3）。该模式大大促进了企业的自主研发、科技创新和成果转化的能力，使得科研成果能够最大程度的实现产业化和市场化。因此产学研合作模式也是环境在线监测服务业创新的主要模式。

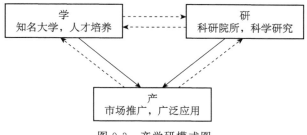

图 9-3　产学研模式图

中科宇图作为一个典型的产学研模式的环境在线监测服务企业，在其发展过程中，充分利用了中国科学院遥感应用研究所、北京师范大学等多个知名高校和科研院所的技术和人才资源支持，通过将技术产品化、产品市场化的产业流程，形成了具有行业特色的创新模式。

中科宇图到目前为止已成立了多个研究中心，充分体现了其产学研的企业发展理念。

（1）与中国科学院遥感应用研究所、北京师范大学环境学院共同组建国内首家"数字环保实验室"并在全国各地相继建立技术转化与推广基地。该实验室的组建促使企业推出了功能强大的数字环保产品，如放射源在线监控管理系统、污染源在线监测系统等，结合 3S 技术，实现了环保系统的空间展示功能，使得系统能够更加直观地呈现空间位置上的环境质量情况。

（2）成立了中科宇图资源环境科学研究院，并承担了企业之前无法承担的国家级科技项目，如国家高技术研究发展计划（863 计划）、国家科技支撑计划、国际科技合作项目等重点国家级项目，进一步提高了企业的科研能力。

（3）成立了工程技术研究中心，通过吸收国内外的先进技术和理念，专门针对环保领域目前存在的一些技术难题进行研究和突破，也是产出企业核心产品的重要基地，同时也是企业创新成果转化的主要平台。

（4）成立中瑞数字环保技术研究中心，通过与瑞典 FPX 公司的多次交流与合作，达成共识，共同成立中瑞数字环保技术研究中心，搭建先进技术交流的平台和市场推广国际化的桥梁，有效地提高我国在数字环保领域的创新能力和效率，改进现有的技术和产品，及时高效地将环保产品推广到全球市场。

（二）"软件＋硬件＋服务"模式

环境在线监测服务业是在国家政策、高新技术、市场需求、公众环保意识等众多因素的影响下出现并发展起来的。由环境监测初期的企业生产硬件设备获取监测数据，发展到环境在线监测发展期的企业根据硬件构建软件系统平台，再到环境在线监测成熟期，企业为用户提供运营与维护服务，并由此发展出了环境在线监测服务业的"软件＋硬件＋服务"的创新模式。

在20世纪80年代之前，环境监测只是环保部门针对重点区域，设立固定的监测站点，只能获取有限的监测数据，监测效率不高。

到20世纪90年代，随着元器件、集成电路、自动化控制等技术的发展，监测仪器仪表制造业得到迅速发展，监测仪器的生产商为环保部门提供高水准的监测仪器，使其获取的监测数据逐步实现精确化和批量化（赵英民，2009）。

进入21世纪，监测仪器、计算机技术、数据传输技术等的发展，带动了在线监测系统软件平台的研发，一部分软件企业逐渐涉足环境在线监测的系统平台开发，并与前端仪器集成，为环保部门及排污企业提供高度集成的在线监测系统，实现了监测数据的实时获取。

近几年来，系统平台的成熟化，引导环境在线监测服务企业逐渐由技术支持向系统运营与维护的方向发展，在为客户指定解决方案之后，也为客户执行该方案，完成在线监测的一条龙服务过程（姜红和曾锵，2005）。

交大长天自成立以来以"软件＋硬件＋服务"的创新服务模式作为企业的发展策略，首先为国家环境保护总局研制了"国家环境监理信息系统"，并随后建立了硬件设备研发中心，提出了软硬件的配套销售模式，并能为客户提供环境在线监测的完整解决方案。

三 环境在线监测服务业创新中科技作用分析

（一）电子信息技术促进在线监测系统硬件的发展

电子信息技术主要包括元器件、集成电路、通信、自动控制等技术，这些是环境在线监测系统数据获取和传输中所应用的重要技术。

对于环境监测工作而言，监测仪器仪表在其中发挥着重要作用。元器件、集成电路及自动控制技术是在线监测传感器的重要组成部分，是数据获取的基本元件，直接影响着获取数据的精度和质量，这些技术的发展极大地提高了硬件监测设备自动化及智能化程度，可以完成多项指标的监测任务，满足了环保部门的监测需求。

　　通信技术是环境在线监测数据传输的桥梁，先进的通信技术可以完成庞大的监测数据的传输任务，为系统进行数据建库和数据处理提供条件。目前，环境在线监测行业应用到的主要的通信技术为光纤通信、卫星通信和移动通信。这几种通信技术各具特点和优势，已在环境在线监测系统建设工程中得到广泛的应用[1]。

（二）3S 技术促进环境在线监测软件系统的发展

　　3S 技术是 GPS、GIS、RS 的总称，是空间信息技术、传感器技术、卫星定位与导航技术和计算机技术、通信技术相结合，多学科高度集成的对空间信息进行采集、处理、管理、分析、表达、传播和应用的现代信息技术（吕铎，2007）。

　　GPS 技术可辅助污染源普查工作、放射源监控管理工作，通过 GPS 确定监测点的经纬度，并将数据发送至环境监控管理中心，根据定位信息确定污染物的确切位置及放射源的移动轨迹。在发生突发性环境事故时，利用 GPS 技术，可以将事故发生地的精确位置发送至应急指挥中心，及时提出应急预案，最大限度地降低事故造成的损失。

　　GIS 是在计算机软硬件的支持下，对整个或部分地球表层空间中的有关地理分布数据进行采集、存储、管理、运算、分析、显示和描述的技术系统。在环境监测的过程中，利用 GIS 技术可以对实时采集的数据进行存储、处理、显示、分析，建立环境在线监测信息系统，实现对监测区域的环境质量进行客观、全面地评价，为环境监测与管理的科学化、自动化提供基本条件。

　　RS 是指从高空或外层空间接受来自地球表层各类地物的电磁波信息，并通过对这些信息进行扫描、摄影、传输和处理，从而对地表各类地物和现象进行远距离探测和识别的现代综合技术。

　　3S 技术是环境在线监测软件系统平台构建的基础，利用 3S 技术，对在线监测的数据进行实时处理、显示、分析及监测点的定位。解决了环境监测数据的平台展示问题，使得环境在线监测系统更加直观和明了。

第五节　环境在线监测服务业创新存在的问题

一　产品创新受市场制约

　　由于环境在线监测服务业属于政府主导型行业，国家的政策直接引导着产

---

　　[1]　中国环境保护产业协会环境监测仪器专业委员会.2010.我国环境监测仪器行业 2009 年发展综述.行业综述，(5)：14-18。

业的发展方向。政策提出环境监测的项目，企业随之研发相应的监测产品，导致企业的自主研发方向受到限制，无法利用自身优势研发具有先进性、核心性、有针对性的监测技术和产品。这在一定程度上影响了环境在线监测服务业的发展和细化，使得到目前为止还没有出现环境在线监测的核心领域。这导致我国环境在线监测服务业不具备核心竞争力，不利于环境在线监测产品在全国甚至全球的市场推广。

而相对前沿的科研成果，往往与市场需求脱节。一些高校和科研机构的科研人员在科研中并不是以推进科研成果的转化、运用而产生经济效益为目的，而是以发表论文、著作和完成科研项目，追求学术价值等"切身利益"为最终目标，主要体现为"重学术、轻技术，重成果、轻转化"。这导致许多科研项目只有理论价值而缺乏社会经济效益，科研成果背离了经济社会发展的实际需要，难以满足企业技术性和经济实用性的发展需求。

二 行业市场秩序混乱

环保服务行业作为一个新兴行业，市场机制还没有完全建立起来，企业入行门槛低，行业市场秩序混乱，企业存在恶意竞争的现象，限制了行业的总体发展。

另外，存在地方保护现象。由于各地区的排污企业各具特点，各地环保部门的排污设定标准不统一。地方环保部门基本选择采用当地在线监测企业的产品，强调环保产品的自产、自销，项目施工也由当地企业完成，造成不合格产品进入产业市场，地方保护主义严重，缺乏公平的竞争环境，阻碍了产业的发展进步。

三 用户使用意愿低

环保部门执法成本高，企业违法成本低，政策执行力度小。目前，排污企业的环保意识不高，宁可缴纳排污违规罚款，也不愿出资或拖延出资购买仪器。另外，目前环保部门的执法成本高的问题也在一定程度上限制了环境在线监测服务业的发展。由此执法成本高，违法成本低的情况使得环境在线监测工作不能顺利开展，限制了环境在线监测服务的普及。这导致环境在线监测服务质量与环保工作开展效果不成比例，服务质量的好坏与排污企业对于环境在线监测系统的执行力度的强弱之间没有直接联系。另外，环保行业协会组织少，没有发挥其应有的作用，企业间交流不畅。这就需要政府部门发挥作用，确保排污企业对于环境在线监测系统的建设和正常使用（魏江和沈璞，2006）。

第六节　促进环境在线监测服务业创新的政策建议

一 企业为主政府为辅，创建环境在线监测服务业联盟

由政府提供政策和资金的支持，鼓励环境在线监测服务业成立产业联盟，增加企业间的交流与沟通，使得行业内的先进经验和技术能及时有效地传播和运用，避免企业间的恶意竞争，保障环保市场健康有序。同时，通过该联盟加强企业间的合作与配合，实现企业间的优势互补[①]。

二 设立环境在线监测服务创新基金，鼓励企业产学研深度合作

目前，我国环境在线监测服务业还处于快速发展阶段，与国外相比，许多技术和产品还有待进一步研究与开发。建议政府以设立环境在线监测服务创新基金的形式，鼓励企业及相关科研院所紧密联系，实现技术与产品的创新，并通过企业进行成果转化，进一步满足市场需求。

三 支持定期召开环境在线监测服务业高级论坛

由政府部门牵头，企业为主导，定期组织开展环境在线监测服务业的高级论坛，邀请该领域的专家从专业角度介绍环境在线监测服务业的先进技术和理念，对企业在该领域技术和方法上无法解决的问题给予指导，并指出环境在线监测服务业的未来发展趋势，使企业能够正确把握行业发展方向，促进行业发展健康有序[②]。

四 鼓励国际科技合作，搭建环境在线监测服务业国际交流平台

利用我国优先开发区及评定的环境保护创新模范城市的地域优势，加强环境在线监测服务业方面的国际科技合作，吸引国内外的优秀的专家和人才，加入到环保产业环境在线监测服务业的研究和建设当中，为其搭建环境在线监测服务业的国际交流平台，尽快实现我国环境在线监测服务与国际接轨。

---

① 作者根据中华人民共和国环境保护部官方网站整理，见 http://www.zhb.gov.cn/。
② 作者根据谷腾环保网官方网站整理，见 http://www.chinaep-tech.com。

第一节 空间信息产业的概念及其产业边界

一 空间信息产业

空间信息产业是基于现代测绘技术或地理信息技术，以空间信息资源开发利用为核心内容的高新技术产业，是地球空间信息科学技术、空间信息产品或提供空间信息技术服务的所有产业部门的集合体，是遥感、GIS、卫星定位与测量等技术应用的产业化结果，是国民经济信息产业的重要组成部分，属于高新技术产业范畴。空间信息产业是高速增长的现代服务业，是新经济或知识经济的典型代表（国家遥感应用工程技术研究中心等，2009）。

空间信息产业涉及信息技术、通信技术、航天遥感、导航定位技术等多种技术手段，实现空间信息的收集、获取、加工、提供、管理、服务和应用等。其核心技术包括：GPS技术、GIS技术和RS，即3S技术。

二 空间信息产业边界

空间信息产业是伴随着全球范围内的空间信息技术发展而兴起的高新技术产业，是信息产业的重要组成部分，主要包括地理信息系统产业、导航定位产业、空间数据加工产业、遥感数据服务产业四大部分。空间信息产业结构（国家遥感应用工程技术研究中心等，2009）主要包括七个方面，即硬件、软件、数据采集与处理、电子地图数据、遥感信息获取与处理、系统开发与集成和咨询与技术服务。空间信息产业主要产业活动中的各个环节，包括空间数据提供商、硬件设备提供商、软件平台提供商、软件二次开发商/应用开发集成商、服务运营商、应用终端/个人。空间信息产业从核心技术与数据资源，到工程应用，再到各种销售、咨询和信息服务，具有较长的产业链。随着产业的发展，空间信息产业链正逐渐向信息产业链延伸和渗透。空间信息产业链结构如图10-1所示。

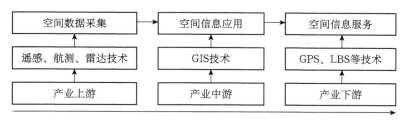

图 10-1 空间信息产业链结构图

　　三维空间信息应用处于空间信息产业的中游，主要是在三维 GIS 基础软件平台的基础上进行二次增值开发或与其他信息系统进行集成，以满足特定行业和领域的需求。主要产业活动包括需求调查、系统设计、软硬件采购、系统开发集成和调试、用户培训、系统维护和更新。

第二节　空间信息产业发展现状

　　近年来，我国空间信息产业发展迅速，特别是北京、武汉、广州等地的空间信息产业一直走在全国前列。其中，北京作为我国的首都，在政策、市场、人才、资金和国际交流等各方面具有得天独厚的优势，空间信息产业也因此得以蓬勃发展并粗具规模。目前，北京有 900 余家涉足空间信息产业的企业，占全国总数的 30%，已经成为我国最有影响力的空间信息产业聚集区和领军城市。目前，已经逐步形成以上地中关村软件园、健翔科技园和中关村为核心的三大辐射圈，并且以三大辐射圈为核心的周边区域又形成了一个更大的产业聚集区。

　　与全国其他城市和地区相比，北京 GIS 产品市场相对成熟和完善，发展十分迅速，开始日益受到软件产业及其他各行业和部门的重视。拥有自主知识产权的国产 GIS 产品（如 SuperMap 等）占据了一半以上的国内市场，但与国外 GIS 产品的竞争仍非常激烈。而北京作为许多行业的管理中心也加大了市场竞争的激烈程度。同时，GIS 软件产业也是北京软件产业和首都信息化的重要内容，首都信息化"十五"计划中已将空间信息工程作为重点实施的五大类工程之一。政府部门仍是 GIS 产品的主要用户，因此北京作为中央各部委、国外驻京机构的集中地，为产业的发展提供了巨大的市场需求。可以预见，在今后的发展过程中，从事 GIS 的企业在北京地区的市场竞争将更为激烈。同时，北京地区 GIS 产业发展也面临一些问题，如市场竞争缺乏公平性、缺乏系统的产品推广能力、不重视知识产权保护等。

　　北京作为国内外卫星导航企业的聚集地，其卫星导航产业发展迅速，处于国内领先地位。目前，国内有影响力的卫星导航企业大部分集中在北京，而国外著名的厂商在北京也都有其代理商或分公司。全国 9 家导航电子地图资质公司在北京的有 6 家，而且北京中关村地区聚集了国内主要从事卫星导航的企业和研究单位，具有明显的集聚效用。与 GIS 产业类似，卫星导航产业的应用领域中政府仍然占很大比重。而且随着汽车导航产业的逐步成熟，北京市民用汽车保有量迅速增长，其车载导航安装率却不到 2%，相比日本的 59% 和欧美的 25%，个人对卫星导航的应用也有很大潜力。另外，在 2008 年北京奥运会契机的推动下，北京的车载 GPS、物流及相关行业也取得了极大的发展。但作为一个新兴行业，北京集中了较多的大型卫星导航企业，激烈的竞争压缩了某些规模小但有特色的企业的市场空间，不利于整个行业的均衡发展。

北京空间数据加工市场潜力巨大。北京作为首都对信息化有着高度要求，随着城市的发展，北京数字信息亭等服务及市政设施的建设对电子地图需求不断加大。而且北京作为行政中心，各部委政府机关信息化都离不开空间数据——电子地图基础数据库，而"数字北京"、"万米格网"、"数字奥运"的实施也给空间数据加工产业带来了巨大的市场。同时，北京卫星导航产业的迅速发展也极大地促进了空间数据加工产业的进步。当前，北京从事空间数据加工的企业粗具规模的主要有 6 家，注册资本从 1000 万～8000 万元不等，市场竞争十分激烈。但北京空间数据加工产业由于刚刚兴起，在产品品牌建立、市场营销、企业结构、市场竞争等方面也存在着一系列亟待解决的问题。

北京遥感数据服务市场正处于快速增长阶段。据不完全统计，北京市数据服务市场 2005 年的产值至少为 1 亿元，同 2004 年相比，年销售量增长率约为 20%，但数据服务市场上仍以销售国外卫星数据为主。目前，北京地区主要从事正版数据服务的企业有 10 家左右，其中年销售收入超过 1000 万元的有 4 家，其他公司的年销售收入一般在 100 万元左右。遥感数据具有垄断性、时效性等特点，需要不断投入资金加以维护，因此盗版数据市场不大。加上不断进入的国外数据代理公司，今后几年市场竞争将更为激烈。目前，北京地区的企业作为数据服务提供商，不仅满足本地各部门的需求，还需要及时为全国各地的需求者提供服务。但需要认识到，仅仅依靠数据买卖难以壮大企业实力，需要克服企业数据服务专业化和多样化能力不足、缺乏特色和创新的问题，才能更好地发展壮大。

现阶段来看，空间信息产业发展非常迅速，市场潜力巨大，但整体发展水平还不高，市场、技术、服务等各方面都有许多问题亟待解决。

第三节　空间信息产业的典型创新模式

通过充分分析北京国遥新天地信息技术有限公司（简称国遥新天地）、北京超图软件股份有限公司（简称超图软件）、北京北斗星通导航技术股份有限公司（简称北斗星通）等具有核心竞争力的空间信息技术企业在企业发展过程中的典型创新模式，总结服务模式创新的新思路、新方法，为空间信息产业的可持续发展提供借鉴并起到积极的推动作用。

一 北京国遥新天地信息技术有限公司的创新历程

（一）公司概况

国遥新天地（EarthView Image Inc.）成立于 2004 年，注册资金 1000 万元，是以中国科学院遥感应用研究所和国家遥感应用工程技术研究中心为背景依托，提供遥感应用软件、遥感影像数据两大业务板块服务，以及全面遥感解决方案的空间信息产业企业。截至 2009 年年底，公司净资产达到 2004 万元，并且以每年 50％的速度高速增长。

经过持续多年的努力，国遥新天地成功推出 EarthView 系列遥感应用软件产品（EV-Globe、EV-Viewer、EV-Manager、EV-China），特别是在三维空间信息平台技术的自主研发与创新方面取得了显著成绩，推出的具有完全自主知识产权的国产大型开放式三维空间信息平台 EV-Globe 得到了领域专家和重要用户的高度评价，在军事、应急、海洋、能源、国土、测绘、地矿、水利等领域成功实现了一批基于三维海量遥感影像、基于"数字地球"背景的重要应用。

在数据服务方面，国遥新天地提供包括主要商业遥感卫星数据和航空遥感数据在内的全系列遥感影像数据服务，率先策划并倡导大规模高分辨率航空遥感影像自主采集新模式——中科高清遥感影像产品服务，并已在珠江三角洲、山东、辽宁、江苏、浙江等地进行了探索实践，完成一大批自有版权的高质量高分辨率航空遥感影像数据的采集，取得了良好的推广效果，推动了一批重要行业应用，客观上对我国遥感应用推广和遥感产业发展起到了积极作用。

公司秉承"自主创新，开放共赢"精神与理念，业已树立优良品牌形象、确立业界领先地位。公司在"创新天地"持续推进"遥感中国"事业的发展，在求得自身"又好又快"发展的同时，为我国遥感产业的更大发展做出贡献。

（二）发展历程

国遥新天地主要代理国外 QuickBird、IKONOS 等具有世界领先水平的高分辨率卫星遥感影像数据，并先后被 IKONOS、QuickBird 评选为中国最佳经销商。2005 年，独立开发出具有完全自主知识产权的 EarthView 系列软件之 EV-Viewer 海量遥感影像快速浏览软件；同年，参加国土资源部国土大调查成果集成项目，为第二次全国土地调查贡献了自己的力量。

2006 年年初，国遥新天地在通过充分调研国外三维空间信息平台及国内三维空间信息市场的基础上，认识到三维空间信息产业将作为新的行业发展点而快速发展，因此便以高起点起步投入大量资金和科研力量直接进行三维 GIS 平台的研发工作，并于同年年底正式推出国内首个具有完全自主知识产权的大型开放式三维空间信息平台 EV-Globe。

2007 年，与北京星天地信息科技有限公司建立了战略合作伙伴关系，探索性地进行航空遥感影像数据无订单自主采集试验，首次完成了广东省部分地区 2 万平方公里的航空遥感数据采集，以每平方公里 400 元的均价，创造直接销售收入 800 万元。在创造良好经济效益的同时，更降低了用户使用遥感产品的门槛。自 2008 年至今，先后合作完成了山东、辽宁、江苏、河北、吉林五省全域近百万平方公里的高分辨率航空遥感影像数据的采集工作。创造性地将无订单式自主采集模式引入到航空遥感数据采集模式中，打破国内航空遥感数据采集仅进行订单式飞行的传统思维，为航空遥感数据无订单自主采集模式的发展进行了积极探索。改变了国内航空遥感数据采集细小且零散的作业状况，而且最大限度地利用国内现有航空遥感数据采集资源，有效降低数据使用成本，并且打破了国外卫星遥感数据长期垄断我国遥感数据市场的地位。

2008 年，先后成立研发中心及软件销售事业部，公司内部体系初步形成。同年，具有完全自主知识产权的大型开放式三维空间信息平台 EV-Globe 软件体系不断完善，相继推出了 EV-Globe SDK、EV-Globe Server、EV-Globe Pro、EV-Globe Creator 等一系列产品，从客户端到服务器、从二次开发到数据制作形成了完整的产品体系。以 EV-Globe 为原型系统而建立的三维 GIS 平台——"遨游天府——四川省地理空间三维管理系统"因其在 5·12 汶川大地震抗震救灾工作中的优异表现，获得了 2009 年中国 GIS 优秀工程银奖与测绘科技进步三等奖，并且先后被评为北京市科技创新产品、北京市自主创新产品。2010 年，EV-Globe 被评定为国家重点新产品。

2010 年，国遥新天地被评为中国地理空间产业十大最具成长力企业、国庆 60 周年 GIS 服务特殊贡献单位。当前，EarthView 系列软件体系已经完备，海量遥感影像快速浏览软件 EV-Viewer、多源海量遥感影像管理软件 EV-Manager、大型开放式三维空间信息平台 EV-Globe、遥感中国系列教学软件 EV-China 已经成为国遥新天地提供遥感软件服务的核心产品。

（三）市场及盈利情况

目前，国遥新天地是国内最大的航空遥感数据分发商，并且是首个国内三维空间信息平台开发商。目前，中科高清遥感影像已经覆盖广东、浙江部分地区及山东、辽宁、江苏、河北、吉林 5 省全域近 100 万平方公里，被广泛应用于规划、土地、环境、水利、交通、海洋、林业、农业、电力、电信、民政、房地产、公共安全、市政管理等领域，拥有广泛的用户需求和客户。

同时，EarthView 系列遥感应用软件结构体系已经基本完善。其中，以大型开放式三维空间信息平台 EV-Globe 为原型搭建的三维空间信息平台已经广泛地应用于军事信息化、石油石化、电力、国土测绘、数字海洋、安全应急、林业、地矿、地理教学等领域，相继完成四川省地理空间三维管理系统、中石油三维海外应急系统、卫星侦察三维视景仿真系统、全国海岛海岸带三维可视化信息系统等多个应用项目的开发，并且为中国 2010 年上海世界博览会安全保卫工作和探月工程之嫦娥二号卫星发射的动态监测贡献了自己的力量，取得了良好的社会及经济效益。

（四）创新模式分析

1. 商业服务模式创新——从"中国最佳经销商"到自主采集的服务模式创新

从获得"2004 年 IKONOS 中国最佳经销商"、"2005 年 QuickBird 中国最佳经销商"等荣誉称号开始，至 2010 年拥有近百万平方公里的具有自主知识产权的国内航空遥感影像数据，国遥新天地经历了从被动销售国外卫星遥感影像数据到自主采集国内航空遥感影像数据的巨大转变，实现了服务模式的创新。在近 6 年的时间里，国遥新天地经历了一个"问题和机会向导"的创新过程。在这个过程中，创新意识和进取精神为公司注入了巨大的发展动力，使公司获得了明显的行业竞争优势。

援引吴秋华总裁在接受 3sNews 采访时的讲话："3S 行业发展的关键核心不在于软件、技术，而在于数据获取。数据的突破是有可能的，一旦有所突破其影响就会非常大，也会推动科技的变革。联系到 3S 技术之一的 RS 与产业发展，其核心和亮点将是遥感数据获取能力的大突破。事实上 2006 年年底以来，我们已经'先知先行'，率先发起了大规模高度集约化高分航空遥感影像自主采集新模式，并已在珠江三角洲、山东、辽宁、浙江、江苏等地进行了试验推广。类似这种'遥感数据共享'模式可以降低应用单位经费门槛、技术门槛，为数据的突破创造条件。只有在这种高分遥感数据和高精三维地形数据获取能力突破的前提下，才能推动真正意义上的应用推广和产业发展，遥感产业才能做大。"

1）初期探索——"中国最佳经销商"

国遥新天地在成立初期，采取与其他空间信息技术企业在创业伊始类似的遥感影像数据服务策略，即通过代理国外卫星遥感影像从而实现对高分辨率遥感数据的分发与服务，并通过购买与销售卫星遥感影像数据的中间差价赚取影像数据销售利润。数据内容主要包括 QuickBird、IKONOS、WorldView、

ALOS 等具有世界领先水平的高空间分辨率和时间分辨率的卫星遥感影像数据。国遥新天地凭借其在遥感影像数据销售方面的出色表现，先后获得了"2004 年 IKONOS 中国最佳经销商"、"2005 年 QuickBird 中国最佳经销商"等荣誉称号。

然而，伴随着我国空间信息产业的不断发展和市场容量的逐步扩大，国外卫星遥感数据所存在的问题日益凸显，数据价格昂贵、行业垄断性强、数据知识产权归属等问题逐渐成为制约国内卫星遥感数据大范围应用的瓶颈。正是这些问题激励着国遥新天地不断探索新的数据服务模式。

2）打破垄断——无订单式自主采集模式

在过度依赖国外卫星遥感数据成为阻碍我国空间信息产业快速发展的市场条件下，国遥新天地积极应对挑战，勇于开拓创新，以敏锐的洞察力探索出一条蕴藏着巨大商业价值的"低碳遥感"商业模式——无订单式自主采集模式。

国遥新天地与具有甲级测绘资质的航空遥感数据采集优势单位北京星天地信息科技有限公司进行强强联合，建立了战略合作伙伴关系，并在科技部、国家测绘地理信息局的推动与协调下创建了"航空遥感数据获取与服务技术创新联盟"（简称航空遥感联盟），通过大规模航空遥感影像集中自主采集方式，彻底改变了过去依赖单个企业、单个政府订单的局面。该模式将来自政府及众多企业等多方面的需求进行汇总，实施统一采集，单次采集作业规模大大提高，无论是飞机转场、单架次采集，还是数据加工、地面等待的生产能耗都得到了大幅降低。据不完全统计，生产能耗至少可以降低 30％以上。在航空遥感联盟有效整合现有航空遥感数据采集资源的条件下，单台套传感器每年的生产规模也随之成倍增长，由过去每年平均获取不到 1 万平方公里数据提高到目前每年平均至少获取 10 万平方公里数据，最大限度地节约了资源，实现了"低碳遥感"的产业转变。在实际工作中，北京星天地信息科技有限公司负责对全国大范围地区进行航空遥感数据的采集工作，国遥新天地则通过其强大的销售团队和遍布全国的销售网络对航空遥感数据进行分发服务。

2007～2008 年，先后完成了广东省部分地区 2 万平方公里，山东、辽宁两省全域近 32 万平方公里的高分辨率航空遥感影像数据的自主采集工作。2009 年至今，相继完成了江苏、河北、吉林三省全域的航空遥感数据自主采集工作，面积近 60 万平方公里。由此创造性地将无订单式自主采集模式引入到航空遥感数据采集模式中，打破了国内航空遥感数据采集仅进行订单式飞行的传统思维，为航空遥感数据无订单自主采集模式的发展进行了积极探索。不但改变了国内航空遥感数据采集细小且零散的作业状况，而且最大程度地利用了国内现有航空遥感数据采集资源，有效降低了数据使用成本，打破了国外卫星遥感数据长期垄断我国遥感数据市场的地位。

3）快速发展——形成技术优势，组建创新联盟

目前，国遥新天地通过自身的努力已经成长为国内最大的自主高分辨率航空遥感数据采集与分发服务商，有效改变了高分辨率遥感影像数据获取 85% 以上依赖国外卫星遥感数据的情况。在高分辨率遥感影像数据方面形成了技术服务创新优势，包括如下几点：

（1）自主采集，低碳服务。航空遥感影像数据的自主采集，使得遥感影像产品的性价比更高。客户用高分辨率卫星影像的价格，即可获得更高分辨率并且经过正射纠正处理后的遥感影像数据，为顾客提供了具有更高附加值的影像数据产品，大大节省了顾客对影像数据进行后期处理的成本。

"低碳遥感"实现了航空遥感影像数据大规模高密度采集作业，与常规小面积小区域航空遥感数据采集相比，"低碳遥感"作业模式能够降低飞机燃油及人员设施配套费用达 30% 以上，并且将采集过程中节约的成本回馈于顾客，使顾客成为最终的受益者。

通过服务创新，有效地节约企业成本、节省顾客资金，实现了低碳理念等经济与社会效益。

（2）高品质多元服务，提高顾客满意度。国遥新天地通过对航空遥感影像数据产品的生产过程、服务过程进行创新，为顾客提供了高品质、多元化的遥感影像数据服务，从而提高顾客满意度。

（3）大面积连续覆盖。首次实现了短时间内数十万平方公里连续大面积高分辨率航空遥感影像数据的获取，这种大面积连续覆盖的成像效率是高分辨率遥感卫星所不可能达到的。

（4）时相一致性。在航空遥感影像数据自主采集过程中，国遥新天地通过采取多机并行的强化采集模式，最大限度地利用当地有限的航摄适宜天气，在较短时间内完成大面积连续区域的高分辨率航空遥感影像数据的采集。因此，相对于采用卫星遥感技术获得的影像数据，自主采集的航空遥感影像数据具有无与伦比的时相一致性优势。

（5）无云覆盖。高分辨率卫星遥感影像合格产品的云量覆盖指标是小于 20%，而中科高清遥感影像产品则基本上没有云量覆盖。

（6）高分辨率。正射影像产品（DOM）像元分辨率一般为 0.5 米，部分地区采用 0.25 米分辨率，可以制作 1∶2000 甚至更大比例尺的遥感影像地图，满足 1∶5000 甚至更大比例尺的测图精度要求。

（7）产品形式丰富。中科高清遥感影像数据既有标准正射影像产品，还能够根据用户需求制作 DEM，立体像对产品则可用于进行立体测图及提取建筑物模型等应用。

目前，具有企业自主知识产权的中科高清遥感影像产品凭借其技术服务创

新已经得到市场的广泛认可，已被广泛应用于规划、土地、环境、水利、交通、海洋、林业、农业、电力、电信、民政、房地产、公共安全和市政管理等领域。同时，通过采用无订单飞行的遥感数据采集模式，有效地改变了以往分散、单点的数据采集作业模式，极大地提高了国内已有数码航空摄影设备的利用率，并且节约飞机燃油70％以上，取得了良好的经济效益与社会效益。

（8）扩大行业影响力，组建技术创新联盟。目前，国遥新天地与北京星天地信息科技有限公司通过组建的航空遥感联盟，将国内在航空遥感方面具有领先优势的北京大学、武汉大学和中国科学院遥感应用研究所等多家单位联合起来，充分发挥各自优势，实现遥感数据最大限度的共享，努力推广技术创新服务模式，为推动我国航空遥感事业的不断发展与进步贡献自己的力量。

2. 技术服务模式创新——从软件平台技术创新向整体解决方案服务创新迈进

1）瞄准三维——具有完全自主知识产权的大型开放式三维空间信息平台

随着GIS的不断发展，二维GIS技术已经相当成熟，并且逐步深入到国民经济建设各个领域之中。然而，二维GIS由于其自身所限仅仅能够实现基于平面的信息展现，不能满足用户对空间信息的要求，即有更加直观、生动的效果。Google Earth、World Wind等国外三维空间信息平台的不断涌现，有效地解决了二维GIS所面临的难题。

早在国遥新天地成立之初，国遥新天地人就清楚地意识到三维GIS是地理信息产业未来发展的主要趋势，所以并没有加入到传统二维GIS产品的竞争行列，而是在对国外三维空间信息平台及国内三维空间信息市场进行充分调研的基础上，高起点地投入大量资金直接进行三维GIS平台的研发工作，并于2006年正式推出国内首个具有完全自主知识产权的大型开放式三维空间信息平台EV-Globe。国遥新天地人的高瞻远瞩得到了应有的回报，较国内很多传统二维GIS平台商于2009年才推出三维GIS平台抢占了先机，并且在国内三维空间信息平台领域中占领了半壁江山，始终保持着领先者的地位。

2）开拓市场——三维空间信息行业整体解决方案提供商

EV-Globe集成了最新的地理信息和三维软件技术，具有大范围、海量、多源（包括DEM、DOM、DLG、三维模型等）数据一体化管理和快速三维实时漫游功能，支持三维空间查询、分析和运算，可与常规GIS软件集成，提供全球范围基础影像资料，方便快速构建三维空间信息服务系统，亦可快速在二维GIS系统完成向三维的扩展，是新一代的大型空间信息服务平台。同时，EV-Globe凭借其易用、真实、强大等技术特点，一经推出就受到国内众多用户的青睐。然而，是仅仅提供EV-Globe软件平台，还是同时提供EV-Globe整体解决方案，成为国遥新天地在企业发展初期亟待解决的问题。

在EV-Globe不断完善的过程中，国遥新天地人找到了上述问题的答案。通过不断进行技术攻关，相继推出了 EV-Globe SDK、EV-Globe Server、EV-Globe Pro 、EV-Globe Creator 等一系列产品，最终形成大型开放式三维空间信息平台 EV-Globe，为相关领域提供整体行业解决方案奠定了坚实的技术基础。并且，在 EV-Globe 平台研发过程中，先后得到了国家科技型中小企业技术创新基金、北京市朝阳区科技计划项目资金的大力支持。2009 年，EV-Globe 被北京市科学技术委员会等 5 家单位评为 "北京市自主创新产品"，并于 2010 年入选 "全国重点新产品计划"。

通过技术创新与服务理念的融会贯通，国遥新天地最终迈向了三维空间信息产业行列整体解决方案提供商的服务创新模式之路。国遥新天地凭借 EV-Globe 平台的卓越技术，为三维设施管理、军事三维仿真、资源环境集成等多个领域提供了完美的解决方案。EV-Globe 功能涉及领域广、三维表达尺度全，创新性地实现了游戏仿真互动与空间信息管理的结合，是国内首个实现对空中、水上、水下、地下对象四位一体化管理的大型空间信息服务平台。同时，国遥新天地结合用户的实际应用情况，分别推出了针对海洋（水下应用）的 EV-Globe Ocean 版，以及针对网络 B/S 结构应用的 EV-Globe Web 版。

EV-Globe 基于整体解决方案的服务创新模式，获得了顾客的一致认可，取得了丰厚的市场回报。同时，国遥新天地的行业整体解决方案占领了国内国土、测绘、军事、石油石化、海洋等多个行业市场，能够为政府部门实施宏观决策、公共管理及应对突发公共事件提供科学合理的决策依据。以 EV-Globe 平台为原型基础的三维空间信息系统整体解决方案获得过多个奖项。例如，"遨游天府——四川省地理空间三维管理系统" 因其在 2008 年 5·12 汶川大地震抗震救灾工作中的优异表现，获得了 2009 年中国 GIS 优秀工程银奖与测绘科技进步三等奖。

目前，EV-Globe 整体解决方案服务已跻身国内前列。在中国 2010 年上海世界博览会安全保卫、嫦娥二号升空仿真等工作中都有 EV-Globe 整体解决方案的优异表现。与国外解决方案相比，EV-Globe 整体解决方案更加适合国内用户习惯，具有更高的安全性，不但适合国内大型企业、单位使用，而且能够更加方便地为各行业的特定需求开发提供底层技术支持，扩展性能更为强大。同时，更高的性价比也是 EV-Globe 整体解决方案的巨大优势。

3）应用创新——"遨游天府——四川省地理空间三维管理系统"

"遨游天府——四川省地理空间三维管理系统" 是为四川省测绘地理信息局开发的一套管理四川省影像、矢量，以及大量社会经济统计数据的三维信息平台。四川省地理信息测绘局拥有全系列标准比例尺的矢量数据、DEM 数据，并收集整理了近年来四川省的社会经济统计、旅游数据。四川省测绘地理信息局希望这些数据最好能够在一个平台上直观、可视化地展示出来。最终，通过一系列的平台比较，四川省测绘地理信息局委托国遥新天地在 EV-Globe 平台基础上开发出此系统。

四川省测绘地理信息局对于系统提出严格的要求，系统要能将 1∶50 000 数字线划地图（DLG）的核心要素（地名、道路、车载 GPS 县乡道数据、主要水系、乡级以上境界、村级以上居民地），全省 21 个市州首府 1∶2000 DLG、专题要素（如旅游地、开发区、重点发展区域、优势区域等）、全省 1∶50 000DEM、全省 2.5 米 SPOT 影像、部分区域 0.61 米影像、约 1 万条统计年鉴数据、2000条旅游专题数据、全省 10 米 SPOT 影像、5000 条人文及地理信息等数据放到系统中。在此基础上还要求能够对所有数据进行真三维浏览，此外特别要求系统具有对矢量数据进行查询分析等 GIS 分析功能。四川省基础地理信息中心通过对比多家平台，最终指定系统在国遥新天地自主研发的具有完全知识产权的大型开放式三维空间信息平台 EV-Globe Pro 基础上进行研发。

EV-Globe 创新地以"软件、数据、网络、模型"四位一体的模式，能够逼真地进行全球高分辨率 3D 影像的空间信息管理和高速浏览，实现矢量数据与遥感影像数据的完美叠加显示。不仅为海量空间数据管理提供了全新手段，也为空间信息技术走向大众提供了全新途径，是新一代超大型的空间信息服务平台。使用"遨游天府——四川省地理空间三维管理系统"，用户可以在三维地球球体模型上浏览四川省的影像数据、矢量数据，并以地理空间位置为结点，结合空间信息直观展示空间区域内的社会经济情况、人文地理情况及旅游信息等资源，为全面掌握四川省全省信息资源提供了一个直观、形象、全新的手段。

二 北京超图软件股份有限公司的创新历程

（一）公司概况

超图软件是亚洲领先的 GIS 平台软件企业，主要从事 GIS 基础平台和应用平台软件的研发、推广和服务。

超图软件注册资本 7500 万元，总部设于北京，在上海、广州、杭州、成都、西安、长沙和沈阳设 7 个分公司，在香港设立全资子公司，并由香港全资子公司参股日本超图株式会社。总部、分公司和全资子公司共有员工 700 多名，其中 84％具有大学本科以上学历，20％具有硕士以上学历，含 14 位博士。

超图软件自 1997 年成立以来，始终坚持自主创新，研发出具有自主知识产权的、面向专业应用的多种大型 GIS 基础平台软件和多种应用平台软件——SuperMap GIS 系列。该系列软件在高性能跨平台、海量空间数据管理和多重服务聚合等方面具有核心技术竞争优势，先后获得 2008 年度"信息产业重大技发明奖"、2004 年度"国家科学技术进步奖"二等奖、2003 年度"北京市科学技术奖"一等奖等 6 项国家和省部级奖励，还获得 3 项"国家重点新产品"认定。

SuperMap GIS 系列软件已经广泛应用于数字城市、国土、水利、环保、海洋、测绘、农业、林业、应急、交通、通信、能源、市政管线、金融、电力、自来水、石油、石化等数十个行业，在中国构建了数千个大型成功项目，并已成功进入日本、韩国、东南亚、南亚、中亚、欧洲、非洲等国家和地区。

（二）发展历程

超图软件的前身是中国科学院的一个课题组，在从事 GIS 科研工作的同时，也为地方提供 GIS 应用咨询和项目建设。后来，意识到要使技术"沉淀"下来，管理好人才队伍，将科技成果转化为产品，必须建立一种企业化的运作机制。课题组负责人钟耳顺研究员带领课题组成员组建了超图软件。当时，GIS 刚刚进入中国不久，应用 GIS 的单位要比现在少得多，超图软件的事业就是从较早应用 GIS 的行业开始的。国土管理部门是较早应用 GIS 的单位，而超图软件接到的第一个项目就是南宁市国土资源局的土地管理信息系统，接下来又相继承担了一系列的国土管理信息化项目。目前，国土管理中的 GIS 应用已经非常深入，这些行业应用的经验为超图软件发展自己的 GIS 平台打下了坚实的基础。

超图软件从成立之初就坚持"两条腿走路"的理念：一个是技术研发，一个是项目应用。超图软件的早期是"两条腿走路"，收入主要来自项目，以项目"养"研发，通过项目收入来支持平台软件产品研发，这样历经了 4 年，最终在 2000 年发布了自主创新的组件式 GIS 平台软件——SuperMap 2000。平台软件产品发布后，超图软件就确定了坚持平台软件的长远的发展战略。

在公司创建初期，超图软件和很多企业一样，主要靠自己实施项目，后来超图软件改变了策略，定位于 GIS 平台软件，更多地通过开发商、合作伙伴去承担项目。这么做的原因有两个：第一，GIS 应用领域越来越多，超图软件没有足够的精力全面涉足各行业的应用开发。第二，每个行业的业务需求都有很大差异，与熟悉各个行业业务的合作伙伴合作，为它们提供 GIS 平台软件，让它们更专业地承担项目和开发应用产品，才是正确的道路。因此，超图软件必须整合资源、广泛合作、寻求共赢。目前，超图软件已有几百家合作伙伴，它们在行业内的服务能力、营销能力和整合能力比超图软件更强。基于这一策略，超图软件的平台软件很快进入各个行业。

（三）市场及盈利情况

目前，超图软件在国内 GIS 基础平台软件的市场份额中占据超过 20％的份额，并成为中国第一家成功登陆创业板的地理信息系统软件企业，表 10-1 和表 10-2 分别列出了超图软件 2007～2009 年主要财务数据和 2007～2009 年主要财务指标状况。

表 10-1　2007～2009 年主要财务数据

项目	2009 年/元	2008 年/元	2009 年比 2008 年增减/%	2007 年/元
营业收入	152 752 716.38	127 568 381.60	19.74	77 184 905.27
利润总额	34 375 041.15	22 232 164.34	54.62	21 725 016.44
归属于上市公司股东的净利润	31 537 303.24	20 210 957.01	56.04	19 864 041.39
归属于上市公司股东的扣除非经常性损益的净利润	26 070 593.18	17 668 674.41	47.55	14 431 512.62
经营活动产生的现金流量净额	21 268 309.46	9 614 354.20	121.21	19 508 885.80
项目	2009 年年末/元	2008 年年末/元	2009 年年末比 2008 年年末增减/%	2007 年年末/元
总资产	548 112.703.42	157 225 201.41	248.62	121 262 585.47
所有者权益（或股东权益）	482 033 748.34	107 315 745.00	349.17	85 201 912.88
股本	75 000 000.00	56 000 000.00	33.93	14 000 000.00

资料来源：京都天华会计师事务所有限公司 .2010. 北京超图软件股份有限公司 2009 年年度报告 .54

表 10-2　2007～2009 年主要财务指标

项目	2009 年	2008 年	2009 年比 2008 年增减/%	2007 年
基本每股收益/(元/股)	0.563	0.361	55.96	0.43
稀释每股收益/(元/股)	0.563	0.361	55.96	0.43
用最新股本计算的每股收益/(元/股)	0.420	0.27	55.56	0.26
扣除非经常性损益后的基本每股收益/(元/股)	0.446	0.32	45.63	0.31
加权平均净资产收益率/%	25.62	21.02	4.6	34.13
扣除非经常性损益后的加权平均净资产收益率/%	21.18	18.37	2.81	24.80
每股经营活动产生的现金流量净额/(元/股)	0.28	0.17	64.71	1.39
项目	2009 年年末/(元/股)	2008 年年末/(元/股)	2009 年年末比 2008 年年末增减/%	2007 年年末/(元/股)
归属于上市公司股东的每股净资产	6.43	1.92	234.90	6.09

注：（1）2007 年、2008 年和 2009 年各年末股本分别为 1400 万股、5600 万股、7500 万股；

（2）表中所列财务指标均按中国证监会规定的计算公式计算；

资料来源：京都天华会计师事务所有限公司 .2010. 北京超图软件股份有限公司 2009 年年度报告 .54

2009 年度主营业务收入及利润按业务类型的构成情况如表 10-3 所示。

表 10-3　2009 年度主营业务收入及利润情况

主营业务项目	性质	营业收入/元	营业成本/元	毛利率/%	营业收入比 2008 年增减/%	营业成本比 2008 年增减/%	毛利率比 2008 年增减/%
GIS 软件	软件开发	141 555 179.34	54 032 517.50	61.83	14.43	3.71	3.95
GIS 配套用品	产品销售	11 197 537.04	8 789 767.54	21.50	189.96	186.26	1.01
合计		152 752 716.38	62 822 285.04	58.87	19.74	13.86	2.21

资料来源：京都天华会计师事务所有限公司.2010.北京超图软件股份有限公司 2009 年年度报告.54

（四）创新模式分析

1. 技术服务体系创新——从二维与三维一体化向高性能与面向服务技术体系迈进

本着"国际视野、自主创新"的理念，超图软件一直致力于 GIS 平台软件的技术创新并不断寻求突破。继 2005 年推出高性能跨平台的共相式 GIS（Universal GIS）技术体系，2007 年推出面向服务的服务式 GIS（Service GIS）技术体系后，超图软件又于 2009 年推出了二三维一体化的真空间 GIS（Realspace GIS）技术体系，并将三大技术体系融入到全新的 GIS 平台软件产品系列——SuperMap GIS 6R。

1）二维与三维一体化的 Realspace GIS 技术体系

Realspace GIS 技术体系能够保证二维与三维 GIS 技术的无缝融合，主要包括二维与三维在数据模型、数据存储方案、数据管理、可视化和分析功能的一体化，提供海量二维数据直接在三维场景中的高性能可视化、二维分析功能在三维场景中的直接操作和越来越丰富的三维分析功能。Realspace GIS 突破三维 GIS 以前只能查一查、看一看的应用瓶颈，推动三维 GIS 的深度应用。

2）面向服务的 Service GIS 技术体系

Service GIS 是一种 SOA 的 GIS 技术体系，它以规范的 Web Service 接口提供 GIS 的全部功能，并以服务聚合专利技术实现多级嵌套服务聚合。Service GIS 能够方便构建基于 SOA 思想的应用系统，创新了面向服务的地理信息共享应用模式，不仅可以实现异构 GIS 平台之间的数据共享，还能够实现 GIS 功能之间的共享。

3）高性能跨平台的 Universal GIS 技术体系

Universal GIS 是一种高性能、跨操作系统的 GIS 技术架构体系，是基于标准 C++在完全重构了 GIS 的功能内核情况下开发的 GIS 系列平台软件，支持在 Unix、Linux 和 Windows 等多种操作系统上高性能运行。基于该技术体系的 Service GIS 和 Web GIS 平台支持 SUN、IBM、HP 等高端 Unix/Linux 服务器，为高端用户和大规模计算用户提供专享 GIS 平台支撑。

2. 商业服务模式创新——创建合作伙伴网络、满足不同行业顾客需求

超图软件一直倡导"开放合作，共同发展"的理念，与各界广泛开展合作，并创建了超图软件合作伙伴网络（SuperMap partners network，SPN），旨在建立一个可持续发展的地理信息产业生态链，形成一个开放合作、资源共享、相互支撑、互利共赢的产业平台，使得产业链中 GIS 平台厂商、应用开发商、系统集成商、数据提供商、咨询服务商、IT 软硬件厂商、科研院校及最终用户成为和谐的整体，最终使得各环节都能得到良好发展。

超图软件还与微软、ORACLE、HP、EPSON、Trimble、威创等众多 IT 软硬件厂商、数据商、集成商、科研院校结成了良好的战略联盟合作关系，强强联合，共同创新技术，为用户提供完整解决方案。

超图软件充分发挥自身优势，为加入 SPN 的合作伙伴提供全面的支持和服务，创造更多的市场机会。

（1）软件支持：为合作伙伴提供开发环境软件及相关演示、测试软件。

（2）技术支持：在合作伙伴应用开发过程中提供技术支持及相关资料。

（3）培训支持：为合作伙伴提供技术开发培训。

（4）销售支持：为合作伙伴提供有竞争力的销售支持。

（5）市场支持：通过市场活动、网站、刊物、媒体等多种渠道对合作伙伴进行市场宣传。

（6）资源共享：为合作伙伴提供最新技术、文档资料、市场信息、商业机会、人才交流，以及超图战略联盟提供的相关资源等。

作为 GIS 平台厂商，超图软件为 400 多家二次开发商提供 GIS 基础平台和应用平台软件，并支持合作伙伴开发应用软件和承接 GIS 技术开发服务项目，共同为数字城市、国土、水利、环保、海洋、测绘、农业、林业、应急、交通、通信、电力、石油、石化、市政、金融、管线等众多政府单位和企事业单位提供信息化建设服务。

根据市场特点，在国内市场超图软件以发展二次开发商为主，而在国外市场则以代理商的模式进行。在国外，超图软件首先会让具有 GIS 业务背景的代理商来进行产品代理，然后再去通过发展技术渠道寻找开发商和集成商。对于国外代理商，超图软件在给它们留有一定利润的同时还会提供一些无偿的技术支撑、技术服务，如果出现技术问题则会通过各种方式帮其解决。

国内开发商由于对 GIS 集成软件比较熟悉，自己便可以很熟练地进行二次开发，或者是有 GIS 技术队伍和相应的解决方案。对于这一类集成商超图软件主要围绕 SuperMap 产品为它们提供产品的技术支持。有时候集成商会对 GIS 技术提出一些比较高的要求，甚至出现现有产品不能满足其需求的情况，这时

集成商就需要和 GIS 开发底层有一个互动，而超图软件作为具有自主创新技术的软件厂商会与集成商进行一个很好的互动。在二次开发商、集成商使用SuperMap 产品时，如果在项目过程中遇到了一些 GIS 技术上的问题，超图软件可以直接为它们提供服务，如果有必要，也可以直接到用户那里去进行服务。

三　北京北斗星通导航技术股份有限公司的创新历程

（一）公司概况

2000 年，我国北斗导航定位卫星成功发射后，为了推动中国卫星导航定位技术的产业化，成立了北斗星通，定位是从事卫星导航定位业务的专业化公司。

北斗星通于 2007 年 8 月在深圳交易所挂牌上市，成为卫星导航定位行业内首家上市企业。主要业务包括卫星导航定位产品供应、基于位置的信息系统应用及基于位置的运营服务，集研发、生产、销售、运营为一体，服务于导航定位、指挥调度、精密测量、机械控制、目标监控、物联网等军民应用领域。

过去 10 多年，伴随着我国"北斗一号"系统的建设与应用，北斗星通发展成为国内领先的卫星导航定位企业。作为中国最早从事卫星导航定位业务的专业公司之一，北斗星通提出并建立了"产品＋系统应用＋运营服务"的业务模式，以此致力于为用户提供基于卫星导航定位技术的全面解决方案。

在卫星导航定位产品业务领域，北斗星通通过自主创新与合作创新，为国防、海洋渔业、测绘、机械控制、通信、电力等领域提供包括自主开发生产的全球导航卫星系统（GNSS）芯片、北斗天玑系列集团用户中心设备、BDNAV系列板卡、北斗天璇系列终端/接收机、其他 GNSS 相关配套产品。

在基于位置的信息系统应用业务领域，北斗星通以自主研发的卫星导航应用软件为基础，将卫星导航定位、地理信息、自动控制、通信、传感等技术，应用于用户的业务流程优化整合，提供感知位置、跟踪监控、管理服务的物联网应用平台，提高行业用户生产作业效率和管理效能。

在基于位置的运营服务业务领域，通过北斗星通构建的海、天、地一体化的综合信息运营服务网络平台（以北斗星通为核心，兼容 GPS，整合移动通信网络和互联网，即基于位置信息的物联网运用服务平台），为注册用户提供导航定位、数字报文通信服务和基于位置的增值信息服务业务。

北斗星通作为国家主管部门授权从事北斗系统运营服务业务的首批企业之一，相继取得了"中华人民共和国增值电信业务经营许可证"、"中华人民共和国电信与信息服务业务经营许可证"，具有国家主管部门核发的从事国防装备研制和生产的相关系列资质；2003 年公司通过 GB/T19001—2000 和 GJB9001A—2001 双质量体系认证。同时，作为中关村第二批百家创新型试点企业，已申请了 20 余项实用新型专利技术，获得 50 余项软件著作权及 30 余项非专利技术。公司被认定为北京市高新技术企业及北京市软件认证企业；同时，公司在纳税、银行信用等方面连续多年被评为纳税信用 A 级企业，获得信用良好 A 级企业担保授信信用证书。

（二）发展历程

北斗星通自成立以来，持续从事卫星导航定位产品的研制、生产与销售，基于位置的信息系统研制、生产、系统开发、施工与服务和基于位置的运营服务的业务，逐步形成了符合行业发展特点并与公司实际相适应的"产品＋系统应用＋运营服务"的经营模式。从总体上来看，公司业务的发展主要经历了以下三个阶段。

1. 艰苦创业阶段（2000 年 9 月～2003 年 12 月）

北斗星通创业团队在多年从事卫星导航定位工作的基础上，经过充分调研论证，在我国自主研发的北斗卫星导航定位系统工作卫星升空前夕，积聚了国内外卫星导航人才，开展北斗卫星导航定位系统和 GPS 系统应用，根据做卫星导航定位产业化领先者的愿景制定了面向 21 世纪的公司发展战略。

第一，通过承担我国北斗卫星导航定位系统的北斗信息应用服务平台项目，确立了公司作为北斗系统运营服务分理单位和北斗卫星导航系统应用设备承制单位的地位，也为参与我国新一代卫星导航定位系统的建设和应用奠定了基础，为公司长远发展创造了巨大空间。

第二，鉴于我国卫星导航定位产品技术与国际水平的差距，通过代理 NovAtel 公司的产品，与之建立了长期的战略合作伙伴关系，为以后推出适合中国市场与技术要求的产品，占领中国高精度 GNSS 板卡 90% 以上市场份额奠定了坚实的基础。通过合作创新创造了独具特色的 GNSS 产品业务发展模式，特别是在我国建设新一代全球卫星导航定位系统的战略机遇下，为公司 GNSS 产品业务参与国际竞争探索出了可行的实现途径。

第三，在基础建设方面，建立了北斗卫星导航运营服务中心，通过了 GB/T 19001－2000 和 GJB 9001A－2001 双质量体系认证，逐步建立起公司经营制度体系框架。通过 3 年多的努力，公司初步探索出适合自身发展的"产品＋系统应用＋运营服务"的经营模式，为卫星导航定位产品、基于位置的信息系统应用和基于位置的运营服务三大业务的发展打下了坚实基础，进行了充分的技术创新与发展，为公司快速发展积聚了动能。

2. 快速成长阶段（2004 年 1 月～2007 年 8 月）

北斗星通以基于位置的信息系统集成技术、信息处理软件技术、卫星导航定位产品开发技术和差分定位技术为支撑，积极贯彻"用户前台"和"合作多赢"

的经营策略，坚持走自主创新、集成创新和合作创新的创新之路，成功推出自主品牌的 BDNAV 系列产品、北斗集团用户中心系列设备、船位监控指挥管理系统、集装箱码头生产作业监控管理系统等系列产品，带动了公司业务的快速增长，公司"产品＋系统应用＋运营服务"的经营模式逐步成熟。

在卫星导航定位产品方面，北斗星通于 2004 年年初推出的 BDNAV GPS 系列产品初期产品 RT2S，由于其在性能价格上的优势，带动了国产测量型 GPS 产品制造的发展。2006 年年初推出的 BDNAV GPS/Glonass 系列产品，由于增加了 Glonass 功能，具有更高的可靠性，稳固了公司在高精度产品领域的 90％以上的市场占有率。2006 年年底，针对我国新一代全球卫星导航定位系统的全面建设，提出研发、生产 BD/GPS 兼容接收机产品，丰富完善公司 BDNAV 产品线。

在基于位置的信息系统应用业务方面，北斗星通推出的港口集装箱作业监控管理全面解决方案，得到了天津、上海、宁波、深圳等地企业的充分认可，保持 100％的市场占有率，已在国内港口市场形成了从南到北应用的市场格局。2006 年，提出进一步研发集装箱码头堆场生产自动化、可视化管理系统，实现与港口作业流程的深度融合，给用户创造更多价值，保持市场领先优势。北斗星通的海洋渔业安全生产的解决方案，经过 863 计划、中小企业创新基金项目的支持研究，已在农业部南海区渔政局实施的"南沙渔船船位监控指挥管理系统"中得到应用和市场检验，并作为国家发改委推动我国北斗卫星导航定位系统应用的商业示范工程予以立项。

在基于位置的运营服务方面，北斗星通面对专业应用市场，通过不断建设与完善北斗运营服务平台，不仅为用户提供基本的导航定位服务，而且通过与移动通信、互联网络等的有机结合，为用户提供内容更加丰富、贴近用户的基于位置的增值信息服务。同时，通过海洋渔业应用系统建设，发展了一批重点客户，形成了通过重点客户的服务开展、产生示范效应、开拓市场的发展模式。北斗星通抓住我国新一代卫星导航定位系统建设全面启动的历史机遇，充分利用资本市场的资源配置功能，提升卫星导航定位产品、基于位置的信息系统应用和基于位置的运营服务三大业务的市场竞争力，进一步巩固、充实和丰富"产品＋系统应用＋运营服务"的经营模式。

3. 快速发展阶段（2007 年 8 月至今）

2007 年 8 月，北斗星通在深圳证券交易所正式挂牌上市，同年 12 月获得"2007 年度信用良好企业"称号。

2008 年 5 月，北斗集团用户设备及前线技术服务保障人员，为 5·12 汶川大地震的抗震救灾前线提供指挥支持服务。

2009 年 2 月，北斗星通控股子公司——和芯星通科技（北京）有限公司成立。"BD/GPS 双频兼容接收机及芯片高技术产业化示范工程"及海南北斗星通信息服务有限公司的"北斗/GPS 海洋渔业生产安全保障与信息服务规模化应用高技术产业化示范工程"获批政府资助。同年 10 月，公司竞得中关村永丰产业基地Ⅱ-5-A（南侧）地块，计划建设导航产业基地。

目前，我国卫星导航定位产业正处于全面发展时期，到 2020 年将建成全球北斗导航定位系统。随着全球北斗导航定位系统的建设和发展，北斗星通必将会迎来一个更好的发展时期。

（三）市场及盈利情况

近几年北斗星通的市场及盈利情况见表 10-4～表 10-6。

表 10-4　2007～2009 年主要财务数据

项目	2009 年	2008 年	2009 年比 2008 年增减/%	2007 年
营业收入/元	294 983 349.86	228 862 222.85	28.89	150 368 994.74
利润总额/元	60 627 098.66	54 202 564.19	11.85	44 035 149.03
归属于上市公司股东的净利润/元	51 039 553.36	45 849 235.43	11.32	37 608 271.83
归属于上市公司股东的扣除非经常性损益的净利润/元	51 090 570.26	44 741 488.24	14.19	34 475 015.55
经营活动产生的现金流量净额/元	111 332 205.89	−7 878 466.64	1 513.12	31 747 300.34
项目	2009 年年末	2008 年年末	2009 年年末比 2008 年年末增减/%	2007 年年末
总资产/元	482 943 252.02	367 644 497.42	31.36	319 776 449.01
归属于上市公司股东的所有者权益/元	321 301 708.96	286 185 837.95	12.27	253 786 243.19
股东/元	90 950 000.00	90 950 000.00	0.00	53 500 000.00

资料来源：天健正信会计师事务所.2010.北京北斗星通导航技术股份有限公司 2009 年年度报告摘要

表 10-5　2007～2009 年主要财务指标

项目	2009 年	2008 年	2009 年比 2008 年增减/%	2007 年
基本每股收益/(元/股)	0.56	0.50	12.00	0.50
稀释每股收益/(元/股)	0.56	0.50	12.00	0.50
扣除非经常性损益后的基本每股收益/(元/股)	0.56	0.49	14.29	0.46
加权平均净资产收益率/%	16.83	17.04	0.21	28.11
扣除非经常性损益后的加权平均净资产收益率/%	16.84	16.63	0.21	25.77
每股经营活动产生的现金流量净额/(元/股)	1.22	−0.09	1 455.56	0.59
项目	2009 年年末	2008 年年末	2009 年年末比 2008 年年末增减/%	2007 年年末
归属于上市公司股东的每股净资产/(元/股)	3.53	3.15	12.06	4.74

资料来源：天健正信会计师事务所.2010.北京北斗星通导航技术股份有限公司 2009 年年度报告摘要

表 10-6 2009 年主营业务分行业、产品情况表

分行业或分产品		营业收入/万元	营业成本/万元	毛利率/%	营业收入比上年增减/%	营业成本比上年增减/%	毛利率比上年增减/%
主营业务分行业情况	测绘及高精度应用行业	10 079.56	6 274.67	37.75	-23.28	-14.08	-6.66
	港口	2 627.40	1 296.72	50.65	-0.98	2.80	-1.82
	海洋渔业	9 142.30	6 860.961	24.95	227.26	184.40	11.31
	国防	4 554.07	2 446.56	46.28	126.03	65.17	19.80
	其他	3 095.00	1 611.81	47.92	35.37	24.62	4.49
	合计	29 498.33	18 490.67	37.32	28.89	34.46	-2.60
主营业务分产品情况	卫星导航定位产品	23 392.72	15 355.82	34.36	24.65	38.79	-6.69
	基于位置的信息系统应用产品	4 757.64	2 792.50	41.30	23.00	6.93	8.82
	基于位置的运营服务产品	1 284.61	322.04	74.93	598.04	340.66	14.64
	经营租赁	63.36	20.31	67.97	-5.96	641.56	-27.99
	合计	29 498.33	18 490.67	37.32	28.89	34.46	-2.60

资料来源：天健正信会计师事务所 .2010. 北京北斗星通导航技术股份有限公司 2009 年年度报告摘要

（四）创新模式分析

1. 自主创新服务模式——依托自主知识产权服务顾客

2000 年 10 月 31 日和 12 月 21 日，两颗名为"北斗一号"的导航试验卫星发射升空，构成了中国自主卫星导航的"北斗一号"双星定位系统；2003 年 5 月 25 日和 2007 年 2 月 3 日，又相继发射了两颗备用卫星。2007 年 4 月 14 日，"COMPASS-M1"卫星升空，作为中国北斗导航系统（COMPASS）建设计划的第一颗卫星，它的成功发射，标志着我国已经成为了世界上继美国、俄罗斯之后第三个拥有卫星导航系统的国家。

每一颗卫星的成功发射，都牵动着北斗星通董事长周儒欣的心。2000 年 9 月，他带领着 20 多个人的小团队成立了北斗星通，并制定了"做卫星导航定位产业化领先者"这一清晰的战略和目标。随后，公司在"艰苦奋斗、求真务实、锐意创新、追求卓越"的企业精神的指引下，不断超越，不断创新，先后建立了自己的北斗信息服务系统、北斗运营服务中心、北斗集团用户监控管理中心。其中，北斗运营服务中心是北斗导航定位卫星系统和集团用户之间的一座桥梁：北斗星通用户信息通过信息服务系统经专用光纤传送至北斗运营服务中心，再由该中心分送至北斗各集团用户监控管理中心，从而实现对各类集团用户的信息服务，该中心使北斗系统具备了大规模应用的基本条件。由于在产业化领域的出色成绩，2004 年 12 月，北斗星通成为我国第一家拥有"北斗一号"系统特许民用运营权的企业。

2. 合作创新服务模式——融汇中西优势为顾客提供全方位服务

"合作伙伴是朋友，竞争对手是老师，前进中的敌人是自己"。作为中国

最早从事卫星导航定位业务的专业公司之一，北斗星通采取了"合作多赢"的经营策略，整合世界先进技术，借助社会各方力量，一方面为用户提供基于卫星导航定位技术的解决方案和产品，另一方面提高自己的服务水平和核心竞争力，为中国卫星导航定位产业化的发展开辟出了一个全新的应用模式和商业模式。

北斗星通的合作伙伴 NovAtel 公司是闻名世界的 GNSS 设备供应商。北斗星通在采集和研究国内 GNSS 需求的基础上，将需求信息准确地传递给 NovAtel 公司，通过双方协作进行专项产品的深度开发。8 年来，北斗星通与 NovAtel 公司相互促进、相互学习，在 GNSS 领域共同成长。2000 年，北斗星通与 NovAtel 公司一起成功策划了满足中国卫星导航增强系统需要的 MINI-WAAS；2003 年，成功推出了 RT2S 产品；2006 年，根据中国自然环境和中国市场需求，又共同推出了两款具有 BDSTAR 品牌的双频产品，适用于水上测量、施工测量、GIS 采集等领域，能够满足包括高精度控制测量、重点项目的工程测量及石油、铁路、电信等行业基于精密定位的集成需求。中国拥有自主品牌的 GNSS 产品终于可以与国外顶级卫星导航定位产品并驾齐驱。

2005 年 3 月 31 日，由天津港集装箱码头有限公司与北斗星通共同研制的国内首个应用全球卫星定位技术的"集装箱码头生产过程控制、可视化管理系统"在天津港正式投入运营，迈出了北斗星通卫星导航应用商业化探索历程中最重要的一步。同时，北斗星通与天津港集装箱码头有限公司结成了长期的合作伙伴关系，以深度挖掘码头生产作业工艺流程。北斗星通凭借专业的服务、先进的产品、精湛的技术先后中标深圳赤湾集装箱码头有限公司、上海盛东国际集装箱码头有限公司、上海洋山深水港区二期工程码头等营运系统项目。

此外，北斗星通通过合作创新，成功地将"北斗一号"的运营服务延伸到船舶运输、公路交通、铁路运输、渔业生产、森林防火、环境监测等众多行业及其他特殊单位。2007 年 8 月 13 日，北斗星通在深圳证券交易所成功上市，这是社会对北斗星通的鼓舞和肯定。

3. 集成创新服务模式——典型产品、服务创新案例

2008 年 5 月 12 日，四川汶川发生 8.0 级大地震，1000 多台"北斗一号"终端机在抗震救灾中发挥了重要作用，实现了各点位之间、点位与北京之间的直线联络。在灾区通信没有完全修复，信息传送不畅的情况下，各救援部队利用"北斗一号"及时准确发回的各种信息，为指挥部指挥抗震救灾提供了重要的信息支援。救人于危难之际，守护人民生命安全，北斗星通因此被称为查看灾情的"千里眼"、收集信息的"顺风耳"。

"北斗天枢——北斗卫星海洋渔业安全生产与交易信息服务系统"能够将所

有装有北斗星通北斗海洋渔业船载终端的作业渔船实时地显示出其所在的位置和航迹。如果渔船遇到危险，可以通过终端发送短信进行求救；如果渔船不慎驶入禁渔区或邻国海域，监控部门则能及时通知渔船上人员，以免渔船被扣押。目前，该系统已建成 2 个陆地监控总台、41 个陆地监控台站，广东、广西、海南三省（自治区）及港澳 900 余艘渔船安装了北斗用户终端。据统计，系统运行以来，已收到并处理海上渔船紧急报警 300 多次，涉及渔船 100 多艘，1000多名渔民生命财产安全得到保证，减少直接经济损失数亿元。北斗星通被广大渔民称誉为海洋渔船安全捕捞的"保护神"。

第四节　三维空间信息产业创新的关键要素

一　专业人才储备

专业人才储备是每个行业发展的基础，然而对于三维空间信息产业发展而言，其对专业人才储备具有更高的要求。空间信息产业涉及空间数据采集、数据处理、数据应用等相关内容，相关领域的人才培养和储备是行业发展的关键。随着国家对空间信息产业重视度的不断提高，全国多所高等院校相继开设了大地测量、地图学与地理信息系统、摄影测量与遥感等与空间信息相关的学科专业，每年为我国培养数以万计的空间信息专业人才，满足我国空间信息产业在数据采集、数据处理、数据应用等多领域的人才需求，为我国三维空间信息产业快速发展与产业创新提供强大的人才储备。

二　关键技术创新

关键技术创新是三维空间信息产业发展的原动力，所谓"一个关键技术的创新，能够带动整个行业的发展"。作为高新技术行业的空间信息产业，其所涉及的关键技术覆盖航空航天、传感器、计算机、通信等多个学科领域，关键技术的推陈出新必将对产业发展具有强大的推动作用。

作为三维空间信息产业，它能够表现出与实际地理空间更为接近的现实效果，然而却对空间数据获取、数据应用提出了更高的要求。从海量三维空间信息加载到三维空间信息仿真都要求对现有技术进行不断创新，只有创新才能满足当前行业快速发展的需求。目前，国内外很多科研院所、高等院校及相关企业都在开展针对三维空间信息产业关键技术的研究，相信这些关键技术的不断创新会对三维空间信息产业的发展产生巨大的推动作用。

三 政策法规影响

对于空间信息产业而言，无论是二维还是三维地理空间信息，其所涉及的基础地理信息产品大多受到我国相关保密法律法规的保护，个人或单位在未经上级主管部门批准的前提下不得非法获取、处理涉及国家秘密的基础地理信息数据，这样就对三维空间信息产业发展的基础提出了严峻的挑战。空间信息产业没有了基础地理信息数据，就像一个人没有了血液，只能是徒有外表的一个空架子，其行业发展也必将受到极大的制约。

然而，伴随着"十二五"规划大力发展空间信息产业的政策，以及相关空间信息产业政策法规的调整，尤其是开放低空等指导意见的相继出台，为空间信息产业在数据采集方面提供了强有力的政策保障。

第五节　三维空间信息产业创新中的科技作用分析

一 科技加快三维空间信息产业发展

"科学技术是第一生产力"，伴随着科学技术的不断进步，三维空间信息产业的发展也由量变转变为质的飞跃。卫星及航空遥感影像数据的快速获取与处理为三维空间信息产业提供了坚实的基础数据保障；CPU、GPU、内存、硬盘等计算机硬件产品的不断升级，为提高计算机的计算能力打下了坚实的基础；同时，企业级数据库及空间数据库的相继出现，极大地提高了计算机对海量数据的存储能力。科学技术日新月异的变化，为三维空间信息产业发展起到了积极的推动作用。

二 科技促进三维空间信息产业创新模式转变

传统的科技创新模式转变大多以企业或个人的经验为主要依据。然而，在以科技创新为主要竞争实力的21世纪，仅凭个人的主观判断是不能完全与当今时代同步的。伴随着科技产业的飞速发展，科技为三维空间信息产业创新模式的转变带来了不可多得的机遇。

空间信息产业由最初的二维世界转变为三维世界，向我们展示了世界更加丰富和生动的一面。虽然维数只增加了一个，但可以包容几乎所有的空间信息，并且也突破了常规二维表示对形式的束缚，为更好地洞察和理解现实世界提供了多种的选择,对现实世界真实写景的理想成为现实的那一天也似乎指日可待。

第六节　三维空间信息产业创新中存在的问题

我国空间信息产业从无到有,初步形成了"产学研相结合"的企业化发展道路。但是在总体上,空间信息产业还处于"幼年"时期,小（缺乏大型骨干企业）、散（没有诸如企业联盟和商会一类协调组织）、乱（竞争无序、价格混乱）的现象比较严重,自主技术创新体系尚未巩固与健全,还需要国家继续给以引导和支持,同时也需要社会各界人士的共同努力。

一　产业环境发展亟须解决

每个企业都希望在公平、竞争有序的环境下健康成长,然而现在很多小企业都遇到了资质不符合相关部门标准的问题,使很多企业失去了参与空间信息产业创新的机会。如何建立更加公平、公正的市场竞争环境成为今后空间信息产业发展政策制定时必须要解决的问题。

二　技术发展阻碍产业发展

很多企业都希望通过建立产业技术联盟从而实现公用技术的共享,任何一家企业都不可能研发空间信息产业所涉及的所有技术。然而,在实际应用过程中,很多公用技术都没有通过技术联盟的形式实现技术共享,极大限制了空间信息产业的快速发展,不能满足其实际发展需求。

三　人才资源短缺导致发展瓶颈出现

在人才方面,北京等大型城市的高成本生活导致多数专业人才被二三线城市分流,同时一些专业人才也纷纷向生活成本相对较低的城市转移,使得空间信息产业在快速发展过程中不得不面对人力资源相对短缺的现实问题。此时,对于从事空间信息产业的企业而言,企业迫切希望能够通过政府主导的社会与高校人才培养联动机制,以及优秀行业人才引进等相关政策的落实,有效缓解当前人力资源方面的压力,为空间信息产业的可持续发展提供强大动力。

四 资金投入风险阻碍产业发展

在资金方面，创新模式在探索初期需要大量的资金投入，同时资金投入也具有一定的风险性。尽管有些创新模式在行业应用中推广效果良好，但是资金短缺仍是当前空间信息产业在快速发展过程中面临的主要难题。企业特别希望北京市政府能够给予空间信息产业更多的财政资金支持。倘若政府能够让更多的扶持、补贴性资金介入到空间信息产业的发展过程中，那么将会有效促进该产业在研发阶段的资金投入，进而加速空间信息产业化过程。

第七节　促进三维空间信息产业创新的政策建议

一 加强政府支持力度，完善空间信息产业发展机制

在宏观层面上，加强政府对空间信息产业发展和基础设施建设的宏观规划管理与协调；营建一个整体上竞争公平、有序的产业发展市场环境，使企业在公平合理的竞争环境下发展；加快立法进程，建立和健全空间信息产业法律、法规体系；以科技资金为杠杆，建立良好的投资引导和产业促进机制，争取在较短的时间内达到与国外著名企业全面抗衡的实力；加强行业引导、行业标准化建设和市场监管力度，加强市场的规范管理；需要高度重视空间信息数据的获取和共享；同时加强人才培养、国际合作和知识产权保护。

二 充分利用现有资源，促进空间信息产业快速发展

作为产业发展资源最为丰厚、发展态势最好、发展潜力最大的北京，应该在全国率先明确空间信息产业的新兴产业概念和地位，并制定相关的产业支持政策和监管机制，以推动产业良性、高速发展；在数据获取、共享和应用等方面加强政府的宏观协调，切实避免财政支出项目中存在的遥感数据和基础设施的重复建设和引进；建立市场化运作、产学研结合的科技资源条件平台，通过行业共性技术平台，开展关键技术攻关；建立产业技术联盟，加强企业间的合作与协作，共同营造良好的市场环境；倡导产业发展面向需求、面向社会、面向公众，不断拓展应用领域，加强推广成熟技术和科技产品，促进空间信息系统在各行业领域中的应用；鼓励集群和区域协同发展，协助企业打造核心竞争力；提供更多的优惠政策，吸引更多的优秀人才。

第四篇 研发与技术服务业

第十一章 钢铁工程技术服务业

第一节　钢铁工程技术服务业的概念

工程技术服务在国民经济分类中被列入科学研究、技术服务和地质勘查业的工程和技术研究与试验发展领域。2000 年以前，钢铁工程技术服务主要由国有钢铁设计院承担，产业边界主要是：工程勘察设计，即勘察（可行性研究、初勘、定测和补充定测）和设计（工厂设计和部分设备设计）。随着我国加入世界贸易组织（WTO）及钢铁设计院体制改革深化，设计院逐渐由事业单位变为企业，钢铁工程技术服务逐渐由工程勘察设计转变为工程总承包（设计、采购、施工、试运行）；随着生产性服务业发展，钢铁工程技术服务除了原有的工程总承包业务外，还拓展到技术咨询、技术开发、设备研发等研发服务，为钢铁企业提供全方位、全流程工程技术服务。

一　工程设计

工程设计是指为工程项目的建设提供技术依据的设计文件和图纸的整个活动过程，是建设项目生命期中的一个重要阶段，是建设项目进行整体规划和体现具体实施意图的重要过程，是科学技术转化为生产力的纽带。

二　工程总承包

工程总承包（engineering procurement construction，EPC）是指从事工程总承包的企业受业主委托，按照合同约定对工程项目的勘察、设计、采购、施工、试运行（竣工验收）等实行全过程或若干阶段的承包。工程总承包企业对承包工程的质量、安全、工期、造价全面负责（罗能钧，2006）。工程总承包的主要方式如图 11-1 所示。

（一）设计采购施工/交钥匙总承包

设计采购施工总承包是指工程总承包企业按照合同约定，承担工程项目的设计、采购、施工、试运行等工作，并对承包工程的质量、安全、工期、造价

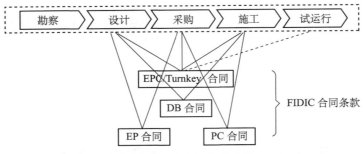

图 11-1 工程总承包产业链

全面负责。

交钥匙总承包是设计采购施工总承包业务和责任的延伸，最终是向业主提交一个满足使用功能、具备使用条件的工程项目。

（二）设计—施工总承包

设计—施工总承包是指工程总承包企业按照合同约定，承担工程项目设计和施工，并对承包工程的质量、安全、工期、造价全面负责。

根据工程项目的不同规模、类型和业主要求，工程总承包还可采用设计—采购总承包、采购—施工总承包等方式。

三 钢铁工程技术服务业

随着钢铁工程技术服务业的发展，产业链向上下游延伸，由设计、工程总承包逐步扩展到为钢铁企业提供全方位、全流程服务，包括地质勘探、工程设计与建设、技术咨询、技术开发、设备研发、安装调试等服务。其产业结构如图 11-2 所示。

图 11-2 钢铁工程技术服务业产业结构

第二节　钢铁工程技术服务业发展现状与特点[①]

一 我国钢铁冶金行业发展现状

我国的钢铁工业是从 20 世纪 90 年代在世界上崛起的，粗钢产量由 1990 年的 6535 万吨增加到 2009 年的 56 800 万吨，19 年间增加了 7.69 倍，年均增长 2645.5 万吨。2003 年我国粗钢产量占世界粗钢产量的近 23%，人均钢产量为 173kg/（人·年），首次超过了世界平均水平 152kg/（人·年）；2009 年我国粗钢产量占到全球粗钢产量的 47%。消费量由 1990 年的 5312 万吨上升至 2009 年的 5 亿吨（19 年间增加了 8.4 倍，年均增长 2352 万吨），2001～2009 年我国钢材表观消费量同比增长率也都在 20% 以上。

生产与消费的双重快速增长，奠定了当前我国的世界钢铁大国的地位。特别是 20 世纪 90 年代以来，我国钢铁工业采取了一系列技术进步和有效投资的措施，钢铁企业和产品结构得到了明显的调整和优化，行业技术经济指标有较大改善，产业集中度有一定的提高，整体技术装备水平也上了一个大的台阶。钢铁业已成为我国能够走出去的产业之一，在国际上已具有较强的竞争潜力。国家也将钢铁工业未来发展战略提到了十分重要的宏观调控议程，政府致力于引导我国钢铁工业健康发展，使其成为具有国际竞争力的产业。

但我国钢铁工业目前仍处于成长期。一方面，国内市场对钢铁产品的质量和多样化的要求日益提升，结构性短缺矛盾亟待解决。另一方面，经济全球化步伐的加快促使我国钢铁工业在满足国内市场需求的同时，还要面对更为激烈的国际竞争，逐渐融入频繁的国际贸易。特别是由于产能过剩、资源有限、运力不足、环保压力等多重形势压迫，我国钢铁产业急需调整结构，强化科技创新和技术改造，大力淘汰一批落后和低水平钢铁产能。

我国钢铁工业今后工作重点已经由"做大"转到"做强"上，从数量规模增长转向质量效益提升上，存量调整与增量优化并进，淘汰落后与调整布局并进，结构优化与兼并重组并进。

---

① 丁文红 . 2002. 勘察设计院技术创新模式初探 . 钢铁，（增刊）：787-791。

二 我国钢铁工程技术服务业发展现状与特点

钢铁工程技术服务作为钢铁产业链的重要环节之一，在钢铁行业产业结构调整、科技创新、节能减排等方面必将发挥出更加重要的支撑和引领作用。

对于钢铁领域来说，发达国家钢铁工程技术服务起步较早，形成了较为完整的体系，出现了 SMS、达涅利集团等专门从事钢铁工程技术服务业的国际工程公司，还出现了蒂森克虏伯股份公司、JFE 等由钢铁制造拓展到工程技术服务领域的国际化公司。

目前，我国钢铁工业正处于向高端化转型时期，为钢铁工程技术服务业带来了每年超过千亿元的市场需求，出现了一批钢铁工程技术服务企业。例如，由原来的钢铁设计院转制成立的工程公司，如京诚公司、中冶赛迪、中冶南方等；由科研院所、大专院校成立的工程公司，如北京金自天正智能控制股份有限公司（简称金自天正）、科大恒兴等；由企业设计院成立的工程公司，如首钢国际工程技术有限公司（简称首钢国际，英文简称 BSIET）、鞍钢设计院等；针对某些技术领域成立的专业化工程公司，如神雾公司等。据统计，我国钢铁工程技术服务企业年形成服务收入达千亿元以上。但我国钢铁工程技术服务无论是技术水平还是服务能力均与发达国家存在明显差距，单个企业难以与国际大公司竞争和抗衡。尤其是在当前经济全球化的严峻形势下，国内钢铁工程技术服务企业迫切需要加强与上下游企业及相关科研单位的合作，以提升技术创新能力和技术服务能力。

据住房和城乡建设部公布的全国工程勘察设计企业营业收入前百名排序统计，全国 140 家勘察设计类企业 2008 年完成合同额 2838.32 亿元，其中钢铁工程技术服务企业 17 家，完成合同额 619 亿元，占全国 140 家勘察设计企业完成合同额的 21.8%。

随着钢铁产业结构的调整及现代服务业发展战略的提出，国内一些地区利用自身资源优势大力发展钢铁服务业。例如，上海依托宝钢等特大型钢铁企业，并充分利用海运方便等特殊区位优势，在钢铁服务业上形成了一定的特色。目前，上海宝山国际钢铁服务业基地已正式组建成立。该基地位于上海宝山区，东南临宝钢铁路专用线。该项目地块占地面积约为 0.23 平方千米，总建筑面积为 26.28 万平方米，是上海市现代服务业集聚区的重点推广项目之一。宝山国际钢铁服务业基地以宝山的钢铁生产业为依托，努力打造一个全新的信息、交易、物流、结算及综合配套服务平台，建成后将成为钢铁物流行业中一个全新的信息资源高效整合的集交易、配送、加工、研发、管理、金融服务于一体的钢铁服务业基地。基地建成后，将吸引国内外约 50 家大中型钢铁生产厂、贸易商、物流及其他相关企业入驻，预计每年可带来收入 1000 亿元，为地方带来近 10 亿元税收，并提供就业岗位近万个，从而成为宝山区新的经济增长点（夏晓梅和马晓旦，2008）。

随着钢铁工程技术服务业的发展及上下游服务链的延伸，我国钢铁工程技术服务产业形成了以下特点。

（1）钢铁工程技术服务业逐渐与钢铁生产制造过程中的生产性服务业相互融合，由传统的勘察设计、工程总承包业务拓展到全方位、全流程生产性服务，由新工厂建设拓展到工艺开发、技术改造、节能减排等领域。

（2）从事钢铁工程技术服务的企业数量发生了变化，除由设计院改制的工程技术公司外，大专院校、科研院所利用技术研发优势进入钢铁工程技术服务领域，钢铁冶金装备制造企业利用设备制造优势进入钢铁工程技术服务领域，电气供应商也凭借着电气系统集成优势进入钢铁工程技术服务领域。

（3）为了适应钢铁企业运营需求，钢铁工程技术服务企业由按照用户要求设计转变为为客户提供完整的产品生产解决方案。

（4）为了推动钢铁行业技术进步，钢铁工程技术服务企业由原有的按照标准、规范设计转变为钢铁行业新技术、新产品的引领者。

三 北京钢铁工程技术服务业发展现状与特点

随着首钢集团钢铁生产搬迁至京外地区，顺义冷轧厂在京投产，首都钢铁业由高能耗冶炼向较低能耗的压力加工行业转型，首都在京钢铁制造业面临转型。从长久看，产业转型将使首都钢铁行业由低端到高端，从能源消耗型制造业向技术服务型的服务业发展。

北京在钢铁服务领域的研发资源丰富，产业优势突出，集中了众多国内一流的钢铁行业研发与工程技术服务单位，拥有很强的研发实力和工程技术服务能力，并日渐成为首都经济发展中的一支重要力量。首都的钢铁服务业处于全国领先水平，居行业龙头地位。

据住房和城乡建设部公布的全国工程勘察设计企业营业收入前百名排序统计，2008 年全国勘察设计企业营业收入前百名中，首都地区钢铁工程技术服务企业共 5 家，完成合同额 301.19 亿元，占 17 家钢铁工程技术服务企业完成合同额的 48.7%，几乎占钢铁工程技术服务市场份额的一半。

2009 年，为了提高我国钢铁工程技术服务技术水平和服务能力，改变单个企业难以与国际大公司竞争和抗衡的局面，加强钢铁工程技术服务企业与上下游企业及相关科研单位的合作，发挥北京科技资源优势，在北京市科学技术委员会的组织推动下，京诚公司、钢铁研究总院、首钢集团、北京矿冶研究总院、北京中冶设备研究设计总院有限公司、金自天正、北京科技大学和北京新材料发展中心等钢铁服务与生产单位发起成立了首都钢铁服务产业联盟。该联盟集中了我国钢铁领域从装备制造研发、工艺研发、高效控制技术、新材料研发、工程咨询设计到钢铁生产的最优势单位。2009 年，首都钢铁服务产业联盟成员单位销售收入总计达到 352.62 亿元。北京钢铁工程技术服务业的产业特点如下。

（1）在北京地区从事钢铁工程技术服务的企业技术水平较高、服务能力较强，技术实力、企业规模、营业能力在国内同业排名中均名列前茅。

（2）北京钢铁工程技术服务企业掌握着雄厚的科技资源，拥有先进的实验平台，优秀的人才队伍，丰硕的研究成果，每年承担大量国家级科技项目，获得近 5 亿元的科技经费支持。

（3）北京钢铁工程技术服务企业彼此间合作不断，在全国率先成立了钢铁服务产业联盟，形成了比较好的产学研用创新模式，但这种合作往往仅限于某个项目，某几个企业间的合作，尚未形成统一的合力。

第三节　钢铁工程技术服务业创新案例

根据我国钢铁工程技术服务业发展特点，本书选取比较有特色的北京地区的企业开展案例研究。

一 研究概况

在案例选取的标准和原则上，主要从服务创新模式不同和企业性质多样性等方面考虑，选取了京诚公司、北京科技大学高效轧制国家工程研究中心（简称轧制中心）、首钢国际三个单位作为案例企业（表 11-1），通过文献资料整理、企业领导访谈和分析归纳等工作，提炼出创新典型模式。

表 11-1　北京钢铁工程技术服务典型企业

企业名称	创新背景	创新模式
京诚公司	钢铁行业领头设计院	商业模式、组织模式和技术创新
轧制中心	钢铁行业知名学府	商业模式和技术创新
首钢国际	重点钢铁企业设计院	组织模式和技术创新

二 中冶京诚工程技术有限公司创新案例

（一）京诚公司基本情况

京诚公司于 2003 年 11 月 28 日在北京注册成立，是由中冶集团北京钢铁设计研究总院（简称北钢院）进行整体分立式改制后设立的股权多元化的国际型工程技术有限公司。

自成立以来，京诚公司践行"全方位"服务模式，以国际化工程公司的发展模式，提供多行业的工程全流程服务，实现了从单一的钢铁行业工程咨询、设计业务向矿山和工业工程、装备和材料制造、市政和公用设施业务转型，成为一个涵盖工程设计、装备研发与制造、工程咨询、环境评价、环保核查、清洁生产审核、节能审计、项目管理、工程监理、招标代理、施工图审查等全过程服务的、完整业务链的大型国际化工程技术公司。

创建新型国际化工程技术公司以来，京诚公司的发展已逐步进入了良性循环的持续发展轨道，特别是近 5 年来取得了突飞猛进的发展速度，实现了国际化的跨越式发展，其发展速度和发展规模远远超过过去 50 年的总和。自京诚公司成立以来，经营规模和企业实力增长迅速，年营业额从 2004 年的 20 亿元，到 2008 年起每年超过百亿元；企业利润总额由 2004 年的 7000 万元，到 2009 年达到 8.13 亿元（表 11-2）。

表 11-2　2001 年以来京诚公司经营成果表　　　　（单位：万元）

指标	2001 年	2004 年	2005 年	2006 年	2007 年	2008 年	2009 年
合同额	49 500	479 000	624 200	908 567	1 934 089	1 445 000	1 070 327
营业收入	39 800	200 000	324 250	554 429	810 594	1 230 000	1 001 140
利润总额	509	7 000	24 684	79 941	121 324	104 000	81 286

在住房与城乡建设部、钢铁行业协会、勘察设计协会等行业组织的各项统计排名中，京诚公司排名逐年上升，2007 年和 2008 年在全国 14 000 多家工程勘察设计企业营业收入前百名排序和冶金行业排序中均名列第一位。

（二）京诚公司创新模式简介

京诚公司的前身是北钢院，从 1951 年诞生至 1980 年的 29 年间，实行的是计划经济管理体制，主要是完成上级指定的任务，计划分配资金收支，是典型的国家事业单位编制。

1980～2000 年，在国家经济体制改革大潮的推动下，国有企业面临改革、生存和发展的历史时刻，根据国家有关政策和要求，北钢院也由事业单位向现代企业转变，逐渐走上企业化管理之路。但是当时的企业化还仅是表层的，还不能按照市场规律有效地运行市场营销、生产管理、人力资源、绩效分配、成本管理等企业管理机制。到 2000 年年底，企业的经营状况并不理想，年营业额只有 2.46 亿元，净利润仅 16.68 万元；大量的投资损失和坏账，使企业资金严重短缺；运行机制不奏效，使员工价值得不到充分发挥，收入低于同行业平均水平，员工看不到希望，每年流失骨干 50 多人，企业缺乏凝聚力；社会负担重，原有职工 2000 多人中离退休职工占近 1000 人；企业发展没有后劲，处于危难之中。

2001 年 4 月，北钢院调整领导班子，新的领导班子认真地分析了北钢院的优势、劣势和企业面临的内、外部形势，明确了企业的业务定位，细致地规划了企业未来的发展方向，开始了企业整体管理再造和机制创新。企业的卧薪尝胆、发愤图强，为日后的管理变革、机制创新储备了能量，为京诚公司成立和快速成长奠定了坚实的基础。

2003 年 11 月 28 日，在中国冶金科工集团公司的领导与整体推进下，由北钢院实行整体分立式改制设立了京诚公司，确立了创建新型国际化工程技术公司的发展目标，从此走上了快速发展的轨道（施设，2005）。

1. 组织模式创新实现京诚公司从设计院到工程公司的战略转变

作为科技型企业，京诚公司从诞生之日起，就把建设国际化工程公司作为企业发展战略。为了实现企业的战略目标，为了企业长盛不衰，京诚公司依靠机制与管理创新，围绕外部建立组织构架，围绕内部建章立制，构筑工程总承包全功能的国际工程公司的组织架构与管理体系。

京诚公司不断整合、调整内部组织机构，设立了支持部门、工程业务管理部门、工程技术部门和工程项目部。为了加强战略与业务发展管理、品牌推广与市场管理和运营管理，公司专门设立了战略发展部、运营管理部。为了提高运营管理效力和技术创新能力，公司设置了运营总监和技术总监岗位，并强化其职能。与此同时，京诚公司还十分注重和细化岗位管理工作。目前已设置了从总裁到司机的 140 余个岗位，每个岗位都有其任职标准、考核标准、工资待遇与市场接轨，建立起上下贯通、左右畅达的灵活高效的组织机构体系。将目标、责任、考核、奖惩作为统一体，提高了执行力。为适应市场要求，公司还及时对其内部组织机构进行动态的局部调整，使机构设置更加合理，运转更加高效。

京诚公司在建立和完善内部组织框架的同时，用创造性的思维，卓有成效地进行企业管理创新——对企业全方位地进行战略性的"管理再造"。京诚公司通过八个方面实施企业管理再造工程：一是战略管理体系的再造；二是企业功能组织机构部门职责的再造；三是执行体系再造；四是考核激励机制的再造；五是人力资源的开发与岗位责任制体系的再造；六是科技开发质量管理体系的再造；七是运营制度体系的再造；八是新型企业文化再造。通过管理再造在理论与实践的结合上全面回答和解决了企业管理上的诸多问题。

管理是一项复杂的系统工程，不可能一蹴而就地解决企业现实中的所有问题，事物是不断发展变化的，管理也必须顺应市场和业务发展，与时俱进。为此，京诚公司一再地实施"管理再造"，这是个实践—认识—再实践—再认识的循环往复的过程。例如，按照"国际接轨、国内一流"的目标编制的《工程项目管理手册》、按照管理要求设计的会计核算体系、全面预算管理体系、目标管理体系等所有的制度都落实到岗位职责中，实施动态管理，建成了包括业务管理、业务支持管理、公司支持管理三大体系 23 类共 256 项制度的制度体系，使各项工作有章可循、井然有序（姜兴周，2004）。京诚公司现代管理创新成果《工程技术企业的管理再造》在 2004 年被评为国家级企业管理创新成果二等奖。

"与时俱进加快企业重组改制，解决制约企业发展的深层次矛盾"，实现了北钢院到京诚公司的转变，完成了一次最艰难、也是最关键的跨越，为京诚公司的持续快速发展奠定了坚实的基础。

2. 商业模式创新制定了创新型国际化工程公司的企业发展战略[①]

顺利实现设计院到工程公司转变后，京诚公司提出了创建新型国际化工程技术公司的企业发展战略。推行"创建多元商业运营体系，各业务单元协同增效"理念，即公司整体价值大于公司各独立组成部分价值的简单总和。

正是这种理念为京诚公司实行多元化经营战略提供了理论基础。京诚公司改变了北钢院时期实行的"设计为主、发展承包、多元化经营"方针，确定了符合新时期市场规律和客户要求的"做大承包、强化设计、适度多元化、发展增长点"经营方针，重新确定了企业的市场业务定位，即在做好传统钢铁工程设计业务的同时，积极开拓工程总承包业务，并扩展到其他工业行业。考虑到中国钢铁工业规模风险和未来城市发展前景，利用公司的工程经验、管理优势和资金优势，向前延伸到房地产、市政、公用设施和资源开发。利用工程总承包和装备技术研发优势，向后延伸到装备和材料制造业。利用公司的投资开发优势，带动公司相关工程业务进入非钢工程领域。构筑了公司核心业务——工业和矿山工程总承包业务；增长业务——装备和材料制造、房地产开发及市政公用设施工程业务；未来业务——资源开发等层面的业务发展体系。实现了从单一的钢铁行业工程咨询设计业务向工业和矿山工程、装备和材料制造、房地产和建筑工程、市政和公用设施四大业务板块的业务转型。

工业工程总承包业务是京诚公司的核心业务。京诚公司自身具有较强的设计能力，也有大型工程总承包的经验，通过总承包业务，弥补产业链上设备加工制造能力的不足，只有实现由设计向制造业延伸，使公司具有集研发、设计、机械制造、施工为一体的综合能力，才能实现打造国际一流工程承包商的定位目标。

为了适应做大承包的市场需求，京诚公司按照具有工程总承包全功能的工

---

① 中冶京诚工程技术有限公司.2009. 以创建国际化工程技术公司为目标的战略转型.北京：企业管理出版社.895-905；中冶京诚工程技术有限公司.2009-01-13. 创建新型国际化工程技术公司的决策与实施.世界金属导报，第 30 版。

程承包商的要求，对组织结构进行了调整，设置了市场营销部、项目管理部、工程设计部、工程采购部、工程建设部（含施工、开车）和生产控制部，使公司的总承包管理功能配套齐全，以实现公司产业适度多元化、相互支持、协同增效的合理布局，规避了单行业经营带来的风险。业务领域延伸至矿山、造纸、房地产和建筑、市政和公用基础设施等多个行业，初步完成了业务结构的调整、升级，以及产业链区域化的合理布局。这样就形成一个多业务板块、多市场、多产品的立体业务发展体系。通过控制装备和材料供应或产品销售获取协同效应；利用规模经济，通过使不同下属企业在生产设备、研究开发或其他服务等方面采取资源共享、降低成本的方式实现协同效应；通过专业技能或专有知识的共享或相互转让，使各下属企业在生产制造领域获得新的或更好的运作手段，并进入更广阔的市场。

经过多年的探索和创新，京诚公司创造了多层次、适度多元化、跨行业、跨地区协同增效的商业发展模式，构建了多元业务协同、多元产品销售、多元资源共享、多元市场份额、多元赢利点的商业体系，如图 11-3 所示。

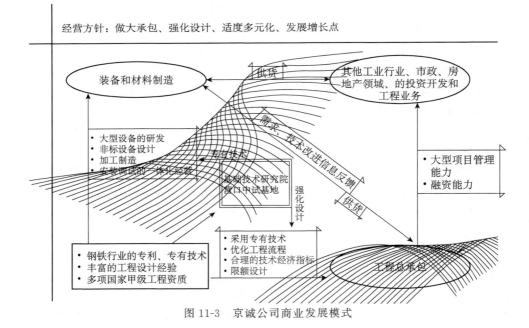

图 11-3　京诚公司商业发展模式

目前，京诚公司正在按工程咨询商、工程承包商、设备制造商和开发投资商的业务拓展思路运作。

作为咨询商的业务拓展，京诚公司围绕构建核心技术、核心产品、核心业务、核心运营能力等方面的市场竞争能力，制定专业技术发展战略，将"强化设计"作为公司经营方针。京诚公司成立了北京赛瑞斯国际工程咨询有限公司、北京京诚华宇建筑设计研究院有限公司、北京凤凰工业炉有限公司和北京京诚嘉宇环境科技有限公司等多个专业化的公司。同时，推行专业化人才战略和岗位管理体系，选拔专家型团队带头人，实现技术服务内容的延伸。

　　作为工程承包商的业务拓展，京诚公司将单一为冶金行业提供技术和工程服务推向为矿山、造纸、房地产和建筑、市政和公用基础设施等众多行业提供技术和工程承包服务，实现了由提供技术向工程总承包建设和服务的一条龙转变。作为工程承包商，京诚公司可以独立开展工程总承包、设计承包、设备供货承包、建安工程承包和生产运营、维护承包等业务，可以满足不同客户、工程建设项目的不同需求，显示了京诚公司创建国际化工程技术公司已具有一定的专业水平和管理能力。工程总承包业务成为京诚公司稳健快速发展的"一级火箭"，其突出的价值贡献已得到充分的证明。在整个业务转型中，工程技术服务能力是核心和关键，正是由于京诚公司正确处理了工程服务挤出效应问题，公司才取得了技术服务和工程总承包服务的同步增长。

　　作为制造商的业务拓展，京诚公司在为工业领域提高技术和工程服务的基础上，将发展装备制造业、房地产和建筑工程、市政和公用设施等领域作为产业延伸的重点。传统技术服务公司向工程总承包服务公司的转变已然是艰难的一步，从工程总承包服务公司向装备制造商的转变，这第二步就更加不易。京诚公司立志将企业"做大、做强"，采取了"依托技术、高端进入，慎重扩展，合理布局、稳步提高"的制造业发展策略。以技术含量高的成套设备的开发和制造为切入点，以公司核心技术的研发为依托，公司专门成立了制造业务管理部，负责规划制造业务，进行布局管理，推进兼并收购工作，循序渐进地推进公司制造业的发展。通过资本运作兼并收购、合资合作的方式建设了营口、天津、扬州、湘潭和成都五大制造业基地。天津赛瑞机器设备有限公司已成为华北地区最大的重型加工企业，重点在钢管设备加工；中冶京诚（扬州）冶金科技产业有限公司以加工、制造和组装京诚公司的专利技术产品和具有自主知识产权的加热炉设备为核心；中冶京诚（湘潭）重工设备有限公司已成为京诚公司板带生产设备的专业化制造厂；新合资建成的中冶京诚实久（成都）设备制造有限公司则专注于节能、环保设备的制造。装备制造业务对京诚公司延伸产业链，保护知识产权，提高竞争力发挥了重要作用。京诚公司已逐步实现了制造业务板块的布局，板块内各企业产品结构合理互补，区域分布均衡。作为制造商，目前，京诚公司可以实现专业化产品关键零部件和整机制造、安装，材料、零部件制造，设备维护、维修备品备件的制造，以及机械加工器具的制造等业务。目前，装备制造业已成为继工程总承包服务之后，推动公司快速稳健发展的"第二级火箭"，各项指标的贡献率显著提高。

　　作为投资商的业务拓展，在装备制造业稳步推进的同时，公司高度关注产业链协同共生共赢，按照公司确定的"发展增长点"的经营方针，提出将工程技术公司向开发投资公司的升级。这第三步飞越，牵动人心，能否控制经营风险成为考验京诚公司"三级跳"成败的关键。京诚公司在充分分析前两级跳跃的成功经验和教训的基础上，提出在充分评估风险、有效控制风险、积极化解风险的前提下，大胆进入房地产和市政公用设施开发、资源开发和造纸等领域。通过按照投资开发、BT、BOT等项目运作形式，差异化切入市场，使产业利润和资本利润协同增效。并在贸易、资产运作、金融、管理咨询等方面进行了积极的探索和实践，取得了一定的成果。目前，房地产和城镇公用设施开发业务将成为推动公司快速稳健发展的"第三级火箭"，其强劲动力正在显现。作为投资商，京诚公司可以开展项目投资，技术开发、工程建设、运营管理和项目转让等多项业务。目前，京诚公司将可独立运作的业务模块设立为子公司，实现了各子公司在各细分市场走专业化发展之路。例如，专营工业炉工程的北京凤凰工业炉有限公司、专职轧钢设备的北京京诚之星科技开发有限公司、棒线材专业的北京京诚瑞信长材工程技术有限公司、电气自动化专业的北京京诚瑞达电气工程技术有限公司、专注水处理的科林环保装备股份有限公司及节能环保工程的京诚泽宇能源环保工程技术有限公司等专业化公司都已具备了数亿元的业务规模。在房地产业务方面，设立了长春、沈阳、大连和昆山4家房地产公司，参股中冶置业集团有限公司。目前，长春房地产项目二期已经基本完成销售。长春项目是公司采用创新性的业务发展模式进入二、三级城市房地产市场的一个示范性项目。沈阳房地产公司的政策回迁房项目已交房入住。昆山公司及大连公司已获得了土地，正进入开发阶段。

在市政业务方面，投资入股中冶交通工程技术有限公司。已通过验收竣工的嘉兴市三环路东南段工程总承包项目实现了公司在市政业务领域零的突破；建设完成的秦皇岛污水处理厂工程总承包项目继续扩大了市政行业的拓展。规划开展轨道交通、高速公路、海水淡化和水源治理等业务，拟兼并收购1～2家市政类工程（技术）公司，借助其现有业务资源，打破市场壁垒，成为京诚公司快速进入市政和公用设施市场的重点业务方向。

3. 技术创新和技术创新体系建设带来了经营模式和经济增长方式的转变[①]

在北钢院时期，沿袭苏联设计院的传统研发管理模式，主要依托工程项目设计进行研发，传统的研发模式在创新过程中存在以下问题：一是强调成果水

---

① 赵磊. 2009-01-06. 秉承全方位服务理念　再造企业核心竞争力——专访中冶京诚董事长施设. 世界金属导报，第15版；刘小燕. 2010-03-23. 后危机时代创新促发展"全方位"品牌铸就新辉煌——专访中冶京诚工程技术有限公司总裁韩国瑞. 世界金属导报，第15版；高慧斌. 2008-09-02. 营口中试-冶金装备研制独领风骚. 辽宁日报，第3版。

平，忽视成果应用；二是强调创新高度，忽视实现方法；三是强调技术完备，忽视创新时效；四是强调个人行为，忽视团队力量。特别是在研发体系上由于受到体制、资源等各种限制，没有研发平台，缺乏试验研究的手段和条件，无法将基础研究成果进行中间验证试验和产品应用试验研究，无法实现技术研究成果产品化，使企业无法将设计优势转化成为竞争优势和效益优势。

京诚公司成立后，面对国内外市场竞争日益激烈的态势，公司的决策者深深地认识到传统的研发模式已经不能适应 21 世纪科技发展日新月异的新形势，如果继续走传统的研发道路，企业不可能在竞争对手面前具有竞争优势，势必危及企业的生存和发展，更谈不上把企业做强、做大、做优。为了提高自身的竞争能力，京诚公司必须走出一条新的创新道路。

为此，京诚公司在成立之初认真分析研究国内外同行企业的成功案例，全面诊断企业的内部现状和优势与不足，从制定企业长远发展规划和科技发展战略入手，明确打造企业科技研发体系的指导思想。一是建立与公司发展相适应的技术创新体系，加大科技创新投入，加强科技创新人才队伍建设，瞄准国家战略需求和国内外前沿科学技术，开展流程研究、技术研发和技术合作，发展具有自主知识产权的工艺技术、装备和产品。二是坚持以市场为导向，以竞争为基点，拟订高技术含量的研发项目并配置资源，建立与市场接轨、高于竞争对手的技术创新运行机制，为开拓市场、承揽项目提供技术保证。三是建立科技研发平台，发挥亦庄研发中心和营口中试基地的作用，努力增加企业的自主创新能力，为创建国际一流的工程技术公司和工程承包商奠定坚实的基础。

在上述指导思想的指导下，京诚公司结合自身业务由单一的工程咨询向工程总承包、装备和材料制造、市政和公用设施、建筑和房地产及资源开发的业务转型的需要，创新性地构思了打造以业务部门、研发中心、营口中试基地为主要内容的三个层次的技术研发体系（图 11-4）。从而实现以下目标：一是以工程技术部门的技术力量为依托，通过亦庄研发中心和技术研究院进行基础性的技术创新，将其打造成工程化的、实用型的自主知识产权的技术研发中心，成为知识转化成技术的平台和孵化器，目标是发展成为国家级科研实验室，承担炼铁、炼钢、轧钢、能源、环保等传统业务及新拓展业务中的新产品和新技术的试验和调试。二是把营口中试基地打造成为大型制造业配套的、生产技术转化为产品的中试平台，目标是发展成国家级的工程研究中心，研发、加工国内尚不能生产的大型装备，试验开发新钢种、新工艺和新设备，在此过程中还将配套开发相关节能、节水、环保、电控自动化技术，实现公司业务整体技术水平的提升。三是通过技术研发和工程实践，在多领域形成集成创新能力，把企业打造成国际化的成套设备供应商。四是在此基础上，走工程化的道路，向国内和国外两个市场输出技术和成套设备，把企业打造成具有国际竞争力的工程技术公司。

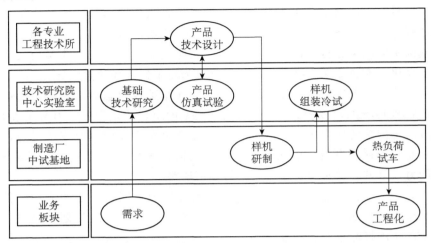

图 11-4　三个层次技术创新体系运作模式

　　几年来，京诚公司按照战略规划和科技发展战略，对三个层次研发体系逐步打造和完善，并通过新建、收购制造企业，以及强化研发管理、培养研发人才、加强外部合作等，支撑三个层次研发体系有效运行，从而使京诚公司成为国内独树一帜的创新型国际化工程技术公司。

　　为了保证技术研发工作顺利进行，京诚公司采用科学的管理方法深化科技管理体制改革，优化科技资源配置，完善鼓励技术创新和科技成果产业化的制度保障、进一步强化研发管理体系的建设。在研发项目管理上，建立了严格、科学的管理手段，创立了研发立项、研发实施和研发绩效考核三层管理程序。在研发绩效管理方面，对传统的研发考核工作，引入了知识产权考核体系，加强公司研发工作的创新性。

　　为了保证技术创新工作的进行，京诚公司大力营造鼓励创新的环境，努力造就世界一流科学家和科技领军人才，注重培养一线的创新人才的要求，加强研发人才的培养，完善相应的激励机制。一是选拔和培养一批技术水平高、创新能力强、促进公司核心竞争力提升、胜任研发工作的科技开发人才和科技开发管理人才，培养和造就一批在行业内有较高影响的科技专家和管理专家。二是根据技术市场和公司技术研发需要，聘请合适的国内外专家学者指导研发项目。建立由顶尖技术专家牵头组成的稳定的专业化的研发队伍，为公司开拓市场提供技术支撑和技术保证。三是完善研发考核激励机制，设立研发奖励基金，对重大科研成果的部门负责人和研发人员进行奖励，调动研发部门负责人和研发人员的积极性。

　　作为国内外知名的大型科技型企业，京诚公司拥有雄厚的科技和人才优势，但要适应企业战略转型后快速发展的需要，也面临着人力资源紧张和不足的问题，特别是缺乏领军人物的问题。为此，京诚公司坚持"用好现有人才、提升关键人才、引进急需人才、培养未来人才"的原则，采取多条腿走路的方法，在国内外同行业、跨行业、多领域广选了一批技术人才、管理人才和综合素质高的复合型人才充实到公司的各个部门和新成立的业务公司。同时，招聘了知名院校应届毕业的博士生、研究生等本科以上新员工 1500 多人，新员工的到来给企业带来了生机，积蓄了进一步培养、发展的潜能。在引进各类人才的同时，京诚公司高度重视管理者和各岗位员工的培养，通过建立完善新的用人制度、分配制度、考核评审和激励制度，打通人才成长的通道，为员工创造成才的平台，培养造就一支敢于创新、善于创新、结构合理的一流优秀科技创新团队。

4. 组织创新、商业模式创新和技术创新促进京诚公司走上快速发展之路

京诚公司经过几年的积极探索，勇于实践，通过组织创新、商业模式创新和技术创新，明确了企业发展的方向，形成了一套行之有效的管理机制和管理办法，培养了一批企业创新人才，研发了一批核心技术。

1) 企业综合实力大幅提升

自公司成立以来，经营规模和企业实力增长迅速，年营业额从 2004 年的 20 亿元，到 2008 年起每年超过百亿元；企业利润总额由 2004 年的 7000 万元，到 2009 年达到 8.13 亿元，在全国勘察设计领域和冶金行业营业收入名列前茅。

2) 成功中试新技术新产品

通过技术创新体系的建设，京诚公司从优化钢铁生产线角度出发，进行了物流、能量平衡转化等方面的创新工作，形成了数百项科技成果，80 余项各级科学奖励，300 余项授权专利，250 余项国家和行业标准。在炼铁、炼钢、轧钢、装备制造、能源环保、循环经济等技术领域拥有了多项核心技术，一批具有国际领先水平的研究成果相继面世。例如，由京诚公司自主研发、具有国际领先水平的全国产化大规格圆坯连铸机在江阴兴澄特种钢铁有限公司成功投产，是目前世界上全弧形圆坯连铸机之最，被《世界金属导报》评为 2009 年世界钢铁工业十大技术要闻之一；10 机架 105 米/秒高线精轧机组填补了百米精轧机组国产化的空白，使国产高速单线产能达到 120 吨/时，为我国高线生产工艺、设备水平提升提供了更高的平台；自主研发的 100 吨超高功率电炉工艺、设备和三电系统均为自主研发和设计，设备已全部国产化，并拥有自主知识产权，共有 15 项关键设备技术，其中电炉本体机械达到国际先进水平；具有完全自主知识产权的国内第一套 8000 吨（大型）快锻机设备，其所有机械结构吸收了国外的先进技术，并根据国内使用经验进行了改进，获得 3 项国家专利；自主集成的大流量油泵直接传动系统和采用了多项创新功能的电气控制系统都已经达到国际先进水平。

3）提升自主研发能力

几年来，京诚公司以具有自主知识产权的技术、产品和管理经验、融资能力等，在激烈的市场竞争中承揽了一大批工程总承包项目。例如，先后承揽了萍钢 200 万吨钢铁联合企业建设、北台钢厂 400 万吨炼钢轧钢工程、唐山瑞丰钢铁（集团）金友钢铁有限公司炼铁炼钢工程、萍钢九江钢铁厂 240 万吨钢铁联合、五矿营口 5000 毫米宽厚板工程、印度 SISCOL 炼铁高炉工程、马来西亚金师集团炼铁高炉工程、伊朗电炉和连铸等一大批海内外总承包工程项目，积累了百余项工程项目管理和工程总承包服务的经验。同时，还完成了大量的设计工程项目，公司在大型高炉、转炉、连铸机、棒线材轧机、薄板坯连铸连轧机、工业炉窑、大型制氧机、大型干式煤气柜工程等方面保持优势，特别是在高技术含量的中宽厚板轧机领域、高速线材轧机等方面占有明显的市场优势；同时带钢冷轧、彩涂线、镀锌线方面在市场份额大幅提升。

4）建立新型技术创新体系

新型的技术创新体系的建立，为京诚公司实现核心技术产品化创造了条件，使企业由过去单靠出卖技术，转变为出售产品。

传统技术服务商向工程总承包商的转变已然是艰难的一步，而从工程总承包商向装备制造商的转变就更加不易。京诚公司在立足工程总承包的基础上，将发展装备制造业、房地产和建筑工程、市政和公用设施等领域作为产业延伸的重点，以技术含量高的成套设备的开发和制造为切入点，合理布局各制造子公司的产品定位，使公司研发的技术得以在自己的制造公司加工制造。例如，天津赛瑞机器设备有限公司重点加工钢管设备和风电设备；中冶京诚（扬州）冶金科技产业有限公司以加工、制造和组装京诚公司的专利技术产品和具有自主知识产权的加热炉设备为核心；中冶京诚（湘潭）重工设备有限公司以加工板带生产设备为主；中冶京诚实久（成都）设备制造有限公司则专注于节能、环保设备的制造。作为制造商，目前京诚公司可以实现专业化产品关键零部件和整机制造、安装，材料、零部件制造，设备维护、维修备品备件的制造，以及机械加工器具的制造等业务。

5）业务协同增效

京诚公司倡导的战略协同理念是公司整体的价值大于公司各独立组成部分价值的简单总和。京诚公司各技术部门和研发中心所开发的新技术通过在营口中试基地进行中试，特别是大型冶金装备的成功中试，利用京诚公司的工程承包优势，在技术共享及转让、材料供应、生产制造、市场营销等方面获取最大利益的协同效应。目前，营口中试基地的中试成果已通过工程总承包累计销售 9 台（套），预计实现销售收入 7.6 亿元，利润 0.92 亿元。同时，中冶京诚（营口）装备技术有限公司通过与公司工业工程业务的协同，承揽了山东新泰瑞科建材有限公司 1450 毫米六辊可逆冷轧机组、唐山渤海钢铁集团 120 吨转炉成套供货等多套大型成套设备的加工制造业务，促进了营口制造公司成套设备制造业务的起步和发展。

6）有效地保护自主知识产权

建立三个层次的技术研发体系，使京诚公司具备了研究、设计、制造、中试的能力，核心技术在企业内部即可产品化，有效地保护知识产权。京诚公司打造的技术研发体系是一个完整的产业链，在企业内部把工程业务与装备制造业务协同起来，自己研发设计，自己加工制造和中试，对于保护公司专有技术具有重要意义。目前，京诚公司的专利和专有技术全部封闭在中冶京诚（营口）装备技术有限公司等在内的装备制造子公司，实现了自主研发、自我加工、自我中试，避免了企业核心技术成果的流失，提升了企业自主知识产权的保护能力。

7）人才培养

近几年来，京诚公司装备和材料制造业务的发展日趋成熟，不仅使工程总承包业务的设备供货的质量得到了有力保障，技术流失得以避免，而且各制造企业已成为自我人才培养的基地。目前，京诚公司本部派出各专业的技术骨干派到中冶京诚（营口）装备技术有限公司各车间挂职锻炼，通过生产一线的实践，提高了工程技术人员精细化工程设计和工程管理的能力、工程投资控制与运营成本控制有机结合的能力。

三 北京科技大学高效轧制国家工程研究中心创新案例[①]

（一）轧制中心基本情况

轧制中心是国家为了解决科研和技术转化成生产力脱节的问题，由原国家计划委员会组织成立的面向行业的共性技术研发中心。其目标是为发挥行业整体优势和行业研究部门的优势，通过技术集成、整合和工程化开发，全面为我国钢铁行业服务、为企业产品结构调整和技术升级换代服务。

轧制中心于 1996 年成立，2003 年通过国家验收。该中心现有正式员工 100

①　高校轧制国家工程研究中心 . 2007. 高举自主创新旗　引领企业创新前沿——记北京科技大学高效轧制国家工程研究中心 . 中国高校科技与产业化，（12）：37～39；邢丽红，杨超华 . 2010. 北京科技大学：集成创新-走与行业共同发展之路 . 中国高校科技与产业化，（3）：43-45；贾晓静 . 2006-10-19. 创新科研模式-促进成果转化-高效轧制国家工程研究中心成立十年之际专访唐获 . 中国冶金报，第 5 版；周匀 . 2007. 大学应该成为企业发展的导师和技术创新的后盾 . 中国新技术新产品，（11）：17-21；北京科大恒兴高技术有限公司 . 2009. 深度开发和集成轧制技术成果做好技术转移与经营 . 中国高校科技与产业化，（1～2）：85-87。

多人，平均年龄 35 周岁左右，研究人员以专职科研和工程技术人员为主，主要由北京科技大学各学院及行业中有实践经验的专家组成，学校人员均为学校专职科研编制，另外也聘请少量的学校和国内知名学者作为兼职的专家。

(二) 轧制中心的创新过程与特点

1. 组建科技公司探索高校科研新模式

高校的科研模式是一种自由探索的模式，这种自由学术空气对理论探讨、新观念的产生有重要的作用。但是，处于激烈的市场竞争中的企业则要求所得到的技术要实用、可靠、成套，能在特定的时间产生效益，这与高校的科研模式有一定的冲突，即使高校的论文很多，却无法被企业重视。这就为我国高校科研成果产业化带来了一个弊端。另一个弊端就是高校的教授和它们的团队通常只是钻研某一个领域，没有形成学科间的相互协调与渗透；而企业建设的项目是跨学科的、涉及多个领域的系统工程，仅靠一个领域的专家往往无法拿下这样的系统项目。例如，专研工艺技术的教授开发了某一产品的核心技术，却不能设计出制造该产品的机械装备和控制机械的计算机系统，这也是多年来造成高校和企业脱节，科研成果无法顺利产业化的原因之一。此外，企业生产出现问题时，学校教师分身乏术，难以及时来解决……这些都造成了高校与企业之间无法形成强有力的合作关系。

轧制中心及以该中心为基础成立的北京科技大学冶金工程研究院、北京科大恒兴高技术有限公司等组织都是学校乃至国家的领导为解决这些弊病而成立的一种依托高校建设、结合行业背景、实施企业化运作的科研新模式。轧制中心取得的诸多成就，证明这种产学研结合的模式取得了成功。这种机制成功的关键在于：一是吸收、聚集了一大批有经验、有能力、长期为企业服务的专业专职人才，这些人才属于学校专职科研编制，全心全意为企业服务；二是体现出学科交叉的优势，将冶金、材料、轧钢、机械、自动化等各个专业的人员汇聚在一起，整合了资源；三是从机制上采取了自负盈亏的形式，依靠学校，拥有广大的人才资源，有助于建立起知人善用的灵活机制，并采取了一系列激励机制调动科研人员的积极性。

2. 整合调配研发资源开拓产学研创新体系新模式

自建成以来，轧制中心受到高度重视。北京科技大学为该中心提供科研开发基地和资源基础、相关专业人才及创新条件。该中心以进入世界一流行列为目标，通过对校内钢铁冶金、轧钢工艺、轧钢自动化和轧钢设备等领域研发资源的整合和合理调配，借助国家及国内重点钢铁企业、高校和科研院所的力量，瞄准冶金技术前沿，面向国民经济发展和国防现代化的重大需求，充分发挥已有优势，开展具有前瞻性、应用性、工程化的科学研究，注重成套技术集成、关键工艺装备开发，建成集"应用技术研究-新技术开发-新技术产业化"为一体的产学研创新体系，创建能够对冶金行业相关领域重要新工艺、新技术进行深度开发的研究平台，并通过团队整合、技术集成、资源优化、学科交叉实现全面培育和提升中心核心竞争能力。

国家建设"以企业为主体、市场为导向、产学研相结合的技术创新体系"的要求，更加突出了企业作为创新主体的地位和市场机制的导向、选择作用，要求高校把科技工作与企业发展需求紧密结合起来。基于此，轧制中心瞄准国民经济主战场，坚持走产学研紧密结合的道路，把机械、控制、工艺材料等新成果与企业需求直接对接，建立面向全国和世界的钢铁生产企业的紧密合作和技术辐射模式，增强该中心在国内外的竞争实力和市场表现程度，实现将工程化成果向钢铁企业转化，把学校的科技成果推向市场，同时促进学校的学科建设，促进与学校科研的互动及人才的培养。

一方面，轧制中心内部组建了北京科大恒兴高技术有限公司，以企业化的模式推动科技成果的转化，并且以北京科大恒兴高技术有限公司为纽带，推进产学研一体化。另一方面，轧制中心集中各学科优势承接企业重大课题的研究，或是与企业设立联合研发中心（如与鞍钢成立"鞍钢-北科大冶金技术联合研发中心"，与首钢成立"首钢-北科大汽车用钢联合研发中心"）。该中心的科研人员和钢铁企业的技术人员一起进行项目的研究，建立起了双方合作、优势互补、共同科研、利益共享、互促互进的高新技术开发机制。这种创新的机制使具有优势的科研人才资源更直接地为国民经济的一线服务，为钢铁企业的科研开发和技术进步提供了更大的支持。

例如，日前鞍钢首次试制出国内最高等级的 X100 管线钢。管线钢是热轧钢材中生产难度最大同时也是国民经济急需的钢材品种，两年前鞍钢的管线钢生产几乎还是零，要上新项目许多技术环节都是空白，这一突破性项目的技术支持就是来自轧制中心。另外，首钢-北科大汽车用钢联合研发中心经过一年多的建设，科研工作不但达到了预期目标，甚至还取得了突破性的成果。北京科技大学派驻的专职科研人员和首钢派来的科研人员共同工作，并肩作战，围绕着首钢的汽车用钢项目进行了大量的调研和材料收集工作，并做了大量的试验，为首钢下一步在曹妃甸和迁安的生产线进行汽车钢生产做了重要的基础研究工作。这种厂校结合探索出来的全新模式被教育部大力宣传，成为重点关注的项目。

3. 通过组织创新提升中心技术实力

轧制中心成立后在利用学校的人才优势、技术优势等方面做了大量工作，参加了数项国家重大攻关、重大装备国产化等项目。例如，负责国家"九五"攻关项目"薄板坯连铸连轧技术应用"、"国产轿车用钢的开发与研究"、"薄板坯连铸连轧重大装备国产化"等，为我国汽车用钢的国产化、薄板坯连铸连轧技术的国产化做出了重要贡献。

由于技术实力的增强，轧制中心还直接负责国家重大工程项目的技术改造工作，如承包了国家"西气东输"项目中，配套的舞阳钢铁公司厚板厂生产 X70 管线钢板的加速冷却生产线工程。该工程已于 2002 年完成，生产的数千吨合格的 X70 管线钢板用于"西气东输"项目。目前，也已完成"西气东输"复线 X80 管线钢板的开发和生产服务。此外，该中心还完成了国防军工项目新一代潜艇用钢板的配套工程，武钢 2800 中板厂的控轧控冷生产线的改造，已经开发和研制了新一代热处理设备——常化炉和淬火机，并且已经在多家企业建设。

由于轧制中心在钢铁生产领域主要的工作是计算机系统改造和工业自动化系统改造，所以采用了中心提供的技术以后，生产企业的技术水平、产品的质量水平都有了质的飞跃。例如，鞍钢热轧带钢厂，过去全部为手动控轧生产，产品质量差、精度低。现在全部采用计算机控轧生产，产品质量上了一个台阶，接近国外先进水平。

目前，轧制中心所从事的技术领域中的热连轧计算机系统的水平与国外基本处于同等水平，可以完成这类大型计算机控轧系统的国外公司只有美国的通用电气公司（GE）、德国的西门子公司和日本的三菱公司。所以，该中心的竞争对手主要是外国厂家，在国内中心多次击败这些国外知名企业而中标重大项目。

轧制中心承担的国家重大装备国产化项目"薄板坯连铸连轧重大装备国产化"获得了 2001 年国家发改委、国家经济贸易委员会、科技部、财政部四部委联合颁发的优秀科技成果奖，该中心两人获个人奖。鞍钢的 1700 薄板坯连铸连轧生产线的建设工程获 2002 年钢铁行业科技进步特等奖和 2003 年国家科技进步二等奖。该中心于 2000 年年底注册成立北京科大恒兴高技术有限公司，并在 2001 年向北京科技大学承诺，当年自负盈亏，该中心负担所有人员工资奖金、运行费、开发费和贷款的本息偿还等。到 2001 年年底完全做到了自负盈亏，并且略有结余。截至 2009 年，该中心有比较大的发展，年合同额预计可达到 3 亿元。

四 首钢国际工程技术有限公司创新案例[①]

（一）首钢国际工程技术有限公司基本概况

首钢国际是由北京首钢设计院实施辅业改制后成立的首钢集团相对控股、

---

① 胡欣怡. 2010. 热血铸旗舰 豪情造品牌——记首钢国际工程公司董事长兼总经理何巍. 中国勘察设计，（6）：20，21；韩睿华. 2008-04-03. 拓宽服务对象-变革管理体制-北京首钢设计院改制. 中国建设报，第 2 版；刘金萍. 2008-03-25. 奋楫搏激流-扬帆济沧海——访北京首钢国际工程技术有限公司董事长、总经理何巍. 世界金属导报，第 7 版。

经营者团队持股、技术管理骨干参股的国际型工程公司，注册资本 15 000 万元。

2008 年 2 月 4 日，首钢国际正式注册成立，国内钢铁企业最大的综合型企业设计院——北京首钢设计院走过了 40 年的创业的风雨历程，全面完成辅业改制，踏上了新的发展征程。

首钢国际的经营范围涉及冶金、建筑、房地产、市政、环境等领域的技术咨询、工程设计、工程总承包、工程监理及相关设备成套，具有涉外经营权和对外承包工程经营资格。

首钢国际秉承北京首钢设计院 40 年的雄厚技术和优秀文化，已成为中国冶金勘察设计行业专业最齐备的工程公司，设有矿山采矿选矿、钢铁冶炼、钢材轧制、烧结球团、焦化、工业炉、总图规划、建筑结构、采暖通风、电气自动化、环境保护、技术经济等 30 余个专业。首钢国际拥有 3 家实体公司，以及与日本新日铁公司、比利时 CMI 公司共同投资的 2 家中外合资公司。该公司在中国冶金设计行业首家通过 ISO9001 质量体系认证，并率先开展工程总承包业务。首钢国际通过全方位实施工程总承包，运行质量、环境、职业健康安全管理体系，强化信息化管理等工作，实现了经营方式国际化，业务范围多元化，技术装备现代化，工程管理科学化。该公司已累计完成国内外工程设计 6000 余项，完成总承包项目近百项，累计总承包额达数百亿元。在全国勘察设计企业营业收入排名一直位列前茅。

首钢国际坚持自主创新、开放办企、科技兴企，与奥钢联、西马克、NSC、CMI、达涅利等知名公司建立了长期的技术合作关系，完成多项工程的合作设计。在工程规划设计和建设中，大力倡导和践行循环经济的理念，大力推广环保节能新工艺、新技术、新设备、新材料。在炼铁、炼钢、轧钢、烧结球团、焦化、工业炉等领域取得了突出的业绩。近年来，首钢国际完成了包钢二炼钢、武钢干熄焦、太钢高炉、济钢干熄焦、重钢高炉、新钢焦化、承钢烧结、宣钢高线等 20 多个省（自治区、直辖市）钢铁企业新建和技术改造工程设计及工程总承包。完成和正在建设印度、马来西亚、越南、孟加拉、菲律宾、津巴布韦、安哥拉、秘鲁、沙特等国的多项海外工程；并承担了"十一五"国家科技支撑计划国家重点项目——首钢京唐钢铁厂工程总体设计的历史重任。

近年来，首钢国际共获得国家科学技术奖和全国优秀设计奖等 30 余项，获得冶金行业和北京优秀设计及科技成果奖等近 200 项，有百余项技术获得国家专利，有多个项目创中国企业新纪录。连续多年获北京"守信企业"称号；先后获得全国建筑业企业工程总承包先进企业、全国优秀勘察设计院、中国企业新纪录优秀创造单位、全国冶金建设优秀企业、建筑业信息化应用示范研究课题示范单位等殊荣。

（二）首钢国际工程技术有限公司的创新过程与特点

1973 年 7 月 23 日，首钢基建设计处与北京冶金设计公司合并，正式成立首都钢铁公司设计院，一家以首钢为依托的企业设计院诞生了。1973 年建院至 1983 年是起步阶段，主要从事首钢内部的设计管理和技术改造项目。1983 年，首钢在全国大型企业中率先实行承包制，基建规模空前扩大，首钢设计院从而进入了快速发展期，设计队伍迅速壮大。到 1995 年年底，先后完成了新建、扩建、技术改造、环保、能源、民建等工程项目 3714 个，使首钢的钢产量迅速达到了近千万吨；同时，首钢设计院在大中型钢铁厂及其配套项目的新建、引进二手设备改造、修配改等方面也积累了丰富的经验、培育了一批工程设计人才、创造了数百项国内领先技术。

1996 年，首钢设计院分立为首钢全资子公司后，进入了一个调整改革发展阶段。1996～1998 年，是首钢设计院的艰难调整期。由于首钢政策性调整，首钢设计院从高速扩张转为维持简单再生产，许多项目停建缓建，首钢设计院遇到了前所未有的困难，从过去干不完的工程到首钢内部没活干、社会市场一片空白，首钢从"宠儿"变成市场的"弃儿"。职工收入急剧下降、职工思想迷茫困惑，企业靠吃首钢设计院补贴度日，在生存中挣扎。院两级领导班子认识到，只有主动到市场上去闯，才能寻求新的生机。他们向首钢总公司主动请缨，以设计为窗口，带动基本建设，到社会市场寻求发展，率先分立为首钢全资子公司。在首钢设计院党委的大力支持下，他们大刀阔斧地进行了政策、制度调整及机制改革，组建了 20 余个经济实体公司，分散突围，并实行职工工资调整和部室领导经营目标责任制，形成了"千军万马闯市场"的局面；同时，通过分离辅助，实现了"瘦身强骨"，从 1995 年年初的近"三千子弟兵"，骤减为 1998 年年底的 1456 人。经过顽强拼搏，克服困难，冲出低谷，为以后的发展奠定了坚实的基础。

1999～2002 年，是首钢设计院的探索发展期。面对市场竞争，该院在冶金设计行业第一家通过了 ISO9001 质量体系认证，并取得了冶金、工程咨询、工程总承包、建筑等多个甲级资质及涉外经营权等。同时，以探索创建国际型工程公司为目标，在冶金设计行业率先开展了工程总承包业务，迅速转换经营管理机制，整合内部资源，调整组织结构，拓展经营领域，在完成该院内部改造项目的同时，逐步进入冶金建设市场，创出了包钢二炼钢总承包等多项优秀工程，实现了靠市场"吃饭"，在激烈的市场竞争中站稳了脚跟。1999 年，该院首次实现了建立分立子公司以来的扭亏为盈，之后，经济效益逐年提高，技术能力、内外市场取得长足发展。

2003 年至今，是首钢设计院的快速提升期。首钢设计院按照首钢设计院党委提出的"苦干三年，打好四个基础"的要求，紧紧抓住首钢搬迁调整的机遇，面对工程任务量连年攀升的首钢重点工程和外部市场合同全面履约的双重考验，两级领导班子脚踏实地地把握现在，居安思危地谋划未来。

经过 3 年苦干，构筑起了具有首钢设计院特色的思想文化基础、制度创新基础、经济技术基础和人才队伍基础，完成了首钢设计院"十五"发展战略规划确定的目标，实现了"十一五"规划的良好开局。

2003 年 9 月，北京首钢设计院与日本新日铁公司共同投资成立北京中日联节能环保工程技术有限公司，共同开拓中国干熄焦市场。同年，与比利时 CMI 公司共同组建北京考克利尔冶金工程技术有限公司，专门从事镀锌板和彩涂板生产线设计、制造。两个合资公司的成立，为首钢设计院掌握占领技术制高点提供了新的发展平台。

回首 40 年，首钢设计院伴随着中国钢铁行业的发展而前进，面对激烈的市场竞争和复杂的内外部环境，首钢设计院人始终以一种"求实、创新、自强"的精神，求生存、谋发展，不仅从以首钢内部项目为主走向外部市场，而且开始在国际市场上崭露头角；不仅实现了技术水平的全面提升，而且在业内率先开展工程总承包；不仅为企业的未来奠定良好的基石，而且为员工的发展提供了广阔的舞台，培养了一批冶金行业专家级人才。与 SMS、西门子、VAI、达涅利公司等多家世界知名公司保持着良好的合作关系，并多次开展大型工程联合设计。

随着一系列的创新发展，首钢设计院逐渐实现了由简单的修、配、改向工程公司的转变和跨越，发展为集技术咨询、工程设计、工程总承包、工程监理于一体。经营范围涉及冶金、民用建筑、市政、环保、电力等领域，可承担国内外大、中型钢铁联合企业设计和工程总承包。具有涉外经营权和对外承包工程经营资格。社会影响力、认知度全面提升，连续多年获北京"守信企业"称号，先后获得全国建筑业企业工程总承包先进企业、全国优秀勘察设计院、中国企业新纪录优秀创造单位、全国冶金建设优秀企业等殊荣。

近几年来，完成了迁钢、首秦、淮钢、武钢干熄焦、重钢高炉、宣钢高线、承钢烧结等 20 多个省（自治区、直辖市）钢铁企业新建和技术改造工程设计及总承包交钥匙工程，并完成了印度、越南、津巴布韦、秘鲁等国的多项海外工程。共获得国家科学技术奖和全国优秀设计奖等 30 余项，获得冶金行业和北京市优秀设计及科技成果奖等近 200 项，有近 100 项发明获得国家专利，有多个项目创中国企业新记录。首钢设计院在全国勘察设计系统综合排名也从 1998 年的第 49 名，跃居 2005 年的第 11 名，跻身冶金设计企业前列。

"求实、创新、自强"是企业之魂。"求实"——就是实事求是，尊重科学，说实话、办实事，一切从实际出发，脚踏实地，干出实效。企业要想在生产经营中站稳脚跟，在激励的市场竞争中取得胜利，就必须树立求实的科学态度，求实是首钢设计院发展的基础平台。"创新"——创新是企业发展的原动力，是企业永恒的主题。创新包括技术创新、管理创新、方法创新、观念创新等，创新永无止境，首钢设计院要不断地追求新技术、新工艺、新形象，没有创新，企业就难以继续生存和发展。"自强"——自强是企业和职工对待困难和挑战的积极态度，是顽强拼搏，奋发进取的精神。就是不管内外情况如何变化，也不论企业当期情况好坏，要始终强调"自强"，要通过不断自强发展壮大，创出名牌；在名牌的基础上仍然要不断自强，把自强作为企业永恒的追求。

面对新形势和新机遇，首钢国际全面实施新的发展战略。人才培养发展战略——坚持人才是企业第一资源，人才市场化引进、人才专业化发展、人才个性化使用、人才分层化管理和制度管人、待遇留人、事业用人、文化育人。借助首钢京唐钢铁厂项目建设，优先培养发展高层次人才，培养专家级、大师级技术人才。借智借力，开放办院，结合实际需要引进各类高层次人才。深化人才制度的改革创新，健全育才、引才、留才的激励机制，建设一支高素质、市场化的高端人才队伍。

科技创新战略——坚持以科技创新为动力，致力于推动中国钢铁技术装备水平、自动化控制水平、产品性能水平、经济环保效益水平不断提升，按自主创新、广泛集成的思路，围绕首钢搬迁调整战略，在迁钢 2160 毫米热轧、首秦4300 毫米宽厚板轧机及配套连铸、尤其是首钢京唐钢铁厂的工程设计工作中，跟踪、掌握国际一流技术。用先进的设计理念，实现技术业绩的新突破、工程经验的新积累，完成一批具有国内和世界先进水平的科技成果；拥有一批有市场竞争力的实用型新技术、专有专利技术。

市场营销开发战略——坚持立足首钢国际，服务全国，放眼全球。在目标市场开发上，实现以国内外市场开发并举、大力开发国外市场，以承揽及运作国内外总承包项目为主营业务。在业务范围上，逐步实现多角化经营战略，经营范围以钢铁行业为主，进一步拓展到城市规划、市政建设、能源环保及成套设备等与冶金行业关联度高的行业和领域。到 2010 年，在国内同行业营业收入排名中进入前列。

制度创新战略——坚持与时俱进的思维理念，以改制为契机，努力实现企业产权制度、企业组织制度、企业管理制度的有机统一。产权制度要做到产权多元化、股份结构合理化、股权管理科学化，保证企业长期稳定发展。通过企业组织制度，规范股东会、董事会、监事会、经理层四者间的权责关系，提高资源整合效率和市场反应速度。构建战略管理与运营管理有效结合的企业经营管理制度体系，实现从以管财物为中心向以人的管理为中心的转变；从以目标责任为基础向以过程管理为基础的转变；从以内部生产管理为目标向以市场客户管理为目标的转变。

企业文化建设战略——持续打造企业软实力。进一步提升企业共同愿景，使企业全体职工凝聚在一起，朝着共同的目标前进，打造学习型团队，强化对人才和知识资源的管理，打造领导干部的亲和力、两级班子的战斗力、干部职工的向心力、体制机制的和谐力。同时以品牌体系和企业文化体系建设为主线，以满足客户的需求为宗旨，实现企业与职工的共同发展、与客户的合作共赢、与社会的共同融洽、与环境的共同依存。

五 首都钢铁服务产业联盟案例[①]

首都钢铁服务产业联盟的宗旨是要协调并调动各成员单位的优势科技资源，共同致力于解决钢铁工程技术服务业发展中所面临的重大技术问题和关键科学问题，加速相关科技成果的转化，增强首都钢铁工程技术服务的核心竞争力，强化北京在国内外钢铁行业和工程技术服务的优势。

目前，北京地区从事钢铁领域服务业的机构主要有两类，一类是以北京科技大学和中国钢科技集团公司为代表的高校和科研机构，它们主要提供钢铁领域的研发与咨询服务，同时也提供一些生产过程服务。另一类是以京诚公司为代表的工程机构，这些机构主要提供工程设计咨询、建设服务，并提供成套设备。这两类机构虽然在一定程度上有过合作，但这种合作往往局限于某些特定的项目，没有形成更高或更广层面上的合作，使得北京地区在钢铁领域信息服务与关键技术共享方面严重不足，限制了北京地区该领域的发展和整个行业国际竞争力的提升。

首都钢铁服务产业联盟成立后，重点开展以下三方面工作：一是瞄准市场需求，通过组织成员单位共同承揽国内外工程技术服务项目，打造联盟品牌，切实提高首都钢铁工程技术服务业的市场份额；二是开展行业关键共性技术的联合攻关，促进科技成果的产业化；三是共建行业研发平台，推动研发资源的开放与共享，联合培养专业技术人才。

凭借着各自的实力及联盟的合力，首都钢铁服务产业联盟成员单位在该联盟成立的当天就签署了"熔融还原炼铁项目"、"艾娜克铜矿工程开发项目"两

---

① 罗贞礼，孙倩.2009.成立首都钢铁服务产业联盟 促推钢铁产业向高端服务型业态转变.新材料产业，(7)：1-3；孙倩.2010.首都钢铁服务产业联盟：新年迈上新台阶——首都钢铁服务产业联盟第一届理事会成功召开.新材料产业，(2)：72-74；韩庆礼，郭豪.2010.首都钢铁服务产业联盟钢铁行业低碳技术路线图的编制.新材料产业，(9)：70-72；曹磊.2010.北京研发服务业集群式发展模式研究.吉林：吉林大学博士学位论文.59-90。

个技术服务合同，合同总额超过 12 亿元。针对项目实施中的关键技术难题，北京市科学技术委员会还同时启动了"钢铁设计仿真"、"有色金属清洁生产"两个重大科技计划项目。

2010 年，首都钢铁服务产业联盟为积极应对低碳经济发展对钢铁产业发展带来的新要求和新挑战，制定了钢铁行业低碳经济发展技术路线图。并通过增强低碳生产技术创新能力，提升首都钢铁服务产业的工程技术服务能力和市场竞争力，引领我国钢铁产业较快实现生产过程的低碳化，为我国 2020 年二氧化碳排放目标的实现提供强有力的技术支撑。

首都钢铁服务产业联盟的成立，对钢铁企业形式创新、机制创新和服务创新提供经验支持，为实现首都乃至全国科技服务产业的全面发展起到引导作用。不仅可以促进该联盟各单位有效地开展产业共享技术的开发和高端服务，而且可以打破以往单兵作战、条块分割的局面，引导中央在京院所、高校和企业开展合作，优势互补、推动院所和高校条件资源向社会开放共享，促进该联盟内各单位间技术和服务的交叉与融合，真正实现产学研合作长效的协同创新机制，在战略层面集聚和整合首都钢铁产业技术创新和高端服务资源。

第四节　钢铁工程技术服务业创新模式分析

通过对京诚公司、轧制中心和首钢国际案例分析，我们认为北京钢铁工程技术服务业的案例企业都将技术创新视为提升企业技术发展的助推器，且各企业的技术创新以集成创新为主，并结合自身发展所处的环境、背景不同，在组织创新、商业模式创新等方面开展创新工作，并都形成了各自的特色。北京钢铁工程技术服务业典型企业创新模式分析如表 11-3 所示。

京诚公司通过管理流程再造等组织创新，完成了商业运营模式从设计到工程总承包再到全流程服务的转变，实现了事业单位向国际化工程公司的战略目标。轧制中心通过成立科大恒兴高技术有限公司、整合优势资源等组织创新，完成了商业模式从教学科研到工程总承包再到提供特色服务的转变，实现了高校产业化战略目标。首钢国际通过企业文化建设等组织创新，完成了商业模式从为首钢建设改造服务到工程总承包再到新一代钢铁企业建设牵头转变，实现了从企业设计院到国际化工程公司的战略目标。

表 11-3　北京钢铁工程技术服务业典型企业创新模式分析

案例企业	创新背景	技术创新	组织创新	商业模式创新
京诚公司	全国及钢铁设计行业标志性设计院设计院—工程公司	集成创新技术创新体系建设重构创新管理体系工程应用技术研究	管理流程再造	设计—工程总承包—全方位服务钢铁行业—多行业
轧制中心	钢铁行业知名学府高校—工程公司	集成创新承接重点科研项目成立产学研联合体科研成果的产业化	组织机构重构	科研/教学—工程总承包
首钢国际	重点钢铁企业设计院企业—工程公司	集成创新重点工程总负责利用工程建设引入国内外先进技术	企业文化建设	工程管理—工程总承包

第五节　钢铁工程技术服务业创新中科技作用分析

通过对京诚公司、轧制中心和首钢国际等典型企业调研，同时结合国内外知名钢铁工程技术服务企业发展轨迹可以清楚地看出，钢铁工程技术服务企业拥有核心技术和核心技术产品。

一　科技进步促进钢铁工程技术服务业产业链价值的提升[①]

现代科技的进步与发展促进了我国勘察设计行业向工程设计综合服务业的转变。科学技术是第一生产力，现代企业要走以科技进步为依托的内涵式扩大再生产的新路，提高科技进步在企业发展中的含量。钢铁工程技术服务业属于高新技术产业，更加注重科技进步的重要性。现有的大中型设计企业都不断增加了科技投入，发挥专业优势特长，利用知名专业带头人和配套团队，研发具有自主知识产权的技术和专利，加强企业集成与创新发展。同时，出于扩大业务范围及核心技术保密的考虑，更多的大中型设计企业在坚持设计为核心的同时也注重设计产出。设计企业不仅设计产品，而且开始独立生产产品或其核心部件。这种设计与制造融合的现象增加了设计产业链价值，进而发展到具有咨询、研发设计、制造等多功能的工程技术综合服务行业。

---

① 中国勘察设计协会调研组 . 2007. 对关系工程咨询设计行业发展几个问题的调研引出的思考与建议（摘要）. 中国勘察设计，（9）：85-88。

二 工程技术服务是科学技术转化为现实生产力的桥梁和枢纽

通过工程技术服务（设计服务、研发服务等）将科研成果融入实际可操作的服务方案，使科学技术能进入建设单位的生产之中。据统计，全社会固定资产投资的 60% 左右要通过工程建设转化为现实生产力。工程设计也是科技进步的龙头，在设计观念和知识技术方面的更新，将会影响到全社会对新知识、新技术、新设备、新材料的应用。我国钢铁产能的提高，刺激国际先进钢铁生产工艺及现代化技术装备进入我国，钢铁工程技术服务业企业通过集成创新、引进消化吸收再创新等过程提升了自身的技术实力。随着我国国民经济的进步，节能环保、可持续发展理念已深入人心，对于高污染、高能耗的钢铁产业而言，倡导"两型社会"的建设、绿色技术的应用，转变企业生产经营观念，利用科学技术增加工业产品科技含量、经济效益，都需要首先在工程技术服务中予以体现。

第六节　钢铁工程技术服务业创新中存在的问题

虽然钢铁技术研究领域每年都取得许多成果，拥有一批具有有较强工程技术服务和研发服务能力的高校、科研院所和企业，但总体上钢铁工程技术服务业技术创新模式多处于引进消化吸收再创新和集成创新阶段，重大技术原始创新能力仍显不足，特别是研究成果工程化、产业化的进程缓慢（梁治国，2010）。究其原因，除了受技术创新"后发机制"束缚外，主要还存在以下几个方面的问题。

一 共性技术研发能力不足

随着经济市场化程度的不断提高，企业间的技术合作力度减弱，而单个企业特别是中小企业受试验研究装备、人才、经验等所限，很难独自研发重大工艺技术。大型企业虽然有较强的研发能力，并且掌握了相对多的先进技术，但是由于市场竞争的因素，对外技术封锁非常严重，对行业和社会的技术服务功能相对较弱。科研院所和高校对社会的服务功能强，但是大多数高校和科研院所由于专业分散，往往难以形成一支高效的队伍和一股强大的推广力量。钢铁工程技术服务业研发组织形式比较单一，往往是业内某几家单位，仅限于某个具有政府资助的研发项目或研发方向，通过产学研等组织形式展开研发工作，研发成果很难实现工程化或产业化。

二　缺乏工程化应用的基础试验和中试基地

钢铁冶金生产流程涉及的科研和工程领域广泛，并且其高温、多元和复杂相变的特点，使得科研和技术开发的难度大，其工程和工业化问题尤为突出，必须依靠各个学科领域的密切配合，进行综合性研究开发。以往我国在钢铁冶金生产领域的研究开发工作多集中于某几个关键的技术问题，常常因为配套技术不过关而影响了关键技术的工程化进展及其效益的发挥。有些技术直接在实际生产线上进行试验研究，不仅耗资巨大，企业所承担的风险也很大，特别是市场经济环境下，钢铁企业往往需要成熟稳定的工艺技术和装备，苦于没有中试手段，许多重要的研究工作进展缓慢，甚至中途夭折。

三　缺乏面向全行业的先进共性技术信息共享网络平台

国家和企业每年投入大量的研究经费，也取得了很多重要的成果，但是这些技术成果缺乏交流和展示的渠道和平台。一方面，成果得不到推广，浪费了资源，导致技术所有者和投资者得不到回报；另一方面，许多企业急于寻找技术但往往苦于没有门路。

四　缺乏联盟成员有效的运行机制

目前，虽然首都钢铁服务产业联盟已经成立，但是该联盟的运行尚处在探索阶段，对北京钢铁工程技术服务业整体水平的推动效果尚需假以时日才能得到验证。从客观角度看，北京钢铁工程技术服务业目前主要还是以单个科研机构或高校与单个企业联合而建立的"点对点"合作创新组织为主，这种组织方式缺少技术外延服务，知识结构层次不清晰，并且其最大的缺点就是不具有广泛性和代表性，不利于参与越来越激烈的国际竞争。

第七节　促进钢铁工程技术服务业创新的策略及政策建议

一　借鉴国内外先进的联盟运作模式，促进产业健康发展

采用整合性强、规模大、竞争力强的产学研设组织方式，发挥多学科、多领域的综合优势，从事跨学科综合性研究，发展新兴学科和高新技术，为钢铁

工程技术服务业寻找新的经济增长点。要充分发挥北京钢铁领域的科技资源优势，最大限度地体现首都钢铁服务产业联盟的功效，以北京为中心，联合全国行业优势企业，深入创新产学研设合作机制，通过资源共享与创新要素的深度优化组合，解决行业发展的瓶颈问题，提高自主创新能力和国际竞争能力，促进科技成果转化。

二 加强钢铁工程技术服务业共性关键技术研发，制定并完善行业标准

瞄准国际前沿，推进科技创新工程，利用北京钢铁工程技术服务研发优势，联合国内优势单位，在加强应用开发研究基础上，开展基础共性技术研究，实现科技创新能力的跨越发展。加大研发投入，重点围绕降低工程建设成本、企业生产成本，绿色制造，循环经济及绿色环保等钢铁工程技术服务业共性技术开展研发工作。利用行业优势地位，制定并完善钢铁工程技术服务业标准与规范，引领行业技术发展。

三 整合钢铁工程技术服务业优势资源，成立试验和中试平台

整合北京钢铁工程技术服务业优势资源，充分发挥高校、科研院所和企业实验设备能力，建立北京钢铁工程技术服务业专业化重点试验室和工程中心（如测试化验、仿真、自动控制、冶金装备等），通过资金和政策的引导，强化研究成果的中试和工程化应用。同时，以此为基础积极申报国家级研发平台（如工程技术中心、重点实验室、工程中心和工程实验室等）。

四 制定优惠政策，推进行业发展

开展钢铁工程技术服务业政策调研，关注钢铁工程技术服务业企业在高新技术企业、所得税加计扣除等政策的使用情况，结合钢铁工程技术服务业发展特点，找出适合钢铁工程技术服务业发展的优惠政策，切实推进行业发展。

第十二章 / 轨道交通技术服务

第一节　轨道交通业的概念与特点

一　轨道交通业产业链

轨道交通是指城市中有轨的大运量的公共交通运输系统，全称为城市快速轨道交通，它是城市公共交通的组成部分（王健等，2000），是区别于大铁路而言的，是公共交通的重要组成部分（刘熙颖，2000；肖欣荣和姜国杰，1999）。

城市轨道交通（rail transit）具有运量大、速度快、安全、准点、保护环境、节约能源和用地等特点。世界各国普遍认识到解决城市交通问题的根本出路在于优先发展以轨道交通为骨干的城市公共交通系统。我们可以认为国内提到的轨道交通主要是指城市轨道交通。

轨道交通产业链是指轨道交通各个产业部门之间基于一定的技术经济关联，并依据特定的逻辑关系和时空布局关系客观形成的链条式关联关系形态。城市轨道交通产业一般会从建设、运营、设备采购等不同角度影响到规划、设计、勘察、工程建树、车辆制造、通信信号、牵引供电、防灾报警、给排水、消防、环境控制、工程概算、运营管理等 30 多个专业领域。

理解轨道交通产业链，必须从广义产业链的概念出发，把轨道交通产业链理解为满足轨道交通整体需求的产业集合，而不仅仅是围绕业主某种特定需求进行特定产品的生产或提供服务所涉及的企业集合。轨道交通产业是由一系列互为基础、相互依存的产业所构成的。同时，存在于外部环境中的科研院所、金融机构、政府部门为轨道交通产业的发展提供了必需的技术、人力资源、资金、政策及其他支持条件，所有这些相关单位构成了广义上的轨道交通产业链（李雪梅和李学伟，2009）。

基于产业视角的产业链概念来界定分析轨道交通产业链，可以看出轨道交通的主营业务就是为乘客提供各种交通服务，方便乘客出行。轨道交通项目通过决策、投融资、前期规划设计、建设、运营等一系列增值活动形成地铁实体，满足其交通运营主营业务，这些增值活动构成了轨道交通的关键价值链。轨道交通产业还具备一些固有资源，由固有资源建设运营而派生出的房地产开发、广告宣传、旅游度假、餐饮等服务设施属于可增值的衍生资源，是由地铁建设和运营而产生的各项资源开发形成的相互关系和业务组合，是地铁关键价值链的延伸和拓展。

关键价值链和衍生价值链的有效整合便形成了城市轨道交通的整体产业链。轨道交通产业链分析如图 12-1 所示。

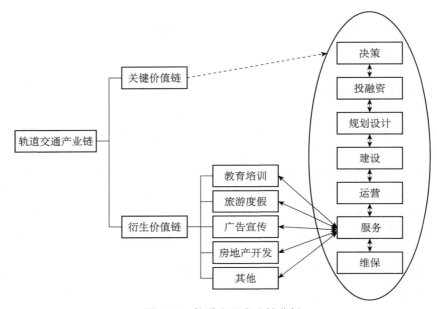

图 12-1　轨道交通产业链分析

城市轨道交通在"十一五"期间爆发式增长，到 2015 年规划投资近 1 万亿。巨额投入将使整个轨道交通产业链受益。轨道交通产业链最受益行业为智能化和信息化设备行业。产业链依次受益的行业分别为基建施工、工程机械、基建配套设备、机车车辆及其配件、轨道交通智能化、信息化设备。但最看好的是处在产业链时序末端的智能化和信息化设备行业。

技术创新驱动了产业分工协作，形成了产业链体系，特别是在轨道交通设备国产化进程中，轨道交通产业分工协作的体系将进一步深化与完善。随着城市轨道交通市场的不断完善和发展，产业价值链的外延不断扩大，价值链内部也趋于复杂，内部各组成部分在相互促进的同时也会相互影响、制约。价值链各个环节如果不能实现有机黏合，就不可能高效运作。这个"黏合剂"能达到多赢、共赢的增值收益（简炼，2003）。

产业链整合是将具有竞争优势的各种资源通过它的组织结构和价值链内在联系，把供应商、零售商乃至顾客连接起来，增强产业链各企业创造和保持竞争优势的能力，其实质是选择交易效率较高的组织模式，实现知识的共享和整合。目的在于提高创造顾客价值的能力，以取得竞争优势，所以只有知识共享是不够的，重要的是通过知识整合，使得产业链分散在不同环节的知识能够服务顾客，创造价值。

在城市轨道交通产业链中，各个系统结合在一起，以实现其快捷、安全地运输客流的功能。随着城市轨道交通的发展，产业链进一步向前扩展，不仅仅是为人们提供简单的运输产品的工具，而扩展到了地下商场、地铁杂志及地上空间，即"轨道＋物业"、"轨道＋商务中心"、"轨道＋小区"等多种形式。产业链整合首先要建立在核心企业自身价值链优化的基础上。城市轨道交通相关企业应充分考虑顾客需求通过业务流程再造、组织再造和文化变革、非主营业务外包等形式共筑信任，协同优化价值链，采取竞合策略使自身核心价值环节能够得到扩展，并继续保持核心竞争力，同时通过不同企业异质资源的共享以降低成本。在城市轨道交通产业链各个环节价值提升之后，只有将各个环节有机结合起来，才能够有效地提升整体的价值。此外，城市轨道交通还要与城市其他交通体系更好地融为一体，才能更好地提供服务，创造最大的价值。

二　轨道交通业的服务特征分析

城市轨道交通是城市公共交通的重要组成部分，其线路、机车属于城市基础设施建设，为其他产业部门的生产和运营提供了必需的投入与服务。其提供的服务产品在城市经济中属于"最终需求型产品"，以提高生活服务为主，属于直接满足人们最终需求的"低附加值、高带动力"产业，对第一、第二、第三产业均具有强拉动力作用，特别对属于第二产业的上游产业影响巨大，具有直接拉动作用和间接拉动作用的双重效果。作为城市公用事业部门之一，城市轨道交通和其他一般竞争性产业相比，表现出非常特殊的性质，即公共性和企业性两重性。公共性要求提供交通服务等公共产品；企业性则要求所提供的产品和服务具有一定的利润，保证企业可以维持下去。

作为服务型事业，城市轨道交通所提供的服务产品具有以下几种特性（李雪梅和李学伟，2009）。

（1）无形性。城市轨道交通服务产品是无形的，乘客在购买之前不可能对它的质量和价值做出准确的评价和判断，只可能通过运营公司对外的宣传或其他乘客对其普遍评价为依据做出初步判断。所以，其运营服务水平的衡量往往带有较为浓厚的主观性和非量化的色彩。

（2）生产与消费的不可分性。城市轨道交通为出行者提供的位移、信息及相关服务产品是边生产边消费的，生产和消费之间的平衡就直接决定了产品的价值实现。

（3）无法存储性。运营公司所提供的服务是"客位的位移"。实现价值的机会只在限定的某一时段内，如果在这一时段内没法出售，其价值便一去不复返。显然，城市轨道交通产品是无法存储的，具有无法"后"实现的特性。

（4）知识、技术密集性。城市轨道交通的站线规划、车辆运营和调度及相关服务都需要很高的知识和技术集成。服务人员与出行者的直接接触只是知识和技术密集性表现的一方面，轨道交通还要通过技术支持来保障其服务产品的顺利提供。

轨道交通服务产业需求主要分两部分，一是面对公众的服务及其产业，提供乘客的全程整体服务而非单个线路的运输服务产品，如车站及乘车服务、一卡通票务等服务、信息服务等；二是面向轨道交通企业的服务企业产业，即围绕轨道价值链提供服务的产业集群，提供设施设备的运行服务而非产品自身。如图 12-2 所示，图中的两个圆环将成为轨道交通服务产业的重点，其主要目标是分别形成面向乘客和轨道交通企业，提供个性化集成服务的服务企业。总之，轨道交通作为一种城市公共产品，具有巨大的外部效应，这些外部效应影响着城市轨道交通空间资源价值。城市轨道交通空间作为城市空间的重要组成部分，蕴涵着丰富的自然资源、社会资源和人文资源，如果能对轨道交通空间资源的进行整合利用，以及通过市场配置和行政机制将其经济收益投入到城市轨道交通建设和运营上，则可实现城市轨道交通的投资、建设、运营及发展的良性循环。

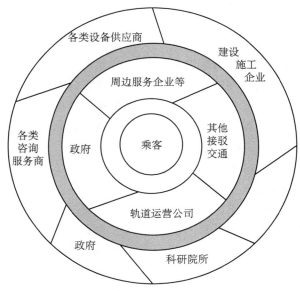

图 12-2 轨道交通服务产业结构示意图

三 轨道交通业的技术服务现状

轨道交通既是一个典型的服务业，也是一个设备密集型行业，主要业务都由相应的技术设施、设备的运转来支撑，围绕行业的价值链，形成了如图 12-3 所示的技术支撑系统。

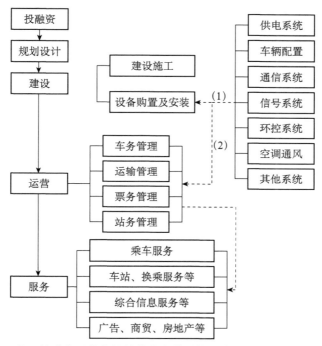

图 12-3　基于轨道交通价值链的技术支撑系统示意图（李雪梅和李学伟，2009）

传统轨道交通领域以此技术支撑系统为基础形成相关的产业群，各类设施、设备企业在轨道交通的规划建设时期提供各类设备的技术资料及安装，在轨道交通的运营时期提供设施、设备的养护维修支持及更新。另外，围绕着公众的乘车、接驳等服务，以轨道交通车站为核心，为乘客提供相关运输产品。

目前，轨道交通服务产业需求主要分两部分，如前所述，本书将重点关注第二部分，将其界定为轨道交通技术服务产业。这两部分服务分别由轨道交通企业与相关企业承担，因此轨道交通的发展重心仍集中在运输产品及设施、设备的生产和产品服务上。轨道交通技术服务产业中的企业，既可以是现在轨道交通相关企业在服务方面的扩展，也可以是一些新兴服务业企业，它们将整合现有相关企业的服务，如图 12-4 所示。

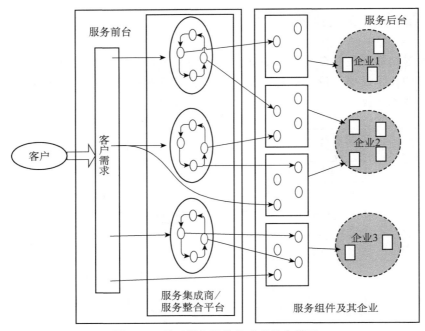

图 12-4　基于服务组件的动态整合模型

在该模型中，服务整合平台是轨道交通技术服务产业构建和管理的核心，服务集成商通过信息和物流平台在逻辑或物理上，将系统中各企业的服务子系统整合于服务整合平台中，根据动态变化的客户需求，提供动态的服务整合方案，最显著的特征是通过服务外包的形式选择合适服务组件和服务流程模块为需求方服务。例如，可以依托网络物资管理中心建立虚拟的集中控制管理平台，以信息化管理手段，对网络维修的备品、备件和机具实施动态控制、流程跟踪及生命周期管理等全覆盖管理。同时，根据备品、备件和机具的价值、专业性及消耗使用特点实施网络集中管理、线路管理、供货商管理等不同库存类型。

目前，轨道交通作为一个新兴行业，由于行业自身的高成本及准公共产品等特征，轨道交通技术服务产业尚属空白，但针对目前所面临的问题，轨道交通技术服务产业的发展势在必行。它将为有效提高路网运营效率、安全性和可靠性及应急保障能力，保证轨道交通网络整体效能，提高系统设备集约化程度，降低运营成本，提升对公众的综合服务水平及制定合理的轨道交通相关政策提供强有力的支撑。

四　轨道交通企业技术服务困境分析

在原有轨道交通线路较少，设施、设备供应商数量不多的情况下，这种以技术产品为核心的产业关联网络能够支撑轨道交通的运营和服务。但随着轨道交通的大规模建设和运营，公共交通体系的发展和完善，以及公众对公共交通服务系统性需求的增加，现有行业发展模式出现一些重要问题。

（1）企业关联网络复杂性加剧：由于轨道交通自身技术系统的复杂性及轨道交通关联行业的迅速发展，轨道交通建设运营企业需要面对大量的设施、设备企业，形成复杂的企业关联网络（即图 12-4 中的虚线部分），给轨道交通企业带来复杂的业务管理及经济管理问题。

（2）服务缺失：目前，企业关联网络主要以产品为中心，各厂商主要以产品的销售为主，相关服务不足，在服务的质量、及时性等方面缺乏有效的管理监督机制，在复杂技术问题中存在相关企业之间相互推诿等问题。

（3）客户地位缺失：现代服务强调以客户为中心的个性化集成服务，即以客户个性化需求为驱动，相关服务的集成化服务。但现有轨道交通系统中，无论是乘客或是轨道交通运营企业，仍然只能得到传统的产品服务。

为实现城市轨道交通"以人为本"的服务理念，运营设备与设施的人性化、标准化配置建立网络统一固化的运营管理流程体系，实现网络统一的备品备件管理体系，以及运营管理设备人机界面的标准化等，已成为城市轨道交通运营管理的发展趋势。在设备系统生产、运营、维护集成化方面，由于全自动列车控制技术具有系统可靠性强、服务水平高、运营成本低等优势，已成为当前城市轨道交通领域的发展方向。以自动列车控制技术为代表，城市轨道交通设备系统对集成化的需求特征越来越突出。同时，机电设备自动化和维修管理便捷性的要求，也加速了各类专业系统集成研究的发展。为有效保障城市轨道交通系统运行的安全、可靠和高效，在城市轨道交通动态监控、运营调度、信息服务、应急指挥等系统中综合运用数据传输、电子控制、计算机处理等新技术，建立适应动态变化环境的自我计算和管理能力，实现自动诊断、动态调整和决策响应等功能（沙梦麟，2004）。

由于我国城市轨道交通发展起步较晚，技术基础薄弱，所以在许多领域缺乏核心技术和自主知识产权，国产化水平还很低。因此，加速打破技术垄断，形成自主设计生产能力，直接关系着我国城市轨道交通事业的可持续发展，也是当前推进科技创新的一个着力点和突破口。以上这些特点，都需要在当前技术研究和建设发展过程中予以把握和关注。

五 轨道技术服务创新的必然性

基于服务所构建的服务系统中，服务既是服务系统的元素，也是元素间的关系，反映了消费者与服务者的关系，这里的消费者并不特指最终消费者，它代表了一个组织/人为另一个组织/人所完成的任务集。在服务系统中，客户包含在系统边界内，系统元素以服务接口的方式连接，系统的核心问题就成为对服务的分解、集成和管理。随着信息技术的飞速发展和广泛普及，技术在服务创新中所扮演的角色越来越重要。

在广义上，服务已经被定义为一系列的活动，这些活动不包括原始的材料的积累、生产或建筑，通常在生产时就被消费掉了，为消费者提供了无形的利益和额外的价值。换句话说，在服务的整个生命周期中，购买产品仅仅代表运营和支撑总成本的一小部分。通过将产品的范围扩展到包括下游的服务，能够捕获和产品相关的服务生命周期的利润。服务的提供者根据客户的需求来提供高价值的服务。通过将非核心的活动外包给最终消费者提供服务。从产品到服务的接口如图 12-5 所示。

图 12-5　产业中的价值增加阶段

从 20 世纪 90 年代起，许多消费者开始要求他们的供应商不仅要对系统进行设计和集成，而且还要求他们对系统进行维护和操作。提供完整的解决方案需要公司像系统集成商那样提高能力。各公司解决方案中的服务范围如表 12-1 所示。

表 12-1　各公司解决方案的服务范围

公司/市场	系统集成	运营服务	业务咨询服务	金融服务
阿尔斯通交通运输公司	设计、生产、建立列车和信号系统、使用户内户外的设备	维护、更新、列车操作	基于满足客户需要方式的咨询	卖主融资、资产管理
爱立信公司	设计、生产和集成移动电话系统，使用户内户外设备	维护、支持、更新和操作移动网络	两个企业咨询组织来满足爱立信公司和用户的需求	不提供卖主融资

续表

公司/市场	系统集成	运营服务	业务咨询服务	金融服务
泰雷兹集团	飞机模拟的设计和集成	为列车驾驶员和管理模拟器提供服务	为满足用户的需求而提供咨询	为模拟器提供收益共享协议
阿特金斯集团	通过不同的部门来设计集成外部的制造商设备	为最终用户提供维护、操作等服务，如设立独立的服务供应商来设计、建立、融资和运营	为满足用户的需求而提供咨询	建立联合风险公司，与苏格兰皇家银行共同提供集成的解决方案
电缆和无线全球市场	使用外部提供的设备来设计和集成网络。开发集成网络和 IT 系统的能力	设计、建立、操作和管理一个全球性的客户 IT 和电信需求	为满足用户的需求而提供咨询	承担合同期间网络的所有权的责任

　　正如表 12-1 所描述的核心系统集成的活动，是由大量高价值的知识密集型服务构成，如运营服务、企业咨询和融资。运营服务保证产品今后的订单，也确保更新和代替部分。爱立信公司提供 24 小时的软件控制网络管理服务，来监控和提供实时的网络性能优化服务。该公司在整个服务周期中承担责任和维护、更新、操作系统的风险。服务供应商从开始便发现额外的动机来设计可靠的和易维护的系统。系统设计者和服务的供应商在封闭的环境内运营服务，其运营责任和成本由单一的组织来承担。为了解决企业的特殊问题，服务供应商必须了解客户运营和维护的需求。

　　对于轨道技术服务的各方面资源，要进行有效地协调和集成，才能进一步提升轨道服务的专业化和系统化水平。目前，轨道技术服务提供商直接或间接的单位有几十个，涉及几十种产品和服务。在双方的沟通和合作方面，存在"一对多、多对一、多对多"等混乱的状况，无疑增加了沟通成本，降低了沟通效率，资源也无法充分利用。轨道技术服务创新，致力于研究如何为合作各方搭建起高效的沟通平台，打破现有存在于双方沟通及合作中的瓶颈，实现为轨道交通运营商量身订制并提供从技术到产品的一揽子服务，从而推进双方的战略性合作，提升中国产业的竞争优势。

　　通过对轨道技术服务创新模式的研究，轨道技术服务运营商能够更加走近市场，走近客户，了解用户不断变化的真实需求，把技术产品的开发研究、产品体系建立和市场推广等与轨道运营企业之间深层次配套起来，这样就有可能通过与轨道运营企业的联动来提升研发能力、产品质量，进而实现从提供产品到提供技术和服务的转变，增强运营商和技术服务提供商的市场竞争能力。对轨道运营企业而言，技术服务创新将为它们协调合理利用现有的产品资源、服务资源和技术研发资源等提供平台，降低运营成本的同时带来产品使用品质的提升。对中国轨道交通服务业发展而言，借助崭新的技术服务合作平台，能够调动全线的力量为轨道运营企业提供一站式服务，进而使轨道技术服务更深地融入中国轨道交通的产业链中，更灵敏地把握客户需求，进而为中国轨道科学技术创新提供牵引和动力。

第二节　轨道交通技术服务创新案例

一 案例选取原则

（一）案例选取原则

在案例选取的标准和原则上，主要从以下几个方面考虑，并兼顾了多项因素，如表 12-2 所示。

表 12-2　案例选取原则

选取原则	内容
服务于轨道交通行业的处于不同时期的企业和单位	建设、运营、维护……
处于产业链的不同阶段	上游、中游、下游
服务模式的不同创新方式和特征	商业创新、组织创新、技术创新……
企业或单位的性质多样	政府、企业、公司、学校和科研院所……
涉及不同的研究领域	计算机软件、信号系统、通信、维护、电源……

根据以上原则，考虑行业服务需求、目标的不同和服务模式的递进层次，对轨道交通相关高技术服务产业进行筛选，选择了轨道交通不同建设和运营阶段相关的上市企业及国家级研究中心。

第一个案例来自学校的国家级研究中心——北京轨道交通运行控制系统国家工程研究中心。该中心利用自己的优势，坚持产学研一体化发展的道路，依托北京交通大学，为轨道交通的通信事业培养了大量的优秀人才，并承担了大量的研究和实验服务工作。该中心围绕保障轨道交通安全与高效运营的需要，开展轨道交通运行控制系统关键共性技术的研究开发与系统集成，并加速创新成果的工程化与产业化；参与制定和完善国家运行控制系统技术标准与体系；建立相应的综合测试验证平台；持续不断地为行业提供成熟的技术与装备，提升我国运行控制系统竞争力，产学研一体化发展，形成一个满足中国轨道交通发展需求的重大技术装备产业链服务中心，为轨道交通提供一种需求推动研发式的服务模式。

第二个案例是一家上市公司——北京鼎汉技术股份有限公司（简称鼎汉公

司）。该公司是一家从事轨道交通电源系统的研发、生产、销售、安装和维护的高新技术企业。该公司针对轨道交通运营企业在电源设备管理上面临的诸多问题，结合自身在轨道交通电源设备方面的专业人员优势，提出了一种新的轨道交通电源设备服务模式：电源设备整体解决方案，将电源设备与电源设备的后续服务相结合，为用户提供标准化、专业化、多元化、产品化服务，整合一个高性价比的端到端的轨道交通通信电源系统解决方案，从单一的设备供应商转变为解决方案供应商，承担后续服务，形成一种产品渗透式服务。

第三个案例选取的是中关村科技园的新兴企业——北京英诺威尔科技有限公司（简称英诺威尔）。该公司最突出的特色体现在其为轨道交通也提供了独立第三方定制式服务，将技术服务作为公司在轨道交通产业中的一种单独业务，提供了几十项创新的定制化服务模式，为用户带来一系列有针对性的解决方案。集中维护，分期检测，大大缩短了维修周期，效率也得以大幅提高。

第四个案例是方正国际软件有限公司（简称方正国际），作为轨道交通行业自动售检票（automatic fare collection，AFC）系统集成服务供应商，其在国内外承担了多项地铁 AFC 系统项目，表现了其在地铁 AFC 系统集成服务领域的综合实力。该公司在学习和服务的循环成长过程中创造了从服务的响应者到赋能者的服务创新模式，并对服务的理念和服务的层次都有了深层次的思考和界定。

（二）案例调查和分析方法

为了从案例中获取服务模式创新的理论，主要通过以下步骤开展研究工作。

（1）通过现有资料及文献和网络资源，对案例企业进行全面了解，包括技术产品、组织结构、商业模式的演变历程，形成初步文字资料供访谈使用。

（2）通过国内外、行业内外现有案例的分析，初步形成技术服务创新模式的分析思路和调查重点内容的确定。

（3）进行初步访谈：主要针对企业高层主管，从宏观上介绍研究的背景和思路，以及创新模式分析的基本思路和主要调研内容，并希望企业进一步明确调研重点对象。

（4）进行深度访谈和调研，通过直接相关人员的调研、档案分析和历史分析，对初步文字资料进行核实、修改及补充，同时进行理论分析的深化。

（5）在获取案例的有效数据之后，采取理论分析与案例研究相结合的方式，提炼出服务模式创新的含义及要素等。

（三）数据获取

通过多种途径完成案例的搜集整理工作，主要研究内容和获取方法如表12-3所示。

表 12-3　数据获取方法

获取对象（数据和信息）	获取方法
行业概况	已有研究基础、网络等
企业基本情况	网络资料
营业额、利润和收入等	上市公司年报
关键事件时间点	网络、访谈
企业发展历程	访谈
问题和建议	访谈

二　北京轨道交通运行控制系统国家工程研究中心创新案例

（一）公司概况

2010 年 12 月 30 日，北京地铁亦庄线开通运营，拥有百分百"中国血统"的轨道信号系统在亦庄线上"试航"。这标志着轨道交通信号系统不再依靠纯进口，真正实现自主创新。研发这一新技术和系统的单位就是北京轨道交通运行控制系统国家工程研究中心。

轨道交通运行控制系统国家工程研究中心的历史可以追溯到 1959 年组建的第五科研室，后来发展为北京交通大学电子信息工程学院的运输自动化与通信实验室、北京交通大学运输自动化科学技术研究所。1998 年，铁道部设于北方交通大学的"运输自动化与通信"部级开放实验室正式立项。2001 年被评为北京市重点实验室"城市轨道交通自动化与控制实验室"。2006 年加入北京交通大学轨道交通控制与安全国家重点实验室。

轨道交通运行控制系统国家工程研究中心于 2008 年 1 月经国家发改委批复立项建设，由北京交通大学牵头，联合中国铁路通信信号集团公司、中国铁道科学研究院共同投资组建，并于 2008 年 12 月 26 日经北京市海淀区工商局批准，注册成立独立法人公司——北京轨道交通运行控制系统国家工程研究中心有限公司，北京交通大学郜春海副教授为公司总经理。

（二）发展历程

1. 萌芽
总有一天在我国轨道交通上会应用我国自行设计创造的无线自动闭塞系统。

——汪希时

1) 早期梦想
汪希时教授被派往苏联列宁格勒铁道工程学院攻读副博士学位期间，师从于苏联第一代铁路信号专家、功勋教授罗伯尔。1955 年，罗伯尔教授问汪希时：

"铁路自动闭塞系统前途如何？有什么办法来解除系统对运输能力的限制？"自此之后，在学习中汪希时教授一直努力要解决这个问题，找到答案。他在构想的时候，无线自动闭塞系统，即现今的基于通信的列车运行控制（communication based train control，CBTC）系统就已经萌芽，他认为有了无线自动闭塞系统就可以构成移动式自动闭塞系统，这将是一种无穷多显示制式的自动闭塞系统，它把列车与列车之间距离缩短到最合理和最小，把区间的运能真正地全部发挥出来。1963 年，在铁道部召开的科技大会征文时，他送去两篇论文，一篇是《铁路区间行车方法的自动调整》，另一篇是《活动对象的运动系统——无线自动闭塞中运动装置》，这是汪希时教授第一次公开提出他的想法，也是他的梦想。这就是汪希时教授设计创造无线自动闭塞系统最初的思想灵感来源，也就是这种最朴素的一心服务于祖国的想法推动了一个技术创新的成果——CBTC 系统的研究和问世，并服务于我国的轨道交通事业。

2）理论与技术的准备/积累

1958 年年底，汪希时教授从苏联完成学习之后回国，同时进入北京铁道学院电信系（现北京交通大学电子信息工程学院前身）工作。1959 年，他大胆地把尚未成熟的"梦想"内容告诉党总支，希望开始试探做其中的运动逻辑装置，并将此不成熟的"梦想"科研定名为"一路科研"，组建了第五研究室进行，日夜研究，一直到 1964 年，汪希时被中央组织部指名调到核工业部去工作，"一路科研"被迫中断，他的"梦想"仍然处于"梦想"之中。1979 年，汪希时返回北方交通大学后，从大量国内外文献资料中查到，当时的联邦德国于 1969 年已在现场进行过无线自动闭塞系统试验，这极大地鼓舞着他。

2. 梦想起飞（1990～2000 年）。

我一生是人民培养的，我一定为我国的铁路建设事业奋斗终生。

——汪希时

1）重莫如国，梦想在这里起飞

随着时代的发展，CBTC 以其高速、高密度的特点逐渐成为城市轨道交通中信号系统的首选方案。CBTC 系统是目前国际上信号系统的发展方向，它采用无线通信实现地面与列车之间的双向、大容量信息传输，实现列车的移动闭塞控制。

CBTC 不仅在地面铁路得到推广应用，而且城市轨道交通系统，包括地下铁道和快捷运输线路也对其青睐有加。1992～1994 年，世界各主要工业国都开始研究大型列车自动控制系统，特别是移动自动闭塞系统占重点突出地位，如美国的 ATCS 系统和 ARES 系统，欧洲的 ASTREE 系统和 ETCS 系统等。

在中国，从 20 世纪 60 年代到 20 世纪末的 40 年间并未就 CBTC 建设成一个试验段，其关键原因是中国的工业基础薄弱，在工程上没有可靠的、能维持连续双向移动无线通信的系统平台，缺少财力的支持，此外，学术界对应用 CBTC

的认可尚需要一个过程。因此，在国内城市轨道交通建设应用的信号控制系统大部分是引进的设备，核心技术完全掌握在外国人手里。国外技术的垄断导致我国城市轨道交通建设、维修进程缓慢及整个生命周期成本大等。因此，研发具有完全自主知识产权的国产 CBTC 系统成为国内信号系统的重要发展方向。

1993 年 2 月，汪希时教授向当时担任国务院副总理的朱镕基写了个人报告，提请朱镕基副总理能把研制移动自动闭塞系统列为国家级项目。朱镕基副总理在收到建议信后，批转到铁道部研究。收到此批示后，铁道部立即组织有关人员研究，并于 1993 年 8 月 22 日向朱镕基副总理书面汇报，并最终决定以北方交通大学为主，组织开展研究工作。北方交通大学在收到朱镕基副总理的批示后，立即召开专题讨论会，编写可行性专题材料。1993 年 7 月 8 日在全国政协的第五次会议召开名为"列车速度联控行车制式研究"座谈会，会上汪希时教授作了有关移动自动闭塞系统的介绍。出席会议的各方领导发言，肯定其方向是正确的，系统是先进的，技术上难度很大，但鼓励推进。

2）怀揣梦想，我们在路上

1991～1995 年，汪希时教授受命于铁道部下达组织研制全国统一制式的列车超速防护系统的科研，并列入"八五"国家科技攻关计划项目。于 1995 年年底科研工作完成，1996 年年初进行部级鉴定，鉴定书列出了这个项目研究成功点共 11 项。该项目于 1996 年 10 月获得"国家八五科技攻关重大科技成果奖"。

1994 年 2 月，启动发布的"211 工程"重点学科建设项目中，建设重点学科"运输自动化与控制"的学科论证报告中指出，本学科的第一研究方向就是从现有行车控制方式（即以轨道电路为基础的控制）研究过渡到以先进通信技术为基础的运输自动化控制——移动自动闭塞系统，并且以此为方向，建立重点实验室。

1996 年，在宁滨与汪希时的共同努力下，联合瑞典开展中瑞（典）国际间科研合作，任务之一是由中方负责研究起草并提出"移动自动闭塞系统技术条件"。

1996 年 8 月，北方交通大学与北京地铁签订合同，研制成功 LCF-100 (DT) 型 ATP 系统，并推广到北京地下铁道上应用。1998 年开始，铁道部设于北方交通大学的"运输自动化与通信"部级开放实验室正式立项，并购买开发软件包进行实际工作。

3. 前仆后继（2000～2008 年）

信号系统核心技术的自主研发是我们这些年一直追求的。从核心技术的研发、中试试验到示范工程，我们正在通过这样的研究，来逐步掌握核心技术。随着计算机、通信技术的飞速发展，基于通信的信号系统是未来的发展方向。

——唐涛

汪希时教授深知此项科研的长期性和艰难性，为了祖国的交通运输发展，为了更好的服务祖国和人民，他早在此项目萌芽阶段就开始培养青年科研人员。

1996 年，根据由北方交通大学运输自动化科学技术研究所为一方，与瑞典的 Dalarna 大学、Adtranz 公司和瑞典铁路合作开发的中瑞（典）国际间科研合作规定，派 3 名教师去瑞典进行为期 3 个月的学习。

1980～2000 年，在推动开发移动自动闭塞（无线自动闭塞系统）的阶段中，研究团队发表有关移动自动闭塞系统的论文或文章有数十篇。

此外，一批由汪希时和高自有指导的硕士生和博士生迅速成长，都深入钻研和分析 CBTC 关键问题。"'我的梦想'已经逐步变成'我们的梦想'"！

2003～2006 年，在 LCF-100（DT）型 ATP 系统运行安全数年的基础上，在宁滨、唐涛、郜春海等教师的带领下，在国家和社会大量投资条件支持下，组织年轻的第二代教师，构成一个新的教师团队，开始进一步向 CBTC 进军，期望在北京市的地铁安装应用。

4. 成长壮大（2009 年至今）

感谢市科委多年来对我们一贯的支持与帮助，正是市科委多年来坚持推进信号系统的国产化与自主研发，才使得历经近十年磨炼的 CBTC 核心技术与系统在北京亦庄线上开花结果，我们将继续努力为我国轨道交通核心技术的自主创新贡献更多力量。

——宁滨

轨道交通运行控制系统作为一个复杂而庞大的安全控制系统，作为"高速度、高密度"轨道交通系统的大脑与中枢，主要负责调度指挥、间隔控制、进路控制、速度控制及安全防护任务，以确保轨道交通安全、高效地运行运营。

1）基于通信的列车运行控制技术

北京轨道交通运行控制系统国家工程研究中心在国内首次提出了具有自主知识产权的 CBTC 系统技术框架和基于商用成熟技术（COTS）软硬件平台的 CBTC 系统集成方法，创造性地解决了 CBTC 系统的五大关键技术难题，研制了国内首个城市轨道交通 CBTC 系统样机，完成了现场运行试验，该成果对我国轨道交通运行控制系统的自主创新起到关键的支撑和引领作用。目前，应用该技术的线路包括：

（1）大连快轨 3 号线（中试运行，已顺利完成）。

（2）北京轨道交通亦庄线（2010 年 12 月 30 日，地铁亦庄线已开通运营）。

（3）CBTC 信号系统的第三方测试。

2）列车超速防护技术

该中心与北京地铁合作所研制适于地铁轻轨的 LCF-100DT 型列车超速防护系统车载设备是国内首个具有自主知识产权的已推广应用的超速防护车载设备，

并已创造了良好的经济和社会效益。该成果在大连 3 号线延伸线和北京地铁 1 号线、八通线上使用。

(三) 创新过程与特点分析

1. 技术创新

2004 年以来，全国新建和改扩建的轨道交通信号控制系统均采用了 CBTC 系统，但均是从国外的设备提供商进口的，核心技术一直掌握在外国公司手里。由国外引进的 CBTC 系统成本为每公里 1000 万～1300 万元，据测算国产化之后，成本将可以减低 20%～30%。针对国内在轨道交通通信系统控制方面的空白，结合国内城市轨道交通特点，北京轨道交通运行控制系统国家工程研究中心在国内首次研制成功了具有自主知识产权的 CBTC 系统，在北京组织的专家验收会上，专家一致认为其"具有完全自主知识产权，填补了国内空白，达到国际先进水平"。在客运专线（高速铁路）及城市轨道交通先进的运行控制核心技术和系统集成方法不可能引进的情况下，本成果对我国轨道交通运行控制系统的自主创新起到关键的支撑和引领作用。

从 2002 年开始，北京市科学技术委员会开始筹划自主的 CBTC 关键核心技术研发、工程化开发和示范应用等问题，并于 2004 年正式启动，积极响应国家自主创新战略，"紧紧抓住新一轮世界科技革命带来的战略机遇，坚定不移走自主创新道路，努力突破核心关键技术，获得自主知识产权"，决定利用国家"首台套政策"，设立北京轨道交通核心技术研发及示范工程重大专项，采用产学研用相结合的方式，2004～2010 年，北京市科学技术委员会持续 7 年滚动支持了三期重大科技计划项目，支持 CBTC 关键核心技术研发、工程化开发和示范运营，并取得了突破性的进展。研究工作由北京轨道交通运行控制系统国家工程研究中心组织实施，选用北京交通大学开发 CBTC 关键技术和设备为核心，把北京亦庄线建设成完整的自主创新的国产信号系统示范工程，从而使 CBTC 系统成为国家自主创新政策驱动下的第一个、也是唯一一个可以"替代进口"的信号系统核心技术与装备。亦庄线自 2010 年 7 月起进行调试运行，持续了近 5 个月，调试结果显示安全可靠。亦庄线于 2010 年年底开通运营，自主创新的 CBTC 系统也将进入实际运营的产业化新阶段。

亦庄 CBTC 示范线，突破了轨道交通安全控制系统的列车精确定位、地车双向通信、安全防护控制、自动驾驶优化等核心技术，取得英国劳氏公司颁发的国际通行的"自主开发 CBTC 系统产品 SIL4 级的独立第三方安全认证证书"，在亦庄线上集成并工程化了一套完全自主化的信号系统，系统最小设计间隔可以做到 90 秒，亦庄线实际线路特点可以实现 120 秒。目前，已经签订了亦庄线工程项目 1.53 亿元的合同，该系统预计 5 年内将带来超过百亿元的产值。另外，

CBTC 系统也被昌平线选用，项目合同已签订。

2. 组织创新

作为一个传统的高校实验室和科研团队，科研成果大多源于具体科研课题的需求，往往针对特定的客户，其应用范围非常有限，市场开拓和占有都面临问题，阻碍了新技术的推广使用。技术创新不仅注重技术的创造性及技术水平的提高，更注重的是技术在市场的成功、在经济活动中的应用。为了更好地将科研机构的研究成果转换为生产力，有关部门和单位决定改变服务模式，成立轨道交通运行控制系统国家工程研究中心，以公司模式运营。

轨道交通运行控制系统国家工程研究中心发展战略是站在国家和行业的高度，加强和产业、科研单位等的联系和沟通，形成国家轨道交通运行控制系统研究体系，同时为建设依托单位提供成熟的先进技术和装备，充分发挥产业与科研之间的桥梁和纽带作用，服务于高速发展的城市轨道交通与高速铁路建设。

3. 需求推动式服务模式的创新

服务于用户需求是研发的第一要务，研发成果只有转化为客户收益才能实现其价值。技术服务更是一种与客户交互的过程，价值通过服务分发过程中与客户的持续过程共同创造。轨道交通运行控制系统国家工程研究中心通过与客户的接触，了解到在很多情况下，能满足客户需求的不是一个现成的产品，也不仅仅是一个核心的技术，而是一整套的技术服务。针对轨道交通的产业特征，该中心制定了一种需求驱动式的技术服务模式，其特征表现为定制式产品和服务、人员相互渗透及人才培养。

1）定制式产品和服务

由于在没有见到和使用产品之前，有些需求是用户无法预期的，所以需求推动式的研发服务模式为用户提供定制的产品和服务，根据不同的用户条件，首先提供一个基本的原型产品和系统，也就是给用户先竖一个靶子，由用户根据这个原型提出意见和建议及进一步的需求，再进行反复的修改，直到满足用户需求。当产品和系统投入运营之后，随着时间和环境条件的变化，还需要进一步的优化，增加或删除一些功能，定制式服务会一直按照用户的需要不断提供服务。CBTC 系统采用"核心研发与工程建设"同步进行的模式，在地铁亦庄线上投入使用，从而建成一条完整的国产信号系统的示范线工程。

2）人员相互渗透

在新系统的研制和开发过程当中，一方面，由于科研人员不是现场工作人员和使用者，不具有专业的业务知识，所以就不能完全把握具体需求；另一方面，现场工作人员不了解产品和系统研发的技术，不能够从研发的角度描述系统需求，为了更好地了解产品和系统的实际运行环境和运行效果，新的技术服务模式研究人员进驻到轨道交通应用现场，参与到实际的工作当中，实施一种"靠前服务"，通过对业务的了解，正确理解系统运行条件和用户要求，开发出接近用户需求的产品，及时发现和解决运营中的问题。北京轨道交通运行控制系统国家工程研究中心除了在开发和运行维护阶段派驻现场工程师在地铁现场办公，还从另外一个角度请地铁的技术人员参与到技术研发工作当中来。2008年8月15日，北京市轨道交通建设管理有限公司设备中心牛英明总工程师到该中心进行学术交流，作了题为"北京市轨道交通信号系统的发展"的报告，并受聘于该中心参与研发工作的指导。

3）人才培养

北京轨道交通运行控制系统国家工程研究中心通过自己专业方面的优势及在轨道交通通信系统方面的艰苦攻关，从而研制出国内首个具有完全自主知识产权的 CBTC 系统，填补了国内轨道交通行业在通信方面的关键技术的空白，同时又培养了大批的轨道交通通信专业的技术人才，包括对现场工作人员的培训和对本专业未来人才的培养，形成了一条完整的轨道交通通信产业链。创新过程对于轨道交通行业的影响是深远的，这意味着我国有能力研制自己的轨道交通产品，不必再受制于人，同时培育的大量人才保证了不仅在通信产品上，在通信服务上也有了可靠的保证。

这种需求推动研发方式的技术服务模式关注了产品和系统的研发、运营和维护的各个阶段，按需定制产品和服务，为行业发展的现在和未来提供人才储备。

在轨道交通 CBTC 系统服务模式的创新过程中，创新主体是北京轨道交通运行控制系统国家工程研究中心，创新模式是围绕技术创新，依托组织模式和商业模式的创新，实现了技术服务模式的创新。技术服务的产生发展依托于新技术，在高技术产业发展的过程中，服务的渗透性使得技术、服务融为一体，改变了国内轨道交通信号系统的产业化结构。这使之成为一个可以节约能源、具有高新技术和高附加值的新型产业；使轨道交通产业链得以延伸，有利于拓展产业的发展空间。

产学研用及设计"五位一体"的科研开发方式、技术的融合和服务的渗入产生强大的生命力，在很大程度上促进既有轨道交通技术产业的发展，大幅度提高轨道交通产业的竞争力，提高技术产品的附加值，有利于促进产业的结构调整，进而推动轨道交通向高增值产业升级。

三 北京鼎汉技术股份有限公司创新案例

鼎汉公司成立于 2002 年 6 月，2009 年 10 月在深圳证券交易所创业板成功上市，上市后注册资本变为 5137.60 万元，总资产 71 251.25 万元 ①。自成立以来，鼎汉公司迅速成长为轨道交通领域内优秀的电源设备供应商。该公司坚持轨道交通电源系统（轨道交通信号智能电源系统、轨道交通电力操作电源系统、轨道交通屏蔽门电源系统和轨道交通通信电源系统）等相关产品的研发、生产、销售与技术支持服务业务。近年来，鼎汉公司积极探索新的发展方式，聚焦客户需求，为客户提供完善的整体解决方案及服务，保障轨道交通安全可靠运行，实现客户价值，为企业赢得市场及竞争力。鼎汉人自强不息，凭借着自己的技术优势、品牌优势及服务优势与轨道交通运营行业客户建立了广泛的合作关系，赢得了很高的知名度。

（一）公司发展

鼎汉公司自成立起，一直专注于轨道交通电源领域，在公司的发展历程中紧跟行业的发展趋势，依靠先进的技术、优异的质量、良好的服务来满足客户的各类发展和改进需求，提升公司轨道交通电源产品的市场销售规模、公司的竞争力和盈利能力，将公司发展成为一家具有持续自主技术创新能力和高效市场拓展能力的一流轨道交通电源产品供应商。

轨道交通信号智能电源系统推广应用，公司产品涵盖了所有铁路局及已建地铁的城市。通过轨道交通信号智能电源系统的推广和服务，公司与轨道交通行业客户建立起良好的合作关系，为企业赢得了很高的知名度。轨道交通信号智能电源系统产品也成为企业收入的可靠来源。在国家铁路信号电源市场，鼎汉公司已中标多个新建路线或电气化改造的干线项目，包括京沪线电气化改造、陇海线电气化改造、京广线电气化改造、广深线、兰武线、浙赣线、沪汉蓉通道等。2007 年，在开始加速建设的客运专线新建项目中，鼎汉公司成功中标武广客运专线、合武客运专线、郑西客运专线、石太客运专线、广珠客运专线和胶济客运专线（部分）等项目。在城市轨道交通信号电源市场领域，鼎汉公司也一直处于市场领先地位，在广州地铁、上海地铁、北京地铁、深圳地铁、南京地铁等城市轨道交通线路建设中均占有较大的市场份额②。

铁路行业和城市轨道交通业的大发展给鼎汉公司带来了难得的发展机遇，同时铁路技术装备国产化和技术体系自主化，也给了行业内包括鼎汉公司的技术创新型企业快速成长的机会。随着公司 2009 年成功上市，鼎汉公司完美地实现了一次飞跃。2009 年，鼎汉公司实现营业收入 24 537.31 万元，较 2008 年增

---

① 北京鼎汉技术股份有限公司，http：//baike.soso.com/v9593713.htm。
② 北京鼎汉技术股份有限公司，http：//baike.baidu.com/view/2872024.htm。

长 128.04％，实现营业利润 6992.51 万元，较 2008 年增长 154.47％^①。

我国轨道交通电源行业各细分设备市场竞争情况存在较大差异。2008 年，鼎汉公司推出了系列新产品，轨道交通电力操作电源、轨道交通屏蔽门电源和轨道交通通信电源产品。鼎汉公司是轨道交通电源系统的专业供应商，在产品细分市场上具有明显的竞争优势。

（二）开拓创新

1. 居安思危，放眼未来

鼎汉公司的主营业务是为轨道交通提供电源设备，营业收入主要来源于铁路、城市轨道交通等国家重大基本建设项目。对铁路、城市轨道等国家重点基本建设项目的投入规模依赖性较大。同时，公司轨道交通系列电源产品的主要用户为国家铁路市场和城市轨道交通市场用户，公司产品销售存在依赖国家铁路市场的风险。

1）产品结构方面

鼎汉公司轨道交通信号智能电源系统在 2008～2010 年 3 年间实现的销售收入分别占当期主营业务收入的 92.09％、84.09％和 71.86％^①，是公司的核心产品^①。产品结构使得企业承担着非常大的经营风险。企业的发展在相当程度上存在对轨道交通信号智能电源系统的依赖风险。毛利率高主要是因为公司在该领域具有领先的技术优势和品牌优势，拥有完全自主知识产权的电源模块。另外，行业的进入壁垒也是造成产品毛利率较高的因素之一。如果公司在技术创新和新产品开发方面不能保持领先优势，或轨道交通行业的进入壁垒被打破，公司产品就会面临产品毛利率下降的风险。

2）技术优势方面

我国轨道交通行业发展迅速，轨道技术日新月异，呈高速化、自动化趋势发展，对信号电源产品的要求越来越高。如果鼎汉公司在技术更新、新产品研发等方面不能保持与之相应的发展速度，将对未来的经营带来不利影响。虽然鼎汉公司的核心技术及制造工艺由公司技术研发队伍掌握，并不依赖于单一人员，亦建立和完善了一整套严密的技术管理制度，与技术研发人员签署了保密、竞业禁止协议，但也不排除技术研发队伍整体流失或技术泄密的现象发生，对公司持续发展带来不利影响。

2. 技术、服务、管理创新

惜今揽故，自强的鼎汉人面对危机从容不迫。该公司始终坚持在改革中探求发展，在发展中锐意改革，规范运作，稳健经营。把自身的发展与技术创新、

---

① 北京鼎汉技术股份有限公司 .2010. 北京鼎汉技术股份有限公司 2009 年年度报告摘要。

服务创新及管理创新紧密地结合起来，为企业走出危机、壮大自我创出了一条崭新之路。

1）技术创新

鼎汉公司专注于轨道交通电源产品，于 2008 年被评为中关村创新型试点企业、北京市高新技术企业，是我国轨道交通电源相关标准的协助编写单位。目前，该公司具有完全自主知识产权的各种高频开关电源模块、智能监控模块和信号电源系统智能监控软件，拥有 5 项实用新型专利、1 项外观设计专利和 1 项软件著作权。发明的"电源屏模块检测方法及检测设备"已被国家知识产权局受理。此外，该公司还拥有与轨道交通电源有关的主要专有技术 27 项[①]。

鼎汉公司自成立起就明确了以技术优势赢得市场的经营策略。多年来，公司通过坚持不懈地自主开发已经建立了支撑企业发展的技术体系。规避公司产品技术结构单一风险，保证企业持续的技术竞争优势，支持企业产品系列丰化是企业长期稳定经营的必然选择。鼎汉公司必须加大系列产品的研发力度，完善自身电源产品的技术体系，逐步完善其他产品技术研发的规划，继续不断加大研发投入，制定年度新产品开发规划，建立产品创新的长效机制，以此来进一步丰富公司产品系列，寻求企业的长期稳定发展鼎汉公司在轨道交通通信电源市场、轨道交通电力操作电源市场和轨道交通屏蔽门电源市场已经取得了突破，市场份额正逐步扩大。2010 年上半年，鼎汉公司电力电源及通信电源产品占产品销售收入的比率已达到 25％。随着募投项目一和募投项目二中各专业试验中心和产品实验室的投产使用，公司产品研究开发能力得到极大提升，公司计划未来向市场密集发布和推广多项新产品或产品新版本。

人才方面，鼎汉公司不断扩充研发人员规模，特别注重行业高端人才的引进，着力打造一批轨道交通电源行业的技术创新带头人，确保公司轨道电源核心技术自主创新的持续原动力。截至 2010 年 6 月，鼎汉公司在册人员中技术开发人员高达 38.26％，且学历层次较高[②]。

2）服务创新

鼎汉公司实施一切以客户为中心的服务策略，向顾客提供优质、高效的服务。服务已经成为融入鼎汉人血液的一种企业文化。鼎汉公司在企业对外业务中积极探索服务创新，形成了成熟的企业产品、技术服务策略，成为企业赢得市场的重要竞争力。企业坚持服务内容来自客户需求，始终对市场与客户需求保持密切关注。客户通过有偿服务方式增加服务自我造血机制，保证服务质量，同时寻求服务内容和服务方式的改进，使双方从中获得最佳效益。企业坚持以

---

① 北京鼎汉技术股份有限公司 .2010. 北京鼎汉技术股份有限公司 2009 年年度报告摘要。
② 北京鼎汉技术股份有限公司 .2010. 北京鼎汉技术股份有限公司 2010 年半年度报告。

服务的深入与客户建立广泛的合作联盟关系，共同创造和发展一个优良的协作空间，共享资源和价值链的利益，保证客户价值的实现。

鼎汉公司向用户提供标准化、专业化、多元化、产品化服务。该公司已经建立完善的服务网络，并在各铁路局所在地建立了办事处或售后服务中心，以及包括可调动研发专家资源的三级技术支持保障体系，能够 24 小时为客户提供细致、快速、高效的服务。同时，该公司在全国设有 9 个技术支持办事处（上海、成都、沈阳、广州、新疆、武汉、南京、呼和浩特、西安），在总部设有技术支持中心，提供热线服务电话，为客户提供 24 小时的售后服务支持。保证用户需求在第一时间内得到及时有效的处理，使所有在网设备时刻处于最佳运行状态。

3）管理创新

2009 年，鼎汉公司的成功上市使得资产规模进一步扩大，市场、规模、业务的扩大对企业的内外部管理提出了新要求，面对新的环境，公司必须进行持续高效地管理创新。鼎汉公司自成立之日起就保持较快的发展速度，轨道交通行业在我国正处在飞速发展的时期，识别企业自身的内外环境变化，适时进行管理创新成为企业能否健康成长重要条件。鼎汉公司持续加强管理创新，同时完善和健全基于业务目标为牵引的、高效的内部管理流程制度，运用各种管理软件系统支持业务流程的高效运作。具体的流程制度涵盖人力资源管理、产品开发项目管理、供应链管理、销售管理、财务管理、行政服务管理等全公司业务领域。成功实施 ERP 信息系统，有效地整合公司的各种资源，也进一步推动管理流程及制度的持续优化，实现公司业务的高效运作。这以企业自身的管理创新既确保了对客户需求的优质交付，又极大降低了内部运作成本。

2004 年 6 月，鼎汉公司通过了 ISO9001 质量管理体系认证，在产品质量管理方面，该公司推行全面、全员、全过程的质量管理[①]。该公司创新的供应商管理模式和原材料检验入库模式确保产品选用优质的电子元器件并结合完善的质量保障体系，确保产品具有较高的质量水平。

（三）技术服务之路

1. 初识轨道技术服务

随着社会经济的发展，市场分工与专业化不断深化。技术服务产业一直伴随着各行业的发展而成长。鼎汉公司成立之时就有着过硬的技术骨干队伍，凭

---

① 中国证券网 .2011. 北京鼎汉技术股份有限公司 . http：// roll. sohu. com/20110225/n303588528. shtml［2012-12-04］。

借专业的技术优势，鼎汉公司一直将技术服务作为企业的一项重要业务和发展方向。轨道技术服务产业的成熟取决于服务提供者，还与市场环境、轨道运营主体的经营策略有重要关系。鼎汉公司一直以实现客户价值，协助客户提高运行维护效益，协助客户培养自己的技术专家为技术服务目标。通过不断地市场开拓，技术服务应经成为鼎汉公司赢得市场客户，并据此获得收益的重要途径。鼎汉公司技术实行一切以客户为中心的服务策略并建立了配套机制，为客户提供产品咨询、硬件软件升级维护、定期巡检、培训等服务支持。

在鼎汉公司服务业务的开展过程中，服务逐渐与产品相分离，成为了一项服务产品。客户通过有偿服务方式增加服务自我造血机制，保证服务质量，同时寻求服务内容和服务方式的改进，使双方从中获得最佳效益。这一扩展使得企业技术服务业务的发展走向成熟，轨道技术服务产业的市场逐步获得认可。

2. 从技术服务到解决方案

随着市场环境的发展及企业改革的推进，鼎汉公司的业务方向继续发生着改变。近年来，轨道交通电源产品的经营为企业这一业务的开展积蓄了力量，鼎汉公司依靠专业技术优势为客户提供解决方案业务。鼎汉公司积极探索，开始为轨道交通运营企业提供综合供电解决方案。随着公司在通信电源解决方案及地铁综合供电解决方案业务的开展，企业的业务结构更加完善，支撑公司业务得以持续增长。

在目前轨道交通通信电源系统的建设中，供电方式多倾向于采用多系统通信电源整合方案。该方案区别于传统供电方式之处在于：由认证供应商将 UPS、蓄电池、交直流配电设备、环境监控设备、配电监控设备等众多设备进行资源整合，整合为一个高性价比的端到端的轨道交通通信电源系统解决方案。认证供应商从技术、工程和商务层面，使轨道交通通信电源设备达到管理的统一性、使用的便捷性和成本的经济性的完美融合。目前，提供轨道交通通信电源解决方案的服务提供商主要包括北京动力源科技股份有限公司和中达电通股份有限公司，该行业集中度水平较低[①]。企业正积极探索、努力进取，用更先进的技术、更可靠的产品、更周到的服务，提供全系统、全方位的解决方案，更好地满足通信信号现代化建设的需要。

地铁综合供电系统解决方案是公司 2010 年开展的新业务。由鼎汉公司 2010年上半年主营业务收入构成（图 12-6）可知，其营业收入占企业 2010 年上半年主营业务收入的 13％。该业务的开展已经明显地改变了企业的业务结构，同时，由于解决方案业务与产品销售业务具有本质不同，解决方案业务的开展对于改

---

① 北京鼎汉技术股份有限公司，2010 北京鼎汉技术股份有限公司 2009 年年度报告摘要。

善业务结构，降低经营风险会更有意义。

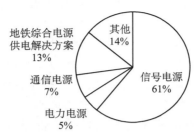

图 12-6　鼎汉公司 2010 上半年主营业务收入构成分布图

　　我们对鼎汉公司 2010 年的营业收入构成与 2009 年开展地铁综合供电解决方案进行对比（图 12-7），可以发现企业业务结构的显著变化，企业的主营产品的销售总体继续增长，解决方案业务成为企业重要的收入来源。由于地铁综合供电业务首次开展，初期投入问题等，当期利润率相对较低。2009 年上半年其他产品收入是培训费等服务性收入，金额较小且无营业成本。

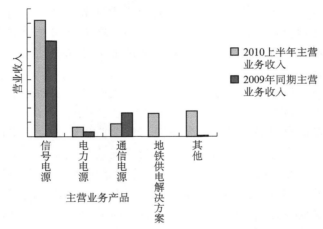

图 12-7　鼎汉公司 2009 年/2010 年上半年产品营业收入构成图

（四）展望未来

　　鼎汉公司开拓进取，努力将自身打造成中国轨道交通领域一流的电源设备供应商。从企业创立到成功上市，从单一产品到数条产品线运作，从产品销售到综合解决方案。鼎汉公司在自身的成长历程中。始终把握客户需求，以产品及技术创新为先导，积极探索管理创新及商业模式创新，创立了适合自身的技术服务创新模式。从鼎汉公司的成长可看到，中小型轨道产品及技术服务企业赢得竞争并长远发展，靠的不是模仿一些创新的结果。鼎汉公司企业模式的创新，机制的创新是其不断发展的力量根源。鼎汉公司坚持选择适合自身的创新模式，与轨道运营企业共同成长，稳步发展的创新战略，鼎汉公司将会真正成为轨道交通电源系统产品及技术服务的一流专业供应商。

四　北京英诺威尔科技有限公司创新案例

（一）公司概况

1. 公司成立

英诺威尔成立于 2005 年 12 月，坐落于北京中关村丰台科技园，毗邻总部基地。该公司是以北京贝尔公司骨干人员为班底组建的一家高新技术企业，是上海贝尔阿尔卡特股份有限公司的重要战略合作伙伴。该公司从事专业化的通信第三方服务。在上海贝尔阿尔卡特股份有限公司的北方服务外包中，英诺威尔占举足轻重的地位。

2. 工程服务团队的建设

自英诺威尔成立之初，即树立了服务与产品并行的战略，服务和软件是公司发展的两条主线，致力于电信、IT 第三方服务和行业应用软件的研发。其研发和集成实力雄厚，设有博士带队的专业软件研发中心，软件研发和集成高级技术人员几十人。该公司自主研发的 NetView 交换综合网管系统在铁通市场有十几个省应用，并结合轨道交通客运特点开发了旅客运输服务信息系统。

英诺威尔拥有一支高素质的员工队伍，90% 以上拥有本科以上学历，其中有 MBA 2 人、PMP 15 人、博士 2 人、信息产业部高级项目经理 10 人、高级工程师 7 人、高级软件工程师 7 人。其中，30% 具有中级以上职称，技术专业主要为通信、计算机方面的专业人才，公司人员情况如图 12-8 和图 12-9 所示。

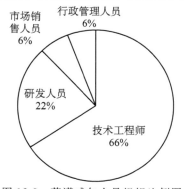

图 12-8　英诺威尔人员组织比例图

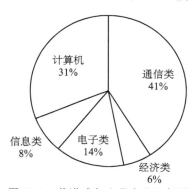

图 12-9　英诺威尔人员专业比例图

英诺威尔的工程服务团队已经有 10 年多的历史，曾完成了铁路京九线通信工程建设和 7 个铁路通信分枢纽改造等任务，还完成铁通公司公用网骨干长途网、信令网和铁通公司 30 余个本地网的建设任务，合计完成了 600 多万线专网、骨干网和本地网的通信工程的建设和改造，为轨道交通通信系统运行维护积累了宝贵的技术和服务经验。

英诺威尔以自身的实力和艰苦奋斗的精神取得了高新企业证书、ISO 9000 管理体系认证证书、上海贝尔工程外包资质证书、软件企业认定证书、软件产品登记证书、计算机软件著作权证书，通信信息网络系统集成企业资质丙级认证等。公司本着以"守信、规范、精湛、创新"的服务理念，英诺威尔团队从客户的利益出发，秉承一贯的先进管理经验和规范化的管理操作流程，不断推出新的、高质量的产品和服务，以满足用户个性化的需求。

（二）发展历程

1. 成功抵御全球金融危机

2007～2008 年，突如其来的全球金融危机，使得全球的经济都陷入寒冬。大型企业纷纷缩减开支，裁减人员；许多中小企业更是濒临破产边缘。有经济学家指出，即使经济复苏，也难以达到危机前的繁荣水平。在危机存亡之秋，公司如何在逆境中保生存、争发展，在日益恶化的市场竞争中占得先机，这一问题摆在了英诺威尔人的面前。2009 年，该公司地铁维护项目组的成立为这个问题的解答提供了一条清晰的线索。从此公司打开了轨道交通这一专用通信系统的服务领域。经过艰苦地谈判，积极地运作，英诺威尔成为第一家地铁通信系统代维单位。2009 年 7 月 1 日，北京地铁维护项目组正式入驻北京市轨道交通控制中心，从而为北京地铁 4 号线，天津地铁等通信系统代维服务投标创立了极其有利的开端。

新的环境必然会产生新的困难，地铁的通信系统维护工作面临着设备种类繁多，用户要求苛刻等诸多难题。而通过近一个月的摸索与实践，英诺威尔的地铁维护项目组已初步熟悉了地铁维护的特点，为公司今后类似业务的开展积累了第一手的宝贵经验，更是拉开了与其他竞争对手的第一步距离。

所谓"广阔天地，大有作为"，在辉煌时刻，英诺威尔人没有故步自封，而是积极进行人才和资金的储备；在艰难时期，公司没有停滞不前，而是调整战略眼光，充分审视自身的优势和不足，迅速调整业务模式，时刻以最充分的准备应对外界的风云变幻。正如 IBM 也曾历经转型的阵痛，英诺威尔也通过不断地改革与完善，制定出了一套适合自身的，行之有效的管理体制，做大、做强，倾力打造"英诺服务"品牌，致力成为高新技术服务业内的领军企业。

2. 开启轨道交通通信系统维护的新篇章

地铁通信线路维护项目正是在前期上海贝尔阿尔卡特股份有限公司中标承揽北京地铁指挥控制中心及北京地铁 4 号线等重要地铁行业通信集成项目建设

的背景下，在系统工程结束后，接下来需要设备长期不间断地运行管理，势必就需要一支训练有素、有着丰富通信工程经验和设备维护经验的队伍来长期从事设备运行维护工作。

时至今日，该项目按照既定的计划平稳地执行着，英诺威尔从交换和传输两大类产品调试的工程人员中选派出具有上海贝尔阿尔卡特股份有限公司专业认证较高级别的工程人员作为现场一线值班及日常设备管理的主要管理人员，一线值机维护人员全部采用本地化管理，系统集成的几个重要厂家技术人员都在北京本地服务，作为二线技术支持人员随时在合同规定的响应时间范围内达到现场进行技术服务。

（三）创新过程与特点分析

在战略上的远见卓识，使得英诺威尔在成立前三四年的运营中迅速发展壮大。恰逢 3G 建设的东风，使得英诺威尔开始从单纯的产品研发和生产转变到以技术服务为主的新型发展战略上来。

1. 英诺威尔从产品向服务解决方案的转型

英诺威尔前期工程服务能力已经涵盖了交换网、传输网、接入网、数据网、智能网、移动 MSC、CDMA、BSC、NGN、IPTV、WAPGW、3G 等多个产品领域，能够根据客户需求提供设计开发、系统集成、工程开通、增值业务、网络优化和设备维修等业务。

英诺威尔配有多种测试仪表、车辆，能够为用户提供各种通信技术产品的完善的代维服务及网络优化服务。随着英诺威尔的发展和自身实力的增强，已经从前期单一产品的研发制造和简单的服务向一整套的技术服务解决方案转型。其转变内容有：网络代维、设计咨询、外协服务、系统集成、IT 系统服务等方面。

2. 统一客户服务受理

为给广大客户提供良好的服务，英诺威尔客户服务中心提供 7×24 小时不间断服务，通过多种渠道受理客户或大区/分公司有关英诺威尔各种产品或服务的申告，并快速地、完整地、正确地记录申告的具体信息。客户服务中心负责把申告分类为技术支持、投诉、信息咨询、紧急事件处理与硬件维修，将申告转到相关的部门。客户服务中心负责跟踪申告的解决，及时上报问题处理的进展情况，在关闭申告案例前收集反馈信息及回访用户。办事处受理处，客户可以就近选择办事处申告，服务热线/邮件受理。

英诺威尔在现场进行技术服务时，曾遇到现场公司人员的提问。一位客户说道："英诺公司已经为我们做了这么多年的技术服务，现在我们的设备运行状况已经日趋稳定，我们打算把你们这两位技术服务人员给聘用过来，这可要炒你们公司的鱿鱼了。"这两位技术服务人员不慌不忙地说道："贵公司即便高薪聘请我们过来也无济于事，因为我们的技术来源于英诺多年的技术发展，其中凝结着英诺公司几百人多年的心血。贵公司只是看到了我们两个，却没有看到我们背后的整个英诺公司的强大技术团队。我们的客服支持体系是一整套完善的研发、专家技术支持，再到现场的技术服务。现场的技术服务支持只是很小的一部分，是整个服务体系的终端。"客户听了恍然大悟。

3. 英诺威尔服务的创新理念及流程。

英诺威尔为探讨具有创新型理念的服务模式特地召开了"英诺服务研讨会"。讨论了"英诺服务"的理念及流程；定义了"长久服务、长久产品、长久做事、长久做人"的企业精神和"守信、团结、创新、和谐"的宗旨；制定了公司发展的业务框架规划是公司致力于在电信行业、铁路专网、轨道交通及其他专网行业进行通信产品服务、IT 产品服务、应用软件服务，以产品集成化、产品服务化、服务产品化、服务品牌化，打造定制式的"英诺服务"，具体内容如表 12-4 所示。

表 12-4　"英诺服务"标注

"英诺服务"	服务标准
目　　标	专业化、规范化、职业化；关注焦点，对外关注以顾客满意为导向，对内关注员工满意度
基　　础	管理规范、素质培训、行为准则、质量监督、服务文化
差异化战略	通信产品服务-劳动力密集型专业化服务招聘、培训、对地理分散经营的控制 IT 产品服务-产品集成化、产品服务化、服务产品化、服务品牌化

在打造"英诺服务"品牌的过程中，"英诺服务"是公司每一个员工的职责。公司总结了服务的三个层面，如表 12-5 所示。

表 12-5　"英诺服务"层面

"英诺服务"	服务标准
沟通层面	体现在一线员工与用户的交流
个人能力素质层面	体现在技术能力方面
服务体系层面	英诺"品牌"的支撑：建立回访机制，常驻机构，投诉体系等，可根据公司的规模灵活设置，将工作做细做好

英诺威尔相对被动式的服务有了彻底的改进，提高了服务质量和效率，肯定了英诺威尔的突破和切入点-交换网管的推入。进一步介入轨道交通信息化建设中定义"长久服务"要用"最有效的成本经营我们的服务"的理念，指出服务的市场，产品的策略应该与市场需求相适应。"英诺服务"流程如图 12-10 所示。

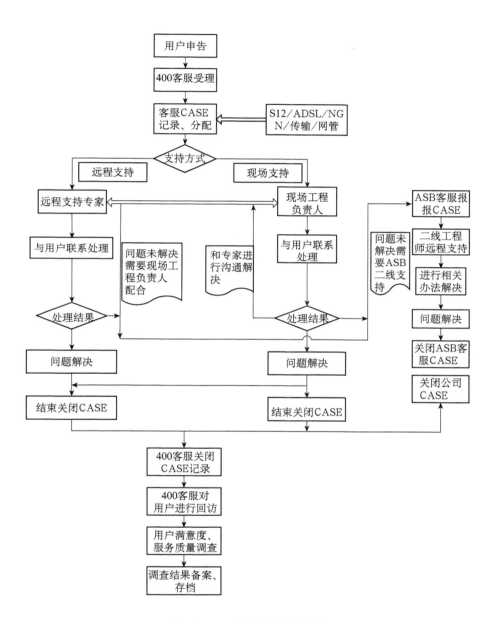

图 12-10 "英诺服务"流程

4. "英诺服务"体系

英诺威尔业务主要分布在华北地区，公司总部设在北京，分别在天津、河北、山西、内蒙古、吉林、甘肃、上海等地设立本地化的办事处。其服务体系如图 12-11 所示。

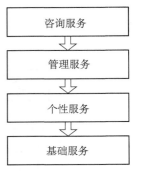

图 12-11 "英诺服务"体系

5. 轨道交通通信系统紧急故障技术支持

对于轨道交通通信系统交换设备 S12 系统设备紧急故障技术支持，英诺威尔按交换设备在网运行中的故障程度定义了四级故障处理服务，规定了响应处理时间，具体内容如表 12-6 所示。

表 12-6 故障处理流程

故障等级	故障定义	响应时间	回复时间	解决时间	上报时间
一级	交换机设备大面积推出服务，或某些重要模块不能正常工作、无备份模块、面临大面积设备的功能丧失，或使运营商有较大经济损失	7×24 小时	20 分钟	4 小时	立即
二级	交换设备部分重要模块或无备用部分的模块退出服务，或多个用户、重要中继模块失去功能，致使最终用户的服务受到影响，或存在潜在的隐患导致设备故障	7×24 小时	1 小时	8 小时	本工作日
三级	交换机设备某些非重要模块退出服务，对部分次要功能有影响或即将产生次要影响，如单个用户、中继模块退出服务，重要模块频繁 RESTART 和 RELOAD	7×24 小时	1 个工作日	2 个工作日	周报
四级	在交换机产品的功能、安装、配置方面需要信息或支持，或影响面积有限的个别故障，且显然最终用户的主要业务运作几乎无影响，或根本没影响		1 个工作日	数据 1 周 程序 3 周	周报

6. 轨道交通日常技术服务支持情况

英诺威尔总部维护中心的客服工程师在服务期内始终 7×24 小时开机，随时接听用户打来的故障申告和问题咨询。接听客户电话的服务工程师本着及时为客户解决问题的宗旨，利用一切可利用的手段帮客户尽快解决，一旦远程支持起不到效果，立即启动现场技术支持服务，安排就近的工程师赶到现场迅速排除故障。客户方运维人员在设备维护中遇到自己不能解决的问题时，通过 800/400 电话、传真或电子邮件的方式向英诺威尔提出服务请求，英诺威尔在 7×24小时内进行响应，解答用户疑问，指导客户运维人员排除设备故障。对于此种方式无法解决的问题，升级到远程技术支持或现场技术支持，关键问题直接进入"紧急故障排除服务"。同时，根据客户不同的需求，提供了对应的技术文档资料支持，使得现场运维单位的维护人员维护技能水平得以提升。在日常的技术服务支持中，针对在网设备故障预防类服务，英诺威尔主要做了以下三项服务措施。

1）巡检服务

英诺威尔安排技术专家和维护工程师定期对客户网上运行设备实施现场检查或在母局进行远程检查，倾听现场意见，及时发现和消除设备运行的隐患，通过系统调整等手段，减少设备发生故障的概率，保证设备稳定、高效运行。

（1）公司负责了解客户网上设备的运行情况及客户运维管理部门和现场部门的需求，商定现场巡检时间，制订巡检计划，包括巡检日程安排、人员安排、巡检项目安排等，并于巡检前通知客户，针对客户提出的要求做好巡检准备工作。

（2）公司巡检设备的范围包括卖方自产设备，还包括对由卖方集成和采购并提供统一维保服务的第三方设备。

（3）公司按照详细的网络设备巡检报告中的检查项目对设备进行逐项检查测试，包括系统硬件、软件、配置、数据分析等内容。

（4）巡检结束后，巡检人员应向现场人员汇报巡检结果，提出维护建议，填写《网络设备巡检报告》，提交客户现场部门负责人签字确认，并上报相应的客户运维管理部门进行备案，在巡检工作中对设备的配置进行了更改，巡检人员将《网络设备巡检报告》加入到客户档案中作为更改记录存档。

2）网络优化

主要是在现场根据客户需求规范局数据，在争得用户同意的情况下对有关路由数据整改，以达到优化网络的目的。

3）数据分析

主要根据全局错误时报，有针对性地分析发生大量溢出错误的数据，在争得用户同意的情况下，修改必要的交换机关系数据，以期将设备运行中的发生错误降至最低。随网络设备巡检工作一并执行。

7. 定制式服务模式

定制式服务是一种劳动，并且是一种高水平的劳动。它需要劳动者有更高的素质，更丰富的专业知识，更积极的工作态度。英诺威尔在探索定制式服务的同时注重积累技术及服务经验，以客户的需求为出发点。注重客户的个性感受，因此这是一种量身打造，有需有供的活动，它不会出现生产过剩，也不会出现需求抱怨，进而能够保证经济运行的平衡与稳定。

定制式服务必须要有合适的技术手段作为技术支撑。服务定制化需要借助一定的技术手段来实现，其中最重要的是 IT 技术。只有等这些技术手段在现实中得到广泛的运用，服务定制化才能够顺利地进行。随着轨道交通信息化的高速发展，通信设备的稳定运行成为轨道交通正常运营的重要保障。基于此，轨道交通用户对通信系统设备的选购及售后服务更有着极其严格的标准。英诺威尔以其自身在 IT 领域研发的技术和积累的代维服务经验，在轨道交通通信系统的维护方面成功地探索和运用了定制式服务模式。

在进行服务模式的探讨中，英诺威尔推出的"以客户为中心"服务理念响彻业界，不断推陈出新的服务新模式赢得了用户的青睐和认可。公司还推出 7×24 小时服务、大包服务、定期定点服务、轨道交通线路通信系统大规模巡检、《可定期出设备管理方案及可行性报告》等一系列几十项创新的定制化服务模式，为用户带来一系列有针对性地服务解决方案。

五 北大方正集团有限公司创新案例

（一）公司概况

方正集团是由北京大学于 1986 年投资创办的，是一家拥有 IT 产业、医疗医药产业、房地产业和金融产业的大型投资控股集团。多年来，方正集团一直看好城市轨道信息化建设市场，在地铁 AFC 系统服务及轨道信息化领域蓄积了巨大能量。作为城市轨道交通信息系统化的"中枢神经"，我国的 AFC 在过去十几年内经历了从无到有的过程。方正集团是拥有地铁 AFC 技术自主知识产权的代表企业之一。我们本认为方正集团由于前期可以获取的资料太少而不适合作为调研案例时，方正集团有关方面领导安排了调研座谈。

（二）发展历程

1. 进军轨道交通领域

20 世纪初期，方正集团与日本欧姆龙公司合作软件外包的项目。日本欧姆龙公司是世界上首家提供商业化 AFC 系统的公司（第一个系统于 1967 年起在日本大阪开始投入商业运营），是全球最大的轨道交通 AFC 系统供应商。随着合作的不断深入，方正集团发现我国正处于轨道交通领域大发展的时期，对于 AFC 等设备和服务的需求也不言而喻。2002 年，方正集团就筹备并组建完成了轨道交通事业部，之后与日本欧姆龙公司成立了 AFC 联合研发中心。从 2002 年下半年开始，双方已组成了联合项目组，参与了北京已有地铁路线的改造和新建路线的 AFC 系统建设，在吸收日本 AFC 系统经验的基础上，根据北京的市场特点设计了有针对性的解决方案。

2003 年 3 月双方正式签署了合作协议，方正集团正是利用其优秀的计算机软件系统集成能力与日本欧姆龙公司在自动控制技术，特别在 AFC 系统方面的强大研发能力和丰富的系统建设方面的经验，共同开拓中国的 AFC 系统市场，并逐步将这种合作关系推广到包括日本在内的其他市场。

2004 年 4 月 29 日，方正集团与日本欧姆龙株式会社在北京正式公布双方在轨道交通 AFC 系统方面的长期合作关系，并展示了设立于中关村方正大厦的欧姆龙-方正城市轨道交通 AFC 实验室，图 12-12 显示了方正集团轨道交通领域的过程。

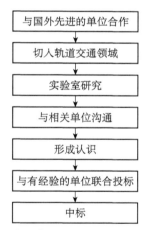

图 12-12　方正集团进入轨道交通领域的过程

2. 从学习服务到提供服务

走出去—请进来—消化吸收—自主知识产权—再走出去，如是循环，直到提供到位的高水平服务。

1）方正集团 AFC 系统解决方案经典案例

（1）北京地铁 5 号线项目。该工程是由北京轨道交通建设管理有限公司招标，方正集团和欧姆龙联合体总体承包实施。该项目已于 2008 年 6 月 9 日顺利通车试运营，开通首日客流 52 万人次。目前单日客流在 70 万人次左右。

（2）"阿联酋迪拜地铁售检票系统"软件分包工程。该工程包括 1 个线路中心、1 个培训中心、1 个培训维修中心、4 个车站的售检票系统，包括相关的全套配套设备及应用软件系统。实现了国产软件走出国门实现创汇，证明了方正软件在国内外的应用能力。

（3）西安市地铁 2 号线一期工程 AFC 系统集成项目。该工程包括 1 个线路中心、1 个培训中心、1 个培训维修中心、21 个车站的售检票系统及设备，包括419 个进出站闸机设备，239 台自动售票机设备，50 台人工售票机设备及相关的全套配套设备及应用软件系统。于 2009 年 6 月 11 日签订合同。

（4）北京市轨道交通亦庄线 AFC 设备采购项目。该工程包括 1 个线路中心，1 个培训中心，1 个维修中心，14 座车站，其中地下车站 6 座，高架车站8 座。

（5）已开通业绩（表 12-7）。

表 12-7　已开通业绩

项目名称	开通时间
北京地铁 5 号线工程 AFC 系统设备采购项目	2007 年 10 月
迪拜棕榈岛运输线 AFC 系统项目	2009 年 8 月
北京市轨道交通亦庄线 AFC 设备采购项目	2010 年 12 月
西安市地铁 2 号线一期工程 AFC 系统集成项目	2011 年 9 月
沈阳市地铁 2 号线一期 AFC 系统集成项目	2011 年 12 月
天津地铁 2 号线 AFC 系统设备采购项目	2012 年 7 月

2）方正集团和欧姆龙联合体出色完成北京地铁 5 号线 AFC 系统建设任务，进入国内市场

2005 年 6 月，北京轨道交通建设管理有限公司与方正集团和欧姆龙联合体在北京举行了签约仪式，方正集团将为地铁 5 号线提供全套的 AFC 系统，成为北京奥运地铁重点线路的 AFC 系统总承包服务商。北京地铁 5 号线已经顺利运行，而方正集团参与建设的北京地铁首个联网运行 AFC 系统已经成为城市轨道交通信息化建设的重要示范。

3）从北京到迪拜，方正集团自主知识产权 AFC 系统走出国门

目前，以奢侈和追求高品质著称的迪拜，在豪华运输线棕榈岛线上也成功装载了方正集团的 AFC 系统软件。该线路的顺利开通，标志着我国自主轨道信息化技术首次走出国门，走入国际高端市场。经过两年多的建设施工，如今迪拜棕榈岛运输线已经成功开通。除此之外，方正集团还是印尼雅加达、土耳其伊斯坦布尔轨道交通 AFC 系统的咨询服务提供商。

4）从学习服务到提供服务

方正集团最开始是做激光照排项目的，除了产品本身，还含有外包的业务。在与欧姆龙公司的长期合作中，方正集团对于其在轨道交通领域的技术

和服务有了深入的认识和理解。与欧姆龙公司合作的初期，方正集团购买了一部分欧姆龙公司的服务，深入学习国外先进企业的管理模式、服务评价标准、风险控制等内容，通过合作、学习和实践，最终独立研发设计。"启发者"欧姆龙公司长期以优良的服务著称，尤其是其在 AFC 领域中的轮岗不离职的制度，更是深深地启发了"实施的响应者"——方正集团。在之后与欧姆公司的合作中，方正集团提供了全部的软件部分。正是有了这样一位优秀的"启发者"，方正集团结合面对不同客户、不同时期、不同需求的情况，提供给客户以优质的设备和服务。在与欧姆龙公司的学习合作后，方正集团正向着代表中国 AFC 系统服务经销商的水平的方向发展，它们定下了这样的目标：欧姆龙公司的今天就是方正集团的明天。

方正国际在 AFC 系统的建设和维护中为客户主要提供三方面的服务支持：终端用户支持服务、驻场技术支持服务、高级巡检服务。

（1）终端用户支持服务（表 12-8）。

表 12-8　终端用户支持服务

序号	服务项目模块	内容说明
1	客户端管理服务	针对客户端机器提供基本的安装、调试、维护管理等服务
2	网络管理服务	针对网络设备提供基本的安装、配置、升级、维护管理等服务
3	服务器管理服务	针对服务器设备提供基本的安装、维护管理、升级优化等服务
4	应用管理服务	针对应用系统提供基本的配置、维护、管理等服务
5	存储管理服务	针对存储备份系统提供基本的安装、配置、维护管理等服务

（2）驻场技术支持服务。驻场技术支持服务是指在客户需要长期厂家现场支持的情况下，方正国际根据客户的实际需要与选择，安排合适的技术支持工程师到现场对客户环境进行技术保障的服务。其服务内容如表 12-9 所示。

表 12-9　驻场技术支持服务

序号	服务项目模块	内容说明
1	现场网络运行监控	协助监控主要网络设备的运行状况
2	实时故障处理	协助进行现场故障诊断及紧急恢复
3	硬件设备维护	协助客户对硬件设备维护、配置调整等方面提供技术支持
4	预防性维护	协助客户对设备进行预防性维护
5	现场客户培训	协助客户掌握网络设备的基本操作及常用维护手段
6	服务总结	对驻场期间各项服务的完成情况做总结

（3）高级巡检服务。高级巡检服务是方正国际根据高级运营商客户对网络的保障要求，专门提供的对客户网络及设备进行全面检查的一项高端服务。高级巡检服务可以对客户网络可能存在的问题隐患进行预警，并提出解决建议，使得客户能够进行有针对性的预防，最大限度地降低客户网络运行风险。

3. 价值链的再思考，服务支撑下的轨道交通产业

1）国内轨道交通技术服务体系发展现状

我国轨道交通技术服务现在存在上海、广州、北京三类不同的体系。一些早期的观念已经不适合当今新兴城市的发展，一些系统的不稳定状况也已经在一定范围内得到修改完善。然而，在一些二线城市的建设中，由于轨道交通建设单位并不十分熟悉现在轨道交通的发展状况，此类单位会前往相关的城市进行考察，进而希望将上海、广州、北京等城市的轨道交通领域的优点集合于一身。然而，在很多细节上，这些优点或特点并不能够集合于一体而存在。其中的一些规则是建立在系统不稳定或不完善的基础上的，这样，很多规则实际上随着技术的发展已经不需要了。因此，服务，尤其是除了业务咨询外的实现手法上的咨询服务，对于正在进行轨道交通建设的城市显得尤为重要。这样的服务也已经内化成为轨道交通产品的一部分。

2）国外客户与国内客户的对比

作为一个涉足国际市场的中国公司，面对国外、国内不同的客户，也有着不同的体会。对于国内客户而言，由于对服务概念界定的不清晰，对于定制类的产品，在招标的时候往往显得比较尴尬，既要防止指定嫌疑，又要尽可能地描述细致清晰。客户的需求进入到招标文件中，接受法律的保护。这样，对于甲方的专业要求显得有些过高。而面对非专业的甲方制定出来的招标文件，乙方在实施中也显得有些尴尬。国外客户，往往建设、咨询、监督等角色区分清晰，集成商的能力强。与国内客户很大的不同在于在客户与招标单位之间还有一个监理公司，进行需求、标准的要求和审核。这样的桥梁作用很好地联系了甲方与乙方。

（三）创新过程与特点分析

1. 服务的再思考

应用软件在某种意义上可以定义为"服务"，只是服务的形式不同于传统意义上的服务，描述的方式也进行了转换。软件同设备的结合构成产品，软件同应用的结合构成服务。服务本身也是产品与需求的结合。从需求的角度而言，由需求是否稳定来区分是"产品"还是"服务"。那样经常性的、有变换性质的需求就是服务。从价值提供的方式、价值载体的角度而言，咨询服务的价值载体是人，产品是将其物化在某一物品等形式上的。价值载体不会向客户提供直接的服务，而是透过产品提供的。应用软件服务的价值载体是产品，而产品的背后是技术的支撑。软件也有所区分，一是越来越物化下来的与设备打交道的软件，二是与客户的应用打交道的软件。与设备打交道的软件，越来越趋向产品化；与客户的运营和需求相关的软件越来越趋向服务化。如果用特别刚性的

产品策略是无法满足客户经常变化的需求的，同样，用满足经常变化需求的策略去作固化部分的话，系统的可靠性和稳定性也会受到冲击。服务脱离系统或产品的话便是偏虚了。

现在我国的服务一般是指纯技术的服务，是浅层次的服务。然而，真正的更深层次的服务是全方位的服务，包括生产管理、流程管理等都需要服务。方正集团提出新型的系统集成商和咨询服务商要从"需求的响应者"向"赋能者"方向发展。所提供的服务不仅仅是简单地技术服务，而是从业务、生产、整体项目咨询的角度出发进行的全方位的服务。而"赋能者"企业往往能够影响某领域产业链的结构和政策的出台，其后台也就必须有强大的咨询团队，有资深的工程技术人员和管理人员。在中国 AFC 领域的探索中，方正集团在技术及服务的发展经验给正在建设中的地铁运营商以建议和参照，方正集团正在向着更深层次的服务提供商、一位 AFC 领域内地铁运营商的"赋能者"努力着。

2. 服务层次的划分

服务划分为以下三个层次：战略联盟的高端服务、独立的第三方的服务模式、技术手段实现智能化的设备和系统来实现服务。

1）战略联盟的高端服务

国家政策支持，由科研院所、高等院校参与，对未来发展方向进行探索的高端服务。

2）独立的第三方的服务模式

目前，服务模式是促销类的，单纯的第三方提供的服务，仅仅有市场的需求，但是它的认知度还不够，期望今后会向着 BPO 模式发展。目前，北京的 4 号线就是这种传统的参与到价值链里的服务模式。在未来，围绕着 AFC 建设的咨询服务将会经历一个波峰而渐渐远去，关于 AFC 的建设将不再神秘。服务提供者将从业务的跟进，到系统之间的关系，从信息化的角度看各个子系统，将新技术和创新进行捆绑，并尽可能地预见未来趋势，进而提供可持续发展的咨询服务。标准的第三方的服务模式，服务提供商在业主的后面，与工厂捆绑，为工厂提供可持续的技术开发团队，实现可持续发展的服务。

3）技术手段实现智能化的设备和系统来实现服务

通过智能化的设备和系统，使得服务进入到运行维护中，进而指导工作。就如地铁的零配件，在今后相当长的时间内，地铁的零配件会成为一个问题，由于用量小，制造厂商势必会少。通过智能系统的检测，建立全国的零配件中心，规范零配件标准，统一调配各方库存。

3. 正收益的业务：服务生存和发展的根本

对于一个正在发展中的国家而言，首次建地铁的城市和单位越来越多，对地铁运营的经验很少，有太多的人第一次建地铁，有太多的工厂没有生产过AFC设备，还有太多的人在现场的时候缺乏经验。面对不熟悉的轨道到交通领域，他们需要有专业的咨询服务队伍进行指导和建议。而面对轨道交通这一专门领域，设备配件的生产厂商也需要统一标准，明确生产。在现场，缺乏经验的施工队伍需要指导，处理突发状况，以确保工程按时保质量完成。这个时候咨询服务商就变成了"赋能者"，这样就需要大量的经验，需要有资深的技术和咨询团队。那么，服务作为单独的业务也就有着较大而长久的生存和发展空间。并且，只有将服务融入运维中才能使之成为长久的一项可以产生收益的业务。面对竞争激烈的市场，服务在产品中的比重越来越重，尤其是运维服务。

第三节　轨道交通业的技术服务创新特征与模式

一　产业创新核心要素与特征分析

随着轨道交通业的蒸蒸日上，越来越多的技术服务商加入到这个行业中来，与此同时也带来了轨道交通业创新模式的变革。其创新模式大体总结如下。

（1）从创新主体来看：虽然轨道交通行业中各阶段技术服务商的种类繁多，结构不一，但碍于行业技术服务的复杂性及行业进入壁垒，基本以大中型企业及大中型官产学研中心为主。

（2）从创新要素来看：技术创新是核心，贯穿整个行业，同时主要依托组织模式，管理模式和商业模式的创新，为技术创新提供了有力的基础和支撑。经过深入分析，技术服务的产生发展依托于高新技术的迅猛发展，而使得技术服务融为一体的渗透性服务，从而产生强大的生命力，在很大程度上促进既有轨道交通技术产业的发展，提高技术产品的附加值，有利于促进产业的结构调整，进而推动轨道交通向高增值产业升级。

图12-13展示了在轨道交通业中，技术服务各阶段的创新具体模式。

图12-13中涉及的主要创新要素解析如下。

（1）技术创新方面：瞄准国内外先进水平，充分发动各界力量，加强技术培训和合作，注重人才发展，努力进行产品成果转化，同时注重知识产权的保护。将产品做大做强，争取为客户提供统一的解决之道，实现从产品的先进性向解决方案的先进性、从线的先进性向网的先进性的飞跃。

（2）商业模式创新方面：实现前向及后向的一体化及多元化经营。轨道交通业中的各家技术服务商特别是设备制造商要集中精力关注产品的前向及后向

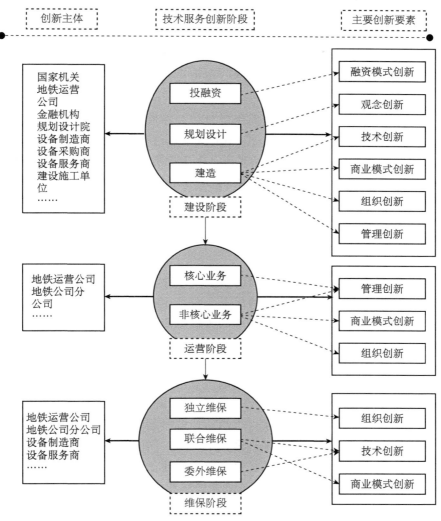

图 12-13 轨道交通业中各阶段技术服务创新模式

一体化问题。而各家地铁运营公司，则力求多元化经营和发展，以最大限度地利用固有资源来产生更高的经济效益和社会效益。

（3）管理创新方面：引进国内外先进的管理理念及管理工具，根据自身发展水平和轨道交通产业链的状况，制定切实、有效、精准的发展目标。

随着我国经济体制改革的不断深入，地铁资产的经营管理模式、地铁工程建设投融资模式等需要进行深刻变革。根据城市自身的经营理念、经济实力、文化状况大胆创新，不断变革。为适应飞速变化的市场形势，各技术服务商都互相借鉴、积极探索适合自身的管理模式，力求建立精简高效、职责明确、监控有力、效率保障的组织架构，采用事业部制的组织架构来管理业务，赋予事业部高效处理业务的职权。在此基础上，各技术服务商对企业发展的战略、人力资源、财务流程都进行了再造。通过组织架构重组和流程再造，来建立一个符合现代企业制度要求战略管理体系，确保风险可控和运作顺畅，保证企业稳步向前发展，实现"决策战略化"。

（4）组织创新方面：力求精简组织机构，降低企业层级，建立学习型和知识型组织，鼓励创新和发展，各公有制企业纷纷进行改制及分化工作。

对于相当一批的地铁运营公司来说，由于沿用了国有企业的传统管理模式，企业的管理体制和经营机制带有明显的计划经济色彩，初步建立起了符合现代企业制度要求的管理体制。为此，各大地铁运营公司纷纷实行改制，仍在不断探索适合自己的资产管理模式、建设管理模式、经营服务模式。同时，注重对用人制度和财务分配制度的改进及巩固，关注并积极发展员工的潜能，加强对企业的财务控制。

而目前在轨道交通业中，国内的服务一般停留在纯技术的服务，是浅层次的服务。然而，真正的更深层次的服务是包括生产、质量及流程管理等方面并使其有机结合的服务。这就要求技术服务商本身具备充分的创新能力。对其在创新意识、创新文化、创新组织形式及采用的新技术方面培养起自身相应的能力具备了一定的要求。轨道交通业技术服务的现状和困境，一定程度上也在催生产业联盟。产业联盟作为一种新型的产业组织形式，在促进轨道交通业创新集群的形成中应当可以发挥重要作用，它提供新的机制和舞台，为创新主体、元素的交流、碰撞创造了有利条件，帮助企业将创新方向由内部转向外部。因此，要催生产业联盟，重中之重仍是技术创新，同时做到以市场为导向，以企业为主体，围绕特色产业，通过优势企业牵头建立联盟，促进企业间、产学研之间、联盟之间的合作与交流，形成创新网络和创新集群。

■二 创新模式及其未来发展趋势分析

（一）轨道交通技术服务创新模式的含义及包含要素

在轨道交通行业中，技术服务的创新模式可以理解为创新方向、动力和创新的组织形式、关键创新要素等多种分析维度的集合，体现轨道交通产业的总体特征。对轨道交通关键价值产业链的分析角度是多种多样的，从创新类型来说，包含技术创新、组织创新、管理创新、商业模式创新等；从内涵来说，具有概念创新和交付手段的创新之分；创新主体既可能是企业，也可能是高校和科研机构；如存在合作创新，是以产业链上各企业的合作为主，还是以产学研合作为主；在企业内中存在着正式的研发组织（如设有正式的研发机构），还可能存在着临时性的组织（如为开发某一新服务临时组织一个包括各方面人才的项目组）；在研发阶段，往往需要探讨是一线员工、还是高层管理和技术人员起着更重任的作用的问题；创新动力主要来源于市场竞争，还是政府规制；企业对知识产权保护是以正式的制度为主，还是以非正式的制度为主等。

目前，从各个创新模式及角度来说，无论是管理模式创新，还是技术应用等创新，轨道交通事业都处于积极探索阶段，需要大胆创新，促进共同发展。

（二）建设期产业链上游技术服务创新模式及未来发展趋势

到目前为止，除去准备部分的决策阶段，我国轨道交通行业的建设期主要划分为投融资阶段、规划设计阶段、建造阶段三个阶段。

1. 投融资阶段的创新模式探讨

目前，我国虽然已有二十几个城市开始了轨道交通建设，但总体来看，我国城市轨道交通仍然处于初到中级的发展水平。很多城市的轨道交通的配套措施不完善，发展机制不够健全，欠缺成熟的市场化运作的手段，给轨道交通的初始建设制造了较大的困难。

一般来说，轨道交通最初资金来源主要是政府资金投入，并在条件成熟后，由政府进行投资主导，尝试运用民间投资或市场化手段解决资金缺口问题。在相对成熟的阶段中，这些城市一般需要采用 BOT、PPP 等模式，股票及债券融资、信贷、租赁、信托等多种方式进行融资模式创新（王灏等，2008）。北京、上海和广州等少数开始进入网络化快速发展时期的大城市，已经采取较为开拓的思路，多元化拓展产业的融资渠道，以产权为根本来发展壮大这种公共交通服务产业。北京地铁 4 号线与香港铁路有限公司通过 PPP 模式进行合作，共同开发运营，一定程度上减轻了政府部门的资金压力。

2. 规划设计阶段的创新模式探讨

轨道交通建设部分的规划设计阶段的技术服务商以具有相当资历的公有或私立的规划设计院为主。

规划设计的创新模式主要以观念创新为主，在轨道建设规划设计中充分吸收国际知名规划设计单位的先进理念，体现轨道交通与土地协调发展、以人为本和公交优先的规划思想，依照注重装饰设计，体现人性化设计，改善换乘环境的几个准则，为轨道交通车站与周边用地结合的规划设计探索新方法和新思路，创造以人为本的，安全、便捷、舒适、高效的公共交通条件。

3. 建造阶段的创新模式探讨

轨道交通建造阶段包含的环节众多，结构复杂，是建设阶段的重中之重，建造实施工程的好坏直接关系和影响到轨道交通行业的安全性、可靠性及服务性等因素。

建造阶段具体可分为建设施工和设备购置安装两大类，其中设备的购置安装更可根据功能细化分类为供电系统、车辆配置系统、通信系统、信号系统、环控系统、空调通风系统及其他系统等几大部分。

存在于本阶段的技术服务商主要指的是各设备制造商、设备采购商、设备服务商和建设施工单位等。在很多情况下，设备制造商、采购商和服务商的角色设计存在着一定的重叠。

目前，建造阶段的技术服务商的服务模式主要有以下三种。

（1）开发并销售单一产品或涉猎单一领域并逐步深入，从单一产品的研发制造和简单的服务向一整套的技术服务解决方案转型：例如，已经在广州地铁、北京地铁、南京地铁和京津城际高速铁路等多家轨道交通线路上销售产品的广州广电运通金融电子股份有限公司专注于 AFC 系统，提出了自主开发、自主研制、自主制造、自主销售、自主售后的单一产品的一体化解决之道。同样还有在日本轨道交通市场占有率高达 40% 的欧姆龙公司和国内方正集团协同开发 AFC 系统以服务于北京地铁 5 号线，提出了欧姆龙自动化解决方案（Compact Solution），站在轨道交通用户的角度，为用户的整体应用提供最大价值的解决之道，并力图实现欧姆龙公司、原始设备制造商（方正集团）和行业用户（北京地铁运营有限公司）之间更加紧密的应用和联系，最终实现三者之间的集成化解决方案。而专注于通信方面的英诺威尔，可为客户提供一整套网络通信集成服务。

（2）多元化经营：例如，为地铁提供 TETRA 系统的摩托罗拉公司收购无线网络规划与管理软件厂商 Wireless Valley，为地铁提供无线调度业务，力求拓展业务层级，实现水平多元化经营战略。

（3）需求推动式服务的崛起：在轨道交通技术服务行业，很多技术服务商已经意识到服务于用户需求是行业的第一要务，技术服务更是一种与客户交互的过程，价值通过服务分发过程中与客户的持续交互共同创造。轨道交通行业要通过与客户的接触，了解到在很多情况下，能满足客户需求的不是一个现成的产品，也不仅仅是一个核心的技术，而是一整套的技术服务。例如，北京轨道交通运行控制系统国家工程研究中心有限公司制定了一种需求驱动式的技术服务模式，其特征表现为定制式产品和服务、人员相互渗透及人才培养。又如，提供系统项目技术、维护服务、增值业务、运维支撑系统及相关产品解决方案的英诺威尔推出 7×24 小时服务、大包服务、定期定点服务、轨道交通线路通信系统大规模巡检、《可定期出设备管理方案及可行性报告》等一系列几十项创新的定制化服务模式，为用户带来一系列有针对性的解决方案。集中维护、分期检测大大缩短了维修周期，效率也得以大幅提高。

从整体来看，轨道交通建设部分的技术服务商关注的核心还是公司产品，以及产品——解决方案的发展趋势。其目的是为了提高公司产品的销量，为公司创造更多利润。由此，这阶段的技术服务创新凸显了以技术创新为主，组织创新和管理创新为辅助手段的创新模式。其主要的创新模式的要素为以下五种。

（1）在技术问题上，要想创新，企业首先应当引进先进技术，并对其进行消化、吸收和反馈，对于很多技术力量相对薄弱的企业来说，制造能力的发展往往优于自主创新能力，没有模仿就不存在创新。在技术创新上，企业不应好高骛远，需要脚踏实地，分步骤、分阶段地量力而行来实现自己的技术创新理想，以此在市场和消费者心中树立口碑。各设备制造商一般关注技术研发，加强企业内部和外部的协作，并关注技术成果的市场转化问题。针对轨道交通建造阶段产品的新设想的产生、研发、商业化生产并扩散，本质上是一个科技、经济一体化过程。例如，北京轨道交通运行控制系统国家工程研究中心有限公司深刻地认识到其应用范围非常有限，市场开拓和占有都面临问题，阻碍了新技术的推广使用。技术创新不仅注重技术的创造性及技术水平的提高，更注重的是技术在市场的成功、在经济活动中的应用。技术创新的全过程包括"工艺创新（T）—产品创新（P）—服务创新（S）"。技术创新的真正意义和实际价值，不在于创新本身，而在于这种创新的扩散。研究公司通过集合人才力量，自主开发了基于通信的列车运行控制技术、列车超速防护技术、系统综合设计技术、安全计算机技术、算法优化技术、多传感器融合的列车定位技术、三维视景、硬件测试技术、系统能力分析等多项技术，一定程度上填补了轨道交通技术服务上在国内外的空白。又如，方正集团与日本欧姆龙公司刚开始仅是合作软件外包的项目。随着合作的不断深入，方正集团发现我国正处于轨道交通领域大发展的时期，对于 AFC 等设备和服务的需求也不言而喻。方正集团与欧姆龙合作成立了 AFC 联合研发中心，最终形成了良性技术创新循环模式。

（2）在商业模式上，充分实现产业链的前向及后向一体化经营。设备制造商由单一产品的产研销售向单一产品的产学研销售维发展，实现了从单一产品到整体解决方案的转变，制造商购买原材料厂或销售公司，力求给客户提供更简单、更整合的选择方案。同时，有些设备制造商也存在着由经营单一产品向多元化发展的趋势。

（3）在管理和组织创新上，轨道交通高强度、高密度的建设规模，对现有的管理理念、组织架构、管理流程和管理手段，提出了严峻的挑战。轨道交通超常规的建设任务要求超常规的管理和技术。技术服务商通过制定企业改革整体方案，一般涉及重塑理念、重组架构、再造流程、企业文化创新等内容，大体包括经营理念、组织机构、权责划分、管理体制、人事制度、分配制度、核心流程、企业文化，以及总公司与子公司和事业部产权关系、发展战略及实施步骤等，再造流程精简及重构组织机构，建立以事业部为核心的扁平化组织，创立学习型企业结构。例如，为了更好地将科研机构的研究成果转换为生产力，轨道交通运行控制系统国家工程研究中心决定改变服务模式，成立工程中心，以公司模式运营。该公司由北京交通大学牵头，联合中国铁路通信信号集团公司、中国铁道科学研究院共同投资组建，并经北京市海淀区工商局批准，注册成立独立法人公司，其目的是站在国家和行业的高度，加强和产业、科研单位等的联系和沟通，形成国家轨道交通运行控制系统研究体系，同时为建设依托单位提供成熟的先进技术和装备，充分发挥产业与科研之间的桥梁和纽带作用，服务于高速发展的城市轨道交通与高速铁路建设。又如，方正集团为开展 AFC 系统的研发和推广，在 2002 年就筹备并组建完成了轨道交通事业部。

（4）在创新主体上，轨道交通行业要求技术难度大，复杂度高，具有一定的行业进入门槛及技术壁垒，故此技术服务商以大中型企业及官产学研单位为主。而在企业的创新单位中既包括为解决系统问题而成立的正式研发中心，也存在着解决具体细部问题的临时研发小组。例如，方正集团为解决 AFC 具体技术问题，2002 年下半年开始，与欧姆龙公司组成了联合项目组，参与了北京已有地铁路线的改造和新建路线的 AFC 系统建设，旨在吸收日本 AFC 系统经验的基础上，根据北京的市场特点设计有针对性的解决方案。

（5）在知识产权保护上，由于我国实行市场化经济，打破原有的高度集中型的计划管理模式，技术市场在科技运行和资源配置中的作用显著增强，世界各国逐渐将知识产权制度提升到了基本政策的高度，越来越加强对本国知识资源的管理和控制。在大环境的感召影响下，技术服务商对知识产权保护不仅仅满足于非正式的方式，还加以正式的制度和法规。

（三）运营期技术服务创新模式及未来发展趋势

基于轨道交通的特殊情况，我国各大轨道交通的线路几乎全部为国有企业掌管，即主要负责城市快速轨道交通系统的建设、经营和管理的各大地铁运营公司，如掌控北京地铁线路的北京地铁运营有限公司（除北京地铁 4 号线是和香港铁路有限公司进行合作建设运营），掌控上海地铁线路的上海申通地铁集团有限公司，掌控南京地铁线路的南京市地下铁道总公司等。

面对当今的发展形势，地铁运营公司广泛意识到创新是其历史使命与时代需求，也是公司跨越式发展的必然要求，更是实现公共事业成功企业化运作的必然条件。

　　目前，地铁运营公司存在着核心业务和非核心业务，其中核心业务指的是地铁运营公司的基本职责，包括负责地铁的运营业务，承担政府赋予的运营管理权及财务责任，维护地铁设备，提供优质、高效的铁运营服务，同时开展新线的建设业务，有效地组织工程建设工作，积极地实施工程管理制度的改革，保证地铁新线路优质、经济、按时地完成。

　　非核心业务主要是在政府授权范围内，开发与地铁相关的各类资源，创造最佳的综合经济效益，综合研究资源开发与地铁客流间的相互促进功能，借以改善地铁资源开发的外部环境，强化资源的经营创收能力，也就是对商业模式进行创新——多元化经营。

　　根据发展阶段不同，运营公司的非核心业务几乎涵盖教育培训、文化产业、旅游度假、房地产开发、地下通信和广告等业务中的多项或全部。表 12-10 对比展示了我国较大的 3 家地铁运营公司所涉及的非核心业务类型。

表 12-10　我国较大的 3 家地铁运营公司所涉及的非核心业务类型

地铁运营公司	多元化经营项目					
	教育培训	文化产业	旅游度假	房地产	地下通信	广告业
北京地铁运营有限公司	地铁技术学校	北京地铁文化传媒投资有限公司	地铁度假村	地铁房地产公司	北京地下空间通信有限责任公司	地铁广告公司
深圳市地铁集团有限公司	—	—	—	深圳市地铁远为房地产开发有限公司	深圳市深圳通有限公司	
南京市地下铁道总公司	南京地铁职能培训中心	—	—	南京城市地铁实业集团有限公司		

（四）维保期技术服务创新模式及未来发展趋势

　　轨道交通行业中维修保养部分的技术服务主要是针对车辆配置、供电系统、机电设备、通信设备、信号设备、公务设备等的日常维护、定时检修、故障处理等服务。

　　优质高效的硬件设备及软件环境是确保轨道交通产业正常经营的前提条件，而设备及软件的维护保养工作是其重要环节，与运营商提供的系统服务质量息息相关，并直接关系和影响到地铁运营商的效益，这其中包括经济效益和社会效益。从而可以得出，能实现综合效益最优化的轨道交通维保模式才是最佳的，而要实现此模式，必须将最小的资源投入和最佳的配置模式相结合。

　　我国轨道交通行业中的现存的维保方式主要有三种。

（1）完全委外维保：可细分为由产品供应商提供维保和由其他技术服务厂

家提供维保两种，目前轨道交通产业上主要以前者为主。

（2）联合维保：指的是业主和产品制造商分工合作，共同维保。

（3）独立维保：指的是业主自主进行维保。可由业主招聘人员进行维保，也可成立子公司进行维保服务（周杭，2007）。

以上三种维保模式各有利弊。而在对各轨道交通线路的维保模式的调研中发现，目前国内线路以独立维保及联合维保为主。基于经济效益和社会效益的双重考虑，各地铁运营公司均倾向于在维保阶段中占据一席之地。例如，北京地铁运营公司既在古城、四惠、太平湖、回龙观和土桥五个车辆段招聘技术人员进行日常维护，也成立或参股独立的维保公司，如主要负责北京地铁1号线、2号线、13号线、八通线、5号线、10号线等各线路通信、信号及AFC系统的维护、检修、管理、更新和研发等工作的地铁通信信号公司，以及负责地铁车辆设备维修工作的北京地铁车辆装备有限公司等。

上海地铁则属于联合维保。按"施工方、产品生产方、专业维修"的原则，依据不同专业项目承包给维修单位，目前上海地铁公司保留着一支2000人左右的设备检修操作人员队伍来保障上海地铁共65公里的3条线路上的全部设备正常运行。

面对这种形势，各维保技术服务商积极寻求发展，实现商业模式的创新，建立优化、合理、简化的管理机制，加强不同维保主体之间的信息交流，最大限度地降低运营公司对委外维保的顾虑，力求将地铁运营公司的角色由维保商转换成维保监管人。其中最典型的措施是与各地政府及地铁运营公司开展合作，建立委外维保基地。我国最大的两个车辆生产集团之一的中国南车股份有限公司分别和浙江省政府及广东省政府合作建立杭州市轨道交通维修和装配基地及南车轨道交通车辆维修基地，而另一家中国北方机车车辆工业集团公司则与云南省政府合作建立中国西南地区轨道交通装备维修组装基地。

第四节　轨道交通业的技术服务创新的分析

一　优势与不足

在研究过程中，我们发现在发展轨道交通技术服务中存在着以下优势与不足，以北京为例。

（一）优势

（1）乘客多，人口多，拥堵严重，轨道交通成为大多数人的出行首选，使轨道交通成为一个重要的产业。

（2）线路长，轨道交通线路在全国最长，如此之长的运营里程需要更多的建设、运营、维保服务。

（3）运营时间长，轨道交通运营时间较长，服务时间窗口较大。

（4）已经建立了丰富的产业链，如在丰台科技园区已经建成的轨道交通服务企业。

（二）不足

（1）轨道交通线路建设较早，线路老化，改造困难，较难产生和发展新的服务业。

（2）资金并不是特别充足，虽然北京已经在轨道交通大力投入以缓解交通拥堵问题，但是大多是致力于新线的建设和旧线的改造和修葺，纯粹的服务投资较少。

（3）服务创新意识不够，地铁运营公司更倾向于自己承担所有的运营维护等工作，不能分化和产生有效的充分的服务业务。

二　政策支持作用

技术创新的真正意义和实际价值，不在于创新本身，而在于这种创新的扩散。我们在本书的案例研究工作中发现，技术服务创新的成功扩散离不开政策的引导和政府的支持，其导向作用决定了行业的技术服务发展水平。

首先一个最有力的例证就是 CBTC 技术的实施和应用。在轨道交通这样一个以安全为重的行业中，尝试使用国产的新技术是需要胆量和远见卓识的，因为其一旦失败就会引起巨大的社会影响。从运营商和企业角度来说，没有人愿意去承担这个"掉脑袋"的责任，所以移动闭塞技术的发展和应用在过去的十几年里面是缓慢的，因为没有应用需求就不可能催化一个技术的飞速发展。正是北京市科学技术委员会多年来坚持推进信号系统的国产化与自主研发，才使得历经近 10 年磨炼的 CBTC 核心技术与系统在北京亦庄线上开花结果，才使得自主研发 CBTC 系统走过了"关键核心技术研发—科技成果产生—原理样机研制—现场试验放大—工程化开发—示范运营—产业化"的完整链条，并即将开始第四期科技计划项目，进一步拓展和深化 CBTC 系统的示范运营成果，向着全自动驾驶系统的高端迈进。

三　问题分析及建议

我们在研究中发现，由于轨道交通业技术体系复杂等特征，整个行业对于技术服务的认识还局限在传统的技术产品服务层面，虽然许多技术服务商已经进行了大量的实践工作，但技术服务的发展和创新还存在一些问题和困境。

（一）客户"服务价值"的培养

由于价值观的影响，人们往往把服务作为促销手段，忽视人在其中的劳动和价值。这就需要政府和社会对服务的客户进行引导和培养，对服务逐步重视起来，从而能够建立良好的服务评价体系，提高服务质量。

（二）技术服务评价体系

目前，产品和工程的矛盾，技术性的创新和工程实用性的矛盾，某种程度上的必须限定性和灵活性的矛盾都对咨询和服务的发展产生制约。咨询和服务是很难衡量的，在超越了"需求响应式"的服务中，很多情况下导致"外行"评价"内行"。目前，咨询服务的看待者、需求者和判断者没有一个系统的明确的体系。国内外合作最大的区别在于对技术服务的评价体系的建构和定位不同。期望在今后的发展中，能够构建明确的技术服务评价体系。

（三）税收政策

在国务院关于印发《鼓励软件产业和集成电路产业发展的若干政策》（国发〔2000〕18号）的通知中税收政策第五条"国家鼓励在我国境内开发生产软件产品。对增值税一般纳税人销售其自行开发生产的软件产品，2010年前按17％的法定税率征收增值税，对实际税负超过3％的部分即征即退，由企业用于研究开发软件产品和扩大再生产"。在实际情况中，招标合同一般会将软件部分与服务部分捆绑进行签署，这样应当享有软件产品退税的部分也按照服务部分税种进行税务缴纳，损害了软件产品提供商的利益。建议今后可以将产品和服务分开进行合同签署，明确缴税。

（四）服务合同的签署

对现有的概念模糊的服务，建议在合同中明确，保护服务提供者的权益，保障合同双方合作顺利有效进行。

（五）新兴技术在产业中的应用

除了目前已经投入运营的自主知识产权的CBTC技术以外，还有其他有关的新兴技术可以应用到轨道交通业当中，从而带动新的服务模式的产生和发展，如集群技术和节能减排技术等，节能减排技术之一就是收集轨道交通列车进站刹车时产生的热量，变废为宝。

第十三章 医药临床研究服务业

第一节 医药临床研究服务业概念与特点

一 概念

医药临床研究服务业是指系统运用医药研发和临床研究的相关知识和技术，为临床研究活动提供方案设计、技术支撑和成果转化服务的产业。医药临床研究服务业作为一个新兴行业，是医药研发服务业重要组成部分，为医药和生物技术企业提供与药物临床试验相关的各种专业服务。它是运用生物医药研发相关的知识和技术，为生物医药产业发展提供智力服务的产业，具有服务专业性、知识密集性和市场竞争性等高技术服务业的基本特征，是高技术服务业的一种形态。服务内容涵盖了从临床试验方案设计、临床试验报批、临床试验质量控制、数据结果统计分析、药品注册报批等临床研究的整个过程。医药临床研究服务业产业边界如图 13-1 所示。

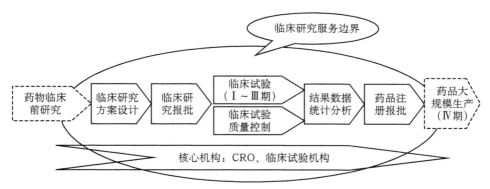

图 13-1 医药临床研究服务业产业边界

其中，Ⅰ～Ⅳ期临床试验的作用及要求如下[①]。

Ⅰ期临床试验：初步的临床药理学及人体安全性评价试验。观察人体对于

① 温泽淮 . 2004. 药物临床试验概说 . http：// www. chinaonco. net/ Article/ ShowArticle. asp? ArticleID＝822 ［2012-12-04］；国家药品监督管理局 . 1999. 新药审批办法。

药物的耐受程度，为制定给药方案提供依据，病例组数 20～30 例。

Ⅱ期临床试验：治疗作用初步评价阶段。其目的是初步评价该药物对目标适应证患者的治疗作用和安全性，也包括为Ⅲ期临床试验设计研究方案和确定给药剂量方案提供依据。此阶段的研究设计可以根据具体的研究目的，采用多种形式进行，包括随机盲法对照临床试验。病例组数大于等于 100 例。

Ⅲ期临床试验：治疗作用确证阶段。其目的是进一步验证该药物对目标适应证患者的治疗作用和安全性，评价利益与风险关系，最终为药物注册申请的审查提供充分的依据。试验一般应为具有足够样本量的随机盲法对照试验。病例组数大于等于 300 例。

Ⅳ期临床试验：新药上市后由申请人进行的应用研究阶段。其目的是考察在广泛使用条件下，药物的疗效和不良反应，评价在普通或特殊人群中其使用的利益与风险关系及改进给药剂量等。病例组数大于等于 2000 例。

在医药临床研究服务链中，提供临床研究服务的核心机构主要有 CRO 及临床试验机构，临床试验机构主要为药物提供Ⅰ～Ⅲ期的临床试验，其他医药临床研究服务则由一个或多个 CRO 协助制药企业完成。

二 特点

医药临床研究服务产业的特点主要有三点，即垄断竞争，人才、知识密集，集聚特征明显。

（一）垄断竞争

在医药临床研究服务业，美国是 CRO 产业的先驱，也是目前最大的市场，所占的市场比重约为 53.5％，欧洲次之，未来 CRO 产业将呈现全球化发展趋势，亚太及中南美地区将成为国际扩张的目的地。CRO 产业中，营收情况最好的是全球性的全方位上市公司，其中以昆泰（Quintiles）公司雄踞第一，其市场占有率达全球的 15％，Covance 与 MDS Pharma 分居第二、第三名，而提供临床前试验的公司包括全方位的 CRO 及一些专业公司，近年由于生物技术的发展，临床前试验委托需求的日益增加，业绩也开始逐年攀升[①]。

（二）人才、知识密集

医药临床研究服务业属于知识密集型产业。因此，在生产要素投入上，相对于传统经济发展强调资本、劳动力等要素的投入，医药临床研究服务业更强调人才、

---

① http：//www. chnmed. com/html/service/zhengfushiwu/CROdongtai/20080515/355. html。

知识等科技型要素的投入，以此加强服务的创新性。发展医药临床研究服务业不但需要大量的高素质科研人员，更需要既精通国际规则、拥有市场运作经验的复合型人才；不但需要掌握本领域的专业知识，更需要拥有专有技术（邓永丽等，2007）。

（三）集聚特征明显

医药临床研究服务业具有高度的集聚特征，主要集中在人才密集的区域，如美国的旧金山、波士顿、华盛顿、北卡，印度的班加罗尔，中国的北京、上海。医药临床研究服务业产品和技术的复杂程度高、分工协作环节复杂，对产业链整合要求高，区域集聚特征明显。

第二节　中国医药临床研究服务业发展现状

一　国内外发展概况

目前，全球制药产业市场都在快速增长。全球制药市场规模将于 2020 年达到 1.3 万亿美元，另外，发展中国家人口慢性疾病状况将日益呈现与发达国家类似的情况。报告预测，到 2020 年，巴西、中国、印度、印度尼西亚、墨西哥、俄罗斯和土耳其 7 国将占有全球药品总销量的 1/5（图 13-2）[①]。

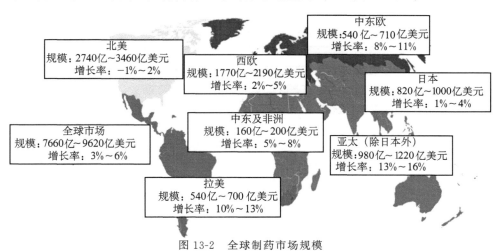

图 13-2　全球制药市场规模

资料来源：IMS Health 公司网站，http://www.imshealth.com/portal/site/ims，2012 年 12 月 12 日

---

① 参见《全球制药市场规模未来将翻番》，http://finance.qq.com/a/20070614/000161.htm。

在亚太市场上，中国制药市场高速发展。根据花旗银行的有关报告，中国经济的快速发展和人口老龄化将推动医药需求的增长。中国政府统计数据显示，2009年，中国老年人口数量达 1.67 亿人，创历史新高，老年人的增加已成为中国医药市场增长的主要推动力之一。同时，随着医疗报销制度的完善、医疗消费能力的提高，原研制药、品牌仿制药及仿制药的销售将持续增加，其 2006～2009 年复合年增长率分别达 22％、23％和 15％[①]。

近年来，中国制药产业快速发展，跨国制药企业在中国的投资迅速增长，企业研发东移，相继在中国设立研发中心，使中国成为除美国以外临床试验最有吸引力的国家。主要国家或地区的临床试验吸引力指数如图 13-3 所示。

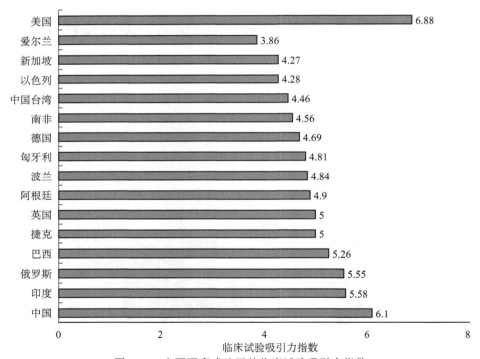

图 13-3　主要国家或地区的临床试验吸引力指数

资料来源：A. T. Kearney 公司网站，http：//www.atkearney.com，2012 年 12 月 12 日

1996 年，美迪生在北京投资成立中国第一家真正意义上的 CRO，即北京美迪生药业研究有限公司，从事新药临床试验业务。随后，其他跨国 CRO 开始陆续在中国设立分支机构，同时，随着一些跨国制药企业陆续在

---

① 慧聪网．2010. 医药股造：花旗看好医药市场增长．http：//www.chinapharm.com.cn/html/yygs/1279609674109.html［2012-12-04］。

中国启动研发业务，进一步刺激了中国医药临床研究服务机构的成长。值得一提的是，1998 年中国仿照美国食品药品监督管理局（U. S. Food and Drug Administration，FDA）形式成立国家食品药品监督管理局（State Food and Drug Administration，SFDA），是我国临床研究服务产业发展的里程碑。其制定、颁布了一系列药物管理法规，强化药物审查制度，明显促进我国药物监督管理体系的完善[①]。

目前，我国从事医药研发服务的各类 CRO 约有 300 家，其中北京地区就有 100 多家。从所承担的业务内容看，可分为三类：①从事临床前研究的 CRO。主要从事与新药研发有关的化学、临床前的药理学及毒理学实验等业务。②从事临床试验的 CRO。大部分的外资及合资 CRO 都属于这一类。③从事新药研发咨询、新药申请报批等业务的 CRO。虽然一些有一定规模的 CRO 也从事这方面的业务，但我国当前的 CRO 机构中单纯从事这类业务的占绝大多数（李中华，2008）。

当前，亚太医药市场快速发展，全球医药研发东移，我国临床研究服务产业在面临良好发展机遇的同时，也面临严峻挑战。国内市场出现低端化、价格战等现象，尤其是能真正从事高附加值的临床试验服务的本土机构少之又少，这块高附加值市场大部分被外资 CRO 占据。此外，还面临着韩国、印度等地的激烈竞争。

近年，韩国医药临床研究服务产业发展迅猛，以下一组数据可窥见一斑。2000 年，在韩国食品与药品管理局（KFDA）注册登记的临床试验有 34 项，其中 29 项为本土企业开展，国际性的多中心研究 5 项。2005 年，在韩国开展的跨国临床试验已攀升至 95 项，本地试验数量达 90 项。韩国临床研究服务产业快速发展，原因主要有以下几点：①韩国政府对临床中心大力支持。②韩国人口内在相似性。因在向 KFDA 递交药物疗效相关数据时，不需要考虑其对不同种族可能产生的不同影响。③韩国民众积极参与，这与欧洲、美国、日本等地受试患者招募困难形成鲜明对比。④医疗基础优越，韩国的临床试验基地至少在亚洲是装备最好的。⑤研究者素质高，大部分参与临场试验的研究者在韩国完成医学培训后，要到美国进行 2～4 年的培训，提升研究者素质（栾雪梅，2007a）。

印度在医药全球临床研究服务市场中所占有的份额远高于中国，正处于快速增长期。根据化学制药通用名药物协会（Chemical Pharmaceutical Generic Association）的报道，2005 年印度 CRO 服务市场总值是中国的 5 倍。印度发展医药临床研究服务业的优势可归纳为以下四点：①临床病例多，病人入组快，临床试验成本低。②政府出台许多激励政策，对于所有进行自研开发的企业免

---

① 参见现代中医药网站，http：//www.chinamtcm.com/html/53463.htm，2007 年 11 月 09 日。

征利税，促进本土医药产业发展和吸引跨国制药企业。③临床试验审批快。印度于 2006 年年底开始简化临床试验审批流程，将申请的临床试验划分为 A、B类，建立快速审批通道。A 类申请在印度只需要 2～4 周即可获批，B 类的临床申请需 3～4 个月。这使得跨国制药企业在其境内启动临床试验速度加快。④英语语言优势。印度可接受英文数据申请，而目前在中国只能接受中文资料，这成为跨国制药企业在中国开展临床研究的障碍之一（栾雪梅，2007b）。

二 北京发展现状与概况

（一）产业规模

生物医药产业是北京重点发展的产业，与居民的生命健康和生活质量等切身利益密切相关，是北京具有战略意义的支柱产业。近年来，生物医药产业在北京市政府的大力扶持下，取得良好的增长势头，迎来跨越式发展的历史机遇。根据北京市统计局统计数据，2009 年北京医药工业完成销售收入 347 亿元，较 2008 年同期增长 38%，产业增速明显高于北京其他产业的增长速度，已经成为支撑北京 GDP 持续增长重要力量。医药临床研究服务业是北京生物医药产业的三大支柱之一，根据"北京生物医药产业跨越发展工程"（G20 工程）的战略布局，2012 年北京生物医药产业销售收入突破 1000 亿元，其中研发服务业达到 200 亿元，贡献北京生物医药产业 GDP 的 20% 以上。

（二）制约因素

北京医药临床研究服务业的发展面临着政策法规、审批体制和管理机制三重制约。

第一，根据我国现行法律法规，临床试验必须在获得国家药品监督管理局国家药物临床试验机构资格认定的医疗机构中开展。这从产业参与主体上，限制了北京 CRO 产业参与者的规模，制约了产业竞争。这与国际通行的 I 期临床试验机构由 CRO 公司设立和运营制度，存在着较大差异。

第二，国内漫长的临床试验审批流程和时间，直接降低了国际竞争力。在美国，向 FDA 递交药品临床研究申请（IND）后，一般一个月之内即可获得批准开展临床试验。在印度，A 类申请只需要 2～4 周即可获批，B 类的临床申请只需 3～4 个月。而在北京，临床试验申请的审批期一般都在 9～12 个月，跨国药企时间要求较短的 I、II 期临床试验无法在北京开展。

第三，北京的 42 家临床试验机构均为由中央或市属公立医疗机构，并采用事业单位的管理和运行机制。事业单位的机构属性直接决定了医院药物临床试验机构只能采取传统医院"科室"管理机制，制约了试验机构采用现代管理机制，直接影响了临床试验的服务质量。同时，事业单位不健全的绩效激励机制，也使医院和临床研究人员缺乏参与项目竞争和扩大服务数量的积极性。临床试验机构已经成为北京产业链上最消极的参与主体。

（三）发展优势

北京是全亚洲医药研发资源最富集的地区之一，拥有我国最为雄厚的科技创新实力，科学技术竞争力居全国第一位。北京从事生命科学研究市级以上的科研机构有 55 家，占全国总数的 14.7%；生命科学领域的国家重点实验室共有 16 个，占全国总数的 41%；北京临床医院和临床试验机构总量均名列全国首位，拥有 49 家三级医院、42 家临床试验机构，分别是上海的 1.9 倍和 1.5 倍；北京涉及临床医学领域的两院院士、学会委员，占全国总数的 50% 以上，远远高于国内其他地区，居全国之首。

第三节　医药临床研究服务业创新案例

一 研究概况

不断增长的新药研发成本和质量要求是医药临床研究服务新兴业态出现、发展、壮大的根本驱动力，是引发该产业持续创新的源泉。近年来，国际 CRO 行业呈现的整合和专业化等趋势，以及我国涌现的临床试验体制机制创新，从本质上讲，是对新药研发成本控制和质量控制的回应。

为更好地分析医药临床研究服务业的创新状况，我们以案例剖析的形式加以研究。对于质量控制，本书选择以北京精诚泰和医药信息咨询有限公司（简称精诚泰和）、北京协和医院临床药理研究中心（简称协和中心）为代表案例进行质量管理过程创新模式的剖析；对于成本控制，选择以方恩医药发展有限公司（简称方恩医药）为代表的整合资源案例进行组织模式创新剖析。之所以选择这些案例，是因为精诚泰和为北京本土少有的几个优秀的 CRO 之一，以创新药为重点业务，近年发展很快，发展潜力巨大；协和中心是北京本土药物研究质量最好的机构之一，也是医学界和临床研究服务界的权威，在北京乃至于全国医药临床研究服务界都具有一定的代表性；方恩医药创新模式是近年刚出现的一种组织模式，优势明显，发展很快，能在一定程度上代表国内医药临床研究服务业的发展趋势。

二 北京精诚泰和医药信息咨询有限公司创新案例^①

(一) 概况

精诚泰和是一家国内领先的 CRO 公司。该公司成立于 2001 年，是中国最早成立的 CRO 公司之一。总部位于北京，在上海、南京、武汉、长沙、沈阳、西安等地设立分公司或办事处，公司业务范围已经正式覆盖华北、东北、华东、华中、西北地区。同时，在美国、英国、德国、日本设有联络处以拓展海外业务。

精诚泰和秉持"以人为本、以质取胜、效率至上、精益求精"的宗旨，以"自强不息、创新不止、精诚合作、造福社会"的企业文化，以"正直诚信、持续创新、雷厉风行、成就客户"的价值观，以"人才是成功的根本、客户是发展的源泉、出色的专业服务是成长的关键"的经营理念，誓做医药研发及医药市场研究领域专业化服务的领导者。

精诚泰和业务主要是临床试验组织与管理，也从事注册事务、医药市场与政策研究、医药文献资料翻译等业务。

(二) 创新内容

在中国药品临床试验中，大多数药品是仿制药，监管较松，临床试验质量差。在这种大背景下，"药品临床试验管理规范"（GCP）执行中存在的问题很多，主要包括：① 没有向受试者告知试验的内容或告知不够充分；②研究记录不真实、不完整；③数据不准确等。

2003 年，北京 A 公司跟东莞 B 公司合作研发创新药 X，精诚泰和为 X 项目监管临床试验的 CRO。为提高 X 项目临床监管质量，满足创新药临床研究服务要求，精诚泰和边干边学，不断摸索，创新性地建立了 360 度监控系统，提升药品临床试验的质量。360 度监控系统包括三级质控四方联动的质量管理体系和模块化的质控监察方法体系。三级质控四方联动，即第一级监察实控、第二级稽查质控、第三级决策调控，项目资助方、项目总负责人、分课题负责人、精诚泰和 CRO 四方联动 (图 13-4)。

---

① 参见北京精诚泰和医药咨询有限公司网站，http://www.med-pharmachina.com，2012 年 12 月 12 日。

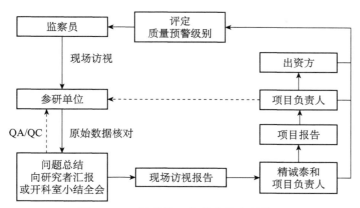

图 13-4　三级质控四方联动的监察管理

第一级监察实控阶段，责任人为项目经理（即监察员），到参研单位（如医院）进行现场访视，主要工作是原始数据核对（SDV），然后总结问题向研究者汇报或开科室小结会。此时，三级质控监察管理进入第二级稽查质控阶段。第二级稽查质控，责任人为质控部经理，质控部经理听取汇报后，将现场访视情况向精诚泰和项目负责人汇报，此时，三级质控监察管理进入第三级决策调控阶段。第三级决策调控，负责质量监管中发现问题的决策，并建议解决问题的方案，责任人为精诚泰和项目负责人。精诚泰和项目负责人将项目报告向项目负责人和项目出资方汇报。三级质控中，根据项目监管中出现的具体问题，采取定期（每天项目网络监控、每周项目现场视访、每个月常规对项目负责人的项目汇报、每个季度项目综合管理报告、每年定期召开两次专家研讨论证会）和不定期相结合的方式，共同协调问题的解决。

其中，一级监管内容包括：①初步核查数据质量；②核查课题进度；③核查方案依从性；④核查知情同意书。二级监管内容包括：①核查质量管理体系；②人员培训与岗位责任；③IT、文档、标本管理系统；④监察员工作质量控制。三级监管内容包括：①确立与调整监管模式；②重大问题报告与决策；③项目风险管理；④沟通机制与体系建立。再通过四方联动，定期和不定期地向项目负责人、分课题负责人和项目出资方协调解决质控中发现的问题。

同时，还创新性地提出模块化质控监察方法体系，即从不同的角度将项目质控分成流行病调查、诊疗规范、疾病预防、登记研究、基础研究、回顾研究、前瞻研究、教育研究、技术推广等板块和药品管理、标本管理、影像管理、IT管理、人事管理、风险管理、文章发表、文档管理、培训管理等模块进行质控监察（图 13-5，图 13-6）。

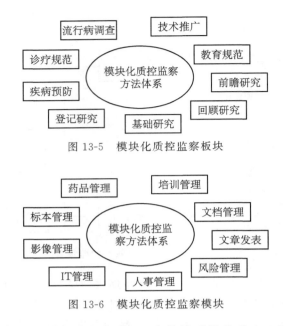

图 13-5　模块化质控监察板块

图 13-6　模块化质控监察模块

　　在 X 项目临床研发服务过程中，360 度监控系统的建立，通过实时动态信息的横向、纵向立体化管理，对临床试验质控监管全面而规范，而且落实到具体负责人，更容易发现各个环节出现的问题并及时解决。克服了监管松散的诸多问题，极大地提升了精诚泰和的质量管理水平。这种创新性的管理模式，不但带来 X 项目I～III期临床试验监察项目本身的成功，申请到国际专利，还带来了一系列国家级创新药项目，使得精诚泰和成为包括阿斯利康制药有限公司、葛兰素史克制药有限公司、诺华制药有限公司、惠氏制药有限公司、昆泰 CRO 等在内的跨国公司合作伙伴。最终，还实现精诚泰和营业利润的快速增长。X 项目等创新药的服务费至少是普通仿制药临床研究服务费的 10 倍。这一系列的国家级创新药临床研究服务利润可观，使得精诚泰和以年均 30%～40% 的增速高速发展，从一个行业内不起眼的小公司发展到营业额超过 3000 万元的行业新星。

三　北京协和医院临床药理研究中心创新案例①

（一）概况

　　协和中心成立于 1995 年，负责组织管理全院的药物临床试验，承担卫生部

---

　　① 参见北京协和医院临床药理研究中心网站，http://www.pumch.cn/ksyl/yjks1/lcylzx，2012 年 12月 12 日。

临床药理基地及后来 SFDA 药物临床试验机构的职能。其行政上直属院长领导，业务上受 SFDA 指导和视察。当时被批准为 14 类药物的专业组，1998 年又被批准扩大为 17 类药物的专业组，是当时国内专业组数量最多的机构之一。协和中心自成立以来，秉承"方法科学、操作规范、管理完善、服务优质"的精神，不断改善研究条件、加强研究能力、提高研究水平，成为国内一流的临床药理研究机构，为我国临床药物研究做出了巨大的贡献。其发展历程如表 13-1 所示。

表 13-1　协和中心发展历程

时间	重要事件
1983 年	内分泌专科成为卫生部第一批临床药理研究基地的专业组
1988 年	共有 14 个专科成为卫生部临床药理研究基地的专业组：内分泌、心血管、呼吸、消化、肾病、血液、免疫变态反应、神经内科、麻醉、胃肠外营养、妇产科、放射（核医学）、眼科等
1995 年	成立北京协和医院临床药理研究中心，负责组织、管理药物临床试验工作。
1996 年	成立独立伦理委员会，建立 I 期临床试验病房及实验室，制定中心管理制度及各种标准作业程序（Standard Operation Procedure，SOP），开始按 GCP 原则进行药物临床试验
1996 年	获科技部项目资助，筹建"国家新药（综合）临床试验研究中心"（简称国家 GCP 中心）并于 1999 年通过验收
1998 年	共 14 个专科被 SFDA 重新确认为国家药物临床试验机构专业组，并增加 3 个专科为专业组：皮肤、耳鼻咽喉、变态反应
2005 年	协和中心及 17 个专业组顺利通过 SFDA 复核
2008 年	协和中心及 17 个老专业组被 SFDA 复核重新确认。8 个专科被批准为国家药物临床试验机构的新增专业组：中医糖尿病、普通外科、神经外科、泌尿外科、骨科、医学影像（诊断）、整形外科、肿瘤

目前，协和中心每年新接受临床试验项目达百余项，试验质量获得国内外制药企业和国家权威机构的好评，曾接受美国 FDA 及欧洲共同体药物评审委员会（EMEA）的视察并得到认可。此外，承担国家"九五"、"十五"和"十一五"时期的重大专项研究课题的部分任务，并获得国家级研究基金。

（二）创新内容

在多年的临床试验过程中，协和中心了解国内临床试验存在的问题，主要包括：①部分研究者对 GCP 缺乏了解，且未能将规范有效地付诸实践；②多数监察员和稽查员未经严格培训和考核，很大程度上不能胜任监察、稽查工作；③缺乏临床试验的 SOP。作为国内一流的临床试验机构、临床试验服务的领导者，协和中心只有注重质量管理和人才培养，才能提升国内临床研究服务的水平，缩短与国外先进国家的差距。这种创新性的经营理念使协和中心始终走在药品临床研究服务的前列。创新性的经营理念突出表现在质量论证、质量控制、相关培训、质控计划等内容，具体如下。

1. 质量认证

自协和中心成立起，即开始进行质量体系的建立，发展至今，已形成包括三大类别百余个 SOP 文件和百余个记录表格的质量管理体系。协和中心设有独立的质量保证（QA）和质量检验（QC），负责对试验每个环节进行质量监督，以确保试验高质量完成。2005 年通过 ISO17025 和计量认证的二合一评审，并从此开始定期接受中国合格评定国家认可委员会和中国国家认证监督管理委员会的监督评审。除定期的质量评审以外，还经常接受来自申办者的稽查和 SFDA 的项目核查。

2. 质量控制

协和中心质量保障组共由 5 人组成，包括 1 位 QA 和 4 位 QC。其中，2 位 QC 负责实验室的质量工作，2 名 QC 负责临床部分质量工作。临床部分质量工作从签署合同开始，试验的启动会、受试者的筛选、资料及试验材料的准备、血样采集、血样的保存、转运、原始病例的核对等环节均有质量控制人员进行监督。质量保障组的成员均具有中国实验室国家认可委员会授予的实验室内审员培训合格证书，协和中心每年均按计划完成一次内部质量审核及管理评审工作。每年 QA 会对全年的质量工作进行一次系统的评价，根据质量控制程序的要求总结当年质量工作完成的情况、发现的质量问题、采取的预防及纠正措施。

3. 相关培训

协和中心是 SFDA 批准的药物临床试验机构，执行国家 GCP，对临床试验中的各级研究人员具有培训责任。①每项临床试验的主要研究者、主要研究者授权的研究人员及协和中心工作人员都要经过 GCP 的培训，并获得结业证书。②主要研究者在每项临床试验开始前要召开启动会，进行试验方案、与试验操作有关的培训，以及 GCP 的培训，进一步强化 GCP 知识，并做好培训记录。③协和中心办公室每年制订培训计划，对全院的临床试验研究人员进行 GCP 及相关知识的培训，每年不少于 4 次。④协和中心每年制订计划，对工作人员组织内部培训，每年不少于 5 次。集中学习 SOP 每年一次。新修订的 SOP 一经批准必须尽快组织有关人员学习，以便落实。新调入的人员必须经过相关岗位 SOP 的学习，方可上岗。⑤为每位协和中心工作人员设个人培训记录单，如实记录培训情况并在协和中心归档保存。⑥协和中心工作人员都应积极向上，努力掌握相关的专业知识，尽量参加相关研究单位或公司组织的专业知识培训和讲座，开阔视野，增进交流。自协和中心成立以来，已有 300 余名医师、护士参加经卫生部、SFDA 批准的药物临床试验技术和 GCP 培训班，并获结业证。

另派遣 16 位医师去欧美国家学习药物临床试验的相关知识及专业培训，已全部学成回国，成为各专业组的骨干力量。

4. 质控计划

协和中心质控计划内容主要包括以下 4 点：①对专业负责人进行资格审核。负责多中心研究时，必须对各中心专业负责人进行资格审核。②专业负责人负责成立研究小组，培训相关人员，内容包括 GCP、SOP、研究方案，须向参加临床试验的所有工作人员说明有关试验的资料、规定和职责，确保有足够数量并符合试验方案的受试者进入临床试验。③制定 SOP。专业负责人本人或本专业从事过临床试验的专业人员根据试验药物特点，制定、修订或重新制定 SOP，机构负责人审查是否执行。④质控小组随时监察研究人员是否按照研究方案及 SOP 执行研究，对严重违背方案和 SOP 或坚持不改者，有权终止其研究资格。

自协和中心成立以来，注重质量管理和人才培养的理念，通过质量论证、质量控制、相关培训、质控计划等环节，极大地提升临床试验质量。协和中心承担的 150 多个药物 I 期临床试验（其中外资制药企业研究项目占 57%，一类新药占 20%），100% 通过药审中心评审。多年来，协和中心坚持严格的质量管理，把研究中心定位在以创新药为主，做具有较高难度需要深入研究的工作，使得研究中心临床试验的质量在国家权威机构中有良好的信誉，在历次视察、稽查中获得一致好评，成为我国临床药理研究高级学术机构和研究中心之一，为我国临床药物研究做出了巨大的贡献。

四 方恩医药发展有限公司创新案例[①]

（一）概况

方恩医药是国内目前唯一一个能够提供全方位与国际标准接轨的临床研究服务 CRO。方恩医药以天津为中心分别在北京、上海建立分支机构，并在中国香港、美国建立实体公司，为国内外制药企业及生物医药技术公司提供全方位临床新药研发服务。方恩医药能够按照 SFDA 的要求，开展临床 I、II、III 期的新药开发服务，包括中心实验室及药物基因组学的药物开发服务，而且其质量也能满足 FDA 及 EMEA 的标准。方恩医药创始人是中国 CRO 市场的先行者，曾在全球最大的 CRO 昆泰公司任副总裁及第一任大中国区董事长。

①　参见方恩医药发展有限公司网站，http：//www.fountainmed.cn/newEbiz1/EbizPortalFG/portal/html/index.html，2012 年 12 月 12 日。

　　方恩医药与泰达国际心血管病医院（简称泰心医院）的合作模式，属于组织模式的创新。方恩医药为了实现全产业链一站式服务的战略目标，突破政策制约与泰心医院合作，联合成立泰心-方恩临床药物开发中心，实现中心实验室和Ⅰ期临床研究基地一起运作，提供一站式的临床研发服务。

　　（二）创新内容

　　在国内医药临床研究服务市场机构多、规模小、水平低的大背景下，我国医药临床研究相关机构发展面临资金、技术、人才、项目等问题。以Ⅰ期临床试验为例（表 13-2），要突破上述困境，需要政府搭台，实现 CRO 企业、医院、制药企业联手，突破现有管理体制机制，选择优势互补的战略合作模式，运用市场化运行管理机制，实现全产业链整合服务。

表 13-2　药物Ⅰ期临床试验机构现状

单位	资金	技术	人才	项目	资质
医院	有或缺	缺	有或缺	缺	有
企业	有	缺	缺	缺	无
CRO	有	有	有	有	无

　　组织创新模式的主要内容：政府搭起方恩医药与泰心医院合作的框架，项目立在医院，方恩医药再跟泰心医院签署长期合作协议，独家使用设备 15 年。项目的第一执行人是泰心医院院长，第二执行人是方恩医药创始人，但实际执行上，包括项目实施方案、答辩等在内的一切工作都由方恩医药负责。合作协议内容主要是：政府投资购买的临床试验设备供方恩医药独家使用 15 年，设备所有权归泰心医院，同时医院免租金（部分低租金）提供方恩医药办公场地及临床试验床位。营业收益按约定公式分成，并成立联合运作委员会，负责双方的协调工作。

　　这种组织创新模式，在方恩医药运营上，集合国营、私营双重体制的优点，双方各取所需（表 13-3，表 13-4）。

表 13-3　方恩医药运营优势

内　容	说　明
资产管理上实行轻资产、低折旧战略	即设备等固定资产都在泰心医院，以做到方恩医药资产方面的低折旧。只有轻资产、低折旧，才能做到比昆泰等跨国巨头低的标价。在医药临床研究服务业，中心实验室设备的折旧是巨大的成本支出，而方恩医药没有设备折旧支出，从而降低成本
人力资源管理上，实行双重职位	即方恩医药员工，同时也是泰心医院员工，享有双方待遇。既享有医院职称等待遇，又享有方恩股权激励等待遇。医药临床研究服务业是高流动性行业，方恩医药实行双重体制，稳定员工，最终做到了方恩医药 CRA 流动性为 0 的记录。此外，方恩医药可根据项目需求，临时从泰心医院借调员工，弥补公司临时性的人力不足

右上角：续表

内　容	说　明
进出口方面，易通关	利用泰心医院作为非盈利性公益机构，其相关物品通关比企业容易的优势，实现各种临床试验生物样本及相关物品进出口顺利通关，方便快捷地运输，缩短临床试验时间

表 13-4　泰心医院享有的主要利益

序　号	内　容
1	泰心医院获得科技部、天津市科学技术委员会资助项目、先进的临床试验室及相关设备，提升泰心医院临床试验服务水平。中心实验室通过了"金标准"——美国病理学家协会（CAP）质量资格认证，数据能够直接被美国及欧盟所接受
2	政府大力支持及临床试验质量的高标准路线，促使 SFDA 多项技术标准在方恩医药（即泰心医院）制定，提升泰心医院在业界的影响力，同时获得国内相关检测服务收入
3	通过方恩医药临床研究项目，促使相关人员参与国内外培训，提升泰心医院员工研究能力，以此带动高质量论文的产生和增加，提升医院在业界的地位和影响力
4	泰心医院能从方恩医药大量的临床研究服务项目收入中获得利润分成，收入可观

方恩医药组织上的创新模式可归纳为图 13-7。

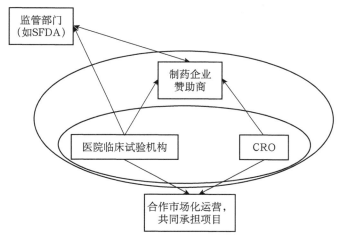

图 13-7　方恩医药组织创新模型

方恩医药组织模式路线如图 13-8 所示。

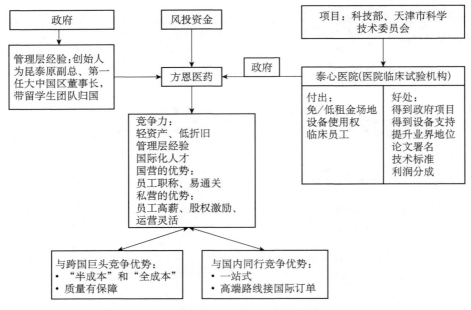

图 13-8　方恩医药组织模式路线

　　方恩医药自成立以来，取得可喜的业绩。方恩医药凭借政府的大力支持、高标准的质量和成本优势，陆续得到了国家"十一五"、"十二五"重大新药创制项目，国家科技支撑计划项目和大额国际订单。方恩医药过硬的质量，最终使得 SFDA 多项技术标准在方恩医药制定和产生。最终建成唯一一家在中国拥有自己Ⅰ期临床试验中心和中心实验室的 CRO 公司，中心实验室通过美国病理学家协会质量资格认证，数据能够直接被美国及欧盟所接受。目前，方恩医药已开展 12 个临床试验项目（9 个一类新药项目，3 个医疗器械项目）；与欧洲最大的制药企业之一签署了合同总额为 1800 万美元的新药开发合同，我国临床CRO 单项签约量最大；参与国家重大新药创制计划综合大平台的 GCP 部分。

　　方恩医药作为一家临床药物研究服务的 CRO 公司，取得如此的成功，除了方恩医药具有经验丰富的管理团队外，更为重要的是公司创新性的组织模式，这种组织模式具备先天性的优点，成为公司的核心竞争力，为公司建成后的运营源源不断地提供竞争优势。在中国 CRO 市场，方恩医药将低成本和高质量的临床试验服务有机结合，从而填补了国内 CRO 领域的一个空白。方恩医药走高质量的技术标准路线，在严格遵守 ICH-GCP（美国、欧盟、日本在内共同认可的药物临床研究质量管理规范）的基础上，为客户提供全程一站式临床试验外包服务。这些特质使方恩医药具备与跨国巨头相竞争的基础，是其成功发展的基石。

总之，可引用方恩医药创始人的话来简单地概括：这种创新性的组织模式，使方恩医药做到以"半成本"的先天优势与跨国巨头"全成本"对打，是本土CRO唯一可能打败跨国巨头的模式。目前，方恩医药还正在运用该模式积极地与其他医院洽谈心血管疾病以外领域的合作，而不仅仅局限性于与泰心医院已取得成功的心血管疾病相关领域。

第四节　医药临床研究服务业的创新特征与模式

一 产业创新核心要素与特征分析

基于国内医药临床研究服务业中，动物实验到人体试验转化这一链条有缺失，医药临床研究服务成为整个医药研发产业发展的瓶颈。医药临床研究服务业不断增长的新药研发成本和不断提高的质量要求是临床研究服务出现、发展、壮大的根本驱动力，也将是引发该产业持续创新的源泉。

医药临床研究服务业创新的核心要素在于高质量技术标准及高成本投入要求的产业特性，进入行业的技术条件高、管制严，以及导致的国内医药研发产业结构中临床研究服务缺失、需求巨大、政策支持力度大等内外在条件，决定了医药临床研究服务企业的战略和行为，以进一步决定了其创新的方向和模式。

国内临床试验质量监管的需求巨大，主要体现在以下三方面（表13-5）。

表 13-5　国内临床试验质量监管需求巨大

主要原因	相关说明
在现实的临床试验过程中，缺乏监督和有效核查	比如，对研究者监督不够，对数据的可靠性没有进行核查，有个别编造数据现象，或使用不当的数据分析方法，缺乏生物统计人员的参与；研究记录的保留不充分，保留时间不长；重要临床试验执行 GCP 存在针对性不强，标准不规范，主观随意性强等问题；出现失访、缺乏对受试者依从性监控的方法和制度、病例中途脱落后，随意增补病例；缺乏对试验数据的监察，直到试验接近尾声也未有监察员参与试验过程；未建立相关的质量控制和质量保证系统
试验中药物不良反应制度报告不健全	新药审批办法规定，临床研究期间若发生严重不良事件，研究单位必须立即采取必要措施保护受试者安全，并在 24 小时内向当地省级食品药品监督管理部门和 SFDA 报告。但现实中存在许多研究单位和管理人员的因素，造成不良反应制度不能得以有效执行
临床试验方案不规范、不完整	临床试验方案是进行临床研究的主要依据，一旦制定就应该严格按照其要求实施，且在实施过程中不能随意更改。特殊情况需修改时，应经伦理委员会审查批准后方能执行。但在现实中，有的临床试验方案缺乏科学依据或设计方法不合理，对安全性、有效性评价标准不规范，缺乏可操作性；有的在实施过程中不遵守试验方案，或试验中修改方案时不通知各方。不严格遵守试验方案，或改变实验方案不经伦理委员会同意或告知申办者，均会影响试验的结果和质量

临床试验中的这些问题与行业的技术条件高、管制严、投入成本大的特性

要求决定了国内医药临床研究服务创新的方向，即强化质量监控和降低成本。只有把质量监控得过硬、成本控制得低廉，才能在医药临床研究服务业立于不败之地。精诚泰和与协和中心把创新都放在高质量的技术标准上，是以质取胜的典型。方恩医药在保证高质量的同时，把创新聚集在降低高成本投入上，创新性地利用相关政策支持，实现组织创新，整合资源，达到降低成本的目的。以精诚泰和、协和中心、方恩医药为代表的医药临床研究服务业创新的典型模式可归纳为精诚泰和和协和中心的基于质量控制的单干式过程创新模式、方恩医药基于"质量控制＋成本控制"的整合式组织创新模式，其创新的核心要素与特征分析如表 13-6 所示。

表 13-6　医药临床研究服务业创新的核心要素与特征分析

创新模式	单位	地点	竞争力	创新类型	创新特点	创新驱动力	创新中技术作用	创新中环境作用	创新成效	行业特征
基于质量控制的单干式过程创新模式	精诚泰和	北京	质量控制	过程创新	强化内部质量管理（单干）	市场驱动	不是很明显	市场环境作用明显	较成功	SOP 等技术标准的作用突显；市场环境作用明显；生存的法宝：对内加强质量管理，对外强化整合资源。做到质量保障，低廉
	协和中心	北京	质量控制	过程创新	强化内部质量管理（单干）	医院战略定位驱动	不是很明显	市场、政策环境作用明显	较成功	
基于"质量控制＋成本控制"的整合式组织创新模式	方恩医药	天津	质量控制＋成本控制	组织创新	整合资源（医院、企业联合）	市场、政府	不是很明显	市场、政策环境作用明显；	成功	
	泰格湘雅	湖南	质量控制＋成本控制	组织创新	整合资源（医院、企业、高校联合）	市场	不是很明显	市场环境作用明显	较成功	

医药临床研究服务业是依靠质量监管的标准化服务而发展起来的。精诚泰和在 X 创新药项目质量监控中，边干边学，不断积累经验，摸索着前进，建立了包括三级质控四方联动和模块化质控监察体系在内的 360 度监控系统，提升创新药临床试验监管的质量，使公司业绩能以年均 $30\%\sim40\%$ 的增速实现快速发展。这标准化的全方位、立体化服务流程，即 SOP 是监控药品临床试验质量的关键，是 CRO 发展的品质保障。没有这种标准化的全方位、立体化的服务流程是很难获得需要高质量临床试验要求的服务项目订单的。

协和中心通过质量论证、质量控制、相关培训、质控计划等环节，极大地提升临床试验质量。协和中心承担的 150 多个药物Ⅰ期临床试验（其中外资制药企业研究项目占 57%，一类新药比例 20%），100% 通过药审中心评审。多年来，协和中心坚持严格的质量管理，把研究中心定位在以创新药为主，做具有较高难度需要深入研究的工作，使得协和中心临床试验的质量成为业内的权威。

方恩医药创造性地利用政府的支持，联合泰心医院实现组织上的创新，整合资源，定位高端，以达到质量保证下的低成本优势。最终建成Ⅰ期临床试验中心和中心实验室，是中国唯一一家能提供全方位全程综合一站式服务的本土CRO公司，能提供国际水平的临床试验服务，获得美国病理学家协会等国际认证，为跨国制药公司的全球化研究提供了更为直接有利的平台。这种创新性的组织模式，使方恩医药做到以"半成本"的先天优势与跨国巨头"全成本"对打，是本土CRO可能打败跨国巨头的模式。该模式在业界已经被不同程度地模仿。例如，湖南泰格湘雅药物研究有限公司（简称泰格湘雅），实行企业联合医院共建药物临床研发服务平台的模式，促成产学研股份制科研共享平台，能更好地利用产业界、学术界、医院和政府的资源，为快速进入药品临床研发产业链条奠定了良好基础。同时，顺利实现了科研成果转化，服务产业发展得到了政府、高校的鼎力支持，整合各方资源，实现快速发展。

综上所述，对医药临床研究服务业而言，对企业内部质量监管标准化的服务创新，将会提升整个行业质量监管技术标准，对企业外部整合临床研究各方资源，降低成本，能带动整个医药临床研发服务业的发展。可见质量监管标准化的服务创新和整合资源的组织创新对医药临床研发服务业发展的意义。

二 创新模式

通过以精诚泰和和协和中心为代表的依靠内部强化质量管理而实现自我发展的两个案例的分析，结合方恩医药为代表的依靠整合外部资源实现发展的案例的分析，我们认为医药临床研究服务组织先期基于加强质量管理、以质取胜的自我发展模式较为明显，而发展到一定程度，联合共建药物临床研究服务平台模式相对突出，如方恩医药、泰格湘雅等（图 13-9）。

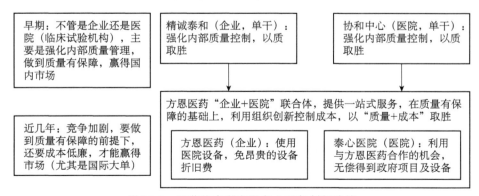

图 13-9　医药临床研究服务业近年创新路线

就医药临床研究服务业创新模式的地区分布而言，以北京为代表的国内医药临床研究服务的单干式过程创新模式较为明显，究其原因：在国内，医药临床研发服务业起步也相对较早，北京作为全国的政治中心、文化中心和医疗中心，自身拥有众多的科技、信息和人才资源，从而使它在临床研究服务方面相对于其他地区具有更大的优势，可以为其提升临床研究服务提供有力的技术支撑。但随着生物制药产业的发展和临床研究服务水平的提高，以北京为代表的国内临床研究服务机构只靠提升内部质量管理将面临着国内外越来越激烈的竞争压力。以北京为代表的国内丰富的临床研究资源优势得不到有效发挥，资源整合不足的劣势日益突显。

因此，以北京为代表的国内临床研究服务业对内要加强质量管理方面的创新，对外要学习方恩医药、泰格湘雅强化行业内的资源整合，有效利用当地丰富的临床试验资源。

以北京为代表的国内未来产业创新路线可基于以精诚泰和、协和中心为代表强化质量管理的过程创新，融入方恩医药、泰格湘雅的组织模式，再融入政府、行业协会等行业内相关资源，实现医药临床研究服务产业整合的组织创新，最终做到既具有质量技术高标准，又具有成本优势的发展路线（图 13-10）。

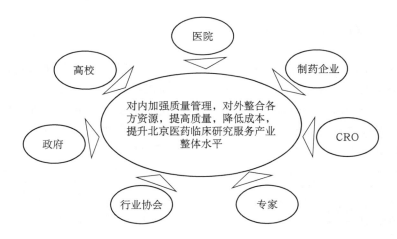

图 13-10　以北京为代表的国内未来医药临床研究服务业创新模式

第五节　医药临床研究服务业存在的问题及建议

通过对医药临床研究服务业的调研和分析，存在的主要问题主要为以下四点：第一，临床研究人才短缺，面临"临床研究难"问题；第二，临床试验质量差，临床研究服务水平低；第三，临床试验风险大，医生和医院积极性差；第四，临床试验审批时间长，影响临床研究进程。针对上述问题，我们建议分别采取以下措施：第一，设立临床研发服务平台，提升临床服务能力；第二，强化质量监管，提升临床试验质量；第三，制定激励政策，提升医生和医院积极性；第四，加快体制改革，完善相关制度法规等对策，以帮助医药临床研究服务产业的创新，提升国内医药临床研究服务的能力和质量。

一 临床研究人才短缺，建议设立临床研发服务平台

据统计，在一个新药的研发过程中，通常70％的费用和2/3的时间用于临床试验。可以说，在新药开发总成本中，临床研究通常是新药研发中最耗时、费力的阶段。目前，国内医药研发的整个产业链条中，最为薄弱环节就是临床研究，面临"临床研究难"的问题。追究其原因，除了临床研究本身的难度外，最为明显的就是人才短缺。临床研究对人才要求高，不但需要高水平的临床研究方案设计人才、数据统计人才，而且需要大量熟悉GCP的监察、稽查等人才。现实的临床研究中，临床研究方案设计水平低、多数检查员和稽查员未能领会GCP的实质内涵，很大程度上不能胜任工作。人才短缺，业界面临"临床研究难"的问题，使临床研究成为我国发展生物医药产业的一大瓶颈。

建议设立临床研发服务平台，提升临床服务能力。针对药物临床研究人才短缺，国内医药产品临床试验研究方案设计水平较低，企业"临床研究难"的问题，可通过整合资源的组织创新，搭建一批核心功能平台，成立医药临床研究联盟，培养相关人才，加以解决。用政府和企业资金支持医药临床研究联盟的运作，专业化支撑重大新药创制和临床医学研究。医药临床研究联盟以制药企业和科研院所个性化技术需求为导向，针对临床研究服务中的薄弱环节，提供方案设计、数据统计、研究者培训等模块化服务，用这种创新模式，提升国内临床研究服务能力。

二 临床试验质量差，建议强化质量监管

临床研究质量差，存在缺乏质量控制机制，试验中药物不良反应报告制度不健全，临床试验方案不规范、不完整，伦理委员会形同虚设等问题。缺乏质量控制机制主要是指临床试验过程中缺乏监督和有效核查，导致数据造假肆行。试验中药物不良反应报告制度不健全，主要是指在现实中存在许多研究单位和管理人员的因素，造成不良反应制度不能得以有效执行。临床试验方案不规范、不完整，主要是指在现实中存在临床试验方案缺乏科学依据

或设计方法不合理，实施过程中不遵守试验方案等严重问题。医疗机构设立的伦理委员会受到很多限制，很难发挥其应有的作用，知情同意书流于形式，伦理委员会形同虚设。

建议强化质量监管，提升临床试验质量。临床试验以质量为生命线，没有过硬的试验质量保障，临床研究服务产业就无法得到健康发展。临床试验没有过硬的质量保障，就无法得到国外药物评审机构的认可，无法打入国际市场。没有过硬的质量保障，药物要是存在质量问题，上市后后果不堪想象。因此，必须加强临床试验的质量监管，建立真正意义上的第三方伦理委员会，加大质量审查力度和惩罚措施，强化临床试验的质量要求，提升临床试验的质量，建立国际认可的临床评价数据管理和符合国际规范要求的统计分析中心，杜绝临床试验中的造假行为，为临床研究服务业的快速发展创造良好条件和环境。

三 医生和医院积极性差，建议制定激励政策

对从事临床试验的医生来说，临床试验风险大、获益小，影响其积极性。科研学术上，由于国内临床试验质量差，难出高价值的科研成果；职位晋升上，好多临床试验属横向课题，对其评职称和职位晋升作用有限；经济利益上，从事临床试验收入不高，导致其从事临床试验的动力不足。对从事临床试验的医院来说，临床试验获益小、风险大。经济上，医院从事临床试验收益相对临床医疗收益而言，微不足道，而且还需占用医院普遍紧张的床位，机会成本较大；风险上，临床试验不确定性大，容易产生医患关系紧张等问题。因此，医生、医院对从事风险较大的临床试验积极性差、动力不足。

建议制定激励政策，提升医生和医院积极性。对从事临床试验的医生和医院来说，临床试验风险大、获益小，如不加大其利益上的激励，难以提升其从事临床试验的积极性。因此，政府需要制定激励政策，鼓励医生、医院从事临床试验。在医生评职称和职位晋升方面，向从事临床试验的医生倾斜；在医生经济利益方面，要提高从事临床试验的收益，激励其从事临床试验活动。对医院而言，政府要扶持和鼓励其积极参与临床试验活动，尤其是要明确医院在临床试验事故中的责任，从而提升其从事临床试验的积极性。

四 临床试验审批时间长，建议加快体制改革

我国临床试验审批过程中，审批的效率较低，审批时间较长，这种体制环境不利于临床研究服务产业的发展和创新。在我国，药品临床研究申请的审批

期一般都在 9～12 个月。而目前在美国，向 FDA 递交药品临床研究申请后，一般 1 个月之内即可获得批准开展临床试验。印度（将申请的临床试验划分为 A、B 类）A 类申请在印度只需要 2～4 周即可获批，B 类申请只需 3～4 个月。因此，目前跨国制药企业在我国进行的多为临床病例要求多、时间相对较长的 III 期临床试验，而时间要求较短的 I 期和 II 期临床试验则暂时无法在中国开展。再加上多中心试验涉及样品进口的话，在中国开展也比较困难。SFDA 规定，每一批运抵中国的药物都需要有进口许可证，即使是同一种药品也需要。这无疑延长了临床试验的时间，使我国失去了很多参与国际多中心临床试验研究的机会（彭丹，2006）。

　　建议加快体制改革，完善相关法规制度，首先要改革临床试验烦琐而漫长的审批体制，提升临床试验审批效率。对于药物的研发而言，时间极为重要。特别对于一个销量大的药物，每延迟一天上市就意味着收入减少 100 万美元。我国临床试验审批时间漫长，严重阻碍医药研发进程。因此，要加快药物管理机构体制改革，减少体制上过多、烦琐的审批手续，可向 FDA 学习，在规定的期限内，如未收到 FDA 的回复或有异议的通知，该药品临床研究申请即开始生效，立刻可以开始进行人体临床研究，以提升审批效率。其次要完善相关法规，加大知识产权保护力度，支持临床服务创新。医药临床研究服务业属于知识密集型产业，强调服务创新性离不开包括强有力的知识产权保护制度在内的法规建设。

第一节　设计产业概念与特点

一　概念

在 2010 年 9 月出台的《北京市促进设计产业发展的指导意见》中对设计定义如下："设计是集成科学技术、文化艺术与社会经济要素，基于智力和创意，利用现代科技手段，提升生产、生活价值和品质的创新活动。"

对于设计的认识，国外相关定义提供了一定借鉴。在国际上，有关设计比较权威的定义来自国际工业设计协会（ICSID）。2006 年，ICSID 对设计的最新定义如下：一种创造性的活动，其目的是为产品、过程、服务及它们在整个生命周期中构成的系统建立起多方面的品质。因此，设计既是创新技术人性化的重要因素，也是经济文化交流的关键因素。

设计的任务是致力于发现和评估与下列项目在结构、组织、功能、表现和经济上的关系，包括以下几方面。

（1）增强全球可持续发展和环境保护（社会责任）。

（2）给全人类社会、个人和集体带来利益和自由。

（3）最终用户、制造者和市场经营者（经济）。

（4）在世界全球化的背景下支持文化的多样性（文化）。

（5）赋予产品、服务和系统以表现性的形式并与它们的内涵相协调（美学）。

对比国内定义来看，对于设计的认识都强调其集成性，同时也强调设计的创新性。现代设计特别是产品设计正在成为综合运用科技成果和工学、美学、心理学、经济学等知识，对产品的功能、结构、形态及包装等进行整合优化的创造性活动。设计包含艺术要素，但不是艺术本身。设计追求"以人为本"的设计理念，强调人与物、社会、环境的和谐统一。设计是科学与美学、技术与艺术、内容与形态的有机结合。

二 特点

设计集成科技、艺术和经济等要素，绝非单一要素。因此，设计过程同时体现出科技、艺术和经济三个方面。目前，普遍的误解在于把设计产业与艺术等同，或只看到设计的艺术表象。其实艺术只是设计的表现，虽然比较抓人眼球，但并非设计的全部。设计以为消费者提供可用的产品（服务）为己任，因此更多地体现出产品（服务）的量化生产，这和艺术家独一无二的作品有着本质的区别。

三 分类及本书所关注的内容

设计产业所涵盖的领域在业内存在一定的争议，本书无意对已有的分类进行评价。本书研究中将设计产业定义为以工业产品、建筑与环境、视觉传达等有形或无形的产品为主要对象，以提升产品价值、改善用户体验为目的，将创意转化为解决方案的创造性活动的集合，表现形态归纳为产品设计、建筑与环境设计、视觉传达设计和其他设计四类。在上述分类中，本书主要关注产品设计的创新模式研究，研究对象集中在为企业的产品（服务）提供创新设计的设计公司和内部设计研发中心。设计服务业分类如图 14-1 所示。

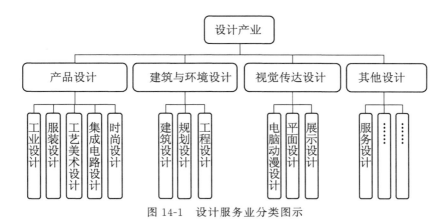

图 14-1　设计服务业分类图示

1. 产品设计

产品设计以工业产品为主要设计对象，其核心是批量化产品的设计，从家具、餐具、服装等日常生活用品到汽车、飞机、电脑等高新技术产品，都属于产品设计的范畴。其最突出的特点是将造型艺术与工业产品结合起来，使得工业产品艺术化。其本质是追求功效与审美、功能与形式、技术与艺术的完美统一。产品设计包括工业设计、服装设计、时尚设计、工艺美术设计和集成电路设计等。

2. 建筑与环境设计

建筑与环境设计，是解决包括建筑物内部各种使用功能和使用空间的合理安排，建筑物与周围环境、与各种外部条件的协调配合，内部和外表的艺术效果。环境设计是指人类对各种自然环境因素和人工环境因素加以改造和组织，对物质环境进行空间设计，使之符合人类行为需要和审美需要。环境设计，就是要对人们生存活动的场所进行艺术化处理。建筑与环境设计包括建筑设计、规划设计、工程设计等。

3. 视觉传达设计

视觉传达设计，是通过可视的艺术形式传达一些特定的信息到被传达对象，并且对被传达对象产生影响的过程。视觉设计主要是指人们为了传递信息或使用标记所进行的视觉形象设计。视觉传达设计包括电脑动漫设计、平面设计、展示设计等。

第二节　设计产业发展现状

一　行业规模

目前，北京、深圳、上海等地对设计产业统计体系的建立均有初步探索。2011 年北京市科学技术委员会与国家统计局北京调查总队共同开展"北京市设计产业统计研究"，形成阶段性研究成果。2011 年，北京共有专业设计单位超过 800家，总收入超过 1000 亿元，比上年增长超过 10 个百分点；企业利润总额超过 130亿元，比上年增长超过 20 个百分点；从业人员平均人数超过 11 万人，比上年增长超过 10 个百分点。北京设计产业已经成为生产性服务业，乃至第三产业的重要组成部分。设计产业的发展，对于北京经济结构优化调整具有重要意义。

本书所关注的产品设计领域已具备一定规模，2011 年，产品设计领域规模以上单位超过 100 家，收入同比增长 38.5%，企业利润同比增长 30.1%。目前，已经涌现出一批知名设计企业，如工业设计领域的阿尔特（中国）汽车技术有限公司、北京洛可可工业设计有限公司（简称洛可可）、北京长城华冠汽车技术开发有限公司，集成电路设计领域的北京同方微电子有限公司等。对其研究需要从两方面着手：一方面是研究专业提供产品设计服务的独立第三方企业；另一方面是研究企业的设计中心。其中,对于企业设计中心的研究存在一定的争议。随着现代企业制度的发展,很多企业会把内部的设计中心单独成立公司或研究中心,这也符合国家对于研发中心的政策支持。特别是北京,包括摩托罗拉、宝洁、伟创力等在内的公司都成立了独立的产品设计中心,但包括李宁、腾讯、联想在内的公司,虽然产品设计中心非常有影响力,但是并非独立核算。从研究的角度来说,不能因为企业是否独立设计中心而影响行业的规模,因此主张无论设计中心是否独立,都应该纳入研究范围。按照这种思路,北京工业设计促进中心曾在 2009 年组织针对北京 1200 家相关企业的调研,估算得出北京地区设计投入每增加 1 元,企业的经营收入平均增长 12.99 元。

二 产品设计重要性日益显现

产品设计行业近些年取得的快速增长并非偶然,这和我国大环境的变化有很大关系,特别是全球金融危机使国人更加意识到制造业的发展不能仅仅追求量的增加,还需要质量的提高。众所周知,虽然中国是 iPhone 的主要生产国,但是远在万里之外的美国才是最大的受益者。国人越来越意识到创新的重要性,提出由"中国制造"到"中国创造"的转变。产品设计的重要性日益显现,正如定义所示,设计更多体现为对于科技、艺术和经济等要素的集成,属于集成性创新,这种创新的经济代价和创新难度都远小于科学研究的原创性创新。随着改革开放的发展,国内已经基本从国外引进并建立了完整的制造业体系,发展成为世界的制造中心。面对国内庞大的产品制造体系,通过产品设计按照符合国人的特点进行产品的集成性创新工作量非常大,因此也推动了产品设计行业的快速发展。

产品设计行业在这种大环境下快速发展,而 2010 年则成为具有里程碑意义的一年。2010 年 3 月,"大力发展工业设计等面向生产的服务业,促进服务业与现代制造业有机融合"首次被写入政府的工作报告。2010 年 7 月,工业和信息化部、科技部等 11 部委联合印发了《关于促进工业设计发展的若干指导意见》。北京也在 2010 年先后发布了《全面推进北京设计产业发展工作方案》和《北京促进设计产业发展的指导意见》。这些都充分体现了设计产业的重要性,设计产业是生产性服务业的高端业态和重要组成部分,其发展水平是衡量企业自主创新能力和产业竞争力的重要标志之一。大力发展设计产业,是提高产品附加值和产业核心竞争力的重要途径,是转变经济发展方式、调整产业结构的重要手段。近年来,北京坚持设计创新和科技创新相结合,以提高设计产业自主创新能力和产业发展水平为目标,以体制机制创新为动力,将科技与设计有机结合起来，促进了设计与产业的融合发展，推动了设计产业快速发展，目前北京设计产业发展已经处于全国领先地位。

三 产品设计产业发展困境需要创新模式来突破

在 2009 年北京工业设计促进中心针对产品设计产业的调研中，大部分业内人士认为"产品设计的价值不被认可"是设计产业当前最大的问题（北京市科学技术委员会和北京工业设计促进中心，2008），这表现为国内产品设计服务合同金额只有国外著名公司的 1/10 甚至 1/100，然而即使合同金额这么低，产品设计公司之间还会恶意竞价，企业生存十分困难。

"价值不被认可"简单来说存在两个方面原因，一是确实有价值但是不被客户所认知；二是本身就没有太多价值。从产品设计的现状来看，我们更相信两方面原因都存在。从产品设计的发展历程来看，早在 20 世纪 80 年代，国内企业认识到产品外观难看，不利于出口，所以才引进工业设计。随着产业的发展，无论是从业者还是研究人员都或多或少地将产品设计限定在外观设计的范畴之内。因此，即使到目前，大部分企业也都是在觉得自己的产品实在是难看的时候才会想到产品设计，也就是说先有产品，然后再去设计。以建筑设计为例，我们会不会先不用设计就把房子盖起来，然后再找设计师来对建筑进行改良设计？同样的道理，也可以想象目前产品设计所遇到的困境，也许有很多拿来设计的产品原本就"地基不牢"，改变一下外观又能让这个"大楼"多维持多久呢？另外，设计公司每次接到设计任务的时候都要面对客户的先入为主的质疑及同行业企业的竞价，拿着几万块钱又怎么能要求设计公司去做几百万的事情呢，久而久之，设计公司也会把自身定位为外观设计公司。产品设计的质量完全依靠设计师自身的素质和经验，提交成果质量的参差不齐，而且优秀设计师的不可复制性，业务规模增长必然伴随着服务质量的下降，而且业务发展过于依靠人的因素，导致行业内企业虽然已经具备一定规模，增长也很快，但是仍然得不到风险资金的青睐。

因此，在上述两个方面的原因中，设计本身没有体现价值是目前最主要的问题。我们经常流连于设计创意产品奇特的外观和巧妙的构思，但最终产品形式上的创新只是表面，真正核心的动力来自机构对于自身模式的创新及服务模式的突破。

目前，形形色色的设计产业机构都在有意或无意的进行模式创新，但在程度上存在不同。通过对北京设计产业现状问题的调查和研究，将各种创新模式加以整理，归纳和筛选其中具有代表性的和共性的创新模式。而总结这些创新模式，可以看到创新过程正是设计产业对于其所定义的集合科技、艺术和经济等要素这一本质的回归。

第三节 设计产业创新案例研究

一 研究概况

产品设计产业的发展进入快速扩张期，而同时又面临非常大的困境，因此针对行业中创新模式进行研究十分有必要。本书一方面通过最新的研究收集案例，另一方面也整理归纳以前所总结的案例，从中找到在行业中有一定推广价值的创新模式，希望通过对这些设计产业创新模式的甄别和剖析触及更为核心的行业本质，从而在理解行业的基础上对行业政策做出合理性建议，借以推动设计产业的积极健康的持续发展。

上文分析中指出设计产业面临的最大问题在于设计的价值不被认可，原因在于两个方面，一是设计服务对象大多对产品设计的价值认知度低；二是产品设计本身目前提供的服务局限在产品的外观等方面，并没有提供非常有价值的服务。因此，提高当前设计服务本身价值是破解当前困境的关键。提高设计产业价值关键在于摆脱设计企业仅仅停留在外观设计阶段的现状，赋予产品设计科技与经济等方面特性，而这些都是产品设计原本就应该具备的，因此把这些方面的创新可以统一归结为设计产业价值回归的创新。那么产品设计应该是什么，我们将其归为三个方面。

（一）设计是材料和科技成果转化的关键环节

科技成果通过设计转化为产品，完成从技术的"新"和"优"向商品"美"和"用"的蜕变是技术创新演进为工程创新的重要媒介。设计的过程使得科技成果被赋予各式各样新的原理，从而得到更广泛的应用。可以说，设计的过程是对知识成果的转化，其过程本身也就是科技成果转化的过程。例如，贝尔发明电话后，美国设计师德雷夫斯进行了听筒与话筒的一体化设计，使电话成为实用产品，走进了千家万户；北京设计师把一种"超磁晶体"稀土合金磁震新技术应用到音响产品上，可以"让桌子唱歌"，一个月内销售量为1.5万台，产值近千万元，促进了新技术的产业化；北京源德生物医学工程有限公司从北京大学人民医院购买了高能聚焦超声肿瘤治疗技术，在造型结构、人机工程、材料和色彩上进行了工业设计，产品远销美国，投产当年销售收入超过 1.5 亿元。

(二) 设计整合成熟产品技术

设计是基于市场和人的需求，集成、整合各种相关的成熟产品技术，或对原有产品及服务产生实质性的改变，从而形成新的产品及服务的过程。事实证明，设计的过程是创新的过程，设计通过对技术的整合，实现集成性创新，所以设计是自主创新必不可少的重要一环。例如，iPhone 是通过设计集成整合 GSM/EDGE、触摸屏、iPod、互联网 Wi-Fi 接口和数码相机等成熟技术；联想的乐 phone 智能手机，把互联网服务和手机终端通过设计进行整合，为用户带来全新的享乐体验。

(三) 设计使服务业更加人性化

设计的最终目的是以人为本，服务业中引入设计理念，将有利于服务业本身人性化水平的提高。服务业涵盖三个层次：第一层次是为生产和生活服务的部门，包括金融、旅游业、居民服务业等；第二层次是为提高科学文化水平和居民素质服务的部门，包括教育、文化、科学研究事业等；第三层次是为社会公共需要服务的部门，包括国家机关、政党机关和社会团体等。美国规模最大的医疗保健机构 Kaiser 通过扩大检查室允许陪护者与病人在一起，树立明确的指示标志，修建员工专用走廊等措施改善病人就医体验，改变了医院"阴森恐怖"的形象。美国高速列车内部设计中，通过提供可转动的大椅子，使旅客可以面向彼此；每个车厢设置小会议桌，使旅客不再必须跋涉到人满为患的餐车去等措施改善了旅客的乘车体验。

上述三个方面都是设计应当具备的，但是当我们收集产品设计公司的案例时却发现能够对应的成功案例非常少，大部分案例还只是停留在产品设计中外观设计环节。虽然产品设计领域的创新模式只是对设计的一种价值回归过程，但是这种回归是非常艰难的。

从设计公司商业角度来说，创新模式或是通过引入创新方法提升自身设计服务能力；或是通过创新业务开辟了新的服务领域；或是带来全新商业模式或收入模式提高了企业盈利能力。本书结合这些商业角度，对应设计价值的三个方面，整合相关案例，将设计产业的创新归纳为三类：材料技术产业化创新、工业产品服务化创新和服务产品标准化创新（图 14-2）。而三类创新对应三大产业的中间环节，在三大产业之间形成了一个闭环。

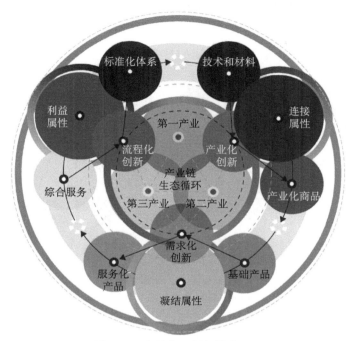

图 14-2　设计产业创新模式图示

二　材料技术产业化创新

市场不需要木材，而是需要家具产品。

（一）模式简介

通过设计根据材料和技术开发出更有市场潜力和社会意义的商业化产品。关键在于为先进的材料和技术找到广泛的商业化土壤，这是现代工业设计的典型创新模式，也是工业设计与手工业/手工艺的根本差别。这表明了工业设计是可以高度工业化的，而非个体技术性盈利，通过产业化满足市场需求的存在问题。

在这种模式中，创新的原动力来自材料和技术的所有者对扩大市场化收益的追求。在这种需求影响下，它们寻求设计机构或被设计机构识别成为直接客户。设计产业机构通过自身的专业技能、相关经验和行业资源为材料和技术的所有者提供服务，在设计机构的协调下完成从材料和技术转化成为市场化产品的模式。在这一模式中，设计产业机构将先进的科技材料或初级形态的原材料等进行产业化应用，将其应用到一个空白的细分消费市场。将科技材料固化成商业化产品，完成了材料产业化的创新。通过这种模式创新为技术持有方带来了面向大众消费市场，商业化可行的创新产品（图 14-3）。

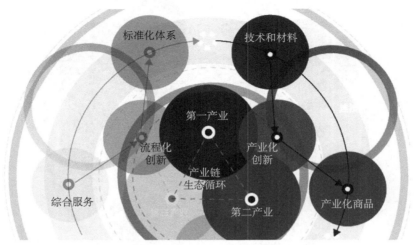

图 14-3　材料技术产业化创新图示

（二）北京洛可可工业设计有限公司创意农业案例

1. 公司概况

洛可可成立于 2001 年，是专门从事产品设计开发及工业设计咨询服务的国内最具实力和专业性的工业设计公司之一。洛可可服务于 IT 产品、通信电子、家电产品、工业设备、交通工具、医疗器械等领域，内容涉及产品工业设计开发的全过程——概念设计、工业造型设计、结构设计、手板样机制作及模具设计与加工监理等。同时，提供包装设计、生产工艺设计等与批量生产相关的产品化技术服务。2006 年 3 月，洛可可入驻北京设计资源协作（DRC）工业设计创意产业基地。从在产品设计研发领域小有名气到与跨国企业合作，服务于首都城市建设，洛可可在设计资源的协作和孵化培育下，一年内实现了"三级跳"式的扩充发展。2008 年，洛可可营业收入接近 800 万元，比 2007 年增长一倍有余。2009 年，其营业收入进一步增长，成为国内年营业收入超过 1000 万元的为数不多的专业设计机构之一，在专业工业设计企业中处于领先位置。

洛可可凭借较强的设计实力，连续获得德国 IF 工业设计大奖中国区金奖，2006 年获得中国创新设计红星奖金奖。2007 年，洛可可凭借"炫彩系列"指甲刀和微型心电检测仪摘得 2 项德国红点设计大奖，填补了行业产品的国际获奖空白。截至 2010 年年底，洛可可已获得 5 项德国红点大奖、2 项 IF 工业设计大奖、1 项 IDEA 设计奖和 20 项红星奖，成为迄今为止唯一独揽 4 项国际顶级设计大奖的设计公司。

目前，洛可可成立了洛可可工业设计、洛可可品牌设计、洛可可策略与研究、洛可可交互设计、贾伟设计顾问、上上和洛可可创意农业共 7 个事业部，并在 2010 年分别在深圳、成都和伦敦成立分公司。

2. 创新业务模式

1) 创意农业概念

创意农业起源于 20 世纪 90 年代后期，由于农业技术的创新发展及农业功能的拓展，观光农业、休闲农业、精致农业和生态农业相继发展起来。创意农业学以美学经济理论、总部经济理论、战略资本理论、附加值文化理论、消费教育理论为理论基础，以附加值文化为理论核心，瞄准世界农业高新技术发展前沿，着力构建创意农业理论创新体系，为形成城乡经济社会发展一体化新格局提供有力支撑，推进社会主义新农村建设。

在中国，"创意农业"这一概念最早由全国政协副主席厉无畏在两会上第一次提出，"创意农业的特色及其优势在于能够构筑多层次的全景产业链，通过创意把文化艺术活动、农业技术、农副产品和农耕活动，以及市场需求有机结合起来，形成彼此良性互动的产业价值体系，为农业和农村的发展开辟全新的空间，并实现产业价值的最大化"。

2) 洛可可在创意农业领域的实践

（1）缘起。洛可可进入创意农业行业非常偶然。洛可可原本以工业设计起家，一次偶然的机会，洛可可总经理贾伟在北京大学的创意产业论坛上做主题演讲时，引起台下一家农业投资集团领导人的关注。这家农业投资集团的领导人希望能借助洛可可的创意，来帮助企业进一步发展，该企业的产品很简单——土豆。

现在的洛可可已经不再是仅仅安排一个团队做这个项目，这家专业种植"武川土豆"的农业企业（内蒙古宝坤农业科技发展有限公司，简称宝坤公司）已经与洛可可展开深度合作，合资成立了一个洛可可分公司——北京洛可可创意农业有限公司，专门探索创意产业与农业相结合的方法，土豆深加工产品"金牌土豆"、洛可可创意农业土豆庄园等新模式应运而生。现在，洛可可创意农业有限公司与北京大学文化创意产业研究中心合作，与台湾有机行业协会及多家有机食品企业合作，从有机食品、绿色农业、低碳乐活的生活方式等方面探索创意农业。

（2）案例执行。洛可可为宝坤公司的土豆设计了独特的包装，为每一个土豆都整理了一个故事，有纪录片、照片，消费者还可以亲自到生产基地去参观……这种有文化内涵、与"奥运土豆"同标准的土豆，一经面市就受到了经销商的热烈追捧。

（3）设计理念。洛可可创意农业有限公司总经理贾伟指出："中国是个农业大国，各省市都有自己的特色农产品，但是走访各大超市、卖场、农贸市场等地，叫得出品牌名字的农产品有多少？"几千年来，中国农民一直周而复始地在田地里耕作，年年丰收却增收甚微。中国的农业生产还没有完全摆脱自给自足的小农经济意识的束缚。"为什么要种植这种农产品"，"种植以后卖给谁"，"如何提高产品的附加值"，"竞争对手是谁"等一系列市场化的因素在中国农业的发展过程中还没有引起足够的重视。

农业需要创意，创意让农业拥有了时尚气息，更改变了农业生产结构。创意农业的开发实际是传统农业的延伸拓展，这一延伸并不仅仅局限于农业单一产业层面上，而是需要整合多层次产业链，将第一、第二、第三产业有机衔接在一起，因而成为推动农业结构优化升级的有效方式。

3. 创新过程与特点分析

1）洛可可商业模式创新点

洛可可的创新农业服务主要包括如下几种，如图14-4所示。

企业战略咨询　品牌价值创新　产品规划　传播推广　渠道建设　培训体系

图14-4　洛可可创意农业服务内容

单从内容来看，洛可可创意农业有限公司业务已经脱离产品设计范畴，演变成为针对农产品的营销策划。然而这并不是我们选择洛可可做案例的原因，如果说仅仅是产品设计业务变成营销策划业务，或者产品设计公司导入营销策划业务，这些都不是行业的创新，产品设计公司凭什么去和专业营销策划公司去竞争？说设计是材料和科技成果转化的关键环节，并不是说设计公司要把成果转化中的所有环节都囊括到企业内部。建筑设计师可以考虑建筑节能因素，但是建筑设计公司不会把建筑节能公司开到自己公司内部，产品设计也是这样。

对于本案例来说，洛可可领先其他企业将创意农业概念引入产品设计领域，改变了之前工业设计只做工业品的误解，为产品设计公司开辟了新的领域。同时将农业产品最为缺乏的营销策划纳入产品设计重点考量指标，在农作物产品化的过程中就已经导入了营销策划理念，为后期渠道建设、品牌推广和产品销售都设计好了通路，大大减少了产品推出的盲目性。

2）创新主体与创新动力

创意农业在于将农业产品转化为商业产品，完成农业产业化的创新。这个案例与幻响神州（i-mu）系列音箱案例类似，不同的是 i-mu 系列音箱产品产业化的是一项技术。如果把农产品、技术、工业原材料等都归结为初级形态产品，属于第一产业领域，那么相关案例可以归结为创新环节在第一产业和第二产业之间搭起了桥梁，可以统称为产业化创新。

创新的主体主要来自设计服务公司，设计动力来自设计服务业务的盈利能力。需求方处于强势地位，设计服务方相关业务能力很难在需求方广泛宣传，因此一般需要依靠口碑效应缓慢扩散，总体来看，创新动力不足，创新模式推广比较缓慢。这也是为什么人们对于产品设计的基本认识就在于此模式，但是在市场上却很难找到很多这种模式的创新案例。

3）创新路径

这种创新模式（图 14-5）的优点在于将设计服务业定义为一种产业之间沟通的桥梁，为农产品等初级形态的材料和科学成果设计出产品化的规划图，并非简简单单的产业内产品的美化。

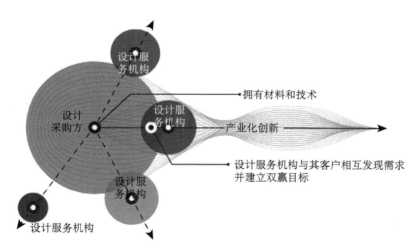

图 14-5　洛可可产业化创新路径

在这一模式中，一切从设计产业机构与其客户相互发现需求并建立双赢目标为路径起点。由于材料和技术的所有者（客户方）具有知识产权、原材料甚至是经济资本的综合优势，设计服务方仅有尚未被认同价值的专业相关能力和资源，往往处于劣势。在创意农业案例中，洛可可进入创意农业领域可以说是非常偶然的，甚至可以说是由于武川土豆而被动进入这个领域。因此，在这一模式中客户方选择设计伙伴是创新路径中的关键。材料技术创新模式往往是深入的设计服务开展的前置条件。客户方通常列出与其业务性质相似的设计服务方备选名单，参考它们过往的作品及看看其设计范畴是否适合。

近年来，客户也在逐渐把眼光放远，不仅仅以报价高低作为决策依据，专业的设计师极可能成为它们的策略伙伴，共同去建立长线的商业策略，发展更耐用的设计。

4）创新收益

在这一类创新模式中取得的创新收益主要有以下三个方面。

（1）为科技材料开发新的市场需求，为材料技术的所有者带来更好的商业收益。

（2）产品设计公司通过个案的成果，促进后续的科技成果转化。

（3）通过设计服务产出，整合局部产业链完成设计价值从客户到用户的传递。

对比来看，创新收益中材料技术拥有者获得的潜在收益最大，特别是在目前的国内知识产权体系下，客户拥有设计公司作品的完全版权，即使后期设计产品取得了非常大的成功也与设计公司没有什么关系。因此，对于设计公司来说，设计投入和设计收益很可能出现不对等状态，创新主体的创新动力不足。

从政府角度来说，亟待转化的科技成果非常多，以北京为例，2009 年北京地区专利申请量 50 236 件，专利授权量 22 921 件。这些科技成果如果能够实现产业化转化，产生的生产力将是十分惊人的。因此，该创新模式的成功推广对于政府推动经济发展也是十分重要的。

5）对比案例[①]

易造工业设计（北京）有限公司——幻响系列音响设计如图 14-6 和图 14-7 所示。

图 14-6　幻响系列音响

幻响神州致力于魔幻音响的研发、生产和全球推广。拥有自主知识产权的"超能晶体"已获得多项国际国内专利，是一种全球首创的新型音频发声器，它

---

① 北京市科学技术委员会，北京工业设计促进中心 .2008. 工业设计，另一种生产力——提升计划案例集萃 . 第 1 版 . 北京：中国环境科学出版社。

拥有超乎寻常的特性，通过共振的原理让接触的硬质平面（如玻璃、木板、石面、金属、墙壁）震动发声；并且能使声音穿透平面，在另一边也能听到同样的声音。

高科技材料技术沉寂12年

i-mu系列产品的所有核心技术都来自一种叫做"超磁晶体"的高科技材料技术。它是一种稀土合金磁震技术，是20世纪80年代末由美国依阿华州阿姆斯海军实验室研发出来的一种军用新型高科技材料。最早被用于潜艇的声纳系统

一个人——张昕尉
一个技术——稀土合金磁震技术

创新工业设计模式

让任何硬质平面"唱歌"

- 上市一个月，国内销量直线上升到15 000台。
- 由于市场断货，原来市场售价588元/台的i-mu幻想产品甚至被炒到了1200元/台。
- 英国、马来西亚、印度尼西亚、韩国、日本等大量海外订单接踵而至。
- 惠普（中国）预定1000台以上i-mu幻响产品。
- 可口可乐与幻想神州运用该技术合作开发了2008年北京奥运会的VIP礼品。
- 热卖的i-mu吸引着全国各地的代理商纷至沓来，销售网络遍布大江南北。
- 获得首届中国创新设计红星奖金奖

图 14-7 幻响音响创新设计案例

6）本案例的创新模式启示

设计不能仅仅局限在产品层面，许多案例都表明设计产业企业正在试图打破这种约束。

现有创新模式体现在设计的业务流程逐步向产业链两端延伸，致力于提供从技术直接转化为企业品牌的"一站式"解决方案（图 14-8）。

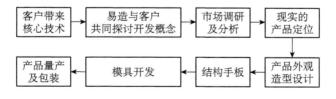

图 14-8 "一站式"解决方案服务流程

三 工业产品服务化创新

（一）模式简介

通过设计在产品的基础上开发出针对客户潜在需求、具有更高软性附加值的服务化商品。关键在于为服务对象带来以产品为载体的综合服务价值，这是设计服务作为现代服务业的典型创新模式，也是工业设计与产品造型设计的根本差别。工业设计是通过人性化的思考，围绕产品满足人的需求，是人对人的服务，而非人为产品做造型，通过需求化创新满足市场需求。

在这一案例中，设计产业机构在原有产品造型设计服务的基础上，识别客户的需求不仅是单独一两款产品的造型设计需求，而是整体的产品品牌识别效果。在此基础上设计机构为客户设计产品品牌识别系统（PIS），围绕产品造型设计产生更多的软性附加价值。在客户认同该系统的基础上产生稳定的设计服务合作关系。将已经产品化的设计服务提升为人性化的设计服务，完成了需求化的创新。而从产品化到人性化的设计服务的转变过程便是对设计服务模式进行的有效创新。工业产品服务化创新图示如图 14-9 所示。

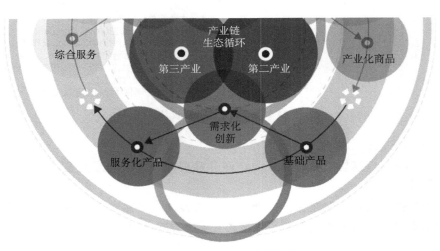

图 14-9　工业产品服务化创新图示

（二）北京博蓝士科技有限公司 PIS 案例

1. 公司概况

北京博蓝士科技有限公司（简称博蓝士公司）成立于 1999 年，是最早在北京开展工业设计活动的企业之一。该公司的设计研发包括前期调研分析、产品定位、人机分析到设计实施阶段的造型设计、机械结构设计、相关 UI 设计、环境应用及后期产品模具开发、加工实施、量产监控等完善合理的专业设计服务流程，并可根据用户需求提供定制化的灵活服务。该公司曾为国家电网、同方威视技术股份有限公司（简称同方威视）、海尔、爱国者、洲际资源、北京第二机床厂、北人印刷机械等国内大型企业，联想集团、日本京瓷、摩托罗拉、清华紫光、华旗资讯、燕京啤酒、航天信息、京东方集团、万东医疗、源德生物等 100 余家知名企业提供设计服务。

1995 年，产品设计部（博蓝士公司前身）与北京手术器械厂共同设计研发了"牙科综合治疗机"，成为北京市科学技术委员会第一个用工业设计来提升企业竞争力的示范工程项目。

1996～1997 年，博蓝士公司与联想集团共同开发了"天琴"、"天秤"、"问天"等一系列家用电脑，开启了国内电脑走进百姓生活的大门，联想集团也由此成立了自己的工业设计中心，开始走上自主设计创新的道路。1998 年，联想"天秤"家用电脑就在香港 98 设计大赛中获得"优秀奖"；1999 年，联想家用系列电脑又在 99 上海国际设计博览会暨设计用品展中获得"创新设计奖"。该项目的实施同时带动了国内 IT 产业在产品和品牌形象方面的探索与创新，开辟了中国发展工业设计的新思路。

2001 年，博蓝士公司与北京源德生物医学工程有限公司共同设计研发的"高能聚焦超声肿瘤治疗机"，是将前沿科技转化为现实生产力的又一成功案例。北京源德生物医药有限公司以 2000 万元买入肿瘤治疗的技术，但是没有能力将这一技术产品化，博蓝士公司通过工业设计手段，帮助企业实现了由技术向实物商品的转化。产品上市当年就实现销售收入 1.5 亿元。

从 2005 年开始，博蓝士公司为同方威视集装箱检测设备进行造型设计，这是行业内首次为大型安检设备引入工业设计。2005 年，同方威视年产值已达 10 亿元，经过和博蓝士公司 3 年的工业设计项目合作，同方威视已经在所有新产品研发中全面引进工业设计，工业设计已经成为同方威视新产品研发中重要的一个环节。到 2008 年，同方威视年产值相对于 2005 年已经翻了一番。

到目前，博蓝士公司已经形成了年完成 40 余个工业设计项目，为 6～7 家客户提供常年设计咨询，为 3 家客户提供设计战略研究服务的产业能力，在规模和品质上处于国内设计企业领先水平。

2. 创新业务模式

1）博蓝士公司与北京第二机床厂合作缘起

博蓝士公司与北京第二机床厂合作绝非偶然，北京市科学技术委员会主导的"设计创新提升计划"，为博蓝士公司和第二机床厂牵线搭桥。

2008 年 1 月，在北京市科学技术委员会的组织下，博蓝士公司前往北京第二机床厂了解企业需求情况。博蓝士公司在考察中发现，北京第二机床厂整个厂区的产品均以 20 世纪 90 年代引进的日本机型为原形设计，整体看起来粗糙呆板，工业设计相对滞后，产品品牌识别性较差，与其拥有核心技术、占有绝对市场和高端客户的身份很不相符。在外国品牌产品大量涌入市场、竞争日益加剧的情况下，缺乏工业设计过的产品形象，使企业在竞争中处于不利地位。为了快速扭转这种局面，博蓝士公司和北京第二机床厂双方决定以"2008 国际机床设备展"为限，对症下药，将计划参展的 B2－K3000 高精密复合磨床新品进行试点设计。

2）设计前期调研

接到这个项目后，博蓝士公司并没有急于上手设计，而是通过近一个月的时间，潜心研究北京第二机床的竞争对手，做市场用户分析（包括微观情境分析/意象尺度表/访谈/问卷调查等），对产品渠道终端进行深层走访、调研。经过与北京第二机床市场人员、设计人员的多次讨论，博蓝士公司形成了自己对客户产品的认识理解，明确了产品的市场定位。

（1）国内机床发展现状。虽然装备制造业作为国家战略性产业，在改革开放后，尤其是 1998 年以来，国家加大了对装备制造业支持的力度后，产业发展充满活力，实力空前壮大，核心技术不断增强，但是仍然存在许多困难和问题。产业水平总体比较低，重大技术装备研发创新设计能力仍然薄弱，不能适应经济社会发展的需要。工业设计相对滞后，缺乏具有国际竞争力的企业和企业集团。整个装备制造业最为突出的矛盾，即表现为产品的外在形象不能反映其内在价值，而产品形象恰恰又是反映品牌价值最重要的载体。于是，博蓝士公司借助先进的工业设计理念，提升产品外在形象、完善产品使用性能（如安装、操作、维护等），从而提高操作人员的工作效率，切实提高核心产品的竞争力，便成为装备制造业整体发展和提升的关键。机床是装备制造业的母机，传统机械工业、汽车工业、电力设备、铁路机车、国防工业、航空航天工业、电子信息技术工业及其他加工工业都离不开机床。近年来，国外的机床制造企业不断进入中国市场，这些厂家的产品除了技术优势外，还非常注重机床的整体造型及细节设计。目前，国内机床工业市场需求总价值为 2000 多亿元，然而高端数控机床 70% 需要进口，尤其是重点行业 75%～100% 的高端数控机床依赖进口。故此，提升国内高端机床制造的技术水平，寻求合理设计创新模式，增强国内机床制造企业竞争力已成为设计企业的重任。

（2）机床设计中的主要难点。①设计的综合性高。产品设计涵盖品牌形象规划，产品识别系统分析，操作者生理、心理分析，造型分析，色彩规划，材料与工艺设计，机械结构设计等各个方面。需要各种不同设计人员的密切配合，对设计者知识背景和经验水平都提出很高的要求。大型数控装备具有科技含量高、结构复杂、操作危险等特殊性。设计该类产品必须对产品各方面进行深入、具体的分析，在此基础上形成系统综合的规划。②设计内容繁多，任务量大，周期短。③设计要求高，创意空间狭小。

（3）机床类产品在工业设计方面主要存在的问题。防护性能比较差，不符合绿色环保要求；人机交互性差，不符合人机工程学；管线布置不合理；产品形象相对落后，缺少统一的产品形象识别系统。

（4）北京第二机床厂存在的问题。作为中国机床行业的骨干国有企业，北京第二机床厂多年来凭借产品的技术优势一直在市场上居于领先地位。然而与国外的机床制造企业相比，北京第二机床厂产品外观陈旧，缺乏细节设计，设计创新模式明显滞后，同时没有考虑到使用者的操作便捷性，给用户在使用产品时造成一定的障碍，一定程度上影响了产品占有市场的份额。

第二机床厂主要面临以下两个问题：一是尽管第二机床厂拥有核心技术，占有高端客户，但是由于产品形象设计方面的欠缺，影响了企业的发展、国际市场上的竞争力，以及品牌理念的传递与表达。二是尽管已经经过了厂家内部的先期设计，但 B2－K3000 的产品形象与国际高品质产品相比，还是存在很大差距。机身通体为灰色，加工区、操作区比较模糊，无法明确传达其使用性，导致工人操作效率较低，品牌识别信息传达薄弱。

3）博蓝士公司设计"三步走"战略。为使产品的外在形象反映其内在价值，从而体现产品的品牌价值，博蓝士公司在整个产品设计过程中引入 PIS，通过三个步骤开展设计工作（图 14-10）。

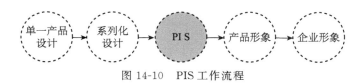

单一产品设计 → 系列化设计 → PIS → 产品形象 → 企业形象

图 14-10　PIS 工作流程

第一步：单机设计。

在造型方面，新的设计方案以直线型为主，辅助以圆弧转角，体现简洁、人性化的形态，传达轻松愉快的信息，给人亲切的心理感受；整体布局符合人体尺度，操作舒适安全，从而增加人机融洽和安全系数。在细部设计上，设计师通过对操作观察窗、拉门把手这两个与使用者交互最频繁的关键部位的再设计，实现个性化产品识别符号（图 14-11）。

值得一提的是，博蓝士公司在人机方面做出的巨大努力。设计团队力求通过造型、色彩和标志的全面改良，真正实现人性化的设计。

图 14-11　设计后的 B2-K3000 机床

第二步：系列化产品设计。

博蓝士公司在 PIS 的指导方针下为第二机床厂设计的后续几个系列的产品（图 14-12）。

MK03

GY03

图 14-12　博蓝士公司后续设计系列产品方案

B2-K3000 产品的成功使博蓝士公司与第二机床厂之间建立了长期的合作关系。博蓝士公司也借这个机会对第二机床厂接下来一系列产品进行了设计，基本实现了对第二机床厂新品的全覆盖。

第三步：PIS。

PIS 由三大部分组成，即产品基础系统、产品应用基础系统、产品应用推广系统。具体说来，产品基础系统包括产品的名称、标志、物化、文化四个方面；产品应用基础系统包括产品专用色彩、产品象征图案、基础要素组合、商标策略、品牌形象五个方面；而产品应用推广系统则包括产品的包装、手册、说明、POP、招贴、路牌户外、广告、产品陈列、手提袋等诸多方面。

PIS 在现代商战中的作用日趋显著，处于设计体系中的产品能最大化地配合企业整体形象，从而变潜在消费为实际消费，变偶然购买为长期购买。在投入上，能以较小的投入，以合力的作用迅速启动市场。

博蓝士公司就是通过 PIS 规划，实现了第二机床厂的产品形象，提升产品的价值，从而为企业也塑造了一个品牌形象。北京第二机床厂总工程师王波说："在此之前，我们对于设计究竟能在产品销售中起到多大作用是持怀疑态度的。现在，我们的产品售价从之前的 70 多万元变成了 200 多万元，在这其中，设计起到的作用至关重要。今后我们一定要把设计放到新的高度来看，一定会全力支持设计提升项目的进行。"

4）装备制造业工业设计流程要点

工业设计的核心意义即是通过简洁的外观、合理的人机关系注释出产品自身蕴涵的文化特征，帮助公众认可企业形象、树立产品的品质形象。让人们在产品的不断使用和接触中逐步接受其中传达的企业信息和品牌信息。

在此过程中，装备制造业工业设计流程要点如下：

一是深入市场调研，通过对企业及其产品行销策略的深入了解，经过科学定位，塑造个性化品牌形象，显著提升企业的竞争力。

二是工业设计不仅是包裹漂亮的外壳，还要通过对使用环境、内部结构、人机交互、操作者的使用过程等多方面的分析，找到设计优先突破口，按步骤解决设计问题。

三是注重系统规划，在进行创新设计的同时，兼顾到产品的安全性、操作性、耐用性、效益性、服务性等方面，最终得到最为合理的解决方案。

四是设计理念以统一企业整体产品视觉形象为纲，在兼顾个性、创造性的同时，使整个产品系列形成统一风格。

3. 创新过程与特点分析

1）主要创新点

（1）设计方法的创新。在与第二机床厂合作的过程中，博蓝士公司并非为设计而设计，而是通过产品失效模式和效果分析，利用"工作步骤—失效模式—解决方案—具体设计"即"研究操作流程—寻找其中存在的问题—提出解决方案—实施设计"的创新性工作方法，通过对系列产品的形象进行规划整合，提升企业的品牌，从而达到市场份额和利润的持续增长。

（2）合作模式的创新。博蓝士公司和北京第二机床厂的设计人员共同组成了设计团队。博蓝士公司一改传统上根据客户提供的资料独立设计的模式，安排了设计人员进行驻厂设计，在相互引导、相互促进的过程中，共同完善设计方案。

（3）设计过程中引入 PIS。将 PIS 引入企业发展战略，为设计公司和企业长期合作打下良好基础，并以此为契机，在大型装备制造业这一之前设计非敏感行业开辟了一片天地。

2）创新主体与创新动力

从本案例的研究过程中发现，创新的主体是工业设计企业，即博蓝士公司，同时，第二机床厂的设计师们同样也加入到创新的主体行列。在这种模式中，创新的原动力来自设计服务提供方对建立稳固客户关系和持续开发优秀产品的追求。在这种需求影响下，他们通过提供附加服务满足客户，包括直接服务的客户及"客户的客户"（最终用户）。设计产业机构通过产业链的理解能力、需求研究和先进的专业资源为设计服务的采购方（客户）提供服务，在设计机构的协调下完成从产品提升附加值，转化成为需求化服务产品的模式。

设计依赖于制造业，同时制造业又需要设计，二者是相互依存的关系，但是设计企业与制造企业合作的过程中又面临利益上的问题，导致设计的困境：首先设计企业不可能免费给制造企业做高质量设计；其次制造企业在不了解设计的价值之前，很难增加设计投入。此种情况下，政府则扮演非常重要的角色，北京市科学技术委员会的"创新提升计划"则成为此种创新的推动力，而一旦政府的初次投入打破了合作的利益屏障，后续的合作则会源源不断地产生。

3）创新路径

在这一模式中，一切从设计产业机构提升服务水平——"从满足客户需求到满足客户的潜在需求的转变"为路径起点。由于设计服务采购方（客户）具有产业链资源的绝对优势，是否能够持续的抓住客户、并借助其资源优势发展自身业务是这一创新模式的初衷。对比前一模式设计服务方不仅专业能力和资源得到对方的认同，且通过其发掘并满足客户潜在需求的方式双方逐步建立起更为深入的信任和合作关系，这也正是设计产业机构逐步引导产业流程的关键。工业产品服务化创新路径如图 14-13 所示。

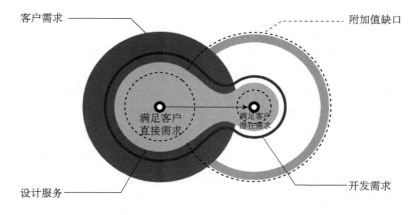

图 14-13　工业产品服务化创新路径

　　因此，在这一模式中设计服务方识别客户潜在需求是创新路径中的关键。满足客户直接的设计服务需求是此模式的前置条件。设计服务方通常从已有的设计服务项目出发列出与客户业务性质相似的设计增值服务作为备选项，参考客户过往的产品及与对方决策者沟通的交流经验，看看其潜在需求是否适合。例如，近几年设计师的定义也在逐渐转变，不仅仅以设计的造型作为专业能力，专业的设计师更需要具有严谨而独到的需求研究能力，提升自身服务的软性附加值，更好地理解产业链的联动关系。

　　在此创新模式下，设计与制造业通过初次合作为双方都开辟了更多广阔的服务领域，而这个初次合作如同"惊险的一跳"，对于陌生的双方来说，其实现难度是非常高的。因此，政府应该在这个方面为双方牵线搭桥，为合作创造条件。

　　4) 创新收益

　　在这一类创新模式中，主要取得的创新收益有以下三个方面。

　　(1) 设计机构客户的根本需求在于满足用户的需求，通过增值服务为客户带来市场竞争力的保证。

　　(2) 在设计服务的合作当中，为设计机构和客户通过增值服务建立稳固的合作关系。

　　(3) 通过稳固的合作关系，为设计机构和客户在长期合作的愿景下更好的控制双方业务成本。

四　服务产品标准化创新

(一) 模式简介

　　通过设计，在已有服务的基础上开发出可以复制且向产业链下游推广的标准化流程产品，关键在于从已有的执行经验中提炼操作的共性以制定科学严谨的执行流程，为服务对象带来有稳定质量且持续作用的综合服务价值。这是设计服务作为用来引导产业链协作的典型创新模式，也是狭义工业设计作为生产力型机构与生产关系型机构的根本差别。产品设计环节是制定后续产业链规则的前端思考，是通过人的设计思考建立一个产品系统，而非交付单体设计师的专业能力产出和顾问服务，通过不断地完善标准化系统应对不断改变的市场化需求。这种流程模式创新在提高附加值的基础上更要求其标准化的系统属性，可以复制、推广，产生循环价值。

　　在这一案例中，设计产业机构在产业链上游集合各类的项目利益相关人（下游协作者），在标准化流程控制的基础上采用参与式创新方法，通过大家的群策群力，共同探寻潜在的商业机会，并根据各方经验规避经营风险。项目利益相关人依照标准化的流程模板推进项目进程，各方在该项目范畴建立更为持续和广泛的项目协作关系。将已有的产业化资源集合到一个标准化的课题系统当中，持续而全面地为项目提供系统化的专业支持，完成标准化的创新。流程化创新的模式应用具有普遍适用的特征，因此其创新力更是对设计产业及其服务对象均产生覆盖作用。服务产品标准化创新图示如 14-14 所示。

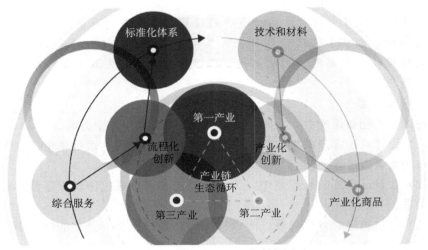

图 14-14 服务产品标准化创新图示

（二）东度设计事务所参与式创新案例

1. 公司概况

东度设计事务所是由丹麦政府主持的参与式创新产品开发中心和北京开发团队于 2008 年在北京成立的专属开发机构。东度设计事务所是专注于本土化产品开发的设计机构，提供适于东方生活尺度的专业服务设计解决方案，东度设计事务所是东度设计顾问/东度科技（技术应用）/东度创产（商务拓展）这三个东度在北京事业部的总称。

东度设计事务所是在北京诸多的设计机构当中唯一直接接受国际级产品开发研究中心指导，并共享产品开发综合数据库资源的执行机构。东度设计事务所成立初期主要负责丹麦丹佛斯公司在北京的设计业务，2009 年起逐步开展本土化业务，带来许多创新模式方面的新理念。

其业务模式可以概括为三个方面：流程模板创新、知识库创新、人才模式创新。

流程模板创新-本土化开发模板：从产品开发综合数据库中对比提取产品开发执行（调研—设计—实现）流程模板，并根据本土实践经验不断修正，提升制作专项/分支模板。用来控制服务质量及提高工作效率。

知识库创新-行家资源补充计划：在多年的国际化产品开发当中，东度设计事务所积累了庞大的行业专家资源，在此基础上结合本土特点，加入大量较年轻的"行家资源"，通过每个领域实际操作层面的"行家"提供更有价值的直接操作经验。用以借鉴实际经验及审核创新结果。

人才模式创新-东度精英（DDE）：东度设计事务所从本土院校中筛选 20 周岁左右的年轻学生，在学校教育的基础上提供实际操作和历练的机会。通过 3 年的课外培训，提升他们工作经验、专业能力和职业素质的整体水平。在研究人才稀缺的产业环境中能够持续满足自身的人才需求。

2. 创新业务模式

1）参与式创新概念

参与式创新研发在国际上也是新兴的一种产品研发方法，在参与式创新项目中，设计师不做出主观决定，而是邀请价值网络中的实际利益相关者，从实际需求出发，提出针对性的创新解决方案。

与传统方法相比，参与式创新能够紧密地联系产品开发各个方面及环节，缩短开发时间，深度挖掘产品价值并有效的贯彻设计价值，节约成本，提高效益。

2）东度设计事务所在参与式创新领域的实践

东度设计事务所遵循参与式创新方法，开发了如图 14-15 所示的参与式创新工作流程。

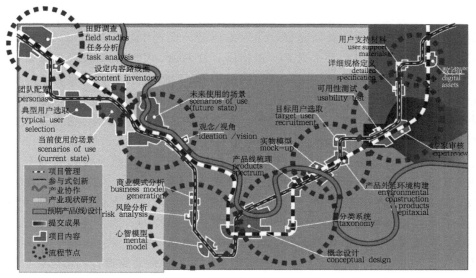

图 14-15　参与式创新业务流程

参与式创新流程不是单纯线性的，而是多线程的协作（项目管理、调研顾问、设计执行）。

（1）前期项目从长期的用户研究或产业现状研究中开始，以定义目标样本为第一阶段评估标准。

（2）在人群样本定义后，组建综合学科团队，进行任务分析，确定路线图，引入协作资源。根据田野调查资料由三方团队协作完成从当前使用场景到未来使用场景的过度。在概念之前先形成观念——三方团队共同的整体印象。

（3）在实体设计之前还要强调的是对于项目目标和商业目标的理解。具体为商业模式分析、风险分析及预期心智模型的构建（商业原则、项目原则、需求原则）。

（4）在明确了三原则之后进入具体设计阶段（此阶段和国内工业设计流程无大区别）。

（5）在完成具体设计后，进行产品外延构架配合（形象推广描述，范本表述，目标用户选取）。

（6）随后进入终期评估阶段，用专家评估（定性结论）配合用户测评（定量结论），汇总成终期可行性评估报告，并与整体执行流程配合形成协调性评估报告。

（7）进入项目尾声，汇总用户支持材料，编写数字资产，为双方（委托方、顾问机构）的后续工作提供长期资料支持。

对比来看，在项目各个阶级都体现了用户需求导向，把用户融入到设计的整个流程。

3）中国设计交易市场案例

（1）中国设计交易市场（CDM）中国设计交易市场由北京市科学技术委员会、北京市西城区政府共同建设，北京工业设计促进中心负责实施。中国设计交易市场总建设面积6万平方米，包括设计交易所、中国创新设计红星奖博物馆、设计招商区、品牌机构入驻区四部分内容。为工业设计、软件设计、建筑环境设计、工程设计、平面设计、工艺美术设计、服饰设计、咨询策划等领域企业提供国际设计信息、一站式交易、互动体验、数据库共享、项目投融资等服务，形成"交易＋展示＋企业"的聚集格局。

作为中国设计交易市场的主体功能，中国设计交易所将为设计交易双方提供专利咨询、资质认证、合同登记、法律顾问、风险投资、结算服务、融资基金、知识产权等一站式服务，并实行设计资质认证，建立市场准入机制。中国创新设计红星奖博物馆将利用多个不同功能的展示空间，为企业创造设计交流机遇，促成设计交易的外围环境。设计招商区和品牌机构入驻区将吸引国内外优秀设计产业机构入驻，形成设计产业服务集群，加快北京设计的国际化步伐。

（2）参与式创新研究准备阶段。项目背景定义→中国设计交易市场参与者分布→典型参与者选择→调研方法选取→研究方式→访谈采样。

（3）参与式创新实施阶段（图14-16）。workshop筹备→参与式创新

workshop→调研工具"设计市场"卡片游戏→价值网络拓展→产出分析评估→商业模式分析。

　　workshop 筹备：整理前期资料，归纳共同关注的问题。邀请具有代表性的利益相关人。设计激发讨论的调研工具。

　　参与式创新 workshop：邀请中国设计交易市场的实际利益相关者共同参与，根据前期调研的产出内容和关键问题组织讨论。通过群策群力的方式解决中国设计交易市场这一公共服务平台的实际问题。提供受众需要的公共服务，控制运营成本，做有价值的创新。

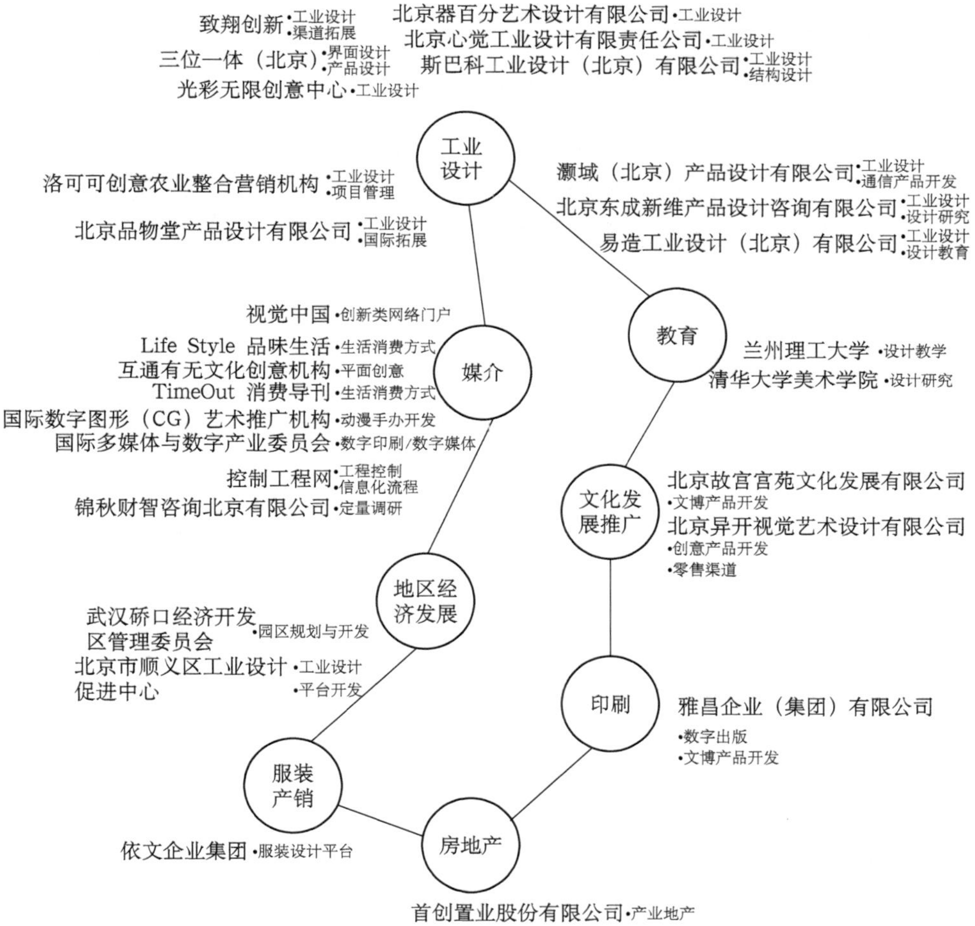

图 14-16　参与式创新利益相关者

　　调研工具"设计市场"卡片游戏（图 14-17）：以设计产业现状调查中所反映的经营状况和北京工业设计促进中心提供的服务为蓝本，从行为逻辑中提炼游戏逻辑。通过测试完成卡片游戏的开发作为 workshop 中的交流载体。近年来，随着参与式创新的方法不断推广，很多机构也将这种结合自身背景定制开发的桌面游戏用作团队建设/定向培训/员工满意度调查等，用来提高自身的工作绩效。

研究表明（兴趣体验研究方法，playful experience）更容易以兴趣为切入点，切入人们的深层行为动机。

图 14-17 "设计市场"卡片游戏

价值网络拓展：从传统的公共平台价值网络出发，结合设计产业特征，梳理已有的可行的价值网络。并借助各位参与者的思考拓展已有价值网络，引入各种合作资源。

将原本单纯链接设计交易双方的公共服务机构在各种资源的协作下提升为促进产业融合发展，强化设计服务环节的资源平台。

产出分析评估：将 workshop 流程用视频的方式记录。剪辑分析活动流程，寻找参与者提出的现状问题和自身经验。从中寻找具有关联性的公共需求热点。

并结合参与者背景分析各自提出的解决方案，从中理解实际的产业态度和可行的商业潜能。

商业模式分析：将参与者提出的商业模式意见归纳为直观的商业模式框架。

通过参与者观点理解行业价值。在行业价值的原则下分析参与者动机，借此验证商业模式的综合价值。

根据"设计市场"卡片游戏参与者提供的 5 个商业模式（图 14-18，图 14-19）进行归纳总结，提出以下 4 个供评估的商业模式方案：

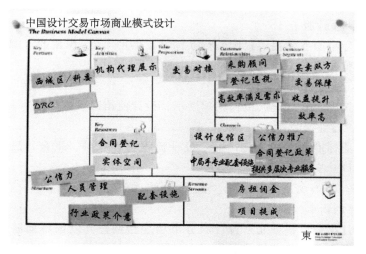

图 14-18 参与者所设计的中国设计交易市场商业模式

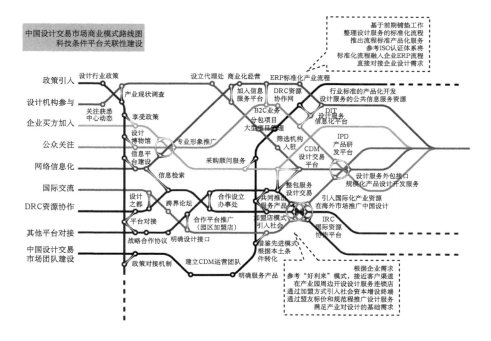

图 14-19 中国设计交易市场商业模式框架

方案 1：连锁设计超市。

提供多样化整体解决方案，产业链前端一站式对接，拓展关联行业资源，在价值网络中盈亏互补形成产业链竞争。

方案 2：设计服务 4S 店。

设计类专项服务，提供权威的行业标准，借助 DRC 积累的资源优势，为大型项目提供整包服务。

方案 3：政策优惠产业园。

交易对接、合同登记、机构代理展示、设计使馆区、书局等专业配套设施。

方案 4：行业研发中心。

遵循行业标准开发产业化产品，设计流程管理软件、平台，设计交易线上平台，泛设计社交圈。

3. 创新过程与特点分析

1）主要创新点

东度设计事务所根据北京设计服务市场现状调查开发的桌面游戏——CDM设计市场。玩家通过经营一家设计机构来模拟设计交易，用来激发参与者对于产业公共服务的需求讨论。借由参与者在兴趣体验中的游戏逻辑，来帮助理解实际环境中的行为逻辑。通过《设计市场》关注以下几方面。

（1）为参与者建立关于产业链流程，公共平台服务内容的宏观认识。

（2）通过《设计市场》促进参与者交流形成共同语言，为后续的参与式创新环节积累话题。

（3）在游戏过程中设身处地地做出经营决策，对设计机构运作形成切身体验。

以参与式设计方法为指导，邀请产品价值网络中的利益相关者进行参与式创新。通过围绕商业模式概念的引入，具体案例的介绍，围绕商业模式框架进行讨论，激发业界参与者共同讨论。

在这一案例中，设计产业机构在产业链上游集合各类的项目利益相关人（下游协作者），在标准化流程控制的基础上采用参与式创新方法，通过大家的群策群力，共同探寻潜在的商业机会，并根据各方经验规避经营风险。项目利益相关人依照标准化的流程模板推进项目进程，各方在该项目范畴建立更为持续和广泛的项目协作关系。将已有的产业化资源集合到一个标准化的课题系统当中，持续而全面地为项目提供系统化的专业支持，完成标准化的创新。

2）创新主体和创新动力

从本案例来看，创新主体为国外先进设计机构的驻京单位。国际知名设计公司往往拥有比较先进的设计理念、设计工具及经营手段。在中国，设计产业属于新兴产业，因此需要借鉴和学习国外的先进经验。

创新的原动力来自产业链下游协作者对设计服务产出稳定质量和生产效率（提升易用性）的追求。在这种需求影响下，他们要求设计机构提供标准化的服务产出，包括直接提交内容及"对产业链的共同理解"（郎咸平，2008）。设计产业机构通过在产业链前端制定标准化的产品执行规则，从而将产品价值顺利延续至下游协作者的方式，为设计服务的采购方（客户）提供服务，在设计机构的协调下为客户持续的解决下游传递设计价值的系统化问题，转化成为标准化服务系统的模式。

因此，对于此类的创新，更多的就是引进国际知名的设计公司入驻北京，从政策上给予便利条件，给予国内企业对等的待遇，通过交流平台，政府设计项目由国际公司与国内公司共同承担等手段，加强国内设计公司与这些公司的交流与合作，同时借助国际设计公司在北京经营过程中产生的人才溢出效益，加速设计产业本身的发展。

3）创新路径

在这一模式（图 14-20）中，一切从设计产业机构协助设计服务采购方系统的解决下游协作问题作为路径起点。由于设计服务处于产业链七个环节中的第一个，具有产业链上游的阶段优势，是否能够为产品从一开始就建立起一个正确的产业化系统，从而在下游的流程中不断传导和提升设计价值是这一创新模式的初衷（Osterwalder and Pigneur，2010）。对比前一模式设计服务方不仅凭借其专业能力取得服务中的优势地位，在双方相互信任的基础上，且通过与客户共同面对下游商业价值实现所产生的一系列问题来共同确保双方利益的实现。这也正是设计产业机构需要逐步规范产业流程的关键。

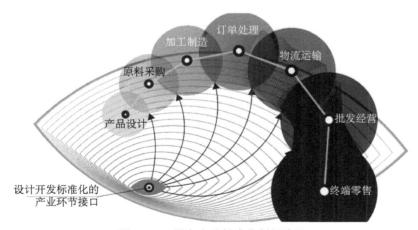

图 14-20　服务产品标准化创新路径

因此，在这一模式中设计服务方提供稳定质量的设计服务能力和产业链关系协调能力是创新路径中的关键。与客户建立对下游流程的共同理解和满意的利益分配模式是此模式的前置条件。设计服务方通常从已有的产业流程经验出发列出在下游协作中可能出现的问题作为控制节点，参考客户的自身实力和资源特点定制流程模板的原型，通过持续的设计服务及与下游协作者沟通的交流经验，不断修正流程模板。如今几年设计机构的定义也在逐渐转变，不仅仅以设计领域以内的能力作为专业能力，专业的设计机构更需要具有针对下游产业链协作的沟通和协调能力，建立标准化的服务流程，更好地向产业链传导设计服务价值。

4）创新收益

在这一类创新模式中，主要取得的创新收益有以下几个方面。

（1）在产品开发的前期工作中，对项目内容不断地进行"推广—反馈—改进"的循环，降低整体项目风险。

（2）根据循环系统产生的反馈对项目已有工作进行时效性的可行性评估，并根据评估结果修正开发流程。

（3）在项目进行过程中聚拢相关的产业资源，为项目的落地执行做好行业基础上的准备。

以社交网站 Facebook 的发展来对比分析。Facebook 作为一个网上虚拟社区，一经创始，便迅速聚拢人气，成为年轻人网上生活的重要基地。与其他平台不同的是，Facebook 着力于连接起人与人的关系，而非连接人与信息。这使得人们通过网络交际迅速形成了年轻人生活必不可少的生存空间（范浩文，2005）。

Facebook 发展的第一个阶段，面向校园市场和实名注册是它成功的原因；在 Facebook 网站发展的第二个阶段，采用去中心化的封闭式设计又能够很好地隔离不同类型的用户；在 Facebook 网站发展的第三个阶段，是开放平台推动了它的腾飞，是 web 小游戏让它的用户群迅速扩大。

Facebook 提供了平台化的创新模式（图 14-21），不再是针对单一产品的技术性创新，而是提供平台化标准化的服务，辅以定制细节服务，充分整合连接资源，创造联系。其构建期完成后，维护成本相对低廉，而标准化的平台系统的收益却是持续的稳步的递增。

图 14-21　Facebook 平台化创新模式

五 创新模式对比分析

(一) 三类创新模式的异同点分析

综上所述，我们将产业化创新，服务化创新和标准化创新作为最有代表性的设计产业创新模式。区别在于这三种模式针对产业链的不同环节。产业化创新解决了材料和技术的产品化问题，是第一产业向第二产业过渡的环节；需求化创新解决了为工业产品增加软性服务化附加值的问题，是第二产业向第三产业过渡的环节；标准化创新解决了从机会性优势到持久性竞争力的问题，是高端产业反哺和规范产业链的环节。

然而，无论是产业化创新、需求化创新，还是标准化创新都是生产环节中重要的转化环节。它们都需要在原有技术、商品、服务的基础上凝结更多的具体商业价值。以商业价值对个体机构的驱使产生宏观的社会产业价值。它们具有相同的属性（图 14-22）。

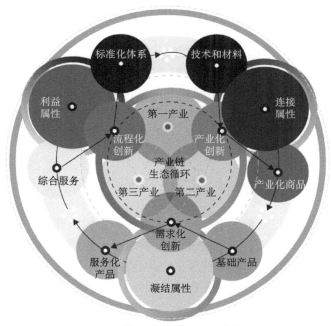

图 14-22 设计产业创新模式整体图示

连接属性：都是转化环节，需要协调至少上下游两方的利益相关人，并为其产生价值。

凝结属性：都是在已有"材料"的基础上提升附加值，需要广泛的社会资源作为附加值素材。

利益属性：由微观盈利驱使产生宏观的产业关联方式，需要多方均沾的利益分配作为核心动机。

（二）三类模式的本质

结合三类创新模式的特性对比，其本质在于产业资源的最大化、需求的识别与满足（开发）能力和系统的构架能力。

在产业资源最大化的问题上，创新模式的本质在于双方乃至多方的资源共享。试想案例中若科技材料的所有者一直不对外寻求合作只是靠自身资源和能力很难实现科技条件的成果转化。其本质就在于科技材料的所有者决定共享其资源对外寻求合作，从而完成产业化的创新。

在需求的识别与满足的问题上，创新模式的本质在于设计服务方将适当的增值服务以"服务产品"（指产品形式的服务）提供给设计采购方。试想案例中若设计服务方为第二机床厂仅仅提供各款式的单独设计，而不是以整包方式满足客户的整体需求的话，双方的合作只能停留在多少钱、多少款的业务分包模式，徒增双方的业务成本。其本质就在于设计机构以服务产品的形式满足了客户的整体需求，从而完成了需求化的创新。

在系统的构架问题上，创新模式的本质在于建立并推广规范标准（系统规则）。试想案例中设计机构只是单纯线性的"调研—开发—推广"的话，不仅不能高效地完成复杂的项目任务，且对最终将要面对的执行风险亦缺乏认知。其本质就在于设计机构建立了一个规范的模拟系统，并对目标受众进行该系统的推广，从而完成了标准化的创新。

（三）由创新模式引发对于设计产业的思考

综上所述，设计产业的创新模式并非是对新领域的开拓，而是对其生产关系型机构属性本质的回归。在这种生产关系的回归模式中，顺应了产业间融合发展的趋势与规律，能够更好地在保证个体盈利的情况下，创造整体产业价值。对比三类创新与目前市场中普遍存在的对于设计服务就是外观设计的错误观点，产生如下思考。

1. 工业设计还是产业设计

长期以来，在设计服务领域有两个约定俗成的问题，首先在对工业设计的理解上存在缺失，工业设计按照产业关系描述及产业链七个环节理论结合汉语通过释义应当意译为产业设计而非工业设计。换而言之，需要设计的不仅是工业，而是通过设计机构提供的服务产品链接三个产业整体，从产业链上游带动产业升级，以增加产业附加值的模式保障下游收益的持续递增。

2. 生产力还是生产关系

首先设计产业是典型的现代服务业，即"都市产业"，发展建设世界城市便应该从提高城市经济结构中都市产业所占的份额开始。比如，世界四大创意之都（纽约、巴黎、东京、伦敦）之所以是世界级城市，都市产业的发达程度便是重要因素。大都市具有其他城市及人口聚集地很难比拟的文化、信息、技术聚集效应，应更好地利用这些特征。

都市产业往往不是常规的"生产力"，而是某种"生产关系"。从发达国家的经验来看，设计产业机构一定是精英性的顾问服务机构，而不是廉价劳动力的效率工场。设计机构的量化收益自身比不过产业链下游的产品制造/销售环节。设计机构真正需要做得不只是提高单纯的个体盈利，而是最大限度地发展其生产关系型机构特色，力求带动整体产业链协调发展。

西方产业链理论对此做出过明确论断，设计产业作为典型的现代服务业不是用来挣钱的，而是用来为下游更好地挣钱。设计产业机构不应当产生明星和大师，它们需要为下游产业更好地培养明星与大师。

第四节　科技在设计产业中的作用

一 科技推动设计发展

历史上每次科学技术的重大变革，都会引起设计观念的进化，推动设计文化的发展。设计需要利用现代科学技术手段，引导人们在现代科学技术和生产力的基础上建立新的生活方式。

科技改变设计表现技法。从手绘效果图到计算机辅助设计再到今天的多媒体及虚拟现实的演示，设计表现技法在内容和形式上都发生了很大的变化。信息通信技术的发展使得设计创新不再是专业设计师、科学家、技术研发人员的专利。以用户参与、以用户为中心也成为设计的关键词，在知识社会环境下的创新2.0模式中，设计师更多的与用户进行合作，在现代科技的帮助下，通过以用户为中心的设计来实现设计的以人为本。

科技提高了设计产业的制作效率。一些先进科技手段、科技工具的运用，提高了设计产业的生产速度。例如，CAD工具为建筑设计提供了更快、更方便的制图工具，以前建筑师需要几个月甚至几年完成的设计图纸现在只需要几天就能完成，大大加快了制作速度。同样，在平面设计领域，更多电脑软件的应用使设计师更方便的把握稍纵即逝的灵感，为设计师表达思想提供更多的手段。

科技加快了设计创意产品的传播速度。科技在推动设计创意产品大规模走向市场、走向大众消费的过程中发挥了极为重要的作用。正是科技的进步才实现了设计创意作品的大批量、标准化生产，并拓展了各种市场信息的传播渠道，使得设计创意作品在更大范围和更大规模内转化为商品，实现自身市场价值。并通过经济驱动力不断激发人们的创意源泉，使更多的人参与和享受到设计创意产业的成果。否则，很多优秀的设计创意作品只能被创意者、技术家和极少数消费者所享用。

科学拓宽了设计空间。科技不断创造新色彩、新材质、新工具、新方法，给设计师的想象力与表现力以更广阔的空间。从设计发展史来看，到 20 世纪早期，电气化，特别是家用电器的发展则显然改变了传统的形式和家庭生活环境，大大促进了设计的发展。在电灯发明之后，由于电灯与传统的煤气或煤油灯相比之下有显而易见的优势，电气照明很快就发展起来，灯具的设计也日益兴旺；随着无线电广播的普及和技术的进步，收音机被逐步作为一件家具来设计；流线型的研究被引入设计，更是成为影响至今的一种潮流。科技拓宽设计思路的例子不胜枚举，几乎在每一次的设计中都会体现，因此设计师对于科技进步的关注成为其知识构成中的重要部分。

二 设计以科技手段和科研成果作为条件基础

首先，在材料技术产业化创新中，备选的技术和材料潜力高低，通常是由科技手段和科研成果水平所决定的，具有科技含量的基础材料越高发挥的商业化空间就越大，进而带来的综合收益就越高。

其次，在工业产品服务化创新中，备选的增值服务价值除去针对性外，其技术含量高低直接决定其服务的价值含量，更高科技含量的服务产品可以在创造更多利益的同时建立更妥善的竞争壁垒。

同样，在服务产品标准化创新中，系统的构架能力，通常也是由其开发水平所决定的，而科技手段和技术条件是直接提升开发水平的主要非人为因素，借助科技手段和技术条件不仅能够更有效地模拟并建立项目系统，也能够更好地向受众推广系统的规则，并提高其参与程度。

三 科技提供科学的发展路径和严谨的管理模式

如果说在科技手段和科研成果上对于创新模式有着各自差异性的体现的话，科学的发展路径和严谨的管理模式则是三类创新模式的共性需求。

设计产业作为典型的现代服务业，其中主要强调其现代化属性和服务中人的价值。现代化属性便需要一条科学的发展路径，针对目标进行科学分工，借鉴相关经验进行路径修正，并且以严谨的管理模式制定"人"的执行规范，从而有计划地通过利益的趋势不断地产生创新动力。

四　科技既是创新动力又是创新手段

从上文案例和创新路径中能够看出科技在促进设计产业模式创新中所扮演的角色，一方面作为创新动力，另一方面作为创新手段。

设计作为生产关系有效转化科技成果，满足用户需求，设计服务方可有效利用新材料技术，通过提高附加价值将科技附以商业价值，在此过程中科技则成为企业设计创新的动力。这类创新需要设计企业建立对新的材料技术认知—沟通—创新应用的流程，在设计与科技之间建立顺畅通道的方法有很多，需要双方甚至多方共同努力，但作为设计服务方，需要拥有该方面的人才，建立稳定的渠道，在技术与设计之间实现有效和高效的沟通理解，才能更好地达到创新应用的目的。

如今设计已不能仅仅停留在外观造型的改良创新上，设计作为一项创新活动需要科学的态度和严谨的流程。毫无疑问，科技作为创新手段能够提供从需求研究到设计实现整个过程的技术支持（如通过科技手段采集用户信息，分析用户需求；技术加工手段实现原型制作，生产技术实现量产；利用信息技术管理使设计流程标准化等）。科技作为创新手段对人才有严格的要求，需要对技术硬件或软件足够了解，能够熟练操作应用，并在过程中理解贯彻设计价值，实现创新。因此，建立综合的学科团队，掌握技术人才并建立有效的沟通是达到这类创新模式的途径。

单一的人才结构已逐渐暴露了设计行业的弊端，正如业内越来越多的人清晰地认识到科技在设计产业创新过程的重要作用一样，只有拥有综合素质人才，理解应用科技手段，建立更多行业之间交流才能进一步实现、提高设计的价值。

第五节　设计产业创新存在的问题及政策建议

一　科技条件和科技成果共享不足

（一）问题现状

国内设计产业绝大多数服务对象和形式还是停留在基础的基础材料和常规

绘制行为上。而同时未能有效转化的科技资源总量也非常庞大，问题因何而来呢？通过调查发现设计产业机构在获取资源时往往只能通过个体主动寻求资源的方式，而此类机构主要是 50 人以下的小型乃至微型机构，消化能力有限。很多企业在有限的资源制约下很难顺利推进模式创新。

设计机构人力资源有限导致对社会资源的消化能力也有限，机构只能够停留在已有的行业范畴进行业务，这就是为什么技术材料的产业化会成为一种创新模式。虽然这种创新模式是最基础的设计行为，但是对很多机构来说，要想找到一种具有强大市场化潜力的技术材料仅靠自身能力是难以企及的。而不完成产业化创新这种基础的模式创新，后面更有附加值的创新模式也就无从谈起。

（二）核心问题

在调查中，北京 DRC 工业设计产业基地的一些做法得到了业内的认同。在这个基地中大至模具小至印刷聚拢了一系列的产业资源，并且对园区内的设计企业共享，不论是参与专业活动还是利用技术条件在这里都可以轻松解决。由此不难发现，对于设计产业模式创新的瓶颈问题不是缺乏技术和材料，而是如何为设计产业机构提供易于消化的技术和材料。DRC 的设计资源协作模式便是一个很好的经验，通过共享技术条件等行业资源，不仅解决了机构的实际需求也围绕着 DRC 品牌产生着行业资源聚集的向心力。在这种行业资源聚集的向心力的保障下，打消设计产业机构对行业资源不足的顾虑，促使机构有机遇完成产业化的模式创新。因此，加大资源的共享程度，是推广科技条件和科研成果的可行途径。

（三）对策建议

针对技术资源共享不足的现状，要加大对聚集行业资源的扶植，并提供共享接口。让设计产业机构能够更便利地获取广泛的行业资源，并且选择适用的资源用以进行产业化的创新，从而推动技术材料产业化的进程，带动科技成果转化进程。

广泛的行业资源，简单地说，就是给设计产业机构更多的选择机会。设计服务机构作为典型的生产关系型机构在产业化创新模式中，需要将前端的技术材料因素与下游的市场需求关联起来，不仅以加速科技成果转化的方式鼓励科学技术创新，更是以产业化商品的形式满足市场需求。

通过聚集行业资源和提供共享接口给设计产业机构更多选择的可能性，从而推动产业化创新模式的推广。而这一系列行为是符合设计产业作为生产关系的连接属性需求的。

（四）具体措施

（1）设立专项资金，用来举办跨界对接活动，并扶植此类自发的行业活动。通过一定的审批流程给予资金和社会资源上的注入作为扶植方式。而活动所产生的资源协作行为则作为政府层面的行业促进措施，主要聚集相关行业资源，尤其是技术材料的所有者和具有潜在需求的产品受众，促进设计服务方产业化创新模式的推广应用。

（2）建议政府通过一定机制，在科研阶段导入工业设计。中国并不缺乏科技资源，而是缺乏将这些科技资源与消费者需求进行对接，从而转化成生产力的环节。在欧美一些国家，已经将工业设计师加入到科技研发团队，并取得了意想不到的效果。而包括丹麦丹佛斯在内的一些大型跨国公司的研发团队大多是由工程师团队和工业设计师团队两方面组成的。在研发初期就导入工业设计概念，这既不会影响研发的进程，同时又可以在科技研发中加入人性化特征，在"物与物"的研究中导入"人"的因素，可以加快科研成果的市场化转化。

二　缺乏交流平台

（一）问题现状

中国设计产业机构众多，且设计产业机构的数量也在不断增长。但是反观设计产业现状，其中交流不足导致存在着大量的技术手段落后、竞争力和价值主张重叠的问题。

基础的产业化模式创新不是机构发展的终点，而仅仅是模式创新的起点。在不明确其他选手如何选择路线的情况下很容易出现单一赛道的拥堵和恶性竞争的状况。而设计机构如何进行下一步的模式创新不是靠主观的"自我定义"（self-definition）而是客观的"相互适应"（co-orientation）。从"自我定义"到"相互适应"的关键在于是否具有有效的交流手段。既然机构总量增长不可避免，各机构在调查中也表示愿意参与行业交流，那缺乏交流的问题因何而来呢？

通过对对象的深入访谈，我们发现设计产业机构渴望更进一步的模式创新，而在有限的行业信息保有量的制约下很难有效推行，从而难以全面的开拓市场，开发客户的潜在需求。各机构虽然具备沟通意愿但是缺乏固定的交流机会，也就是一个常设的交流平台。多数机构是50人以下的小型乃至微型机构，人力资源有限，很难通过自身在完成业务的同时主动制造交流机会，更别说构建行业特色的交流平台。

设计机构缺乏必要的交流机制，机构不仅难以通过交流得到专业上的提升机会，而且交流的不足造成了竞争力和价值主张的重叠，导致行业核心竞争力缺失，整体价值主张模糊，同质化严重。即便市场需求持续增长，而满足和开发市场需求的能力却停滞不前，设计产业机构模式创新缺乏有效和足够的专业信息作为导向依据。进而设计服务作为生产关系的模式滞后，导致整体生产力水平发展缓慢。而这一切的问题确是出在前端的交流上，或许交流对于生产力环节只是锦上添花，但是对于设计服务方而言确是要"如饥似渴"来对待的核心行为。

（二）核心问题

同时在调查中发现，业内对于设计相关展览展示比较认同。展览会期间各类设计产业机构不仅能够轻松获取行业发展的前沿信息，并且可以和同行及业界进行深入交流，留意和交流各自模式创新的经验和教训，不论是拓展业务还是提升眼界在这里都可以满载而归，在专业的交流平台上相互学习。

不难发现，问题不是缺乏交流意愿，而是如何为设计产业机构搭建一个固定的交流平台，以交流机制的健全为设计产业的模式创新提供专业信息的保障。因此，建设固定的交流平台，是为设计产业机构以交流促进模式创新的可行途径。

（三）对策建议

应围绕设计服务方共性业务建立行业间交流平台，并开发该平台服务产品。让设计产业机构能够更多的获取与外界对接的固定交流渠道，并且通过该平台提供的服务产品提升自身的服务水平，在其已有服务模式的基础上凝结更多的软性附加值，从而推动设计产业需求化创新模式的推广。

行业间交流平台，简单地说，就是给设计产业机构固定的交流机会，让设计产业机构作为典型的生产关系型机构在工业产品服务化创新模式中，通过行业间交流提升自身的服务水平和拓展业务的机会，不仅以交流带动交易，通过提高软性附加值的方式开发并满足客户潜在需求，更是通过交流驱使同行业的从业者为追求利益而制造自身差异性竞争力的动机。

通过建立行业间交流平台，并开发服务产品给设计产业机构更多的交流机会，从而更好地围绕基础服务凝结软性附加值。而这一系列行为是符合设计产业作为生产关系的凝结属性需求的。

（四）具体措施

（1）针对战略性新兴产业设立更多的产业促进基金，促进设计产业与制造业融合发展。在第二种创新模式下，设计产业与制造业通过初次合作为双方都开辟更多广阔的服务领域，而这个初次合作如同"惊险的一跳"，对于陌生的双方来说，实现的难度是非常高的。因此，政府应该在这个方面为双方牵线搭桥，为合作创造条件。

（2）建议政府设立专门场所，用作行业间交流平台，并根据行业间协作的具体需求提供促进合作达成的配套服务产品。通过收集行业间协作交易信息，寻找阻碍协作的瓶颈问题，通过平台的服务产品从政府层面加以疏通和解决。而借由该平台所产生的协作成果则作为政府层面推动行业间协调发展的典型案例在平台上加以推广。通过借助平台的服务产品，为设计服务方在协作中为自身服务凝结更多软性附加值。尤其是利用平台服务产品的协助，整体的帮助客户解决面临的涉及多产业环节的问题，促进设计服务方工业产品服务化创新模式的推广应用。

三 设计产业标准空白

（一）问题现状

国内设计产业机构虽然发展迅速，但是设计产业模式创新程度对比发达国家却有很大差距，其中设计服务价值的推广不足和设计服务产出的评估方式的不足阻碍着设计产业机构自身模式的发展。通过行业现状资料的对比分析发现设计产业在国外无论是服务质量还是从业要求乃至教学考核都具有对应的标准化规则。而国内的设计产业基本没有行业标准的约束，导致机构服务水平参差不齐，行业准入门槛过低。设计机构在苦修内功提升自身服务水平、进行自身模式创新达到一定程度后，很难准确地总结自身模式经验，并推广该模式。

缺乏行业标准，导致设计产业机构服务水平参差不齐，行业准入门槛过低，对外很难直观定义行业界限。加上服务质量的差异，导致设计服务价值难以量化，外界对设计产业认知模糊，仅能从物质产出推测行业价值，而先进优秀的设计产业机构创新形式并不被行业所认知和理解。

而设计机构自身在这种意识的影响下也忽视了其生产关系型机构制造关联价值的核心产出方式。价值认知不足，造成对设计产业的重视不足，导致企业不愿在这个"模糊前端"投入充足预算，进行严谨的产品设计开发和探索自身进一步标准化的创新模式。最终导致国内的产业结构在前段就输给了发达国家在前段充分投入、深入挖掘产品潜力的产业模式。

（二）核心问题

在调查中我们看到，设计产业对于中国创新设计红星奖的认可，在这个国内创新设计的最高奖项里各类设计产业机构提交自己年度内最得意的设计作品，并将获奖的情况作为自身机构专业水平高下的佐证。无论在对外进行品牌推广还是对内设计师间衡量专业能力时，中国创新设计红星奖都是一个重要的标准。

因此，不难发现，问题不是需要纸面上的行业标准，反而是设计产业机构非常需要标准化的认证与规范。中国创新设计红星奖便是一个很好的案例，通过中国创新设计红星奖这个相对的"行业标准"，不仅为行业提供展示自身实力的机会，也在这标准下量化着各自的实力水平。并促使设计产业机构主动探索对应的创新模式——如何多拿奖、拿大奖，在其标准下提高自身相对的行业地位。因此，制定并推广行业标准，是为设计产业普遍推行模式创新所迫切需要的行业举措。

（三）对策建议

根据现状，授权行业权威机构研究设立行业质量标准体系和标准认证。让设计产业机构遵循标准化的服务质量规则，并且通过该体系区分不同发展阶段的设计产业机构，在其已有的服务模式上寻找适于自身的业务类型，并通过设计产业质量标准体系向设计服务的采购方明确地表达自身服务的价值水平及产出量级，从而推动设计产业标准化创新模式的推广。

设计产业行业标准，简单来说，就是给设计产业机构标准的衡量依据，让设计产业机构作为典型的生产关系型机构在标准化创新模式中，通过该标准明确自身的行业位置，更好地寻找适合的目标客户。并通过该标准更好地向外界传递自身服务的价值水平，消除偏颇的主观成分，通过行业的质量标准化体系做出负责任的客观评价，更好地传播整体行业价值。

通过研究设立行业质量标准，并进行标准认证给设计产业机构规范的商业环境，从而更好地追求各自的经营收益。

（四）具体措施

（1）应大力支持国际先进理念研究，提供配套科技资源。在针对服务业的标准化设计案例中，强调服务对象的作用，运用参与式创新的理念和方法。而在科技部于 2011 年开展的针对老年人产品设计的中芬合作设计项目，也引进了欧盟地区流行的 Living Lab 理念，同样是强调用户在设计中的作用。这些新理念大多伴随对新科技的需求，如虚拟现实实验室、可用性评测实验室、物联网建设等。这些配套的科技硬件和科研课题成果对于相关理论在国内的应用十分重要，同时配套资源建立也有利于吸引国际机构的入驻，因此对于推动国内工业设计发展十分重要。

（2）授权行业权威机构建立具有公信力的官方设计服务质量认证体系，并对行业进行标准化认证推广。通过聚集行业资源和提供交流平台，把握行业发展的新趋势，根据设计服务的发展不断对行业标准进行维护与调整。通过借助推广设计服务质量认证体系，为设计服务方更好地获取自身利益带来根本性的保障。尤其是行业标准向外界更好地传播具有公信力依据的设计服务价值，促进设计服务方标准化创新模式的推广应用。

第十五章

科技型企业集合信托融资服务

第一节 科技型企业集合信托融资服务的由来

科技型企业在提高科技创新能力、促进产业结构优化、促进经济社会发展等方面具有重要作用，其迅速发展已成为推动我国经济增长的重要力量。在美国，70%以上的专利是由科技型中小企业创造的，它们的平均创新能力是大企业的2倍以上。在我国，科技型企业创造了占全国66%的发明专利、74%以上的技术创新和82%以上的新产品开发，已经成为技术创新的重要力量和源泉。

融资难一直是制约科技型中小企业发展的一个重要问题。就科技型中小企业自身来看，一般都是以科技人员创业为主，总体上表现出有形资产少、规模小、经营不稳定、财务制度不健全、融资能力薄弱等特点。

中国银行业监督管理委员会（简称银监会）在《关于进一步加大对科技型中小企业信贷支持的指导意见》银监发〔2009〕37号文件中也要求创新科技金融合作模式，开展科技部门与银行之间的科技金融合作模式创新试点。科技部门和银行选择部分银行分支机构作为科技金融合作模式创新试点单位进行共建，开展科技资源和金融资源结合的具体实践，探索加大对科技型中小企业信贷支持和提高对科技型中小企业金融服务水平的有效途径。

在金融业，信托资本占很重要的位置，也是金融业创新很强的一个领域。受世界各国经济和政策性因素的影响，信托投资面临转型的压力。通过引导信托公司借助信托模式集合社会闲置资金服务于科技型中小企业融资，并加以信用担保的第三方保证实现科技型中小企业信托产品的增信，是解决科技型中小企业融资困难的一个新渠道。

本章通过三个案例研究集合信托融资的模式设计及单一项目资金门槛问题，探索通过担保－再担保方式对科技型中小企业集合信托融资产品实现信用增级，总结提炼科技型中小企业集合信托贷款融资模式经验。并研究通过担保、再担保公司和信托公司组合设计产品解决科技型中小企业融资难问题。

第二节　科技型中小企业融资困难的原因分析

一 科技型中小企业融资困难的内在原因

科技型中小企业作为知识技术密集的经济实体，需要很高的投入来开发技术领先的产品，产品的高附加值使得高新技术企业一旦成功，技术上的领先将迅速转化为经济价值，投资收益率非常高。但更需要引起关注的是，科技型中小企业同时属于高风险群体，主要表现为三点：第一，在投产前或提供服务前需要资金提供者指导其研究和发展，此时不仅是高技术产品或服务和市场处于模糊状态，而且这种产品或服务能否研究出来也是一个未知数，如果研发失败，企业必须有足够的资金承担风险，以避免破产的危险。第二，由于高新技术产品或服务是创新性的，其在进入市场时会遇到更大困难，因此需要较多资金进行市场的前期开拓和推广。第三，在高新技术领域，产品或服务较之传统领域的产品或服务来说，生命周期更短，因此创新是科技型中小企业永远的主题，而相应的资金供给则必须充裕。

从企业自身情况来看，一方面，由于科技型中小企业自身发展中经营管理和财务管理的不完善和制度不健全，也造成企业从银行融资较难。企业有形资产比例低，缺少有效的抵押品，银行对其融资面临"市场风险"和"信用风险"，在投资授信实体看来，它们信誉度较低，融资风险较高，银行和企业之间的信息不对称较严重，因而科技型中小企业依靠信贷融资就显得十分困难。另一方面，科技型企业相比较传统工业或制造型企业，拥有的是各种专利、著作权、软件及其他技术秘密信息为主要内容的知识产权，资产中无形资产所占比例较高。但是由于我国目前知识产权在国内还很难作为质押物获得贷款，多数银行等金融机构很难认可知识产权作为抵押物给予企业贷款。

二 科技型中小企业融资困难的外在原因

首先，科技金融体制不健全，融资渠道有限。银行现行信贷管理体制不利于科技型中小企业融资。商业银行加强风险管理以后，在信贷管理中推行的授权授信制度，以及资信评估制度主要是针对国有大中型企业而制定的，使信贷资金流向国有企业和其他大中型企业的意愿得以强化。我国科技型中小企业规模普遍偏小、实力弱、市场预期难以准确判断。中小企业的市场淘汰率远高于大中型企业，银行贷款给中小企业要承担更大的风险。中小企业在借款时，不仅无法享受与大中型企业相同的优惠利率，反而要支付更高的浮动利息。相比国有大型科技企业及大型民营科技企业，我国科技型中小企业融资渠道极为有限。

其次，政策扶持不足。为了支持和解决中小企业融资问题，一些国家建立了中小企业特殊融资机制，例如，日本中小企业金融公库、美国小企业局、韩国中小企业银行等，这些金融机构均由政府设立，并且不同程度地依靠政府资金来扶持中小企业的发展。我国在税收政策、法律制度及银行贷款方面给予大中型企业许多支持，在搞活中小企业提供资金便利上没有像其他国家那样提供较多优惠政策。虽然《中华人民共和国中小企业促进法》颁布实施后，我国涌现了一批信用担保机构和创业投资机构，对于缓解中小企业融资难问题起到了一定作用，但是由于制度、机制和政策落实不到位，科技型中小企业融资难矛盾依然比较突出。

综合内外部原因，科技型中小企业融资困难的原因可总结为以下几个方面。

第一，信息不对称是科技型中小企业向银行和非银行金融机构进行融资的最大障碍。其中，现代企业制度在中小企业尚未完全建立起来，其财务制度建设及经营管理尚不规范，存在较为严重的"逆向"信息不对称，对金融机构的信贷决策极易产生误导。

第二，现有金融体制和机制对科技型中小企业融资形成约束。中小企业融资交易成本高，给金融业带来的规模化效益有限且风险高，因此银行不愿意将信贷重点转向科技型中小企业。

第三，银行对高新技术产业认识有限，难以准确判断科技型中小企业的偿债能力，银行通常要求严格的抵押、担保条件，使轻资产类的科技型中小企业融资受到阻碍。

第四，科技型中小企业融资品种不丰富。我国金融机构针对科技型中小企业的贷款形式单一，多以短期流动资金贷款为主，这与科技型中小企业前期投入大、需要相对较长时间消化前期投入的模式相矛盾，不能满足科技型中小企业融资需求。

综上，为解决科技型中小企业的融资问题，必须整合社会资源，全面收集企业的融资需求信息，对科技型中小企业融资条件进行评估和诊断，并采用多种类多渠道方式帮助科技型中小企业融资[①]。

第三节　科技型中小企业融资的主要方式与特点

在市场经济中，现代中小企业融资方式主要分为两种：一是内部融资，即将自己留存盈利转化为投资的过程；二是外部融资，即吸收其他经济主体的储蓄，使之转化为自己投资的过程。外部融资又可分为债权融资和股权融资。随

---

① 王君.2009.中小高科技企业融资难及对策分析.产业与科技论坛.8（3）：58。

着技术的进步和生产规模的扩大，单纯依靠内部融资已经很难满足企业的资金需求，特别是中小企业往往经营时间不长，规模较小，自身的积累尚不足以满足企业扩大的需要，因此外部融资成为企业获取资金的重要方式。

一 科技型中小企业的个性化融资需求特点

与传统企业相比，科技型中小企业具有技术更新快、信息传递快、运营周期短、高投入、高风险、高回报的特点。这样的特点决定了其融资需求呈现出以下明显特征。

（1）资金需求持续性强、频率高。由于技术更新快，产品不断升级换代，科技型中小企业需要持续不断地投入资金，用于研发活动和购置技术含量较高的设备，及时进行技术更新，以保持持续创新的动力和能力。

（2）融资需求时效性强。科技型中小企业不具有市场垄断地位，对于市场变化敏感度较高，投资项目有较强的时效性。

（3）单次融资量相对较小。尽管科技型中小企业资金需求强烈，需要持续资金支持，但由于规模较小，单次融资资金额并不太大。

二 政府支持资金及主要方式

政府的资金支持是科技型中小企业资金来源的一个重要组成部分。综合世界各国的情况来看，政府的资金支持一般能占到科技型中小企业外来资金的10%左右，具体是多少取决于世界各国对科技型中小企业的相对重视程度及世界各国企业文化的传统。世界各国对中小企业资金援助的方式主要包括：

（1）税收优惠。发达国家企业税收一般占企业增加值的40%～50%。在实行累进税制的情况下，科技型中小企业的税负相对轻一些，但也占增加值的30%左右，负担仍较重。为进一步减轻税负，世界各国采取了一系列的措施。

（2）财政补贴。财政补贴的应用环节是鼓励中小企业吸纳就业、促进中小企业科技进步和鼓励中小企业出口等。

（3）贷款援助。政府帮助科技型中小企业获得贷款，主要方式有贷款担保、贷款贴息、政府直接的优惠贷款等。

三 债权融资方式及特点

债权融资指通过举债的方式筹措资金。这种方式主要包括向银行等金融机构贷款和向社会发行债券。

（1）贷款。这是最传统的融资方式。其优点是手续简便，融资成本低，融资数额巨大。其缺点是必须向银行公开自己的经营信息，并且在经营管理上受制于银行。并且要获得贷款一般都要提供抵押或保证人，这就降低了企业的再融资能力，尤其是科技型中小企业由于缺少不动产等抵押物向银行申请贷款的难度很大。

（2）发行债券。这种方式的最大优点是债券利息在企业缴纳所得税前扣除，减轻了企业的税负，可以避免稀释股权。其缺点是债券发行过多，会影响企业的资本结构，降低企业的信誉，增加再融资的成本。债务融资的优点在于不会影响公司的控制权，但是由于对公司的资本结构造成影响，增加了公司的经营风险和破产风险。因此，公司选择债券融资时必须高度重视融资风险的控制。

四 股权融资方式及特点

股权融资是指资金不通过金融中介机构，借助股票这一载体直接从资金盈余部门流向资金短缺部门，资金供给者作为所有者（股东）享有对企业控制权的融资方式。股权融资按融资的渠道来划分，主要有两大类：公开市场发售与私募发售。所谓公开市场发售，就是通过股票市场向公众投资者发行企业的股票来募集资金，包括企业上市、上市企业的增发与配股都是利用公开市场进行股权融资的具体形式。所谓私募发售，是指企业自行寻找特定的投资人，吸引其通过增资入股企业的融资方式。其具有以下几个特点。

（1）长期性。股权融资筹措的资金具有永久性，无到期日，无需归还。

（2）不可逆性。企业采用股权融资无需还本，投资人欲收回本金，需借助于流通市场。

（3）无负担性。股权融资没有固定的股利负担，股利的支付与否和支付多少视公司的经营需要而定。

第四节 集合信托概念、特点与发展

一 信托[①]

信托是一种财产转移或管理的设计或手段，一种由他人进行财产管理、运用和处分的财产管理制度。其作为一种严格受法律保障的财产管理制度，通过基本的三方关系即委托人、受托人和受益人更安全、更高效地转移或管理财产，

---

① 吴世亮，黄冬萍 .2010. 中国信托业与信托市场 . 北京：首都经济贸易大学出版社：1，2，27 - 45，60。

从而满足人们在处置财产方面的不同需求。《中华人民共和国信托法》（简称《信托法》）第二条规定：本法所称信托，是指委托人基于受托人的信任，将其财产权委托给受托人，由受托人按委托人的意愿以自己的名义，为受益人的利益或者特定目的，进行管理或者处分的行为。

信托业务是指信托公司以收取报酬为目的，以受托人身份接受信托和处理信托事务的经营行为。经央行批准的金融信托公司可以经营资金信托、动产信托、不动产信托和其他财产信托等四大类信托业务。集合资金信托计划（简称信托计划），即由信托公司担任受托人，按照委托人意愿，为受益人的利益，将两个以上（含两个）委托人交付的资金进行集中管理、运用或处分的资金信托业务活动。

信托业属于发展较为成熟，覆盖领域极为广泛的金融服务领域，既是金融监管体制下正规的融资渠道，也是实践中应用较多的常规融资渠道，但是将信托融资与科技型中小企业相对接，目前案例尚不多见，规模化、常态化的运作机制也还没有形成。我国信托资金投向主要为房地产、基础设施建设及金融领域，服务对象集中于成熟企业、大项目，以科技型中小企业为发行主体的信托计划寥寥无几。本章探讨的集合信托模式正是应国家政策精神及适应科技型中小企业发展而量身打造的创新型融资模式。

二 集合信托融资

区别于传统的银行贷款融资和资本市场融资，集合信托融资通过担保公司有效集中项目资源，并进行打包分类处理，再与信托公司配合，共同创新产品设计，为科技型中小企业开辟一条新的直接融资渠道。相比于银行贷款和资本市场融资，信托融资具有期限灵活、条件适中、发行简便、成本可控、效率较高等优势，可以作为科技型中小企业可资依赖的长效融资渠道。另外，通过在信托计划中，引入结构化的设计，可以将政策性资金、PE投资等机构投资者引入进来，形成"债权＋股权"的混合融资产品，从而多方面满足企业融资需求，对于培育企业成长，深度发掘企业投资价值具有更为重要的意义。

三 国外信托市场的发展状况及特点[①]

（一）英国信托业发展状况

英国是信托业的鼻祖，但目前的信托业务不如美国、日本等发达。英国信

---

① 中诚信托投资有限责任公司.2007.中国信托业发展与产品创新.北京：中国金融出版社：182－190。

托业务主要集中在个人受托业务上，占主要的业务量 80% 以上，而法人受托业务则主要由银行和保险公司兼营，专营的比例很少。

（二）美国信托业发展状况

在美国，信托概念深入人心，证券投资信托为美国证券市场的主要机构投资者。美国拥有全世界最发达的房地产投资信托基金市场。美国的信托业务按委托人法律的性质分为个人信托、法人信托、个人和法人兼有信托三类。

美国是银信兼营的代表国家，商业银行在经营银行业务为主的同时，又允许开办信托业务。据资料显示，美国现有 14 000 多家商业银行中，超过 4000 多家设立了信托部。不过，美国有关法律又规定，信托业务与银行业务在银行内部必须严格按照部门职责进行分工，实行分工管理，分别核算信托投资收益实际分红的原则。对信托从业人员实行严格的资产管理，禁止从事银行业务工作的人员担任受托人或共同受托人，以防止信托当事人违法行为的发生。

（三）日本信托业发展情况

日本信托业始于 1900 年的《日本兴业银行法》，日本为支持本国产业的发展，缓解资金不足的困难，在新颁布的该法中首次正式允许兴业银行经营"地方证券、公司债券及股票信托业"，具体开展信托业务，标志着信托制度正式导入日本。日本的信托归纳起来大致有金钱信托，非金钱信托、金钱和非金钱兼有信托，日本首创贷款信托，在信托中占比较大。

（四）发展趋势

信托职能多元化，信托机能不断深化。信托除了具有"替人理财"的基本职能之外，还具有融资、投资、金融服务等职能，并且呈现出与其他金融机构同性化的趋势。

例如，日本在第二次世界大战后建立的信托银行制度增加了信托机构的融资职能，一方面加大社会游资的力度，成为国内大众重要的储蓄机构，另一方面也为日本产业和证券市场发展提供有力的资金支持。

在投资方面，国外油田、天然气的开采就利用了信托资金。在传统的代理证券业务、基金业务、代收款业务的基础上，一些信托机构将金融服务推广到纳税、保险、保管、租赁、会计、经纪人及投资咨询服务领域。信托职能的多元化，使信托投资渗透到国家的一切经济生活之中，使信托派生出各种各样的社会职能，其中最主要的有三项：一是通过信托资金的运作，发挥投资和融资功能，促进经济发展；二是通过公益信托的运作，促进公益事业的发展；三是通过雇员受益信托的运作，配合国家福利政策推行社会福利计划，发挥其保障社会安全与稳定的功能。

另外，目前国外信托机构与其他金融机构业务交叉，机构交叉，二者紧密融合，使信托机构这一独立的金融机构概念含混不清。有的是信托银行化，有的是银行内部有信托，同时信托与证券的结合也是前所未有的紧密，两者之间在证券业务上表现为即竞争又合作。此外，年金信托化和年金保险化的界限也越来越模糊。

从国外的实践看，信托品种一直伴随着社会环境的变迁及金融工具的创新而不断创新。现代信托不仅在家事领域被用于传继和积累家产、管理遗产、照顾遗族生活或保护隐私等，在商事领域还被用于中小投资者的投资工具（投资基金）、方便企业融资的手段（公司债信托、动产信托、贷款信托）、经营企业的方式（表决权信托、商务管理信托）。不仅在社会公益领域被广为应用（公益信托），而且还广泛应用于社会福利领域。

四 国内信托市场的发展

从西方发达国家来看，信托业都经历了从产生、发育到成熟的阶段，期间也都经历了发展规范再发展的过程。由于世界各国的历史不同，信托业发展也各具特色。英国的信托业以民事信托为主的模式；日本信托业则是以金钱信托为主的信托模式；美国信托通过证券市场直接为政府和企业筹资。

中国的信托模式应该是集合英国、日本、美国三国模式的一个综合型模式，即财产信托、金钱信托、证券信托三种的信托业。

2001年1月10日，中国人民银行颁布了《信托投资公司管理办法》，对中国信托机构的设立、变更和终止、地位功能、业务范围、经营规则做出界定。同年4月28日《中华人民共和国信托法》从法律角度规范了信托制度。2007年3月1日，《信托公司管理办法》、《信托公司集合信托计划管理办法》正式出台，监管层对信托业务实施分类监管，信托公司或立即更换牌照，或进入过渡期。2003年开始，中关村科技担保公司探索为科技型中小企业发行集合信托计划提供担保，并提出了"统一组织、统一发行、分别负债、分别担保"的发行方式，为后续启动的"高新技术企业集合债券"发行创造了条件。

信托市场是一个不断推陈出新的市场，只有持续创新能力的信托公司才能在市场竞争中抢占先机，银信合作、证信合作及基金化运作的产品正在悄然兴起。

第五节　科技型企业集合信托融资模式案例

一　"担保增信信托"融资模式案例

（一）"担保增信信托"融资的基本原理

　　企业的信用资源主要来源于两个方面，一是其未来的偿债能力，二是其过去的信用记录，它们共同构成企业的信用价值，但前者起着主导作用。在偿债能力方面：一般说来，规模大的企业，其资产量和经营规模大，现金流量大，偿债能力强，财务制度透明，其信用的价值量较大，信用资源就较为丰裕；规模小的企业，其负债能力相对较弱，破产率较高，信用的价值较小，信用资源就较短缺。在信用记录方面：与大企业相比，中小企业往往较"年轻"，与银行打交道的时间短，信用观念也相对淡薄，信用记录可能不如大企业，自然，信用价值也就小于大企业。由于其先天性的缺陷，科技型中小企业很难从以上两个方面改善其信用资源，提高信用价值。主要原因如下。

　　首先，信用资源是在市场交易过程中逐渐积累起来的。中小企业大多数为新成立或成立时间较短的企业，这就必然产生其信用资源积累不足的问题，信用不足又可能导致其无法参与信用交易，无法参与交易又使其得不到发展的资金，而没有资金更无法通过交易来积累信用资源，如此周而复始，使其陷入这种恶性循环之中。

　　其次，信用资源的建设也需要有实物资源的投资，而且这种投资在信用建立以前是没有收益的。中小企业规模小，可支配的实物资源少，对信用资源的投资能力必然受到影响。

　　最后，企业信用资源的价值不仅与其自身的财产和发展潜能相联系，而且还取决于全社会的信用文化、道德水准和法律制度等，取决于社会信用资源的积累与共享程度。

　　所以说，中小企业的信用缺口需要也可以通过引入第三方信用来加以弥补，即借助于社会信用资源来打破中小企业经常陷入的信用与交易的恶性循环的"陷阱"，使有发展潜力的中小企业得到发展的资源，并得以积累自己的信用资源。为实现这一目的，需要有一种专业化的信用资源经营机构——信用担保机构，作为第三方保证人来参与投资者与融资者之间的交易，通过降低投资者所面临的信贷风险和企业所面临的贷款条件，促使贷款交易能够顺利实现。信用担保机构参与承保后，企业的风险就会降低，成了符合银行贷款标准的借款人，这样信用担保机构则在借款的投融资者之间起到一个放大信用和传递信用的功能。那么信用担保在实际应用中究竟产生了什么作用呢？我们认为主要有两大方面作用：风险转嫁作用和缩小信贷缺口作用。

第一，风险转嫁是指经济主体在经济活动中为了尽可能避免风险带来的损失，而有意识地将风险有可能产生的后果转嫁给其他经济主体承担的一种事前安排。风险转嫁本身并没有消除风险，风险及其可能产生的不利后果依然存在，只是风险后果的承担者发生了移位。在以信用担保为中介的贷款关系中，借款人是债务人，保证人是潜在债务人，贷款人既是借款合同中的债权人，也是保证合同中的债权人。当贷款到期债权人不能实现或全部实现其债权时，债权人可以向保证人行使请求权，要求保证人代为清偿债务人的欠款，从而追回损失的债权。保证人只有在清偿了所担保的债务之后，才能取得向债务人追偿的权利，即贷款损失的后果转由保证人承担。因此，信用担保中的风险转嫁是财务后果转嫁。财务后果转嫁是转移损失的不利财务负担，即转移人通过合同安排或其他方式寻求外来资金补偿其经济活动中发生的损失，而并不转移经济活动本身。通过财务后果的风险转移安排，债权人获得了债务人和保证人的双重还款保证，大大增加了债权受偿的可能性。

正因为信用担保是建立在信用基础上的担保行为，世界各国风险管理者特别是金融机构尤为重视保证人的资信等级与经济实力。对于那些财产抵押不足、信用等级不高的申贷对象，金融机构更希望有专业性的信用担保机构作为保证人，为申贷对象提供可靠的担保服务。

第二，在中小企业债务融资中，银行和其他金融机构提供的贷款占有重要份额。但是，中小企业在这方面的债务融资面临着缺口。信用担保在缓解中小企业债务融资上有显著作用，主要是专业信用担保机构实际上分担了金融机构为缓解信息不对称和道德风险而进行事前调查所需支付的信息搜集成本和事后监督所需支付的监督成本，并为金融机构转移贷款风险提供了一条出路。

相对于金融机构来说，中小企业信用担保机构管理层次要少得多，决策更灵活，对市场反应更迅速，内部组织成本低，专门从事中小企业信用调查和分析工作，既能更好地发挥专业化、标准化的优势，还能更全面、深入、细致地了解当地企业的情况，较好地克服双方信息不对称的矛盾，降低金融风险。

以信用担保的方式缓解科技型中小企业融资困境，目前在银行贷款方面已经取得了长足的进展，在银行贷款额度有限的情况下，将这种融资模式引进到其他金融机构贷款方面，将是一种有意的尝试，基于以上的背景，我们在集合信托融资模式中首先引入了担保增信信托方式。

通过设计集合信托融资结构性产品，将财政专项资金、担保机构、风险投资机构、社会投资者进行整合，降低与分散风险，形成推动合力。通过财政专项资金直接认购信托计划且不要求回报的方式，提升信托计划的信用等级，信托计划到期后政府收回本金，资金可循环使用，以便服务于更多科技型中小企业，最大限度地发挥政府资金的放大作用，达到"四两拨千斤"的作用。通过担保的增信与信托资金的引导，切实改变信贷资金单一化来源于银行贷款的瓶颈，充分体现了集合信托融资渠道的优势。

担保机构也从原本单纯地为企业从银行获取信贷提供融资担保、充当传统信贷融资的"风险分担方"，转而走向融资服务市场的"前端"，成为一名资源整合者、产品设计者及市场推广者，进而颠覆了以往由担保公司、银行和中小企业三方交易的传统担保融资模式，导入第四方（业界相关者：包括风险投资公司/上下游企业等）。第四方以某种形式承诺，当企业实现科技成果转化，经营业绩呈现快速成长性，对进一步扩大生产、经营产生大量新增资金需求时，第四方将以股权投资等形式进入该企业，合理分享科技型中小企业高成长性所带来的高收益。此外，当企业现金流发生未预期的变化而导致财务危机发生，并进而无法按时偿付银行贷款时，第四方同样以股权收购等形式进入该企业，为企业带来现金流用以偿付银行债务，并保持企业的持续经营，规避了破产清算，从而最大可能地保留企业的潜在价值，合理分担科技型中小企业高成长所带来的高风险。因此，第四方的介入，实际上起到了架通信贷市场与资本市场的桥梁作用，并且为银行的中小企业担保贷款业务构建起"第二道风控防线"。

简单地概括，在这种融资方式中，信托公司作为投资者为企业发放贷款，科技型中小企业作为融资者接受信托公司的贷款，其中担保公司作为科技型中小企业的信用担保机构为科技型中小企业增信，具体情况如图15-1所示。

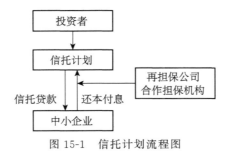

图15-1　信托计划流程图

（二）实际操作案例

在具体的操作中，我们选取了北京国际信托有限公司和北京中小企业信用再担保有限公司作为金融机构为企业投资方及担保方，这两者都是北京国资企业，希望在缓解科技型中小企业融资做出一些探索，同时作为未来业务增长点的重要尝试，在《2010年中国信托公司经营蓝皮书》中介绍为科技型中小企业提供集合信托成为北京国际信托有限公司 2010 年重要创新业务，希望提供科技型中小企业集合信托成为蓝海业务。

北京中小企业再担保有限公司成立于 2008 年 11 月 12 日，是经工业和信息化部、北京市政府批准设立的全国第一家省级中小企业信用再担保公司。该公司注册资本为 10 亿元，股东分别为北京市国有资产经营有限责任公司和北京首创投资担保有限责任公司。2009 年 12 月，北京中小企业再担保有限公司获资本市场 AA＋信用等级，达到迄今国内信用担保行业最高评级。

我们这个案例选取了一家专业从事溶液调湿空气处理机组的设计、研制开发、销售的专业化高新技术企业（A 公司）。

1. A 公司基本情况介绍

A 公司是一家专业从事溶液调湿空气处理机组的设计、研制开发、销售的专业化高新技术企业。A 公司基于革命性的温湿度独立控制空调设计理念，所生产的系列中央空调产品通过盐溶液吸收或释放空气中的水分，实现对空气湿度的调节。和常规冷凝除湿相比，不仅降低了除湿能耗，而且消除了冷凝除湿所产生的潮湿表面，从而抑制了真菌滋生，提高了室内空气品质，并进一步通过构建全新的空气处理流程与装置，实现了节能、环保与人体舒适性的良好结合，无论是节能降耗方面还是空气品质方面都大大优于传统大型中央空调产品。

2. 融资需求

鉴于 A 公司所实施项目多为大型工程配套项目，如机场建设等，既有融资性需求，又有工程履约保函需求，本信托在满足企业融资需求的同时，给予企业工程履约的配套授信，从而为企业提供一体化的信用增级解决方案。此外，该集合信托在融资担保-反担保措施上设计了有别于银行传统抵质押的创新方式，将科技型中小企业的专利权、商标专用权等无形资产纳入质物范畴，而在同等条件下，该企业很难直接以这些无形资产做质押从银行获得贷款。随着公司业务规模不断扩大，下游企业所欠应收账款对公司流动资金占压情况不断加大，造成公司运营资金紧张。同时，该公司为了扩大销售收入，承接政府投资建设的一些大型建设项目，包括广州南方报业和陕西咸阳机场等项目，需要垫付资金，这些项目实施后，会造成企业流动资金进一步紧张。

3. 融资方案及模式

经与 A 公司沟通，根据其经营特点，为 A 公司量身订制了两年期融资及工程履约保函担保相结合的信托融资方案。既符合其金融服务需求，又节约企业融资成本。

（1）融资部分：考虑到融资金额需与企业的经营状况、合同规模、真实需求、融资用途及还款来源相匹配；融资期限需与企业合同回款现金流、回款周期相匹配。

（2）保函部分：主要考虑到企业下游客户多为大型商超、办公写字楼、酒店、饭店、体育馆、影剧院、学校、医院、图书馆、机场、实验室、博物馆、工厂等业主方，根据项目执行特点和业主方要求，在合同执行中往往需要企业提供工程履约保函，期限与合同执行期相匹配。

在反担保方案及风险控制措施的设计上，突破传统抵质押反担保方式的束缚，在设计上充分体现了核心性、价值性及控制性原则，能够有效防范、控制融资担保风险，切实解决了科技型中小企业欠缺有形资产抵质押的融资担保难问题。具体措施如下。

（1）说服企业接受对期限较长、合同金额较大的项目实施封闭管理运作：回款回到指定监管账户，有效监控企业的第一还款来源。

（2）动员企业提供与溶液调湿式空气处理技术相关的专利权及商标专用权做质押，注重判断企业专利技术及注册商标与主导产品、主营业务的关联程度，分析专利技术及注册商标的应用能为企业带来的稳定收入。

（3）由实际控制人、股东提供个人无限连带责任保证反担保，增加企业的还款意愿和违约成本。

（4）股东公司提供连带责任保证反担保及51％股权提供质押反担保等组合反担保措施，有效控制企业的经营命脉。

二 "股权信托" 融资模式案例

（一）"股权信托" 融资的基本原理

信托公司相比其他金融机构的优势在于信托制度本身的整合性，信托公司是唯一可以跨货币市场、资本市场和实业领域投资的机构，在信托的平台上可以集成所有的金融工具。

根据清科研究中心研究数据和《亚洲创业投资期刊》报告显示，2006年和2007年两年亚太地区私人股权投资基金的投资总额和募资总额都增长较快，私人股权投资基金的参与主体在不断扩大，以往以外资为主导的私人股权投资市场正在逐步转变为以人民币为主导的中资企业的舞台。信托产品投资私人股权市场则是近年来的新的趋势。2007年3月1日，银监会修订的"两新规"（《信托公司管理办法》）和（《信托公司集合资金信托计划管理办法》）。"两新规"明确银监会将优先支持信托公司开展私人股权投资信托、资产证券化等创新类业务，在政策支持下信托公司开始尝试上市前定向募集，而信托资金投向有核心技术或创新性经营的科技型公司。2008年，银监会下发了《信托公司私人股权投资信托业务操作指引》，从监管上为私人股权投资信托业务明确了方向。各信托公司陆续形成了系列化产品，如平安信托投资有限责任公司的"辉煌"系列。

在我国目前的经济、政治、法律等条件下，与一般意义上的私人股权投资基金相比，信托制 PE 具有比较优势：第一，信托仅仅是利用一种法律关系将各方联系在一起，无须注册专门的有限合伙企业或投资公司，交易及运营成本极为低廉。第二，在开展私人股权投资业务上，若采用信托型的私人股权基金可以避免公司型面临的双重征税问题，有效降低投资人的税收负担。第三，信托制度明显优于其他制度，在退出方式上较为灵活，可以通过股权转让，股东回购、股权分配等方式退出。

（二）实际操作案例

在北京我们也尝试寻找一种的将这项业务能够落地的业务模式。我们选取了 B 公司作为试点，企业愿意出售股权获得融资，而知名的信托公司不但可以提供未来的资金支持，还可以提升被投企业的知名度、提高公司治理水平、提高企业的规范化程度、提高管理水平、帮助引进人才、拓宽企业家的战略思路、引入战略资源（如客户、技术等）其股权流动性更强，与资本市场对接渠道更为通畅。因此，信托计划份额分为：优先级信托份额，面向社会公众投资人募集，由担保机构保本保息，收益固定，具有第一位的受偿权；一般级信托份额，面向 PE 机构、创投机构募集，无担保，受偿权位于优先级之后，但该类投资份额以可转换债权或股权投资形式存在，享有企业权益价值增值的分享权；另外，政策性资金以另外一种一般级信托份额形式存在，无担保，无投资回报要求，起到对优先级信托份额的缓冲和增信作用。通过将政策性资金引入到信托投资中，创新公共资金的使用方式，提高资金使用效率，实现资金与项目的嵌入和结合，形成可持续机制，从而避免单纯补贴和贴息的使用方式单一，资金使用无法持续和流转的弊端。

1. B 公司基本情况介绍

B 公司专业从事特种功能涂料的研发、生产、销售和涂装工程施工业务。该公司具有"防腐保温壹级"专业资质，是中国腐蚀与防护学会理事单位、中国公路学会桥梁和结构工程分会理事单位、中国化工学会氟涂料专业委员会理事单位、《交通标准化》理事单位。B 公司通过 GB/T 19001 质量管理体系标准、GB/T 24001 环境管理体系标准和 GB/T 28001 职业健康安全标准"三合一"认证及中国船级社的工厂认可，公司目前拥有等大量专利技术。

2. 融资方案及模式

如果仅仅依靠银行贷款来融资，企业只能维持现有生产状况，而公司目前也不能依靠担保机构增信的方式发行信托。在这种情况下，由于 B 公司有股权融资的意向，公司目前属于该细分行业的龙头企业，具有高成长性，比较容易受到投资机构的青睐，而知名股权信托资金的介入，可以提升被投公司的知名度，品牌在公司以后成长过程中，将会更加便于引进资金，提升信用。

这时信托资金更像风险投资机构可以和企业签署对赌协议，以某种形式承诺，当企业实现科技成果转化，经营业绩呈现快速成长性，对进一步扩大生产、经营产生大量新增资金需求时，风险投资公司将以股权投资等形式进入该企业，合理分享科技型中小企业高成长性所带来的高收益。此外，当企业现金流发生未预期的变化而导致财务危机发生，并进而无法按时偿付银行贷款时，风险投资公司同样以股权收购等形式进入该企业，为企业带来现金流用以偿付银行债务。并保持企业的持续经营，规避了破产清算，从而最大可能地保留企业的潜在价值，合理分担科技型中小企业高成长所带来的高风险。

三　"产业链融入式"信托融资案例

科技型中小企业本身规模不大，通常情况下作为大公司的配套产品供应，该模式是将信托贷款的发放采用第三方支付模式，结合企业上下游整体产业链设计回款控制方式，确保信托资金的合理安全使用。根据企业生产经营周期的实际需要，实行信托期限差异化匹配。该项目的信托期限设定为 3 年，企业可选择提前 1 年结束，从而增强了企业的自主选择权，避免了由于信托计划期限刚性，造成企业到期一次性还款的支付压力。

（一）企业简介

C 公司是生产工业陶瓷公司。传统的工业陶瓷企业属于高耗能高污染行业，其运营模式为"资源→产品→污染排放"的物质单向流动模式。随着节能减排工作的深入开展，工业陶瓷行业在逐步向着大型化、高效化、智能化、低耗化的趋势发展，并且嫁接现代机电技术、信息技术、自动化技术、材料技术，提高窑炉的技术水平，促进技术结构调整，重视技术创新，不断以高新技术来推动陶瓷工业的节能降耗工作。C 公司的产品主要分四大类：第一类是环保节能型蜂窝陶瓷热体系列产品。第二类是铸造用陶瓷过滤片。第三类是祛除氮氧化物用的整体蜂窝陶瓷催化剂。第四类是汽车尾气净化器用蜂窝陶瓷载体。应用于冶金等行业的高温热工设备，可节能 $35\% \sim 40\%$；减少二氧化碳排放量 30% 以上，显著降低氮氧化物的排量。催化燃烧用新型多孔陶瓷板通过蓄热、催化燃烧的方式达到提高热效率和环保的效果，是炉用灶具等理想的产品。电站脱硝用整体蜂窝陶瓷催化剂及机动车颗粒物蜂窝陶瓷捕集器主要利用其催化和壁流式结构，达到废气净化的目的。可使氮氧化物和颗粒物的排放达到或小于国家规定的排放标准，其产品质量与使用效果与国外同类产品先进水平相当。公司蜂窝陶瓷系列产品技术水平达到国际先进，填补了国内空白，由于对生产工艺流程不断进行化和改进，生产成本大大降低，截至 2005 年，其产品在本行业市场占有率已达 45％。之后由于该公司不断加大技术创新及科研开发力度及售后技术服务力度，在行业内建立了很高的信誉度，已经成为国内的知名品牌，同时也得到了日本、东南亚、欧洲等用户的认可和订货。因此，至今一直保持着 45％甚至略高的市场占有率，产品的盈利空间主要依靠产品质量、品牌认知、技术创新、降低成本及合理的销售价格。

截至 2009 年年末，C 公司没有股权质押，没有对外担保，公司现有资产完整无任何潜在风险。

（二）融资需求及方案设计

C 公司处于整个供应链的中游，上有原材料供应企业，下有核心生产制造企业。相对于核心生产制造企业而言，C 公司处于供应链的上游，其产品主要销售给各大型钢厂及加热炉制造企业，客户一般要求使用一段时间后才付款，应收账款所形成的账期造成了企业经营现金流的压力。相对于原材料供应商而言，该企业又处于供应链的下游，其原材料采购、原材料储备、生产周期、产品库存、市场销售等方面都会增加资金占用，造成其流动资金短缺，对未来发展产生了一定影响。因此，企业申请信托项下流动资金贷款，不仅用于采购原材料、扩大生产规模，还用于增加新产品的市场投入，信托融资用途真实、合理。

作为供应链中的重要一环，企业与上下游客户长期合作，形成稳固的采购、销售渠道；企业近几年销售收入基本稳定，签订的销售合同与其申请流动资金贷款规模相匹配，具备一定的还款能力。因此，信托公司采用向下游客户贷款的方式，但指明贷款用途为支付 C 公司的货款，这样由于下游客户往往是大型企业，具备融资能力，可以利用金融杠杆经营，而其中一部分贷款可以作为货款的方式先期发放给 C 公司，这样大大缓解了 C 公司的资金链条。这样供应链融入式信托融资方案设计，是科技型中小企业比较适合的一种融资尝试。产业链融入式融资模式流程图如图 15-2 所示。

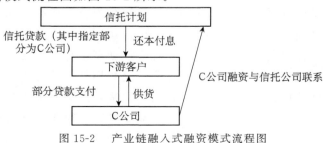

图 15-2 产业链融入式融资模式流程图

第六节　科技型中小企业集合信托融资创新模式经验总结

一 探索解决科技型中小企业融资难问题的创新举措

相比于一般的中小企业，科技型中小企业多数属于轻资产型企业，可变现能力强的有效资产不足，技术风险相对较高，产品培育期较长，企业经营风险相对较高，因此面临着更加严峻的融资难瓶颈。科技型中小企业作为北京重点扶持的企业群体，探索开拓科技型中小企业融资渠道，切实解决科技型中小企业融资难题，对于推动技术创新，优化调整首都产业结构，实现经济增长方式转变具有积极意义。

在现有的银行审贷政策下，科技型中小企业仍难以获得大额中长期贷款支持，外部融资对科技型中小企业的满足度较低。因此，开拓直接融资渠道，探索通过集合信托模式，解决科技型中小企业融资难题，具有现实的必要性和可行性。国内其他省（区、市）中小企业集合信托模式的实践，以及北京中小企业信用再担保公司业已进行的成功案例，为探索科技型中小企业集合信托融资新路径准备了坚实基础。

这种"集合组织、统一发行、分别负债、分别担保"的融资模式，之所以能够有效拓展科技型中小企业的融资渠道，主要是由企业准入门槛相对低、审贷效率高等自身特点所决定的，相对于传统的企业融资渠道，具有以下优势：

第一，融资企业的规模不受限制。目前，以商业银行为主的放贷机构对于申请贷款企业的规模限制较多，很多科技型中小企业虽然成长性好，但却被银行拒之门外。而集合信托贷款方案相对灵活，可以对规模较小的融资需求进行打包处理，集中组合。

第二，批处理解决申请企业的担保问题。"担保难"也是困扰科技型中小企业融资的主要瓶颈之一，而集合信托贷款方案通过再担保公司为担保公司提供分散风险保证，进一步提升了科技型中小企业信用，很好地解决了特定企业群体的担保难题。

第三，破解科技型中小企业无抵质押难题。轻资产，缺乏有效的抵质押往往是科技型中小企业的一大特点。由于集合信托贷款方案注重的是企业的盈利性和流动性等财务状况，企业可以采用发明专利、股权、订单等多种权利形式进行抵质押，从而有效地解决了企业抵质押难题。

第四，在银行体系外寻求解决企业贷款的新途径。按照《中华人民共和国信托法》集合资金信托计划（简称信托计划），即由信托公司担任受托人，按照委托人意愿，为受益人的利益，将两个以上（含两个）委托人交付的资金进行集中管理、运用或处分的资金信托业务活动。担保加信托融资方式，让企业获得资金的渠道变得更加开阔。

第五，高效率、持续地为企业提供融资服务。企业的贷款需求和担保申请同步受理，使得服务效率进一步提高。另外，集合信托贷款采取滚动持续发行的方式，可以为企业提供持续的资金支持。

二 集合信托融资创新模式的推广应用价值分析

担保加信托方式对于中小企业融资具有明显的比较优势。而我国科技型中小企业融资结构之所以存在严重的缺陷，除了证券市场和银行信贷方面的一些制度缺陷外，融资工具单一，缺少金融创新也是重要的影响因素。而担保加信托融资模式不仅拓宽了企业，特别是科技型中小企业的融资渠道，且手续简单、方便，融资成本低，还能优化企业的治理结构。当然，在利用信托模式解决我国科技型中小企业融资难的过程中还存在很多困难和障碍。譬如，国内的信托产品缺乏流动机制，没有标准化，也没有可以交易的一个平台和为风险投资提供的退出机制，同时还缺乏对投资者的税收激励计划。但是，随着我国信托业的市场环境、政策体系、法律构建的逐步完善与发展，信托产品在科技型中小企业融资问题上将会有更大的发展空间，同时也将成为科技型中小企业融资现实、重要的选择。

三 进一步缓解科技型中小企业融资难问题的政策建议

第一，希望政府相关部门领导能够高度重视，组织各方面专家学者深入实际调查研究，对有担保增信的集合信托融资创新模式从制度层面做全面分析梳理，并制定相应的激励约束机制和政策，为担保公司和信托公司在该领域的创新工作给予方向指引和制度激励。

第二，充分利用信托公司集中社会资金的能力，通过加大政策支持力度，组织系列产品新闻发布、签约仪式活动等，引导全社会更多地来关注科技型中小企业的融资困难，为集合信托融资创新模式吸引更多的智力支持。

第三，由相关政府部门牵头，广泛开展科技型中小企业集合信托融资创新模式的宣传培训活动，通过政府部门的强力推动，让更多的科技型中小企业从中受益。

参 考 文 献

北京市科学技术委员会，北京工业设计促进中心 . 2008. 工业设计，另一种生产力——提升计划案例集萃 . 第 1 版 . 北京：中国环境科学出版社 .

北京市信息化工作办公室 . 2005. 北京市信息服务业发展报告 2004. 北京：中国发展出版社 .

布哈里斯 . 2004. 旅游电子商务 . 马晓秋译 . 北京：旅游教育出版社 .

蔡奇 . 2008. 以商业模式创新推动转型升级 . 政策瞭望，(11)：18，19.

陈刚 . 2010. 外包企业要通过创新向服务价值链上游攀升 . ChinaSourcing 中文版，(7)：41-45.

陈红雨 . 2005. 浅议德国环境监测现状//四川省第十次环境监测学术交流会论文集：117-119.

陈锦章 . 2008. 生物医药研发服务业的个性特征研究 . 金融经济（理论版），(6)：69，70.

陈实 . 2006. 我国电子支付问题及发展策略研究 . 北京：北京邮电大学硕士学位论文 .

陈钰芬，陈劲 . 2004. 赢在服务创新 . 北京：机械工业出版社 .

代杨 . 2008. 新技术环境下出版企业的数字转型 . 出版科学，(5)：80-83.

邓香莲 . 2007. 数字出版：传统出版产业链的价值延伸 . 科技与出版，(12)：17-19.

邓永丽，雷霆，李琼 . 2007. 医药研发服务业的特征浅析 . 中国药事，21 (5)：206-308.

丁文红 . 2002. 勘察设计院技术创新模式初探 . 钢铁，(增刊)：787-791.

范浩文 . 2005. 香港中小企业管理与创新案例汇编 . 第 1 版 . 香港：香港大学出版社 .

冯春培 . 2010. 支付宝在技术上只能走自己的路 . http：//news. xinhuanet. com/eworld/2010-06/11/c_12212008. htm [2011 - 12 - 04].

冯飞 . 2003. 中国 B2C 旅游电子商务盈利模式比较研究——以携程旅行网和春秋旅行网为例 . 旅游学刊，(4)：70-75.

苟仲文 . 2006. 我国电子信息产业创新体系的形成机理研究 . 中国软科学，(6)：741-744.

郭丹 . 2010. 从《非诚勿扰》到全媒体出版 . 出版参考，(9)：12.

国家遥感应用工程技术研究中心，等 . 2009. 北京市空间信息产业调研报告 . 卫星应用，17 (2)：5-12.

何勇海 . 2005-07-07. 三大瓶颈阻碍数字出版业发展 . 中国经济导报，2.

贺康庄 . 2009. 论企业无线营销存在的问题与对策 . 湖南商学院学报，16 (5)：80-83.

胡笑蓉 . 2008. 最适合中小企业的贷款 . 名人传记（财富人物），(8)：76，77.

黄彦君，上官志洪 . 2008. 在线监测在辐射环境测量中的应用 . 仪器仪表学报，(8)：224-227.

简炼 . 2003. 完善城市轨道交通建设的市场化模式 . 地铁与轻轨，(3)：1-7.

姜红，曾锵 . 2005. 服务创新模式研究现状与展望 . 浙江树人大学学报，(2)：16-22.

姜林，王岩 . 1997. 北京市环境经济政策研究 . 生态经济，(3)：19-25.

姜兴周 . 2004. 工程技术企业的管理再造 . 中国勘察设计，(5)：23-27.

焦峰 . 2002. 中文在线诠释数字出版 . 中国电子与网络出版，(10)：24.

靳徐进，石磊 . 2009. 全媒体出版——出版业的方向和趋势 . 东南传播，(12)：24-26.

匡文波，孙燕清 . 2010. 数字出版商业模式的国际经验及其启示 . 重庆社会科学，(6)：67-72.

郎咸平 . 2008. 产业链阴谋：一场没有硝烟的战争 . 第 1 版 . 北京：东方出版社 .

李法宝 . 2010. 论全媒体出版产业发展策略 . 编辑之友，(3)：41-44.

李红艳 . 2011. 服务业增加值比重 . 数据，(7)：80.

李华，董明，汪应洛 . 2008. 基于信息技术的服务外包 . 西安：西安交通大学出版社 .

李晶 . 2010-12-04. 移动互联网广告的公园模式 . 经济观察报，51.

李景春，曾国屏 . 2006. 基于知识密集型服务活动的服务创新系统研究 . 自然辩证法，(11)：102-106.

李萍，闫长乐，童以祥 . 2008. 手机支付商业模式浅析 . 北京邮电大学学报（社会科学版），10 (4)：20-25.

李雪梅，李学伟 . 2009. 北京城市轨道交通公共政策与运营企业竞争战略 . 北京：知识产权出版社 .

李中华 . 2008. 中国 CRO 的现状及所面临的挑战 . 中国医药技术经济与管理，(1)：43-46.

梁治国 . 2010. 北京地区钢铁领域研发服务业现状及发展对策 . 科技进步与对策，27 (12)：55-57.

蔺雷，吴贵生 . 2003. 服务创新 . 北京：清华大学出版社 .

刘成勇 . 2006. 从"工具书在线"谈商务印书馆数字出版理念与实践 . 科技与出版，(5)：14-17.

刘成勇 . 2007. 主动介入、掌握数字出版的主导权 . 出版广角，(7)：16，17.

刘洪波 . 2009. 论网上银行与第三方支付平台的竞合关系 . 商业时代，(34)：97-99.

刘建兵 . 2009. 从手机设计产业看研发服务业发展的影响因素 . 技术经济，(2)：66-73.

刘建兵，柳卸林 . 2009. 服务业创新体系研究 . 北京：科学出版社 .

刘磊 . 2008. 国内移动支付产业的协作模式 . 北京：北京邮电大学博士学位论文 .

刘启诚 . 2005. 中移动联手银联打造"手机钱包". 通信世界，(15)：270.

刘熙颖 . 2000. 大城市为何钟情轨道交通 . 瞭望新闻周刊，(9)：50，51.

柳卸林 . 2001. 中国区域创新能力分布的研究 . 中外科技信息，(11)：73.

楼健人 . 2008. 杭州市商业模式创新研究 . 杭州科技，(5)：8-13.

卢锋 . 2007. 服务外包的经济学分析：产品内分工视角 . 北京：北京大学出版社 .

吕铎 . 2007. 知识密集型服务业创新能力研究——以天津为例 . 天津：河北工业大学硕士学位论文 .

栾雪梅 . 2007a. 韩国：国家教育 . 中国处方药，(5)：32.

栾雪梅 . 2007b. 临床试验：向新兴国家进发 . 中国处方药，(5)：23-25.

罗能钧 . 2006. 工程总承包企业组织模式研究 . 上海：同济大学博士学位论文 .

马斯洛 . 2007. 动机与人格 . 北京：中国人民大学出版社 .

彭丹 . 2006. CRO 敛金中国药研市场 . 中国医药指南，(5)：90-92.

冉保松 . 2009. 支付宝的"中日合作". 中国物流与采购，(3)：28，29.

赛迪顾问股份有限公司 . 2010. 2009—2010 年中国软件外包服务产业发展研究年度报告 .

沙梦麟 . 2004. 发展我国城市轨道交通的战略和决策 . 交通与运输，(4)：18，19.

施设 . 2005. 改革产权制度使企业进入持续发展快车道 . 中国勘察设计,(1):17-19.

孙平,丁伟 . 2009. 中美软件产业组织比较分析 . 改革与战略,(8):124-128.

汤海京 . 2009. "移动营销"促进传统服务业实现跨越式发展 . 信息系统学报,3（1）：
109,110.

田劲松 . 2004. 环境在线监测信息系统的研究与开发——以广州市污染源在线监测系统方案设
计为例 . 武汉：武汉理工大学硕士学位论文 .

王炳华,赵明 . 2000. 美国环境监测一百年历史回顾及其借鉴 . 环境监测管理与技术,(12):
13-17.

王灏,李开孟,高朋 . 2008. 我国城市轨道交通主要投融资模式及创新思路 . 中国投资,(3):
103-103 .

王健,常玉伟,赵刚 . 2000-08-07. 我国首条城市高架轨道交通电气化工程全线建成 . 科技日
报,2.

王坤宁 . 2007-11-16. 内容创新催生系列产业链 . 中国新闻出版报,4.

王瑞丹 . 2006. 高技术型现代服务业的产生机理与分类研究 . 北京交通大学学报,5（1）：
50-54.

王仲东,杨跃承,赵志强 . 2007. 高技术服务业的内涵特征及成因分析 . 科学学与科学技术管
理,(11) .

魏江,沈璞 . 2006. 知识密集型服务业创新范式初探 . 科研管理,(1):70-74.

魏江,Boden M. 2004. 知识密集型服务业与创新 . 北京：科学出版社 .

巫宁,杨路明 . 2003. 旅游电子商务 . 北京：中国旅游出版社 .

吴邦灿,费龙 . 1999. 现代环境监测技术 . 北京：中国环境科学出版社 .

吴世亮,黄冬萍 . 2010. 中国信托业与信托市场 . 北京：首都经济贸易大学出版社 .

吴卫华 . 2008. 我国手机支付现状及发展初探 . 特区经济,(10) .

奚旦立 . 1998. 环境工程手册（环境监测卷）. 北京：高等教育出版社 .

夏晓梅,马晓旦 . 2008. 加快发展钢铁服务业提升宝山现代服务业水平 . 商场现代化,(18):
220,221.

肖欣荣,姜国杰 . 1999. 建立城市大运量快速交通体系的升级战略 . 城市规划汇刊,(3):
54-56.

熊嘉琪 . 2007. 数据采集传输终端的研究及在环境监测中的应用 . 杭州：浙江大学硕士学位论
文 .

胥树凡 . 2008. 环境监测体制改革的探讨 . 中国环保产业,(1):33-35.

杨波,殷国鹏 . 2010. 中国 IT 服务外包企业能力研究 . 管理学报,7（2）：199-203.

杨兴凯,张笑楠 . 2008. 电子商务中的第三方支付比较分析 . 商业研究,(5):132-134.

姚亦武,姚坚,付向阳,等 . 2008. 贵州省环境污染源在线监测现状及对策 . 环保科技,(4):
22-26.

叶萍 . 2009. 浅论环境监测数据的综合分析方法 . 中国环境管理干部学院学报,(3):99-101.

原长弘,贾一伟 . 2003. 国内创新网络研究基本状况和主要进展 . 科学学研究,21（5）：
552-555.

原毅军 . 2009. 软件服务外包与软件企业成长 . 北京：科学出版社 .

张建明.2009.论数字出版泛化的出版概念对出版产业的影响.出版发行研究，（3）：52-54.

张立.2005.数字出版的若干问题讨论.出版发行研究，（7）：13-18.

张新智.2010-12-30.数字出版的产业变局.中国企业报，2.

张云川，蔡淑琴.2005.离岸外包与中国软件产业发展的思考.科技进步与对策，（3）：42，43.

张治河，胡树华，金鑫，等.2006.产业创新系统模型的构建与分析.科研管理，27（2）：36-39.

赵沛楠.2012.高技术服务业聚集八大领域.http：//news.hexun.com/2012-04-09/140191049.html［2012-04-09］.

赵英民.2009.科技创新与环保新道路.特别关注，（11）：14-17.

郑涛.2001.环境监测信息系统开发与应用研究.杭州：浙江大学硕士学位论文.

周杭.2007.地铁民用通信设备管理维保模式探讨.都市快轨交通，12（6）：95，96.

周培栋，连漪，因巧莉.2007.西方技术创新理论发展综述.商场现代化，（6）：228，229.

Bilderbeek R，Hertog P. 1998. Technology-based knowledge-intensive business services in the Netherlands：their significance as a driving force behind knowledge-driven innovation. Quarterly Journal of Economic Research，67（2）：126-138.

Carlsson B，Stankiewitz R. 1995. On the nature function and composition of technological systems//Carlsson B. Technological Systems and Economic Performance. Dordrecht：Kluwer.

Catellacci F. 2008. Technological paradigms，regimes and trajectories：manufacturing and service industries in a new taxonomy of sectoral patterns of innovation. Research Policy，37（6-7）：978－994.

Cooke. 1997. Regional innovation systems：institutional and organizational dimensions. Research Policy，26（4-5）：475－491.

Den H P. 2002. Co-producers of innovation：on the role of knowledge-intensive business services innovation// Gadrey J，Gallouj F. Productivity，Innovation and knowledge in services：new economic and socio-economic approaches. Cheltenham：Edgar Elgar Publishing：223-255.

Edquist C，Lundvall B A. 1993. Comparing the Danish and Swedish System of Innovation// Nelson R R. National Innovation Systems：A Comparative Analysis.

Freeman C. 1987. Technology Policy and Economic Performance：Lessons from Japan，London. London，New York：Pinter press.

Gadrey J，Gallouj F. 1998. The provider-customer interface in business and professional services. The Service Industries Journal，18（2）：1-15.

Hertog P D. 2002. Co-producers of innovation：on the role of knowledge-intensive business services in innovation // Gadrey J，Gallouj F. Productivity，innovation and knowledge in services：new economic and socio-economic approaches. eds. Edward Elgar.

Lundvall B A. 1993. National Innovation Systems：A Comparative Analysis：265-298.

Malerba F，Orsenigo L. 1990. Technological regimes and patterns of innovation：a theoretical and empirical investigation of the Italian case//Heertje A，Perlman M. Evolving technology and market structure. Ann Arbor MI：University of Michigan Press.

Malerba F. 2002. Sectoral systems of innovation and production. Research Policy，31 （2）：247-264.

Malerba F. 2004. Sectoral systems of innovation：concepts，issues and analyses of six major sectors in Europe. Cambridge：Cambridge University Press.

Malerba F. 2005. Sectoral systems of innovation：a framework for linking innovation to the knowledge base，structure and dynamics of sectors. Economics of Innovation and New Technology，13 (1-2)：63-82.

Miles I，Kastrinos N，Bilderbeek R，et al. 1995. Knowledge-intensive business services：users，carriers and sources of innovation. EC：EIMS publication No15.

Miozzo M，Soete L. 2001. Internationalization of services：a technological perspective. Technological Forecasting and Social Change，(67)：159-185.

Nelson R L. 1993. National Innovation Systems：A Comparative Analysis. Oxford：Oxford University Press .

OECD. 2011. Innovation and productivity in service. Paris：OECD Report.

Osterwalder A，Pigneur Y. 2010. Business Model Generation. 1st ed. John Wiley & Sons Inc：17-45，56-79.

Osterwalder A，Pigneur Y. 2011. 商业模式新生代．王帅译．北京：机械工业出版社．

Porat M V. 1977. The Competitive Advantage of Nations. New York：MacMillan.

Saskia S. 2001. The Global City：New York，London，Tokyo. Princeton：Princeton University Press.

Sundbo J，Gallouj F. 1998. Innovation as a loosely coupled system in services. SI4S Topical Paper.

后　记

本书是北京市软科学"北京科技服务业创新模式研究"系列课题的研究成果。该系列课题设立了总体研究和数字出版、互联网服务、移动营销服务、电子支付、软件服务外包、环境在线监测服务、三维空间信息产业、钢铁工程技术服务、轨道交通技术服务、医药临床研究服务、设计产业及科技型企业集合信托融资服务等12个行业或业态的专题研究课题。本课题由来自高校、科研院所、企业和中介机构和12家单位承担，共研究案例48个。总体研究由北京城市系统工程研究中心承担。

该系列课题研究中采用较为广义的"科技服务业"概念，研究对象包括信息服务业、计算机服务与软件业、研发与技术服务业三大类产业。这一概念与科技部中小企业基金和国家发改委在相关文件中界定的"高技术服务业"范畴基本一致。为更准确地反映本书研究内容，我们将本书命名为《高技术服务业创新：模式与案例》。

该系列课题于2011年4月结题后，我们对研究报告进行提炼与加工，形成了本书的初稿。对其中一些内容进行了重写和增删，例如，原来课题主要是针对北京的情况展开，撰写书稿时增加了对全国情况的分析，并删减了部分专门针对北京情况分析的内容。本书主要目的是深入研究高技术服务业创新的特征和存在的问题，总结和提炼可推广的典型模式，为产业实践和政府政策制定工作提供参考。

承担本书撰写工作的作者来自高校、科研院所、企业和中介机构的12家单位，共研究案例48个，其中北京案例35个，据我们所知，此次研究是国内最大规模的一次专门针对高技术服务业，甚至是服务业的软科学研究。

本书是全体撰写成员及委托和管理单位北京市科学技术委员会、北京高技术创业服务中心（以下简称项目组）共同努力的成果和智慧的结晶。

在本书撰写过程中，项目组精诚合作，投入了大量的时间和精力。北京市科学技术委员会张星对全书的框架结构和主要内容进行总体设计，并对每章节内容进行了多次审改和完善。各承担单位起草人员参加了撰写和修改完善工作。总体组对全书作了系统的梳理和完善。

全书分为四篇，共十五章，其中，第一篇是理论框架与总体研究；第二篇是信息服务业的案例和创新模式；第三篇是计算机服务与软件业的案例和创新模式；第四篇是研发与技术服务业的案例和创新模式。

各篇章具体分工如下：第一篇由第一、第二、第三章组成，作者分别为北京市科学技术研究院王立，北京城市系统工程研究中心刘建兵、邢新主，北京工商大学李艳华，北京市科学技术委员会张星，北京城市系统工程研究中心侯磊娟，中国科学院文献情报研究中心王玉祥，中共博山区委党校靳雪银。第二篇由第四、第五、第六、第七章组成，第四章的作者为北京印刷学院陈丹、张志林、包韫慧、周康、周红、周玥、石璐；第五章的作者为中国科学院科技政策与管理科学研究所乔为国、曲婉、眭纪刚，中国科学院文献情报中心王婷，对外经济贸易大学保险学院周娟；第六章的作者为北京市科学技术情报研究所刘利永、张京成、刘光宇、张彦军；第七章的作者为北京城市系统工程研究中心邢新主、刘建兵，北京工商大学李艳华，北京市科学技术研究院王立，中共博山区委党校靳雪银，华中师范大学心理学院薛孟杰，中国科学院文献情报研究中心王玉祥。第三篇由第八、第九、第十章构成，第八章的作者为北京科学学研究中心张士运、杨博文、李岩；第九章的作者为中科宇图资源环境科学研究院刘锐、李红华、杜红、曹茜，中科宇图天下科技有限公司孙世友、谢槟宇、苏志文；第十章的作者为北京国遥新天地信息技术有限公司吴秋华、梁长青、李先。第四篇由第十一、第十二、第十三、第十四、第十五章构成，第十一章的作者为中冶京诚工程技术有限公司王强、姜兴周、武其俭；第十二章的作者为北京交通大学刘云、苟娟琼、穆海冰、张振江、赵颖斯、程辉；第十三章的作者为北京城市系统工程研究中心白波、吴作董、张迪、刘颖颖、张旭；第十四章的作者为北京工业设计促进中心陈冬亮、黄平、刘莉、黄景灏、孙伟、张鸿儒；第十五章的作者为北京市科技金融促进会秦恺、缪海波、杨晓峰、黄毅、艾维权、李菁、康光明、李鸿。全书由刘建兵、王立、张星、邢新主统稿定稿。

在本书研究及写作过程中，举办了近20次研讨会，调研企业50多家，得到了近百位来自社会各界领导、专家、朋友的支持、帮助与指导，正是他们的指导和帮助保证了本书的顺利撰写，在此表示特别感谢。

刘建兵 王 立 张 星
2011 年 3 月 15 日

"中国软科学研究丛书"已出版书目

《区域技术标准创新——北京地区实证研究》

《中外合资企业合作冲突防范管理》

《可持续发展中的科技创新——滨海新区实证研究》

《中国汽车产业自主创新战略》

《区域金融可持续发展论——基于制度的视角》

《中国科技力量布局分析与优化》

《促进老龄产业发展的机制和政策》

《政府科技投入与企业 R&D——实证研究与政策选择》

《沿海开放城市信息化带动工业化战略》

《全球化中的技术垄断与技术扩散》

《基因资源知识产权理论》

《跨国公司在华研发——发展、影响及对策研究》

《中国粮食安全发展战略与对策》

《地理信息资源产权研究》

《第四方物流理论与实践》

《西部生态脆弱贫困区优势产业培育》

《中国经济区——经济区空间演化机理及持续发展路径研究》

《研发外包：模式、机理及动态演化》

《中国纺织产业集群的演化理论与实证分析》

《国有森林资源产权制度变迁与改革研究》

《文化创意产业集群发展理论与实践》

《中国失业预警：理论、技术和方法》

《黑龙江省大豆产业发展战略研究》

《中小企业虚拟组织》

《气候变化对中国经济社会可持续发展的影响与应对》

《公共政策的风险评价》

《科技人力资源流动的个体选择与宏观表征》

《大型企业集团创新治理》

《我国小城镇可持续发展研究》

《食品安全法律控制研究》

《中国资源循环利用产业发展研究》

《新兴产业培育与发展研究——以安徽省为例》

《中国矿产地战略储备研究》

《中国经济增长可持续性——基于增长源泉的研究》

《归国留学人员的高技术创业》

《城市能源生态化供应与管理》

《技术对外依存与创新战略》

《高技术服务业创新：模式与案例》